"1基础+3发展"作业体系创新研究与实践

田国安　主　编

杨　鸣　孙红保　副主编

西南财经大学出版社

中国·成都

图书在版编目(CIP)数据

"1基础+3发展"作业体系创新研究与实践 /田国安主编;杨鸣,孙红保副主编.—成都:西南财经大学出版社,2022.12
ISBN 978-7-5504-5564-1

Ⅰ.①1… Ⅱ.①田…②杨…③孙… Ⅲ.①基础教育—教学研究
Ⅳ.①G632.0

中国版本图书馆 CIP 数据核字(2022)第 183303 号

"1 基础+3 发展"作业体系创新研究与实践

"1JICHU+3FAZHAN" ZUOYE TIXI CHUANGXIN YANJIU YU SHIJIAN

田国安 主 编
杨 鸣 孙红保 副主编

策划编辑:王 琳
责任编辑:廖 韧
责任校对:植 苗
封面设计:张姗姗 墨创文化
责任印制:朱曼丽

出版发行	西南财经大学出版社(四川省成都市光华村街 55 号)
网 址	http://cbs.swufe.edu.cn
电子邮件	bookcj@swufe.edu.cn
邮政编码	610074
电 话	028-87353785
照 排	四川胜翔数码印务设计有限公司
印 刷	郫县犀浦印刷厂
成品尺寸	170mm×240mm
印 张	34.5
字 数	637 千字
版 次	2022 年 12 月第 1 版
印 次	2022 年 12 月第 1 次印刷
书 号	ISBN 978-7-5504-5564-1
定 价	98.00 元

前　言

　　作业作为课堂教学与课程评价的重要环节，是教师、学生、家长每天都要接触的事物，却又是让大家感到最为困惑的事物，作业的研究和评价滞后等问题已经成为影响课程改革和教学改革的瓶颈。在 2012 年，我们就选定郑东实验学校作为郑东新区作业建设试点校，开始研究布鲁姆的目标分类学，并且就"如何依据布鲁姆目标分类学使我们的作业和学习目标更加匹配，以及如何设计作业日志"等对郑东实验学校的教师进行培训指导。我们的作业建设从始至终的重要目标，就是减负增效，让学生把做作业变成真心喜爱的事情。

　　2011—2013 年，我们一直在思考作业建设的核心问题是什么。于是，在 2013 年，我们利用问卷星软件对郑东新区的学生进行了问卷调查，共涉及 20 所小学、12 所中学。结果显示，有 30% 的小学生和 47% 的中学生觉得老师布置的作业量较大且作业难度系数较高。存在的几个突出问题是：①作业量及作业目标方面呈现的问题。学生作业量大，老师布置作业随意性强，作业的目标指向不清晰，重复考查和反复操练的书面作业多，探究性作业少。②作业功能方面呈现的问题。作业的功能性弱或功能缺位，课前任务方式简单化、肤浅化——重在"找"答案，而不是"思"问题；课中的学习任务习题化，不是帮助学生建构新概念而是巩固强化解题技能；课后作业重点不在诊断、迁移，而在于重复考查，变成"题海战术"。③作业与教学脱节的问题。作业沦为教学的附属品，作业与教学环节脱节。

　　针对这三个问题，我们做了长达 10 年五个阶段的实践研究，构建了基于评价育人的"1 基础+3 发展"郑东新区作业体系：以常规作业为基础，建立了集课前作业、课中作业、课后作业于一体的任务体系，同时构建了探究性作业体系，以及基于设计、基于问题、基于项目的作业体系（简称"'3 发展'作业"）。"3 发展"作业指向高阶能力，是对常规作业的有效补充，体现课程内容的延伸性、拓展性和创新性。我们提出的系统的作业理论和实践研究方法体系，也体现出"基于问题→目标引领→评价先行→解决问题"的研究过程。

我们曾在 2014 年、2017 年、2019 年这三年对 62 所学校四年级、八年级的学生做了三次问卷调查，我们把 2014 年的调查结果与 2019 年的调查结果做了一个对比，数据显示：中小学作业量都呈下降趋势，由 2014 年的 37.31%下降到 2019 年的 15.01%；作业指向性与针对性都在提升，由 2014 年的 70.23%上升到 2019 年的 93.24%；作业自主性由 2014 年的 62.09%上升到 2019 年的 85%；作业分层设计由 2014 年的 70.98%上升到 2019 年的 82%。各项数据有力地说明了"1 基础+3 发展"作业体系的良好实践效果，进一步促进了教师作业设计能力的提升；在作业量减少的情况下，学生的学习能力在增强，解决问题的能力在提升，学生核心素养得到发展。

目前，郑东新区积极响应国务院办公厅印发的《关于进一步减轻义务教育阶段学生作业负担和校外培训负担的意见》文件精神，深入落实"减负增效"工作。减负，减的是作业负担；增效，增的是课堂效益与作业质量。"1 基础+3 发展"作业体系的构建与实施指向"立德树人，全面育人"目标，能够减轻学生的作业负担，减少无效、重复的机械作业，能激发学生的探究意识，提升学生的高阶思维能力、实践能力、合作能力，促进学生核心素养的形成。今后，我们将一如既往地深入推进基于学生核心素养发展的"1 基础+3 发展"作业体系建设，在实践中不断地改革、调整、发展与创新，为培育德、智、体、美、劳全面发展的社会主义建设者和接班人而努力。

田国安

2022 年 8 月

目　录

第一章 "1基础+3发展"作业体系理论

第一节 "1基础+3发展"的核心意义

在新课程背景下，传统的作业观及作业体系已越来越不能适应新时期教学的要求。目前广泛存在的、不科学的作业设计方式，不仅给学生造成了沉重的课业负担，甚至已成为新课程顺利实施的羁绊。要落实评价标准育人、评价过程育人、评价结果育人，作业建设就是一个有力的抓手，它可从系统的角度解决"学生学什么、怎么学以及怎么评"的问题。郑东新区教研室致力于作业建设，把作业作为一个评价任务系统贯穿于课堂内外，全面提升评价体系，把作业建设作为实施素质教育的有效载体，建立了丰富多彩、结构多元的作业体系，旨在提升作业实效，转变教师教学方式，促进学生深度学习。

《中共中央 国务院关于深化教育教学改革全面提高义务教育质量的意见》中提出：完善作业考试辅导。统筹调控不同年级、不同学科作业数量和作业时间，促进学生完成好基础性作业，强化实践性作业，探索弹性作业和跨学科作业，不断提高作业设计质量。杜绝将学生作业变成家长作业或要求家长检查批改作业，不得布置惩罚性作业。教师要认真批改作业，强化面批讲解，及时做好反馈。从严控制考试次数，考试内容要符合课程标准、联系学生生活实际，考试成绩实行等级评价，严禁以任何方式公布学生成绩和排名。建立学有困难学生帮扶制度，为学有余力学生拓展学习空间。各地要完善政策支持措施，不断提高课后服务水平。

《国务院办公厅关于新时代推进普通高中育人方式改革的指导意见》（国办发〔2019〕2号文件）中提出：提高作业设计质量，精心设计基础性作业，适当增加探究性、实践性、综合性作业……

2011 年郑州市下发《郑州市教文体局关于作业建设的指导意见》，之后郑东新区以"提升作业实效，撬动评价改革，促进学生发展"为目标，拟定《郑东新区作业建设推进方案》，下发《郑东新区作业建设阶段性指导意见》，以优化作业设计为突破点，同时更新作业观念、丰富作业评价、完善作业管理。

通过十年的积极探索与实践，我们已深入开展五个阶段的作业建设推进工作，在做好顶层设计的基础上，细化工作思路，分阶段、分步骤进行扎实推进：

第一阶段——转变评价观念，构建作业框架；

第二阶段——以评价促发展，凸显作业功能：进一步规范作业设置，凸显课前、课中、课后作业功能，构建学校作业建设工作体系，减轻学生课业负担；

第三阶段——转变教学方式，课堂与作业有效融合：构建发展性作业评价体系，细化优化评价标准，丰富评价方式，以评价促进学生发展，改变学校教学生态；

第四阶段——聚焦核心素养，推进作业设计；

第五阶段——立足单元设计，促进学生深度学习。

在大量实践研究的基础上，我们进一步深入探索与创新，最终形成了以作业设计为依托，促进学生深度学习的作业模式，确立了"1 基础+3 发展"作业体系，并进行了深度的探索、创新与实践。研究的核心意义有以下两点：

一是初步实现教师作业观的转变，开发和完善了相关学科的典型作业设计案例，创新了作业建设评价标准，通过在作业功能的科学化、作业目标的精准化、知识与能力匹配的专业化、评价标准的合理性等方面的研究与设计，促进了教师专业发展，推动了区域教育质量的全面提升。基于作业的研究也使我们发现了作业更深的内涵：作业是连接课程、教学和评价的关键环节，是促进目标达成的评价任务，是围绕课堂教学不同阶段学习任务的系统设计与实施的评价体系。

二是通过让学生完成"1 基础+3 发展"作业，改变了以教为主的课堂形态，改变了学生的学习方式，促进其深度学习，教学由重视知识体系的科学性和系统性转向重视学生核心能力和学科素养的生成，培养其适应终身发展和社会发展需要的必备品格和关键能力。

一、"1 基础+3 发展"研究综述

（一）郑东新区作业建设研究背景

作业作为课堂教学与课程评价的重要环节，是教师、学生、家长每天都要接触的事物，却又是让大家感到最为困惑的事物。学生作业负担过重、作业无设计或设计质量较差、作业布置随意性强、作业的研究和评价滞后等问题已经成为影响课程改革和教学改革的瓶颈。因此，郑东新区教研室从作业存在的真实问题出发，剖析问题源头，重新界定作业的内涵与外延，建构基于学生核心素养发展的"1 基础+3 发展"作业体系，并在实践中不断地改革、调整、发展与创新。

郑东新区基础教育教学研究室（以下简称"教研室"）在对各校的教学督导和常规观课调研中发现，作业质量不高、实效性偏低的现象普遍存在。针对此种现象，教研室在 2013 年利用问卷星软件对郑东新区部分三年级学生和八年级学生进行了问卷调查，共涉及 20 所小学、12 所中学。

数据显示，有 30%的三年级学生和 47%的八年级学生觉得老师布置的作业量较大且作业难度系数较高（见图 1-1）。

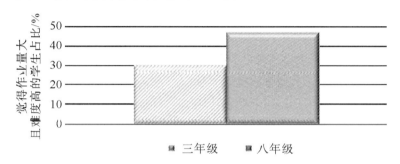

图 1-1　2013 年郑东新区三年级和八年级学生作业问卷调查统计

2014 年，教研室进一步追踪，对郑东新区 12 所中学的八年级学生进行了更多维度的问卷调查，问卷问题主要来源于"郑州市区域教育质量健康体检"试题，从作业量、作业针对性、作业自主设计、作业层次性四个方面进行调研。结果显示，只有 37.31%的学生认为老师布置的作业少，27.46%的学生认为老师布置的作业有针对性，35.23%的学生认为老师布置的作业是自主设计的，29.02%的学生认为老师布置的作业有层次性（见图 1-2）。

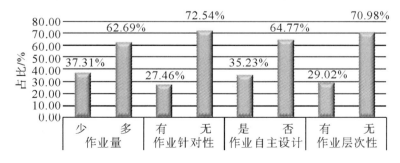

图 1-2　郑东新区 2014 年八年级学生作业问卷调查数据统计

针对两次调查结果，教研室又组织各科教研员下校调研各校作业具体情况，发现主要存在以下几个问题：

（1）作业量大，究其原因，是作业的目标指向不清晰，重复考查和反复操练。

（2）作业的功能性弱或功能缺位：如课前的预习作业，主要呈现方式为"课本内容的再现"，这一方式导致学生完成学习任务的方式简单化、肤浅化——重在"找"答案，而不是"思"问题，而学生作答方式及答案的雷同性（抄书的结果），又进一步助长了教师处理方式的低效和无意义；课中的学习任务习题化，不是帮助学生建构新知而是巩固强化解题技能；课后作业重点不在诊断、反馈，而在于重复考查，搞"题海战术"。

（3）作业沦为教学的附属品。

基于对以上问题的分析，教研室对作业进行了新的探索。

（二）国内外研究历史与现状述评

我们以"作业"为关键词，通过知网、CN 期刊等途径进行了大量的资料查阅，发现针对作业设计的研究和论述比较多，而针对"立足深度学习的作业设计"目前尚没有系统的研究，还没有形成一套完整的方法。

国内一些学者对品性养成教育进行过如下研究：

（1）在国外，早在 17 世纪，夸美纽斯在《大教学论》中就针对课外作业而提出"所教科目若不常有适当的反复和练习，教育便不能达到彻底之境界"，突出了作业设计的重要性。

（2）苏联教育家苏霍姆林斯基在《和青年校长的谈话》中提到，教师在布置课后作业时，应该根据学生的兴趣爱好来设计，还应使作业能在生活情境中得到完成。

（3）美国学者阿尔菲·科恩在《家庭作业的迷思》一书中提出，过多的作业只会造成学业负担。他强调要考虑怎样的作业才能够增加学生知识的广度和深度。

（4）德国教育家赫尔巴特正式提倡学生在课后要运用和实践所学的知识，家庭作业越来越受到人们的重视。家庭作业成为课内学习的延续，逐渐为教师和学生所认同。

（5）2006 年，库珀通过综述研究，将作业的概念内涵重新进行了完善，即作业是"由学校老师布置的在非教学时间完成的任务"。库珀对作业的内涵进行了明确的修改，提出了"作业"的两个基本特征：第一，作业主要来自学校教师的布置与设计，也可能来自家长的要求、课外学习的延伸、在线学习的补充、学生的自主学习等；第二，作业时间包含了非教学时间的其他时间。因为学生有可能在自习教室、图书馆开放时间，甚至在课间休息时间完成家庭作业等。

（6）《布卢姆教育目标分类学》、崔允漷的《课堂评价》、钟启泉的《现代课程论》、田中耕治的《教育评价》等有关作业、评价和课程的书籍，做好了理论积淀。其中《教育评价》提出，一节课要运用三种评价形式：教学的开始阶段进行"诊断性评价"，教学过程中实施"形成性评价"，教学结束阶段实施"总结性评价"，以对学生的学力做出综合性、发展性的评价。瑞典乌普萨拉大学研究所建构的"课前—课中—课后作业系统"，其实质已经超越了传统意义上的"作业"的内涵（英文：homework，意指"家庭作业，课外作业"），本质上是"围绕课堂教学不同阶段的学习任务的系统设计与实施"，是传统意义上的"作业"在功能、内涵、使用方式上的丰富、拓展和延伸。我们现在所说的作业，是学习任务系统（assignment）。

（7）美国《高效学习——我们所知道的理解性教学》中提出"基于项目、基于问题、基于设计"的探究性学习。

（8）在我国，作业作为教育减负增效的窗口，作业的质和量也成为社会关注的焦点。目前基于核心素养的教学研究和实践如雨后春笋，但对教学的必要环节，即作业的设计与实施的研究并不多见。2019年上海市教委教研室王月芬主任所带领的专家团队对作业设计做了深入研究，他们认为以基本单位设计作业，将整体目标、教学、评价、作业、资源等进行系统思考，能更好地发挥作业对学生的发展作用，实现作业重要的终极价值。

（9）华东师范大学周文叶的《表现性评价》，提出表现性评价是在尽量合乎真实的情境中，运用评分规则对学生完成复杂任务的过程表现或结果做出判断。探索以"表现性评价"为代表的新型评价模式，是基于核心素养的课程发展直面的挑战。

纵观上述研究成果，虽有很大的借鉴意义，但从立足作业设计促进学生深度学习以进一步提升学生核心素养的角度来说，还不够系统，不够全面。结合郑东新区前四个阶段作业建设的经验成果和学生实际情况，我们准备立足作业设计，开展促进学生深度学习的实践研究。

二、"1 基础+3 发展"概念的梳理

基于以上研究与分析，我们对作业的内涵和功能等概念进行了重新梳理：

作业：狭义的作业指的是课后作业，特指教师布置给学生的，利用课后时间完成的学习任务。广义的作业包括课前作业、课中作业、课后作业。

体系：泛指一定范围内或同类的事物按照一定的秩序和内部联系组合而成的整体。

作业体系：我们把作业体系界定为将作业按照课时、课程等内部联系组成的整体的作业设计。

（一）常规作业体系

常规作业体系明确了作业功能，课前作业的功能为探查学生学情，主要用来探查学生"哪儿不会""会多少""会的深浅"；课中作业建构知识体系，主要帮助学生"学会""会得更多""会得更深"；课后作业的功能则是诊断反馈，检查学生"会了没有""会多少""会得有多深"以及对学生的学习成果进行进一步巩固。具体解读如下：

1. 课前作业

（1）课前作业的功能。

探查学生"哪儿不会""会多少""会的深浅"。

（2）课前作业的问题。

课前作业通常是老师先将自己判断的教材中重要的知识点摘抄出来，然后将其中的关键字词以"挖空"的形式呈现出来；在每节课后布置给学生，要求在下节课前完成。学生在完成了上节课的课后作业后，还要努力地去翻阅教材中的下节课内容，"寻宝"似地将书上"现成的答案"找出来——这一过程重点在"找"，而不是"思"。完成这样的作业无益于对学生"前科学概念"及"已有经验和认知基础"的探查，也无益于教师了解学情、明确教学的起点；客观上，还加重了学生课业负担。

（3）课前作业的设计建议。

课前作业实质上是一个"前测"，其功能能否实现取决于：

①问题情境是否熟悉，能否让绝大多数学生都有话可说。

②问题指向是否清晰，学生说出来的话能否反映出他目前对核心内容的认识状况。

③问题解答是否有难度，能否让学生不需特别准备，仅仅通过基于原有认知基础的自然流露就能顺利答题。

我们建议，把设计课前作业的原则定为"基于经验、源于生活、指向清晰、没有负担"。

2. 课中作业

（1）课中作业的功能。

帮助学生"学会""会得更多""会得更深"，实现概念转变。

（2）课中作业的问题。

课中作业目前采取的形式主要有：

①对教师正在讲的和讲过的知识进行简单的"记录、重现、记忆或应用"，兼有实验报告记录单的功能。

②教师事先设置一些问题，让学生通过阅读教材，找到解决问题的答案，从而建构新知识体系。

③课中作业的主体是一些与教学过程配套的练习题，主要起反馈、强化的功能。这样的课中作业既缺乏帮助学生概念转变的功能，又常常人为地打破学生认识发展的流畅性（逻辑性），让学习过程呈现出跳跃性。

（3）课中作业的设计建议。

课中作业实质是教师帮助学生转变概念的过程，其功能能否实现取决于：

①"情境素材"的设置能否引发学生的认知冲突，让学生在主动建构中理解科学概念、找准认识问题的角度。

②"情境问题"的设置是否符合学生认识客观世界的规律，从而让学生在运用科学概念去分析、解决问题的过程中逐渐形成新的认识问题的思路。

③"问题解决活动"的设置是否有利于学生有序整理，形成系统思维，不断提升认识能力表现水平。

我们建议，把设计课中作业的原则定为"设置情境、提出问题、安排活动、落实发展"。

3. 课后作业

（1）课后作业的功能。

诊断学生"会了没""会多少""会得有多深"，并适当进行拓展延伸。

（2）课后作业的问题。

课后作业通常是教师为了巩固新知（常立足于知识重现、原理解释或辨析），甚至是弥补教学的低效，而进行的"强化"训练（学不会就练会），而缺乏通过对"学习目标达成度"的诊断来改进教学的功能，往往会成为"题海战术"，是学生课业负担重的源泉。

（3）课后作业的设计建议。

课后作业有"后测"的成分，但又不局限于"后测"，而是要在诊断学生学习目标达成度的同时，通过巩固学习成果并适当迁移，让学生建构基于核心内容的认识系统。

因此，课后作业要体现"诊断"与"发展"的双重功能，在设计上，应突出"基于认识发展、回归社会生活、适当抽象综合"的特点。

（二）"3发展"作业体系

"3发展"作业能更有效地落实国家课程，体现课程内容的延伸性、拓展性和创新性。基于项目的作业是学生在较为感兴趣的驱动性问题下围绕一个核心概念开展的作业，利用知识和模型去解决真实情境中的问题，这种作业创造新的规律、方法等指向学生核心素养；基于问题的作业是在教师作业设计的指导下，学生组成学习小组发现问题、解决问题，运用所学的知识及多种解决问题的策略来完成的作业，这种作业指向学生对知识的深度理解；基于设计的作业是以设计作品形式呈现的作业，突出一个主题的设计，可以运用多元表征表达概念，这种作业指向学生对知识的应用与迁移。具体解读如下：

1. 基于项目的作业

基于项目的作业是以课程为中心的，围绕核心概念用驱动性问题来组织，由内容、学习共同体、活动、情境和作品五大要素构成，是学生围绕复杂的、来自真实情境的主题，在精心设计任务、活动的基础之上，进行较长期的开放性探究，最终建构起知识的意义和提高自身能力的一种教学模式。它以杜威的"从做中学"为理论基础，具有如下特点：

（1）有一个特定的项目主题，学生围绕核心概念，以问题驱动展开实践探究，在活动中建构起新的知识体系，完成有建设性的调查报告。

（2）项目主题来源于现实生活，强调活动的真实性和实践性，同时体现了多学科交叉的思想。

（3）活动过程由学生管理、选择、设计，强调协作，相关学科教师进行指导，教师、学生和有关部门组成一个学习共同体，密切合作。

（4）活动过程中学生使用各种认知工具和信息资源来陈述他们的观点，支持他们的学习。

基于项目的作业呈现形式：基于项目的学习在活动过程和活动结束之际产生的一个或一系列作品。作品包括无形作品与有形作品。无形作品表现为学生新知识的获得，科学探究能力、问题解决能力、协作交流能力、计划制订能力以及自我评价能力的提高。有形作品在一定程度上可看作无形作品的外显，包括活动实施中的阶段性产品，如图片、视频、观察日记、访谈记录，以及通过汇总、形象化阶段性产品最终呈现出来的学习成果。

2. 基于问题的作业

在基于问题的作业中，学生以小组的形式共同研究有意义的、开放性的具有多种解决策略的问题，确定他们解决问题时需要的知识以及提出并选择最好的解决策略，提升自己的信息搜集、提取、归纳及判断能力。问题都是现实的而且非良构的，问题不是完美合成的课本问题，好的问题应该与学生的经历相契合，能促进学生讨论、提供反馈的机会以及允许对概念的反复接触和理解。

基于问题的作业形式：可以以资料搜集、解决方案、课堂探究记录、调查报告、评价反思等多种形式呈现。

3. 基于设计的作业

基于设计的作业是以"主题设计"为中心，让学生运用设计方法解决问题、建构知识体系，发挥个性，培养创造力的教学模式。在这种教学模式中，学生被要求依据教师给出的主题设计并制作出需要理解并应用知识的作品。它有着传统教学不可比拟的优势，不但可以提高学生的知识掌握能力，而且可以提高学生的学习兴趣、问题解决能力、反思与参与能力，以及合作意识。

基于设计的作业形式：以相应的设计作品形式呈现，如机器人设计作品、科技创新大赛作品、科学实验装置的改进作品等。

基于以上分析，我们对作业的功能进行了界定，创新了作业体系，在郑东新区区域范围内及河南省内其他区域进行了广泛而持久的实践。

郑东新区作业建设开展五年多来，教师们在校本教研中领会作业建设的内涵，优化完善作业设计，使作业成为"教—学—评"一致性高效课堂的评价载体，构建了"1 基础+3 发展"的作业体系：

建构以评价育人、以提升学生核心素养为目标的作业体系，以常规作业为核心、"3 发展"作业为羽翼的"1 基础+3 发展"作业体系，丰富了作业的内容，拓展了学生的知识宽度，也提升了教师作业设计能力和对教材的研究能力。常规作业体系的应用使教师对课前、课中、课后作业的功能定位越来越清晰，能够从学生最近发展区设置课前作业，从知识的呈现、知识架构到学生能力提升来设置课中作业，以布卢姆目标分类理论为依据设置课后作业。在作业设计的任务中侧重建构概念，让学生领会知识所承载的"方法、能力和学科思想"的能力，在作业建设的过程中有了明显提升。教师作业设计能力的提升，推动了课程评价改革和课程重构，课堂效率也因此而更高。"3 发展"作业的设计丰富了作业的内容，启发了学生的探究欲望，提高了其创新能力。

三、"1 基础+3 发展"研究目标与相关内容

（一）研究目标

（1）聚焦作业目标和内容，教师能明确作业设计的内涵和设计要素，形成具有课程视域的作业设计观，在作业设计实践中提高作业设计的科学性和结构性，同时在研究的过程中提升专业素养、教学能力和理论研究的能力。

（2）学生通过完成作业，能对学习目标、学习过程、学习结果形成全方位的认识。这种作业在真实的学习情境中激发学生的创新思维，促进其深度学习，切实提升学生的核心素养。

（3）通过研究，探索作业设计的有效实施路径，形成一整套的理论体系和行之有效的操作办法，进一步规范作业的设置，落实课程目标，切实减轻学生的课业负担。

（二）研究内容

研究的主要方向：针对现阶段作业中存在的真实问题，从关注 40 分钟课时的作业设计走向关注学生成长的作业设计，通过教师对教材的整合与串联，设计关注学生真实学习的作业，培养学生的运用、迁移、创新能力，促进学生深度学习。围绕研究重点，研究内容分为四大块：

1. 作业设计路径

针对实例，通过调研交流、数据分析，研究现阶段作业设计存在的真实问题，分析作业设计与课时作业的不同点与优势，论述作业设计的价值、意义，由理论到实践，形成具有区域特色的作业设计路径。

2. 作业设计模式

通过作业设计目标制定原则，研究作业设计过程和方法，形成作业设计模式。

3. 作业评价标准

构建多元化、可测评的作业设计评价标准，与作业属性表对照，对作业设计进行调整和修改。

4. 作业的实施

选取试点学校，针对各个学科进行实践，做好实验前后的数据对比分析，形成各学科作业设计与学生深度学习有效融合的优秀案例。

（三）研究假设

（1）作业的设计注重对原有知识的构建，形成知识网络，使之结构化，从而引导学生实现对知识的深度理解，帮助学生实现知识的再加工，关注自我检测、评价、反思环节，进而增强学生的自我认知、自我批判，促进学生深度学习。这也是本书应解决的关键问题。

（2）对作业设计的研究，可以解决教师对教材理解不深的问题，促使教师对教学内容进行整合、梳理，选取能促进学生深度学习的内容，依据学生的认知规律，在理解课程标准、把握教材的基础上，对教材进行增加、补充、重组等，创造性地使用教材，进而提升教师的专业素养。这也是研究中的重点和难点。

（四）拟创新点

综合研究现状，我们发现现有研究主要从理论的高度对作业相关概念、设计策略及实施步骤进行一系列的研究；而我们希望从我们郑东新区教育现状出发，研究学生在完成作业与教师作业设计之间存在的真实问题，通过作业的设计促进学生深度学习，总结经验并上升到理论，从而改进我们的教育教学，形成郑东新区作业资源。

1. 可操作性方面

我们力求通过研究，探讨作业设计的具体方案、运用模式和管理策略，使之具有可操作性，让作业设计真正促进学生的深度学习。

2. 可应用性方面

我们力求通过实践，探索作业设计的具体路径、模式及评价标准，并设计具体的实施方案，形成作业设计的具体案例、作业集、深度学习案例等，形成一系列可应用的作业学习资源。

（五）研究思路、研究方法、研究路径

1. 研究思路

以郑东新区前五个阶段作业建设成果为基础，我们制订作业建设顶层方案，拟定作业设计评价标准和实施指南，指导试点学校，科学设置作业目标，关注作业内容的整体性和结构性，建构作业评价体系。我们进而把基于学科核心素养的作业设计融于课堂，采用多种调查方式，结合具体案例，分析出作业的设计与实施对促进学生深度学习的实效性。

2. 研究方法

我们通过查阅文献资料了解国内外作业的现状和实践，组织教研员及教师认真学习教学理论，研读基于理解的深度学习案例，为本研究的顺利进行打下理论基础。

在实施过程中，针对问卷调查及调研过程中的典型问题，我们有组织、有计划地开展作业设计与实践的教学科研活动，在实践中边探索、边反思、边完善、边总结。通过座谈、网络问卷等多种方式在研究初始、中期和后期分别调查作业的设计与实施情况，并进行相关数据分析。

我们设立试点学校和试点学科，并对同一学校同一任课教师所教的不同班级进行对比实验，从数据和实证中分析实效；对优秀案例和问题案例进行研究，分析总结优秀做法和改进建议。

3. 整体实施的技术路线和实施过程

研究过程为"基于问题→目标引领→评价先行→实践探索→精准设计→

解决问题"。

（1）聚焦作业设计的内涵和设计要点，通过查阅文献、问卷、访谈、座谈等调研方式，探查教师对作业的目标、内容、评价、类型等要素的理解现状与存在的问题。

（2）整理记录，基于数据分析，查阅文献资料，形成作业设计理论框架，拟定评价标准，确定作业目标、内容、评价的设计策略。

（3）探索作业设计促进深度学习的有效实施路径，形成一整套的理论体系和行之有效的操作办法，以及作业设计的框架和理论模型。

第一阶段：准备阶段——理论学习，制定调查问卷，分析结果

课题组全体成员进行相关理论学习，并通过钉钉直播、视频会议、微信、智慧星等网络工具，采用访谈、问卷等多种调查形式，了解教师对作业设计的专业指导需求，撰写研究方案。

郑东新区 2020 年作业建设教师调查问卷分析

一、教师背景

教师教龄统计数据分析：教龄 10 年以内的教师占比约 80%，其中教龄 5 年以下的教师占到接近一半的比例；我区年轻教师较多，新入职教师比例较大，对于课标的理解及其与教材关系的宏观把握略显薄弱，在教育教学研究维度上，接受学习能力较强（见表 1-1）。

表 1-1　教龄调查　［单选题］

选项	小计/人	比例	
A. 5 年（不含）以下	814		43.25%
B. 5~10 年	455		24.18%
C. 11~20 年	358		19.02%
D. 20 年（不含）以上	255		13.55%
本题有效填写人次	1 882		

二、作业设计的现状分析

作业设计的现状分析：只有 47% 的教师能清楚认识到作业设计和单课时作业设计的区别，45% 的教师能站位，基于作业目标精心设计作业（见表 1-2、表 1-3）。

表 1-2 您是否能清楚认识到作业设计和

单课时作业设计的区别（   ） ［单选题］

选项	小计/人	比例
A. 能	891	47.35%
B. 大致能	792	42.08%
C. 不能	86	4.57%
D. 希望能，但认识不清	113	6%
本题有效填写人次	1 882	

表 1-3 您是否能站位，基于作业目标

精心设计作业（   ） ［单选题］

选项	小计/人	比例
A. 经常	849	45.11%
B. 偶尔	941	50%
C. 没有	92	4.89%
本题有效填写人次	1 882	

三、对作业设计功能的理解

作业设计功能认知分析：90%的教师认为通过作业设计在教学中的运用，能够提升课堂目标达成度、课堂实效性；60%以上的教师认为通过作业的设计与使用，在教师教学方式的转变、学生的深度学习、教材的深入解读、课程标准的细化分解、学科核心素养的落地五个维度有助推作用；70%的教师认为作业设计能够提高作业的结构性，实现课时作业之间的完整性、关联性和递进性，有助于系统思考整体培养目标、教学、评价、作业和资源，有助于提升作业质量，培养教师设计能力，促进学生发展（见表1-4、表1-5、表1-6）。

表 1-4 您认为作业设计独特的价值和意义在于（   ） ［多选题］

选项	小计/人	比例
A. 有助于提高作业的结构性	1 303	69.23%
B. 实现课时作业之间的统整性、关联性和递进性	1 621	86.13%

表1-4(续)

选项	小计/人	比例
C. 有助于系统思考整体培养目标、教学、评价、作业和资源等	1 527	81.14%
D. 有助于提升作业质量，培养教师设计能力，促进学生发展	1 281	68.07%
本题有效填写人次	1 882	

表1-5　您认为通过作业设计在教学中的运用，是否能够提升课堂目标达成度、课堂实效性（　　）　［单选题］

选项	小计/人	比例
A. 效果显著	500	26.57%
B. 效果较明显	1 149	61.05%
C. 没有变化	233	12.38%
本题有效填写人次	1 882	

表1-6　您认为作业的设计与使用，在哪些方面有助推作用（　　）　［多选题］

选项	小计/人	比例
A. 教师教学方式的转变	1 271	67.53%
B. 学生的深度学习	1 339	71.15%
C. 教材的深入解读	1 394	74.07%
D. 课程标准的细化分解	1 265	67.22%
E. 学科核心素养的落地	1 059	56.27%
本题有效填写人次	1 882	

四、作业设计存在的问题

作业设计存在的问题：在功能窄化，研究不深入，目标、内容、评价设计不系统，结构散乱、缺乏统筹安排四个维度中至少有40%以上的教师出现问题，其中研究不深入与目标、内容、评价设计不系统占比70%。这说明教师在目标、内容及评价设计的设置上，存在不同程度的困难（见表1-7）。

表 1-7　您设计的作业存在的问题有（　　）　　[多选题]

选项	小计/人	比例	
A. 功能窄化	755		40.12%
B. 研究不深入	1 281		68.07%
C. 目标、内容、评价设计不系统	1 246		66.21%
D. 结构散乱、缺乏统筹安排	858		45.59%
本题有效填写人次	1 882		

五、作业设计的内涵

作业设计的内涵：90%以上的教师认为课前作业设计对于探查学生的困难点、兴趣点、共鸣点，关注学生已有学习经验与积累，帮助很大。80%以上的教师能够对作业目标区分出记忆、理解、运用等不同的学习水平，半数以上的教师在课中作业设计中能够通过情境问题的设置，以关键问题、核心任务驱动学生建构概念、解决问题，在课后作业的设计中能以开放性习题重点关注知识的迁移，发展学生新情境下解决问题的能力。需要关注的是：仍有20%的教师在课中作业设计中不能有效设计核心问题，在课后作业及评价任务设计中存在实施效果不明显的情况。10%的教师在目标设计中存在概念模糊与不理解目标的内涵等问题。这也是现阶段教师在作业设计中存在的困难点（见表1-8、表1-9、表1-10、表1-11、表1-12）。

表 1-8　您设计的作业目标能否区分出记忆、理解、
运用等不同的学习水平（　　）　　[单选题]

选项	小计/人	比例	
A. 能	570		30.29%
B. 大致能	1 095		58.18%
C. 不能	76		4.04%
D. 希望能，但认识不清	141		7.49%
本题有效填写人次	1 882		

表 1-9 您认为基于整体教学的课前作业设计

对于探查学生的困难点、兴趣点、共鸣点，

关注学生已有学习经验与积累的帮助大吗（   ）   ［单选题］

选项	小计/人	比例
A. 很有帮助	676	35.92%
B. 有帮助	1 022	54.3%
C 帮助不大	184	9.78%
本题有效填写人次	1 882	

表 1-10 您认为课中作业设计能否通过情境问题的设置，

以关键问题、核心任务驱动学生建构概念、解决问题（   ）   ［单选题］

选项	小计/人	比例
A. 能	663	35.23%
B. 部分作业能	867	46.07%
C. 不能	48	2.55%
D. 希望能但设计质量不高	202	10.73%
E. 作业设计可以，但实施效果不明显	102	5.42%
本题有效填写人次	1 882	

表 1-11 您课后作业的设计能否以开放性习题重点

关注知识的迁移，发展学生新情境下解决问题的能力（   ）   ［单选题］

选项	小计/人	比例
A. 能	612	32.52%
B. 部分作业能	913	48.51%
C. 不能	63	3.35%
D. 希望能，但设计质量不高	220	11.69%
E. 作业设计可以，但实施效果不明显	74	3.93%
本题有效填写人次	1 882	

表 1-12 您认为通过问题形式的评价任务设计,

是否有利于学生有序整理,形成系统思维,

不断提升认识能力表现水平（　　） ［单选题］

选项	小计/人	比例	
A. 能	785		41.71%
B. 大致能	901		47.88%
C. 不能	68		3.61%
D. 希望能，但认识不清	128		6.8%
本题有效填写人次	1 882		

下面分析教师调查问卷中的 17~19 题。

17. 您在作业设计系列培训中是否参加了"基于真实情境的深度学习"指导？（　　）

从第 17 题"您在作业设计系列培训中是否参加了'基于真实情境的深度学习'指导"来看，参加了"基于真实情境的深度学习"指导的教师占了 63.34%，没有参加"基于真实情境的深度学习"指导的教师占了 36.66%（见图 1-3）。

没参加过，
36.66%

参加过，
63.34%

图 1-3　"基于真实情境的深度学习"指导参加情况

18. 您设计的课后作业能否基于真实情境促进学生深度学习？（　　）

从第 18 题"您设计的课后作业能否基于真实情境促进学生深度学习"数据分析来看，能设计基于真实情境促进学生深度学习的课后作业的教师占了 34.91%，大致能设计基于真实情境促进学生深度学习的课后作业的教师占了 49.84%，不能设计或认识不清的教师占了 15.25%（见图 1-4）。

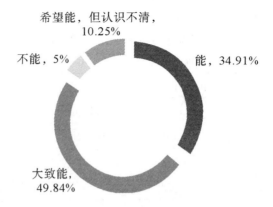

希望能，但认识不清，10.25%

不能，5%

能，34.91%

大致能，49.84%

图 1-4　课后作业基于真实情境促进学生深度学习的情况

基于对第 17 题、第 18 题的数据分析可以看出，大部分教师对"基于真实情境的深度学习"有一定的认知，还有少部分教师对"基于真实情境的深度学习"不太了解、不能设计或认识不清。我区近两年入职的新教师在"基于真实情境的深度学习"方面的培训还需进一步加强。

从第 19 题"您认为课后作业中开展'基于真实情境的深度学习'的目的"（见图 1-5）数据分析来看，教师们认为增加学生学习兴趣的占了 73.75%，改变教师教学方式的占了 64.67%，改变学生学习方式的占了 65.57%，提升学生综合能力的占了 70.56%。还有 19.29% 的教师认为是上级要求，这部分教师在教育理念方面还有待提升。从问卷调查结果中可以看到，教师们学习的意愿非常强烈，多数教师想进一步理解"基于真实情境的深度学习"相关概念及内涵，通过观摩课例提升设计能力。基于数据调研，下一步要做好这两方面的工作。

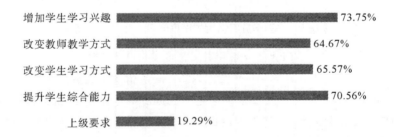

增加学生学习兴趣　73.75%
改变教师教学方式　64.67%
改变学生学习方式　65.57%
提升学生综合能力　70.56%
上级要求　19.29%

图 1-5　课后作业中开展"基于真实情境的深度学习"的目的调查结果（多选）

通过对全区教师的问卷调查，我们更清楚地认识到在目前的作业设计中存在的普遍问题：教师们都能认识到作业的重要性，认为从不同的视角出发，进行整体的作业设计，不仅能完成知识与技能的学习，而且能帮助学生整体建构知识体系，深度了解学习的内容，并能提升学生的高阶思维；但怎么站位，如何进行系统的教材分析，如何进行科学的作业设计，如何准确地把握学习目标，这些都是需要进一步探索和创新的。本次问卷从各个方面了解了作业设计存在的问题，为我们今后的探索和研究提供了数据支撑，我们将根据教师的需求和学生学习的需求进行研究。

基于问卷分析呈现的结果，我们找到了研究的方向，我们的研究必能帮助学生进行深度学习，在为教师提供作业设计的路径和方法的过程中，也能促进教师对教材的深度理解，促进教师的专业成长。

第二阶段：研究阶段——制订顶层方案，培训指导，课堂实践

依据问卷中呈现的问题，我们制订作业建设工作目标和方案，拟定作业设计评价标准，并有计划地组织和开展作业设计培训。

《2020—2021学年下学期常规作业建设推进工作方案》中强调，作业建设是课程改革的突破口，是课堂变革的催化剂。通过该方案，我们确立了作业设计工作的指导思想，坚持把立德树人作为教学工作的根本任务，树立新理念，创立新机制，探索新方式，深化教育评价改革创新，落实课程目标，逐步改进教学模式和学习方式，切实减轻学生的学业负担，着力提升学生的核心素养，全面推进区域教学质量。

我们进一步梳理了作业设计的工作目标：

（1）通过完善作业设计理论框架和设计策略，确定作业设计的可视化实施路径。

（2）通过实践探索，评价反馈，培训引领，形成郑东新区作业设计模式。

（3）以实验学校为范例，辐射引领区域教师的作业设计与实施能力，落实课程目标，提升学生核心素养。

我们确定了详细的实施步骤：

（1）完善理论。通过理论学习和案例研究，完善一体三翼作业理论框架，研究常规作业和"3发展"作业的契合点和相融性，明确二者的独特性和互补性，进一步定位常规作业在作业体系中的地位和功能，优化其具体设计与实施路径。

（2）反馈培训。通过作业案例评选，梳理作业设计的问题和障碍点，进行学科专题反馈培训。

（3）实践探索。通过下校调研、主题培训及个别指导，一方面指导教师作业目标、内容、评价的设计策略，另一方面深入课堂，以转变教学方式为突破口，开展通过作业实施促进深度学习的课堂形态探索实践，指导教师将作业

在课堂教学中具体实施。

（4）优秀案例征集。征集各校优秀作业的设计及实施案例（含作业设计、课堂实施案例视频、案例解析等）。

（5）经验辐射。通过开展区域观摩展示基于作业设计进行深度学习的有效课堂形态、优秀经验及做法，辐射全区。

（6）建构模式。通过再次开展访谈、网络问卷等调查，对大数据进行结果分析，总结成功的做法，使项目有效推进，构建并形成郑东新区作业设计模式。

我们提出了完成作业设计工作的具体要求：

（1）各校完善常规作业建设管理制度，把作业设计与实施纳入教师日常教学。

（2）各校重视在教学实践中修改与完善作业设计案例，积累作业设计作业库。

（3）开展校内作业设计展评、作业课堂观摩、作业主题研讨等多种形式的校本教研活动，推进作业建设的有效开展。

项目组成员启动实验机制，制定作业建设试点学校、试点学科工作方案，通过菜单式培训等多种形式指导教师基于核心素养，站位设计作业；通过遴选优秀作业案例，召开区域作业建设阶段培训会，结合典型案例进行研讨交流，重点解决作业目标和作业内容设计中的具体问题。

指导教师以转变教学方式为突破口，开展通过作业实施促进深度学习的课堂形态探索实践；通过组织区域"观摩课活动"，展示基于作业设计进行深度学习的有效课堂形态，优秀经验及做法辐射全区。

四、"1 基础+3 发展"研究的意义

（一）建构了作业模型，提升了教师作业设计的专业能力

在过去几年的作业推进和实践的过程中，教师们深刻领会了作业设计的内涵，优化完善了作业设计方法。目前，围绕作业形成了一个新的学习任务系统，作业成为"教—学—评"一致性高效课堂的评价载体，从而促进师生共同发展。主要成果表现在以下四个方面：

1. 构建了作业设计的模型

该研究建构了以评价育人、提升学生核心素养为目标的作业设计模型（见图1-6）。作业的设计注重对原有知识的构建，形成知识网络，使之结构化，从而引导学生实现对知识的深度理解，帮助学生实现知识的再加工，关注

自我检测、评价、反思环节，从而增强学生的自我认知、自我批判，促进学生深度学习。作业设计从学科的核心思想出发建构结构图，帮助教师深度理解教材内容，整体建构知识网络。教师在深度理解教材的基础上，确定作业目标，指向学生的知识技能、理解深化、迁移应用的立体多维的作业目标，在作业设计的学习任务中聚焦关键核心问题，设计核心任务，然后分解关键问题，形成若干个子问题和子任务，学生对知识所承载的"方法、能力和学科思想"的领会程度在作业建设的过程中有了明显提升。教师作业设计能力的提升，推动了课程评价改革和课程重构，课堂效率也因此而更高。作业设计丰富了作业的内容，启发了学生的探究欲望和创新能力。

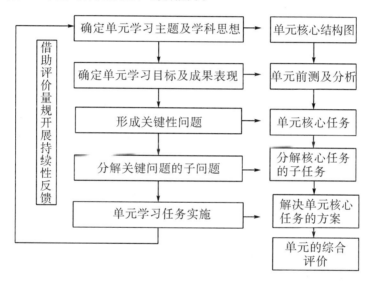

图1-6　作业设计的模型

2. 形成了作业设计的路径和策略

作业设计从学科的课程标准或教学基本出发，深度分析教材内容，构建知识结构图，指向学生的核心素养和高阶思维能力，从学生的认知心理与行为出发，制定的作业目标转化为学生学习的外显行为，使作业目标具有可观察性与可测量性。作业目标中学生的学习水平一般分为知道、理解、运用、综合四个能力层级。作业内容注重从学生的发展需要和兴趣出发，同时要充分反映学科核心素养的要求，并通过目标筛选、目标表述、作业目标与教学目标的一致性和互补性分析等操作步骤来完成；同时与教学目标相似，注重三维目标的有机整合。作业最终趋向于诊断教学达标的依据，发挥着对教学的导向、调控、激励、反馈功能（见图1-7）。

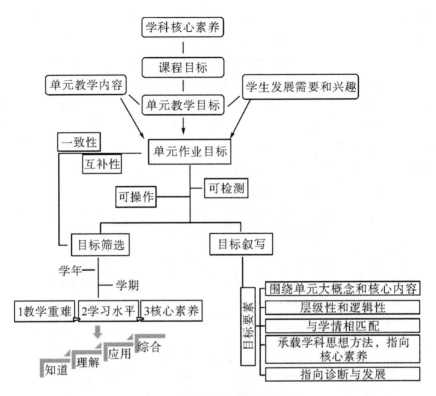

图1-7 作业设计的路径和策略

3. 形成了郑东新区作业表现性评价标准

作业评价标准是对学生作业完成的内容和水平做出的衡量、评价规则，评价标准要先行制定。细致、操作性强的评价标准可以测量出学生在不同的学习阶段所达到的能力水准（见表1-13）。作业设计工作的推进，使教师作业评价标准制定能力得到了一定的提升。

表 1-13 作业表现性评价标准

作业类型	具体内容	评价标准	评价等级				权重
			优秀	良好	合格	不合格	
常规作业	学习目标	学习目标适切，源于课标、教材、学情。大家能从目标中辨析出对学生学习产生显著影响的因素，而且目标能使"教学"对学生可见	A	B	C	D	15%
	作业设计	课前作业能探测学情，基于学生经验、源于生活、指向清晰、没有负担	A	B	C	D	10%
		课中作业能帮助学生建构概念；通过设置情境，让学生有问题提出，能进行探究、合作，完成建构	A	B	C	D	25%
		课后作业能体现"诊断"与"发展"双重功能，即诊断学生"会了没""会多少""会得有多深"，并适当进行拓展延伸；须与学习目标在逻辑上、内涵上一致；能够突出"基于认识发展、回归社会生活、适当抽象综合"的特点	A	B	C	D	25%
		每一学习任务要与学习目标相匹配	A	B	C	D	20%
		作业设计有梯度，有分层意识	A	B	C	D	5%

4. 数据对比呈现教师的专业成长

在作业设计中，教师对单元目标的定位进步最大，课时目标其次，单元目标定位的提升程度比作业具体设计高20%；同样，教材的深入解读和课标的细化也比教学方式和学习方式的转变高10%~15%，可见单元视角整体设计帮助老师补充了从学科核心素养到课程标准再到课时目标的中位空缺。老师能理解目标是在学科的教学活动中所要达到的预期结果和标准，目标是对课程标准的逐级分解，通过学情分析，对照学生的实际情况，发现其中的落差，在落差基础上落实适切的目标，从而更好地制定课时目标和课时安排。对于素养和课标的落地，作业设计为老师提供了抓手，但具体到作业评价任务的设计上，我们还应在对应目标设计匹配而又适切的评价任务上给予指导，这也正是教学方式和学习方式转变的具体途径。相关调查见表 1-14。

表1-14　作业设计对教师目标定位、作业设计能力提升及助推作用的调查

3. 在第四阶段的作业设计系统中，您在哪些方面进步最大（　　）　　〔多选题〕

选项	小计/人	比例
A. 单元目标	299	60.65%
B. 课时目标	281	57%
C. 课前作业的设计	207	41.99%
D. 课中作业的设计	206	41.78%
E. 课后作业的设计	186	37.73%
本题有效填写人次	493	

（二）作业设计促进了学生深度学习

作业设计过程，以学科核心素养发展为目标，提炼学科思想方法和大概念，体现目标、情境、学习任务、学习活动和学习评价的一致性。教师能在学生已学知识的基础上，整合分析知识，突出作业主题，留出时间增加提升高阶思维的练习，同时也减轻学生不必要的作业负担。学生在经过了系列知识点的提炼和深化后，在结合实际生活的主题中运用知识，才能真正提升学科知识的运用能力。我们以作业设计为抓手，进一步提升学生核心素养，注重加强学生掌握核心学科知识、批判性思维和复杂问题解决、团队协作、有效沟通、学会学习、学习毅力六个维度的基本能力的培养。相关调查见表1-15、表1-16。

表1-15　教师设计的单元目标是否能指向学科素养的调查

6. 您设计的单元目标能否指向学科核心素养的形成与发展（　　）　　〔单选题〕

选项	小计/人	比例
A. 能	170	34.48%
B. 大致能	250	50.71%
C. 不能	13	2.64%
D. 希望能，但认识不清	60	12.17%
本题有效填写人次	493	

表 1-16　教师设置单元目标依据的调查

7. 您设置单元目标的依据是（　　　）　　[多选题]

选项	小计/人	比例
A. 学科核心素养	320	64.91%
B. 课程标准	422	85.6%
C. 教材	328	66.53%
D. 学情	336	68.15%
本题有效填写人次	493	

根据课程改革要求，学科核心素养的培养必须落实到课堂实践中。开展基于核心素养的作业设计微观研究，才能真正帮助学生获得适应个人终身发展和社会发展需要的必备品格和关键能力。我们继续尝试具体阐释如何根据学生的实际需求，以整体深挖教材，确定发展学科核心素养需要的不同学习目标和内容，最终完成为学生量身打造的作业设计全过程。

（三）促进了教师教研质量的提升，全面提升了区域教学质量

通过几年的积极探索与实践，我们初步实现了作业设计的模型建构、作业建设评价标准，开发和完善了相关学科的典型作业设计案例，有效促进了全区教师作业观的转变、提升了教师专业发展，推进了区域教育质量的全面提升。相关调查见表 1-17、表 1-18。

表 1-17　教研听评课中对作业设计探讨的调查

17. 贵校教研组听评课活动是否能以作业设计为切入点，探讨与测评作业设计、功能发挥、实施的合理性与课堂效益的关系（　　　）　　[单选题]

选项	小计/人	比例
A. 经常	322	65.31%
B. 偶尔	151	30.63%
C. 没有	29	4.06%
本题有效填写人次	493	

表 1-18　是否定期开展作业建设专题校本研讨的调查

18. 贵校教研组是否定期开展作业建设专题校本教研，及时解决作业设计、使用、评价中的过程性问题（　　）　　［单选题］

选项	小计/人	比例
A. 经常	341	69.17%
B. 偶尔	131	26.57%
C. 没有	21	4.26%
本题有效填写人次	493	

通过探索和实践，校本教研的形式和内容都有转变，教研质量有所提升。继续推进和优化校本教研对作业建设有重要价值。教研质量的提升促进了教师的发展，进而提升了学校的教学质量。

第二节　"1 基础+3 发展"实践与创新

一、第一阶段：求实（2014—2015 年）——转变作业观念，明确作业目标

2015 年 3 月，郑东新区教研室下发了《2014—2015 学年郑东新区教文体局关于推进作业建设的工作方案》，将作业建设第一阶段的目标定为：

（1）规范作业的设计，制定作业评价标准；

（2）开展合作研究，建设作业库；

（3）加强作业管理，提升作业管理效度。

在目标指引下，我们从学习目标、作业设计、作业使用等几个维度研制了郑东新区中小学第一阶段作业建设评价标准（见表 1-19）。

表 1-19　郑东新区中小学第一阶段作业建设评价标准

评价维度	评价标准
学习目标	目标适切，具体可测，与课程标准一致
作业设计	作业与目标相匹配
	作业功能有凸显
	作业设计有梯度，有分层
作业使用	学生书写，教师批改、纠错订正认真

表1-19(续)

评价维度	评价标准
作业日志	与学生作业一致，体现对作业的总结、反馈、矫正功能
作业库	规整齐备
作业管理	作业建设成效数据实证 作业问卷调查和分析 体现作业建设的阶段性发展资料

为使各中小学教师对作业建设的目标、内涵有更清晰而深入的理解，2015年3月中旬，郑东新区教研室召开了《郑东新区作业建设方案解读会》，杨鸣主任针对方案中的重点问题和老师们现场提出的疑问进行了解读和解释，让作业建设的理念深入人心。

我们召开了作业建设方案解读会，面对中小学生作业脱离生活情境、无合作、无探究这一现状，针对"什么是非良构问题""基于项目、基于问题、基于设计的作业有什么区别"等问题进行深入探讨，在零起点的基础上不断探索，确定了"3发展"作业的目标及评价标准（见表1-20、表1-21）。

表1-20　"3发展"作业建设

"三基"作业	作业目标	基于项目的作业目标指向核心概念建构； 基于问题的作业目标指向驱动性问题的解决； 基于设计的作业目标指向主题设计	A□	B□	C□	D□	E□	5%
	作业设计	作业设计科学合理，分类准确，目标清晰； 源于学生的生活和兴趣，能够让学生进行深度学习； 体现出教师的指导和作业设计功底	A□	B□	C□	D□	E□	5%
	作业成果	过程性资料翔实； 体现出学习过程中的合作性、探究性、实践性和创新性； 成果新颖，富有吸引力	A□	B□	C□	D□	E□	14%

表 1-21　郑东新区"3 发展"作业目标及评价标准

作业类型	具体内容	评价标准	评价等级				权重
			优秀	良好	合格	不合格	
「3 发展」作业	作业设计	主题能与真实生活相对接； 内容能基于学生的生活经验、兴趣或先验知识，且能促使学生进行深度学习； 目标指向核心概念建构； 教师是助学者、共学者、导学者； 学生是自主学习者、合作者、探究者	A	B	C	D	30%
	课程理念	体现多种学科课程融合，实现完整的学习； 在解决现实问题中实现课程的生成性； 培养学生运用多学科知识解决问题的能力	A	B	C	D	20%
	评价量规	与目标相符； 有形成性评价、阶段性评价和终结性评价； 评价体现多元性和连续性	A	B	C	D	20%
	成果展示	过程性资料翔实； 体现出学习过程中的自主性、合作性、探究性和创新性； 有形成果具有提升学生综合能力的价值	A	B	C	D	30%

在接下来的入校调研中，各科教研员发现学科教师在作业设计目标叙写方面存在很大问题。以八年级数学《二次根式》这一课时为例，教师作业目标为：掌握二次根式和最简二次根式的概念。

此学习目标叙写不规范，行为条件缺乏，"掌握"是认知心理方面的动词，应替换为外显的可观察的行为方面的动词。我们倡导基于标准的教学，目标先行，但目标叙写不规范，如何做好作业设计，如何为作业评价提供依据？针对这一情况，各科教研员分批对全区的老师进行了多次直指学习目标叙写能力的专项培训，让教师对为什么要叙写学习目标、怎么叙写学习目标、叙写学习目标过程中可能出现哪些错误有了清晰的认识。经过培训，老师们的目标意识增强了，目标叙写的水平得到了很大提升。例如上例中教师修改后的学习目标为：①通过自学课本，能熟练说出二次根式的定义，会用定义判断一个式子是不是二次根式。②通过小组讨论，能说出最简二次根式所满足的两个条件的含义，会准确地把一个二次根式化为最简二次根式。

可以看出，这样的目标叙写较之以前，具有更清晰的指向性，也使学习目标更加具体可测，对课堂教学有更好的指引作用。

针对上述实际情况，我们将第一阶段作业建设的目标进行了调整（见图 1-8）。

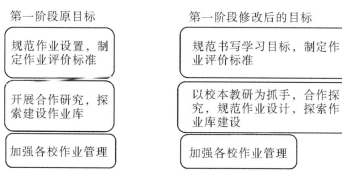

第一阶段原目标

规范作业设置，制定作业评价标准

开展合作研究，探索建设作业库

加强各校作业管理

第一阶段修改后的目标

规范书写学习目标，制定作业评价标准

以校本教研为抓手，合作探究，规范作业设计，探索作业库建设

加强各校作业管理

图 1-8　阶段性作业建设的目标调整

2015 年 4 月上旬，郑东新区教研室以校本教研培训为依托，对课堂教学常规作业进行了案例剖析和解读，旨在让校长和教务主任明确作业设计与学习目标相匹配的必要性，强调开展作业建设要与校本教研紧密结合。

2015 年 4 月中下旬，郑东新区教研室各科教研员分别以学科为单位组成作业督导专项小组，到各校指导作业建设工作，并基于调研中发现的问题，组织了各级各类的中小学校长、教务主任的沙龙交流会。沙龙交流会为解决各校在作业建设工作中存在的问题提出了许多具体可行的办法。

例：郑东新区实验学校作为"郑东新区作业建设基地学校"，部分做法：

（1）成立以高国旺校长为组长的作业建设领导小组。

（2）先后制定《郑东新区实验学校作业建设实施方案》和《郑东新区实验学校作业建设实施意见》。

（3）成立作业建设课题研究小组，积累作业建设过程资料，形成一定的课题成果，在全区进行推广，充分发挥其引领辐射作用。

为了进一步诊断教师在第一阶段作业建设中作业设计能力的动态发展情况，在各校开展校内作业初评的基础上，郑东新区教研室依据区级评价标准，举行了"郑东新区作业设计评选"活动。为第一阶段的作业成果展示会奠定了坚实的基础。

2015 年 5 月 29 日，郑东新区作业建设第一阶段成果展示会在郑东新区实验学校召开（见图 1-9）。

图 1-9 郑东新区作业建设第一阶段成果展示会

第一阶段作业建设工作的收获：

进一步规范了学习目标的叙写，清晰体现基于标准的教学目标；教师作业设计的程序模型（见图 1-10）已逐渐形成，教师的专业能力得到一定提升；规范了作业日志的使用；各学校的作业管理意识在逐步提升。

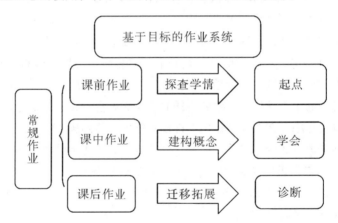

图 1-10 第一阶段常规作业设计模型

第一阶段作业建设工作的不足：

（1）第一阶段工作主要侧重于理念的更新，但老师们对课前作业、课中作业、课后作业功能的认识不到位；

（2）作业设计在知识和能力维度方面与目标的匹配不是很到位，作业设计得要么太难，要么太简单；

（3）作业库建设质量不高。

二、第二阶段：求稳（2015—2016 年）——凸显作业功能，构建常规作业体系

2015 年 6 月，郑东新区进入了作业建设的第二个阶段。结合前一阶段的工作情况，第二阶段作业建设目标为：进一步规范作业设置，构建学校作业建设工作体系，减轻学生的课业负担，促进学生发展，提升区域教育教学质量。我们具体从作业设计、作业使用、作业管理三个评价维度研制了郑东新区中小学第二阶段作业建设评价标准（见表 1-22）。

表 1-22　郑东新区中小学第二阶段作业建设评价标准

目标	评价维度	评价标准	
进一步规范作业设置，构建学校作业建设工作体系，减轻学生的课业负担，促进学生发展，提升区域教育教学质量	作业设计	目标适切，具体可测，与课程标准一致	
		作业在知识和能力维度方面与目标相匹配	
		课前作业探查学生学习起点、课中作业帮助学生建构新的概念、课后作业诊断学习效果的功能凸显	
		作业设计有梯度，体现分层	
	作业使用	基于学情，作业与课堂立体融合，课堂使用效果良好	
		学生书写，教师批改、纠错订正认真	
		作业日志与学生作业一致，体现对作业总结、反馈、矫正功能	
	作业管理	作业库	作业库中作业设计质量高，每学期有修改和更新
		作业展评	结合各校实际，依据作业评价标准，定期开展作业展评
			各校定期对作业管理工作进行反馈，梳理问题，进行改进，总结经验，表彰先进
		调查问卷	从作业兴趣、作业量及学生睡眠时间、作业的有效性等不同维度对教师和学生、家长进行问卷调查，并对数据结果进行分析，形成反馈报告

为解决第一阶段工作中存在的目标和能力不匹配的问题，我们特别强调在第二阶段作业设计中依据《布卢姆教育目标分类学》添加目标、知识、能力层级对应表格（见表 1-23）。按照布卢姆的目标分类学，知识分为事实性知识、概念性知识、程序性知识和元认知知识，而相对应的认知过程分为记忆、理解、运用、分析、评价和创造，不同知识类型和认知过程就构成了知识的建

构过程，在此过程中形成学生的学习能力。

表 1-23　作业目标、知识与能力层级对应表格

题目序号	作业指标		
	目标指向	知识类型	能力层级
问题 1			
问题 2			

为解决第一阶段老师们对课前作业、课中作业、课后作业功能认识不到位的问题，我们对常规作业系统进行了进一步的梳理（见图 1-11）。

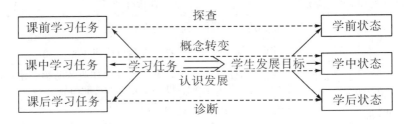

图 1-11　第二阶段常规作业系统

2016 年 1 月，在作业建设第二阶段推进中，我们参考了国内外关于"项目学习"的资料，相继学习了项目学习相关书籍，细化了《"3 发展"作业内涵与要求》，使"3 发展"作业有据可依。部分学校将项目作业进行课程化，开展基于真实情境下的项目学习，并制定了相关评价标准（见表 1-24）。

表 1-24　郑东新区第二阶段作业建设"3 发展"作业评价标准

成果类型	具体内容	评价标准	评价等级		
"三基"作业	核心概念	"三基"作业有明确的核心概念	A	B	C
	驱动问题	基于学生兴趣、切合学生实际，符合认知规律的真问题	A	B	C
	过程性资料	目标明确，思路清晰，过程性资料真实，体现学生的主体性和教师的指导作用，体现研究的合作性、探究性和实践性	A	B	C
	成果	有一定的实用性和创新性	A	B	C

2016 年 4 月 7 日和 4 月 15 日，郑东新区教研室深入各校进行作业建设专项工作调研，并举行了由全体中小学教学校长、教务主任、政教主任参加的反

馈会议，对历时一个月调研中的各校工作的优缺点及改进方向一一做了阐述。

2016年5月19日及20日，郑东新区教研室为了深入推进第二阶段的作业建设，分别在郑州市第七十八中学和郑东新区昆丽河小学举行了郑东新区中小学作业建设交流会，各校反馈了各自改进工作的实施情况。

2016年6月6日，郑东新区第二阶段作业建设会成功召开，展示了各校在此阶段作业建设的丰厚成果（见图1-12）。

图1-12　第二阶段作业建设交流会现场

第二阶段作业建设工作的收获：

进一步明确并增进了课前作业、课中作业、课后作业的功能，作业设计整体效能凸显；作业设计梯度明显，作业分层意识深入广大学科教师心中；学校作业管理效能提升，能定期开展作业展评，作业评价标准清晰、可操作，学校作业库建设稳步提升。

第二阶段作业建设工作的不足：

作业设计关注学生思维起点和思维过程较少；各校作业设计水平参差不齐；教师作业设计负担重、作业日志填写烦冗。

三、第三阶段：求新（2016—2018年）——体现评价育人，构建发展性作业评价体系

结合第二阶段的问题和皮亚杰的建构学习理论，郑东新区作业建设第三阶段目标被明确为"构建发展性作业评价体系，细化优化评价标准，丰富评价方式，以评价促进学生发展，改变学校教学生态"（见表1-25）。

表 1-25　郑东新区中小学第三阶段作业建设评价标准

总体目标 （一级目标）	二级 目标	三级 目标	评价 方式	评价标准		
深化基础教育课程改革，落实课程目标，促进学生发展（优秀作业案例和实效总结）	指向课堂效益的提升	1. 评价的设计科学	纸质查阅、反馈指导	学习目标	学习目标适切，源于课标、教材、学情；能从目标中辨析出对学生学习产生显著影响的因素；而且目标能使"教学"对学生可见	
				课前作业	课前作业能探查学生"哪儿不会""会多少""会的深浅"	
					基于学生经验、源于生活、指向清晰、没有负担	
					基于单元整体教学以问题的形式探测学情，问题具有单元关联性，学情探测功能关注学生学习已有经验与积累	
				课中作业	帮助学生"学会""会得更多""会得更深"，实现概念转变	"情境素材"的设置能引发学生的认知冲突，让学生在主动建构中理解科学概念、建立认识问题的角度
						"情境问题"的设置符合学生认识客观世界的逻辑规律，从而让学生在运用科学概念去分析、解决问题的过程中逐渐形成新的认识问题的思路 1. 问题紧扣目标 2. 问题之间有内在逻辑性，有利于概念的建构 3. 问题具有情境属性 4. 问题的设置能对优化学习方式具有助推作用
						"问题解决活动"的设置有利于学生有序整理，形成系统思维，不断提升认识能力表现水平
				课后作业	课后作业能体现"诊断"与"发展"双重功能，即诊断学生"会了没""会多少""会得有多深"，并适当进行拓展延伸；须与学习目标在逻辑上、内涵上一致；能够突出"基于认识发展、回归社会生活、适当抽象综合"的特点	
					课后作业开放性习题重点关注知识的迁移，发展学生新情境下解决问题的能力	
				每一学习任务要与学习目标相匹配		
				作业设计有梯度，有分层意识		
		2. 评价的实施有效	课堂观察	1. 课中作业以任务驱动的形式与课堂教学有机融合，侧重建构概念，发展能力 2. 教师、学生、环境形成有效反馈机制，能做到以评促教		
		3. 学习方式的优化	表现评价	1. 全班不同层次的学生参与学习的全过程，而且有充分参与的时空 2. 能进行有效的合作、探究、交流，针对真问题，思维能有效碰撞		
		4. 核心素养的提升	纸笔测验、表现评价	1. 课堂重心在传授知识技能的基础上凸显学生深度参与"新知"的建构过程 2. 提升在真实情境下解决问题的能力，并能升华出积极的情感态度 3. 学习目标达成度高		

表1-25（续）

总体目标（一级目标）	二级目标	三级目标	评价方式	评价标准
深化基础教育课程改革，落实课程目标，促进学生发展（优秀作业案例和实效总结）	指向教研质性突破	1. 教师专业能力的提升	访谈、问卷	1. 教研组听评课活动能重点以作业为切入点，探讨与评测作业设计、功能发挥、实施的合理性与课堂效益的关系 2. 教研组定期开展作业建设专题校本教研，及时解决作业设计、使用、评价中的过程性问题，同伴互助氛围良好，作业设计专业能力呈螺旋上升态势
		2. 作业校本资源的形成	纸质材料	1. 结合校本教研，定期对作业设计与实施进行修改完善，形成了校本作业资源库 2. 作业库作业功能凸显，与目标匹配，作业库使用效果好
	指向学校教学生态的改善	1. 数据指数的良性关联	材料查阅与调研相结合	1. 学校各项教育体检绿色指标多项高于常模 2. 作业指数和睡眠指数与学业成绩、师生关系、学习压力等成正相关 3. 增值性评价成效明显
		2. 作业管理的良性关联		1. 定期进行作业展评，发现问题，反馈教学，助力有效的道德课堂形态的形成 2. 师生具备良好的精神风貌，作业建设立足于核心素养，助力学生全面发展 3. 校长课程领导力强，作业减负增效效果明显

针对第二阶段作业设计、教案、作业日志繁重的问题，郑东新区教研室指导各校将三者融为一体，以期体现作业设计与课堂教学的紧密结合，发挥作业建设在推动课堂变革、关注学生学习过程中的具体作用。这就开始了郑东新区中小学第三阶段作业建设。

郑东新区组织各中小学教学校长参加"3.0学校：全球背景下，情怀、科学、专业的实践研讨班"，学习北京中关村第三小学开展"真实的学习"的经验，落实核心素养，培养全面发展的人，让孩子在真实的学习情境中，学习解决真实世界的问题。郑东新区中小学第三阶段"3发展"作业评价标准见表1-26、表1-27。

表1-26　郑东新区中小学第三阶段"3发展"作业评价标准1

一级指标	二级指标	评估等级		
		A	B	C
目标设计	课程标准	融合后的目标叙写适切，经过融合后所涉及相关学科课程标准内容的描述准确	融合后的目标叙写基本适切，经过融合后所涉及相关学科课程标准内容的描述较为准确	能列举多学科课程标准及其内容，但缺乏有机整合

表1-26(续)

一级指标	二级指标	评估等级		
		A	B	C
环节设计	学习主题	在真实的生活情境中，能够基于学生经验、认知水平，激发学生探究的热情，具有一定的挑战性	有一定的真实生活情境，基本能够基于学生经验、认知水平进行设计，也能激发学生探究的热情	没有真实的生活情境，不能基于学生经验、认知水平进行设计，无法激发学生探究的热情
	问题设计	适合学生探究的复杂的、非良构问题，能够引发学生持续研究	较适合学生探究的复杂的、非良构问题，基本能够引发学生持续研究	不适合学生探究的复杂的、非良构问题，不能引发学生持续研究
	任务设计	具有整体性、功能性、层次性的特征，与目标相匹配	基本具有整体性、功能性、层次性的特征，基本能与目标相匹配	不具有整体性、功能性、层次性的特征，不能与目标相匹配

表1-27　郑东新区中小学第三阶段"3发展"作业评价标准2

评价维度	评价目标	评价标准	评价等级（用"√"勾选）					权重
			十分优秀	优秀	良好	合格	不合格	
学习目标	学习目标与评价标准相一致，目标指向核心概念建构	同一主题下各学科在课程标准下实现课程资源的整合，整合内容具有科学性；突破学科专业壁垒，体现教学过程中的协同创新；能基于学生的生活经验、兴趣或先验知识，且能促使学生进行深度学习；培养学生的科学精神、勇于探究精神、批判质疑精神、合作能力等核心素养	A□	B□	C□	D□	E□	20%

表1-27（续）

评价维度	评价目标	评价标准	评价等级（用"√"勾选）					权重
			十分优秀	优秀	良好	合格	不合格	
学习评价	学生能够形成对话，思考并产出学习内容	提出问题，要求学生必须在思考后表达出他们对学习内容的理解，包括核心概念、解决步骤、推理、解决问题及探索；学生能在回答中用精确的语言对内容进行重述；学生能积极回应其他同学的观点和问题	A□	B□	C□	D□	E□	20%
活动设计	多种指导性支持方式展示活动内容	视觉支架，例如思维导图或视觉展示（图片、插图、视频、PPT）；语言支架，例如学生小练笔、口头回答、情境剧展示；模型支架，例如学生作品；结构性小组合作（思维结对共享、小组合作或结伴合作）	A□	B□	C□	D□	E□	30%
主体参与	教师为学生提供参与有意义的学习任务的机会，以巩固他们掌握的知识内容	联系或运用学生的先验知识；联系或利用学生的背景或兴趣；学生参与真实的学科活动；让学生通过各种方式使用概念、推理、解决问题/探索，以渗透对内容的理解	A□	B□	C□	D□	E□	30%

　　为妥善解决课中作业设计关注学生思维起点和思维过程较少的问题，2016年11月9—11日，郑东新区作业建设第三阶段培训会分三场在郑州市第九十三中学、郑东新区昆丽河小学、郑州市第八十八中学召开。培训聚焦作业与课堂教学的融合。

2017 年 3—4 月，郑东新区教研室各学科教研员深入每所学校，以课例为依托对各校教研组长、骨干教师进行面对面作业设计培训，收到了良好效果。

2017 年 5 月 26 日，郑东新区成功召开了第三阶段作业建设展示会（见图 1-13）。

图 1-13 郑东新区第三阶段作业建设展示交流会现场

第三阶段作业建设工作的收获：

作业设计关注学生的学习过程，强调学生深度参与新知的建构过程；作业与课堂教学一致，由"作业关联教学"向"作业改进教学"转型，作业建设与教学改革的匹配度较高；校本作业的使用效果得到师生、家长的好评。

第三阶段作业建设工作的不足：

在作业设计体现思维过程方面，教师设计能力有所欠缺；教师在作业设计中，真实情境化设计能力欠缺；各校作业设计质量参差不齐的情况亟待有效解决。

经过三个阶段的推进，教师在学习目标叙写，课前、课中、课后的功能定位，作业内涵把握等方面的能力都得以提高，越来越认识到作业建设是有效落实学习目标的需要，是促进学生思维发展、能力提升和精神成长的需要；是践行道德课堂理念，实现减负增效的需要。学生学习任务系统见图 1-14。

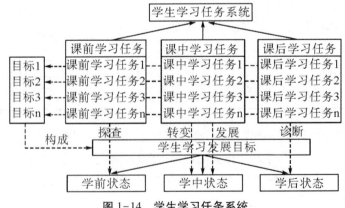

图 1-14 学生学习任务系统

四、第四阶段：求变（2018—2020 年）——聚焦核心素养，尝试大作业设计

针对前期作业中存在的问题，第四阶段的作业建设的目标是："基于单元视角运用作业评价系统促进学生核心素养的发展，'3 发展'作业能准确形成项目学习作业体系，能使学生在项目学习中走向深度学习。"（见表 1-28、表 1-29）

表 1-28　郑东新区中小学第四阶段常规作业建设评价标准

总体目标	任务分解	具体任务	评价标准
1. 有效补充课堂教学 2. 增强单元知识之间的联系 3. 呈现作业的真实情况，充分发挥作业的评价作用 4. 落实减负增效的要求，让作业促进每个学生的全面发展	构建单元作业目标	目标维度	1. 承载学科思想方法，指向学科核心素养发展 2. 依据单元学习目标，从识记、理解、运用、综合四个能力层级中提炼出单元作业目标，紧扣教学内容，指向学生学习的诊断与发展 3. 结构清晰，具有认知能力层级性和递进性 4. 与学情匹配，符合学生年龄特点，关注不同学生的学习水平
		整体性	1. 整体思考，统筹规划整个单元和单元内各课时作业内容 2. 形成知识网络，关注作业系统性 3. 考虑每课时知识层次之间的内在联系，循序渐进、由浅入深、由易到难、从简单到复杂
	设计作业内容	典型性	1. 依据教学重点，精心设计有代表性、覆盖面大的作业 2. 做到优质少量，科学安排作业内容、作业方式、作业数量，提升作业时效 3. 按照从基础到变式，从单项到综合，再到实践开放的顺序，关注学生对知识掌握的各个层级 4. 能促进单元概念的迁移应用，能激发已学知识、生活体验和当前学习内容之间的意义关联
		差异性	1. 作业类型多种多样，不拘一格，分布合理，丰富学生解决问题的生活体验 2. 考虑学生在不同水平和能力上的个体差异，照顾不同学生的学习需求

表 1-29 郑东新区中小学第四阶段 "3 发展" 作业建设评价标准

评价要素	评价标准	评价等级				权重
		优秀	良好	合格	不合格	
驱动性问题设计	问题来自真实的世界；基于学生的经验和兴趣；遵循真实性、有效性、挑战性原则，指向学科关键概念或领域核心经验	A□	B□	C□	D□	20%
学习目标设计	落实基于课程标准的目标要求；具有明确评估的具体素养	A□	B□	C□	D□	20%
学习成果设计	学生使用真实的资源、工具、材料，运用高阶思维解决复杂的、开放性的问题，产生真实的学习结果（完成某项任务/形成某个产品）	A□	B□	C□	D□	20%
学习任务设计	任务设计有明确的具体的任务要求；具有一定的完整性，便于综合能力的培养；体现系统性，促进知识技能的转化；有层次和梯度，由易到难，层层深入，满足不同学生的需要	A□	B□	C□	D□	20%
评价设计	运用表现性评价评估学生学习过程与学习结果，评价量规具有完整性、清晰性、实用性、合理性的特征	A□	B□	C□	D□	20%

2018 年 12 月 19 日，郑东新区作业建设第四阶段展示交流会在郑东新区实验学校举行（见图 1-15）。

第四阶段作业建设工作的收获：作业设计基本能承载学科思想方法，指向学科核心素养发展；紧扣教学内容，指向学生学习的诊断与发展；探索出了富有东区特色的 "3 发展" 作业设计模型和实践课程体系（见图 1-16）。

第四阶段作业建设工作的不足：单元作业还不够深入，教师单元作业设计能力欠缺；教师的单元作业设计缺乏整体性和系统性。

图 1-15　第四阶段作业展示交流会现场

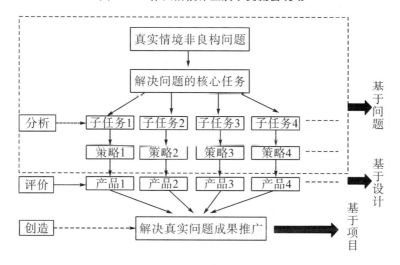

图 1-16　第四阶段"3 发展"作业设计模型

五、第五阶段：求精（2020 年至今）——立足单元设计，促进学生深度学习

我们着手在全区推进单元作业设计，从而打破课时的视野局限，改变碎片化、浅表化的"知识点"作业呈现方式。在作业建设第五阶段，我们的单元作业设计是新课标倡导的"大主题""大项目"理念下，运用项目学习的形式，落实学科素养的重要载体，目标是"立足单元作业设计，促进学生深度学习"。2020 年，郑东新区作业建设工作进一步提升站位，设置 13 所中小学试点学校，视角从关注单一的课时作业转换到关注学科核心素养的单元作业系统的建构，精准设置单元作业目标，科学设计单元作业内容，运用作业评价属性表调整作业设计。教师在课堂教学中要以单元作业为抓手，以评促教，使教、学、评有机结合，充分发挥作业的评价功能，站位单元，提升教学实效。

教师在单元作业设计过程中，要以学科核心素养及其进阶发展为目标，提炼单元学科思想方法和大概念，体现单元目标、单元情境、单元学习任务、单元学习活动和单元学习评价的一致性。教师能在学生已学知识的基础上，整合分析单元知识，突出作业主题，留出时间增加提升高阶思维的练习，同时也减轻学生不必要的作业负担。学生在经过了单元系列知识点的提炼和深化后，能在结合实际生活的主题中运用知识，才能真正提升其学科知识的运用能力。我们以单元作业设计为抓手，进一步提升学生核心素养，注重加强学生掌握核心学科知识、批判性思维和复杂问题解决、团队协作、有效沟通、学会学习、学习毅力六个维度的基本能力（见表1-30）。

表1-30　郑东新区中小学第五阶段作业建设评价标准（部分）

单元作业设计评价标准		
学习目标	1. 承载学科思想，指向学科核心素养 2. 源于课标、教材、学情 3. 各目标之间有一定的逻辑关系 4. 目标适切，核心概念明确，行为动词可操作，能从目标中辨析出对学生学习产生显著影响的因素 5. 目标能使"教学"对学生可见	
课前作业	以问题的形式探测学情，问题具有关联性，学情探测功能关注学生已有经验与积累	
	课前作业能探查学生"哪儿不会""会多少""会的深浅"。 基于学生经验、源于生活、指向清晰、没有负担	
课中作业	帮助学生"学会""会得更多""会得更深"，实现概念转变	"情境素材"的设置能引发学生的认知冲突，让学生在主动建构中理解科学概念、建立认识问题的角度
		"情境问题"的设置符合学生认识客观世界的逻辑规律，从而让学生在运用科学概念分析、解决问题的过程中逐渐形成新的认识问题的思路 1. 问题紧扣目标 2. 问题之间有内在逻辑性，有利于概念的建构 3. 问题具有情境属性 4. 问题的设置对优化学习方式具有助推作用
		"问题解决活动"的设置有利于学生有序整理，形成系统思维，不断提升认识能力的表现水平
课后作业	课后作业能体现"诊断"与"发展"双重功能，即诊断学生"会了没""会多少""会得有多深"，并适当进行拓展延伸；须与学习目标在逻辑上、内涵上一致；能够突出"基于认识发展、回归社会生活、适当抽象综合"的特点；作业设计有梯度，有分层意识	
	单元综合作业设计具有综合性、开放性，注重知识的迁移与运用，发展学生新情境下解决问题的能力	

表1-30（续）

单元"3发展"作业设计评价标准	
学习目标	1. 基于学生核心素养，落实基于课程标准的目标要求 2. 源于课标，目标详细可测，能统领评价任务 3. 以问题为驱动，活动设计完整、具体，指向学生关键能力的提升
基于设计的作业	1. 以"主题设计"为中心，运用设计方法解决问题、建构知识，促进学生的个性发展 2. 依据教师给出的主题，设计、制作出需要理解并应用知识的作品 3. 提高学生的学习兴趣、问题解决能力、反思与参与能力和合作意识，提升学生的实践创新能力
基于问题的作业	1 研究有意义的、开放性的具有多种解决策略的非良构问题 2. 问题应该与学生的经历产生共鸣，促进讨论、提供反馈的机会以及允许对概念的反复接触和理解 3. 通过问题的解决，促进学生对知识的迁移应用 4. 通过问题的解决，提升学生的证据推理和创新意识，发展学生的社会责任感等
基于项目的作业	1. 有一个特定的项目主题，学生围绕核心概念，以问题驱动展开实践探究，在活动中建构起新的知识体系 2. 项目主题来源于现实生活，强调活动的真实性和实践性 3. 活动过程由学生管理、选择、设计，强调协作，相关学科教师进行指导，教师、学生和有关机构组成一个学习共同体，密切合作 4. 活动过程中学生使用各种认知工具和信息资源来陈述观点，开发设计评价标准支持探究性学习

2019年5月21日下午，郑东新区作业建设第五阶段培训交流研讨会在郑东新区实验学校举行。2020年10—11月，郑东新区教研室深入各学校的单元项目式学习课堂，以"核心驱动性问题"为依托，进行大融合、大主题的单元作业设计，并对各校教研组长、骨干教师进行主题式和示范课形式的作业设计培训，收到了良好效果。

第三节 "1基础+3发展"取得的成效

（一）建构了作业体系，提升了教师作业设计的专业能力

郑东新区作业建设开展五年多来，教师们在校本教研中领会作业建设的内涵，优化完善作业设计，使作业成为"教—学—评"一致性高效课堂的评价载体，从而促进师生共同发展。主要成果表现在以下四个方面：

1. 构建了"1基础+3发展"的作业体系

作业建设工作建构起了以评价育人、提升学生核心素养为目标的作业体系

——以常规作业为核心、"3发展"作业为羽翼的"1基础+3发展"作业体系（见图1-17），丰富了作业的内容，拓展了学生的知识宽度，也提升了教师的作业设计能力和对教材的研究能力。常规作业体系的应用使教师对课前作业、课中作业、课后作业的功能定位越来越清晰，能够从学生最近发展区设置课前作业，围绕知识的呈现、知识架构到学生能力提升来设置课中作业，以布卢姆二维目标分类理论为依据设置课后作业，诊断效果。在作业设计的学习任务中侧重建构概念，知识所承载的"方法、能力和学科思想"在作业建设的过程中有了明显的体现。教师作业设计能力的提升，推动了课程评价改革和课程重构，课堂效率也得到提高。"3发展"作业的设计丰富了作业的内容，启发了学生的探究欲望和创新能力。

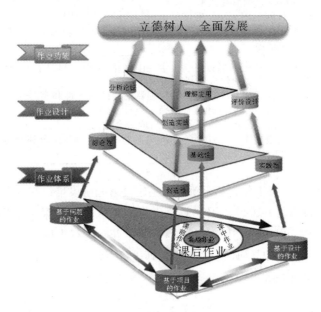

图1-17　"1基础+3发展"作业体系

下面以八年级数学《不等式的基本性质》在不同时期的作业设计来看老师们课中作业设计能力的发展。

该教材教学第一阶段的作业设计：

不等式的基本性质1　不等式的两边都（　　　），不等号的方向（　　　）。

不等式的基本性质2　不等式的两边都（　　　），不等号的方向（　　　）。

不等式的基本性质3　不等式的两边都（　　　），不等号的方向（　　　）。

总结不等式的三条基本性质间的区别和联系是什么，与等式的基本性质有什么区别。

第一阶段的作业设计只关注学生知道不等式的基本性质这一结果，没能放手让学生去发散思维，用挖空式的题目来得到老师想要的和课本上一致的标准答案。

该教材教学第二阶段的作业设计：

用自己的语言总结出不等式的基本性质，每条基本性质的区别和联系是什么？与等式的基本性质有什么区别？

第二阶段的作业设计关注了学生的深度思考与总结。

该教材教学第三阶段的作业设计：

请类比等式的基本性质，用自己的语言说出不等式的基本性质，每条基本性质的区别和联系是什么？举例说明不等式的基本性质与等式的基本性质有什么区别。

第三层次的作业设计传递给了学生思考的方法，体现了数学教学中数学思维的渗透；同时要求学生举例说明两种性质的不同，形成了对知识理解的小循环。

2. 提升了作业设计与课堂教学的融合度

老师们精心设计出的作业，目标、知识、能力定位一致，力争让评价设计先于教学设计。课中作业由相应评价任务组成，而这些任务又由相应的问题来驱动，在教学实践中逐步实现作业设计与教学设计的和谐统一。下面以生物《开花和结果》这节作业设计为例来看作业设计与课堂教学融合度的提升（见表 1-31）。

表 1-31　《开花和结果》作业建设一、三阶段课前作业对比

课前作业	
作业建设第一阶段	作业建设第三阶段
1. 一朵花的最重要部分是_____和_____。雌蕊由_____、_____和_____组成，雄蕊由_____、_____两部分组成 2. 小麦、水稻、豌豆的传粉方式是_____传粉；还有一种传粉方式即_____传粉，玉米的果穗常有缺粒，主要是由于传粉不足引起的，为了弥补自然状态下的传粉不足，人们常给植物进行_____ 3. 受精的过程：花粉落到柱头上后受到黏液的刺激萌发出_____，花粉管穿过_____，进入_____到达_____，花粉管中的精子进入胚珠内部，胚珠中的_____与精子结合形成_____ 4. 受精作用完成后，花萼、雄蕊以及雌蕊的柱头和花柱一般都会凋落，只有_____发育成果实	1. 生物圈中最大的花是"大王花"，猜测一下该花的直径，最小的花是"无根萍"，猜测一下该花的直径。 2. 春天里百花盛开，蜜蜂和蝴蝶总会在花丛中飞舞，这是为什么呢？ 3. 许多花凋谢后就会长果实，长出果实与花的哪些结构有关呢？

最初的课前作业,是教材中重要知识点的摘抄,然后将其中一些关键字词以"挖空"的形式呈现出来,仅考查了学生记忆事实性知识的情况,无法反映学生对教材核心内容的个性化解读与思考,不利于学生学习能力的提升。改进后,教师针对三个目标各设置一道生活化的问题,学生没有任何负担,这样的作业体现出学习的情境化,提升了学生的认知能力。《开花和结果》作业建设一、三阶段课中作业对比见表1-32。

表1-32 《开花和结果》作业建设一、三阶段课中作业对比

课中作业	
板块一:花的结构(指向目标1)	
作业建设第一阶段	作业建设第三阶段
学习活动一:4人一组,阅读课本,将百合花结构粘贴在纸上。 学习活动二:展示桃花图片,你能说出相对应的花的结构吗?	学习活动一:观看教师演示解剖扶桑花,清楚解剖花的方法和顺序。 学习活动二:分工合作解剖百合花,并将结构粘贴在纸上。 学习活动三:观察扶桑花和百合花的结构图,思考花都具备哪些相似的结构? 学习活动四:展示桃花卡纸,你能将名称放在相对应的结构上面吗?

可以看出,最初的课中作业中,"活动一"只是让学生观察百合花,之后再让学生观察桃花的图片来了解其结构,学生刚接触就认识这么多花的结构是十分困难的。修改后,课中作业首先是教师演示,之后学生分别解剖和观察两种不同的花,了解花都具备相似的结构,这样通过丰富的材料为学生的知识概念的形成提供支撑,有利于学生对新知的建构。

从以上例子可以看出,郑东新区经过三年的作业建设推进工作,教师作业设计的理念和设计方式已经发生了改变,作业设计的有效性得到了提高。作业设计已经与课堂教学高度融合,也成了落实"教—学—评"理念的一个有效工具。

3. 形成了郑东新区作业表现性评价标准,作业评价标准的制定保证了作业设计的科学性和严谨性

作业评价标准是对学生作业完成内容和水平做出的衡量、评价规则,评价标准要先行制定。不够细致、操作性不够强的评价标准无法测量出不同学习程度的学生或学生的不同学习阶段所达到的能力水准。作业建设的推进,使教师作业评价标准制定能力得到了一定的提升(见表1-33、表1-34、表1-35)。

表 1-33　历史学科作业评价标准（摘取）

作业类型	评价标准
实践类	学生参与实践、深入调查，搜集的资料真实，有自己的观点的为优；学生参与实践、深入调查，搜集的资料真实，没有自己的观点的为良；学生参与实践、深入调查，搜集的资料不真实，没有自己的观点的为不合格
制作类	能够体现知识点的内在联系，构建新的知识体系，史实正确，结构合理为优；能够体现知识点的内在联系，不能构建新的知识体系，史实正确，结构合理为良；不能够体现知识点的内在联系，没有构建新的知识体系，史实正确，结构合理为不合格
表演类	这类作业主要是教师、学生的语言评价，从表演的语言、神情、动作等能否体现历史场景、历史人物等方面进行评价

表 1-34　生物学科《眼球》课时作业评价标准（摘取）

题目序号	作业指标		
	目标指向	能力层级	评价标准
问题 1	目标 1	了解	能准确识别的为 A，需要在教师的引导下完成的为 B，不能完成的为 C
问题 2	目标 1	理解	能准确说出结构名称和相对应的功能的为 A，需要在教师的引导下完成的为 B，不能完成的为 C
问题 3			

表 1-35　数学学科《平行线的证明》课时作业评价标准（摘取）

题目序号	作业指标		
	目标指向	能力层级	评价标准
问题 1	目标 1、2	理解	能用至少一种方法说明结论的正确性，并能用几何语言规范地写出证明过程
问题 2	目标 1、2	应用	
问题 3	目标 1、2	应用	能用非垂直的方法在纸上折出平行线，抽象出几何图形，规范写出折线平行的证明过程

　　作业评价标准既是作业设计内容的科学性、严谨性的有效保障，也能让学生对作业完成情况进行有效估判，有利于学生的学习与成长。

　　4. 初步形成了单元作业设计的模式

　　教师通过对单元作业的初步实践，探索单元作业设计的有效实施途径，形成一整套的理论体系和行之有效的操作办法。教师能站位单元进行作业设计，明确单元作业设计的内涵和设计要点，构建知识网络，切实转变教学观念，在研究的过程中提升专业素养、教学能力和理论研究的能力。学生能自主构建知识体系，通过完成教师设计的单元作业或单元任务，能对学习目标、学习过程、学习结果有全方位的认识，创新思维得到提升，实现深度学习。

（二）作业建设数据指向学生核心素养的发展

作业建设推进后，郑东新区教研室对郑东新区中小学作业问题再一次进行问卷调查，调查数据显示：认为作业量大的学生占比，小学阶段的比例下降了18.35%，中学下降了21.27%；认为作业有指向性与针对性的学生占比，小学提高了20.88%，中学提高了19.73%；认为作业能自主设计的学生占比，小学提高了8.81%，中学提高了8.24%；认为作业有层次性的学生占比，小学提高了8.47%，中学提高了29.84%。各项数据有力地说明了随着作业建设的开展，教师的教学方式、作业设计能力、作业实施方式正在发生积极的改变，学生的学习方式也因此而发生了积极的变革（见图1-18、图1-19）。

图1-18　郑东新区2014年、2017年小学生作业问卷调查追踪对比

图1-19　郑东新区2014年、2017年中学生作业问卷追踪对比

郑州市区域教育质量健康体检数据显示，2015—2017 年这三年，郑东新区的作业指数逐年攀升，分别是 13、48.04、50.23。2015 年郑东新区作业指数高于郑州市 2.07 个点，2016 年、2017 年郑东新区作业指数均高于郑州市 6 个点以上，郑东新区作业建设工作取得了一定成效（见图 1-20）。

图 1-20　郑东新区 2015 年、2016 年、2017 年作业指数与郑州市作业指数对比分析

根据郑州市教研室统一组织的学业水平测试数据，我们跟踪了作业建设开展以来 2014 级入学成绩位于后 25% 的学生的学业水平发展状况，发现这部分学生在七年级下学期的成绩低于郑州市平均分 7 分，至八年级下学期则高于郑州市平均分 8 分，到九年级上学期高于郑州市平均分 15.2 分。可见，作业建设有助于后进生的转化工作（见图 1-21）。

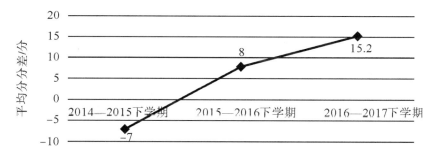

图 1-21　2014 级入学成绩位于年级后 25% 的学生三年来学业成绩跟踪
（与郑州市同级学生平均分对比分析）

（三）作业建设研究硕果累累

我们以作业建设研究为抓手，推进了区域作业设计的研究与实践，在研究方面取得了丰硕的成果。郑东新区作业建设课题获河南省优秀成果一等奖 5 项，二等奖 5 项，共计 10 项；重点课题获郑州市优秀成果二等奖 2 项，一般课题获郑州市优秀成果一等奖 12 项，二等奖 15 项，三等奖 4 项，结项 2 项，共计 35 项（见表 1-36）。

表 1-36　郑东新区作业建设课题获河南省优秀成果奖项一览表

序号	年度	证书编号	课题题目	作者	主持人单位	获奖等级
1	2019	豫教（2019）16094 号	基于核心素养开展"真实的学习"的实践研究	杨鸣、张金龙、梁秋丽、崔芳、邓洁琼、陈莉	郑州市郑东新区基础教育教学研究室	河南省教育科学研究优秀成果一等奖
2	2019	豫教（2019）16063 号	基于"项目学习"对促进学生发展核心素养的研究	崔芳、邓洁琼、陈莉、王秋阁、张金龙、李珍	郑州市郑东新区基础教育教学研究室	河南省教育科学研究优秀成果一等奖
3	2017	豫教（2017）18537 号	基于任务学习的初中英语作业设计的实践研究	王允、赵玲、王红侠、王琰、龚亚楠、程豫穗	郑州市郑东新区基础教育教学研究室	河南省基础教育教学研究项目优秀成果一等奖
4	2019	豫教（2019）16582 号	初中化学小测形式课后作业（FM 向前冲）实践研究	李珍、吴金兰、刘婷、陈婷、蔺萍萍	郑州市郑东新区基础教育教学研究室	河南省教育科学研究优秀成果二等奖
5	2015	豫教（2015）05017 号	初中历史个性化作业设计策略研究	于永仙、王保平、潘晓菲、陈梦冉、林俊俊、尚雪丽	郑州市郑东新区基础教育教学研究室	河南省教育科学研究优秀成果二等奖
6	2020	豫教（2020）24622 号	项目学习促进小学多学科融合的实践研究	刘炜、景晓妍、陈瑞华、尹冬梅、林丛、李静华	郑州市郑东新区康宁小学	河南省基础教育教学研究项目优秀成果一等奖
7	2018	豫教（2018）05651 号	初中数学友善用脑理论下作业设计策略的研究	申春丽、冯伟丽、常欣欣、朱棱杰	郑州市第九十四中学	河南省教育科学研究优秀成果一等奖
8	2017	豫教（2017）18664 号	小学语文低段亲子作业的实践与探索	周伟建、时广郑、赵晓娜、拜然、苗改歌、谢莹莹	郑州市郑东新区心怡路小学	河南省基础教育教学研究项目优秀成果二等奖
9	2020	豫教（2020）21524 号	友善用脑理论下初中数学作业设计与应用研究	冯伟丽、杜惠芬、李慧娟、申春丽、常晓欣、朱棱杰	郑州市第九十四中学	河南省教育科学研究优秀成果二等奖
10	2018	豫教（2018）06102 号	新课程标准下小学英语中段"生活化"作业探究	王真、周建春、焦璐、李月月、谢小青	郑州市郑东新区永平路小学	河南省教育科学研究优秀成果二等奖

（四）"3 发展"作业促进了教师教学方式、学生学习方式的转变

教师在"3 发展"作业实施过程中，教学方式发生了转变，教师本身成为

活动任务的设计者、核心问题的界定者、驱动性问题的设计者，由此带动学生学习方式也发生改变，开展自主、合作、探究式的学习，最终使得学生的认知能力和情意能力等综合能力得到提升。

从 2017 年教育质量健康体检项目的测试结果来看，郑东新区的教学方式指数是 50，郑州市是 49，郑东新区高于郑州市，在各区的排名中占据第 3，教学方式明显占据优势（见图 1-22）。我们再来看各区教学方式指数与 2016 年测试结果的对比（见图 1-23）。

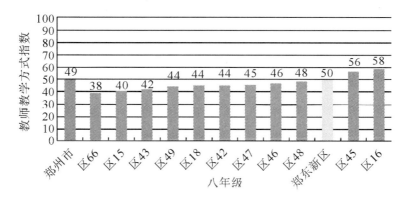

图 1-22　教师教学方式指数

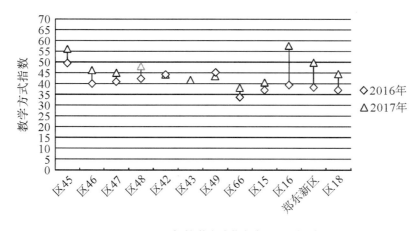

图 1-23　2017 年教学方式指数与 2016 年对比

图 1-23 是八年级不同区县不同年度的教师教学方式指数。这是教育质量健康体检项目在 2017 年 10 月对九年级的测试结果，◇ 表示的是 2016 年的教学方式指数，△ 代表的是 2017 年的教学方式指数。从图 1-23 中可以看到，郑东新区 2017 年教学方式指数是 50，2016 年教学方式指数是 39，2017 年教学方

式指数同比提升了 11 个点。

（五）作业建设的发展与反思

通过五年多的积极探索与实践，郑东新区初步实现了作业设计的模型建构、作业建设评价标准的制定，开发和完善了相关学科的典型作业设计案例，有效促进了全区教师作业观的转变，提升了教师专业发展水平，推进了区域教育质量的全面提升。但作业功能的科学化、作业目标的精准化、知识与能力匹配的专业化、评价标准的合理性等还需深入研究与实践。同时，在解决各校、各学科发展的不平衡性问题，以及各校优秀成果共享、信息化方面，我们也在进行着积极的探索。下一步郑东新区作业建设的发展方向是紧紧围绕学生的核心素养，完善基于单元的作业设计，力求通过单元作业的设计与实施促进学生的深度学习。

第二章 "1 基础+3 发展" 经典案例

第一节 对人教版教材《数学》五年级上册 第六单元《多边形的面积》的单元作业设计

【作者信息】王艳珍 陈莉 任兰兰 岳姗姗①
【适用年级】五年级

一、对人教版教材《数学》五年级上册第六单元《多边形的面积》的常规 作业设计

说明：本部分内容是人教版教材五年级数学上册第六单元的《多边形的面积》的常规作业设计。该设计以通泰路小学五年级 1~4 班的卫生区域的合理划分为背景进行学习内容的整合，既有利于激发学生探索的欲望，又有利于学生对知识的整体建构与迁移应用。

1. 课标内容及要求

课标内容：

（1）探索并掌握三角形、平行四边形和梯形的面积公式，并能解决简单的实际问题。

（2）会用方格纸估计不规则图形的面积。

课标要求：

这部分内容属于图形与几何，需要学生经历探索的过程，不能只知道公式，应该通过动手操作、合作探索得到平行四边形、三角形、梯形的面积公式，并能够灵活运用这些图形的面积公式解决生活中万变的图形面积。常规作

---

① 王艳珍、岳姗姗为郑东新区通泰路小学教师，陈莉、任兰兰为郑东新区基础教育教学研究室教研员。

业设计以通泰路小学五年级 1~4 班卫生区域面积划分的内容为载体发展学生的推理能力、几何直观和空间观念。

2. 教材及学情分析

教材分析：

《多边形的面积》属于图形与几何领域的内容，这部分内容是多边形面积学习的基础，它为学生学习圆的面积奠定基础。原教材采用一课时推导一个图形面积公式的形式，割裂了这些图形面积公式的推导本质，不利于学生系统建构面积公式模型。因此本作业设计突破了这个障碍，把三角形的面积和梯形的面积公式的推导整合在一起，让学生在深度探索与交流中发现这些图形面积公式的本质就是底乘高。这样能有意识地培养学生的空间观念，加强对学生的数学应用意识和解决实际问题能力的培养。

学情分析：

五年级的学生已经掌握了这些常见图形的特征、画高的方法以及长方形、正方形的面积公式，同时五年级的学生已经具有小组合作探究的经验与能力。为了更准确地掌握这些学生对多边形面积的了解程度，我们设计了单元前测内容，并做出了学情分析。

之后，我们得出结论：学生对于已经学习过的长方形和正方形的面积公式掌握得并不牢固；对平行四边形面积是否为邻边相乘是需要在学习过程中重点讨论的。如何使学生有转化意识，从而获得"将未知图形通过割补、拆分等转化为已知图形"的经验也是非常重要的；同时，转化前后的图形面积以及各要素之间的关系是获得平行四边形面积的又一关键。

单元知识与数学素养的关系：

根据五年级学生的心理、生理特点以及学生的基础知识和能力的起点，我们梳理出单元知识与数学素养之间关系的单元目标，如下：

（1）通过查阅课本、书籍，网络查找，咨询父母、老师、同学等学习方式，知道多边形和组合图形的含义和特点，并能把组合图形分割或添补为基本的平面图形，从而培养学生的推理能力和创新意识。

（2）通过数、剪、拼、摆、实验观察、自主探索、小组交流汇报等活动，探索并掌握平行四边形、三角形、梯形的面积公式，并能解决生活中一些简单的实际问题。培养学生的量感，并逐步提高学生的运算能力。

（3）通过拼、剪、小组交流等活动，能正确计算组合图形和不规则图形的面积，体会并运用转化思想，从而发展学生的空间观念和几何直观。

数学核心素养细化：

基于以上三点，再结合数学的核心素养——数感、量感、符号意识、运算能力、几何直观、空间观念、推理意识、数据意识、模型意识、应用意识与创新意识，我们对于本单元涉及的数学核心素养做出细化，如图 2-1 所示。

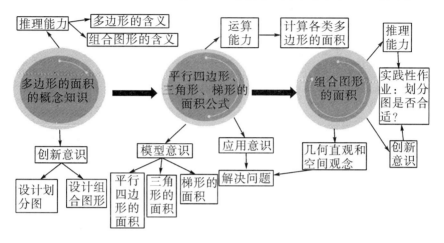

图 2-1　多边形面积的核心素养细化

本单元多边形面积的大概念架构见图 2-2。

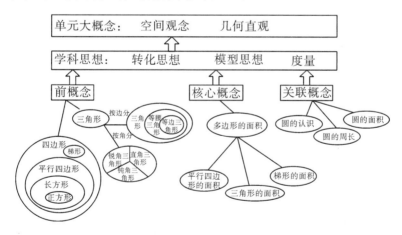

图 2-2　多边形面积的大概念架构

3. 作业设计展示

课前、课中、课后学习任务逻辑透视见表 2-1。

表 2-1　课前、课中、课后学习任务逻辑透视

阶段	学习任务	逻辑关联	状态	备注
课前	1. 学生在用七巧板摆出图形并说出图形名称的游戏中，完成对已经学习过的常见图形的认知。这用以探查学生对常见的平面图形知识的掌握情况	探查	93.75%的学生对常见的平面图形能够辨认出来，这为后续学生自主探索它们的面积公式奠定了基础	
	2. 学生在方格纸中画出所摆出的图形和画出这个图形的高。这用以探查学生对常见平面图形特征和画高相关的知识掌握情况		46.9%的学生可以根据用七巧板拼摆出的图形形状，把它们画在方格纸上，可是只有15.63%的学生可以把它们的高正确画出。这说明学生对于平行四边形、三角形、梯形的特征以及高还不是很理解	
	3. 学生在所画图形中说出它们的面积公式以及推导过程。这用以探查学生对长方形、正方形、平行四边形、三角形、梯形等平面图形面积公式的认识情况		学生知道平行四边形、三角形、梯形的面积公式的很少，而对于它们的面积公式的推导过程了解得就更少了	

表2-1(续)

阶段	学习任务	逻辑关联	状态	备注
课中	1. 你能把通泰路小学五年级1~4班卫生区域划分成常见的平面图形吗?	概念转变、认识发展	通过该学习任务的完成,大部分学生能够利用所认识的常见的平面图形把这个卫生区域进行划分	
	2. 平行四边形的面积如何计算呢?你准备采用什么方法探索它的面积?在探索中你发现了什么?它的面积字母公式是?		通过任务的完成,学生能够说出平行四边形面积公式和此面积公式的推导过程,并能利用此公式解决生活中与平行四边形形状有关的面积问题	
	3. 三角形和梯形的面积如何计算呢?你准备采用什么方法探索它的面积?在探索中你发现了什么?它们的面积字母公式是?		通过任务的完成,学生能够说出三角形、梯形的面积公式和这两个面积公式的推导过程,并能利用此公式解决生活中与三角形、梯形形状有关的面积问题	
	4. 第一次设计的卫生区域划分图合适吗?如果不合适,如何改进就能让我们的卫生区域划分图变得合适呢?		通过计算、对比找到最合适的面积划分图,并利用平面图形的面积公式解决生活中与面积有关的实际问题	
课后	利用所学习的有关知识解决一些生活中的数学问题	诊断	学生能够利用所学知识解决一部分生活中的数学问题,但是对于一些灵活的探究问题还是缺乏一定的灵活性	

课前作业:

(1)用七巧板摆图形,边摆边说出所摆图形的名称。

(2)把所摆图形画在方格纸上,并画出它们的高。

(3)针对所画图形,你知道哪个图形的面积公式?请写下来,并与同伴说一说此公式的推导过程。

【能力指向】识记、理解

【评价量规】（见表 2-2）

表 2-2　单元作业评价量规

题号	评价标准				评价结果		
	优秀	良好	合格	待合格	自评	互评	师评
(1)	能摆出全部常见的平面图形并能正确说出图形的名称	能摆出部分常见的平面图形并能正确说出这部分图形的名称	能摆出部分常见的平面图形，只能说出部分图形的名称	能摆出个别常见的平面图形，不能说出这些图形的名称			
(2)	能正确画出所有平面图形和它们的高	只能正确画出部分平面图形和它们的高	只能正确画出部分平面图形，画不出它们的高	只能画出个别平面图形，高画不正确			
(3)	知道常见平面图形的面积公式并能说出它们的推导过程	知道几个常见图形的公式，只能说出两个图形的面积公式的推导过程	只知道长方形和正方形的面积公式，可是说不出它们的面积公式的推导过程	一个图形的面积公式都不知道			

【设计意图】通过课前作业的拼摆、说一说、画一画等方式，来检测学生的起点，为本单元的教学奠定基础。

课中作业：

核心任务：通泰路小学五年级 1~4 班卫生区域（见图 2-3）如何划分，才会比较合适？

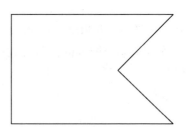

图 2-3　通泰路小学五年级 1~4 班卫生区域

任务一：结合学习单，探索多边形面积的概念性知识

问题 1：我们已经学习过的平面图形有哪些，它们各有什么特点？

问题2：什么是组合图形？什么是多边形？多边形有何特点？

问题3：你能把通泰路小学1~4班卫生区域划分成常见的平面图形吗？

问题4：你能利用常见的平面图形设计一个组合图形吗？

【能力指向】识记、应用

【设计意图】通过网络查找、咨询父母、小组交流，学生知道了多边形的含义和特点，同时也认识了组合图形，并能够把通泰路小学五年级1~4班卫生区域划分为常见的平面图形以及设计出具有创新意义的组合图形，从而提高搜集信息、解决问题、辩证思维的能力。

任务二：结合学习单，探索平行四边形的面积公式

问题1：用方格能得到平行四边形的面积吗？（半格如何处理）

问题2：平行四边形的面积如何计算呢？你准备采用什么方法探索它的面积？在探索中你发现了什么？它的面积字母公式是？

【能力指向】理解、应用

【设计意图】通过完成学习单、自主探索、小组合作、成果汇报，学生探索出平行四边形的面积公式以及用字母表示出它们的公式，并能灵活运用这些公式解决生活中的实际问题，从而提高了自身团队协作的能力和语言表达能力。

任务三：结合学习单，探索三角形、梯形的面积公式

问题1：三角形、梯形的面积如何计算呢？你准备采用什么方法探索它的面积？在探索中你发现了什么？它的面积字母公式是？

【能力指向】应用

【设计意图】通过完成学习单、自主探索、小组合作、成果汇报，学生探索出三角形、梯形的面积公式以及用字母表示出它们的公式，并能灵活运用这些公式解决生活中的实际问题，从而提高了自身团队协作的能力和语言表达能力。

任务四：结合实际情境，探索组合图形的面积

问题1：通泰路小学五年级卫生区域（见图2-4）如何划分才比较合适呢？

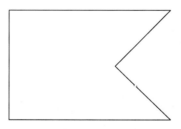

图2-4 通泰路小学五年级1~4班卫生区域

问题2：自己的左脚和右脚的面积一样大吗？请选择合适的方法进行研究，并把自己的发现写出来。

【能力指向】应用、创造

【设计意图】①通过测量、计算、对比，发现本组划分图不合适，并及时进行调整与完善，从而提高学生的反思能力和逆向思维的能力，进而提高学生的高阶思维和数学逻辑推理能力。②学生通过数方格、估算接近图形的面积，发现自己的左右脚大小不同，从而提高估算能力和解决问题能力。

课后作业（见表2-3）：

表2-3　课后作业设计内容

题号	单元课后作业	评价标准
1	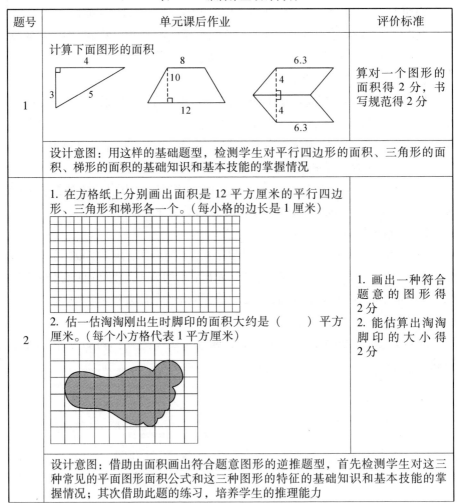 计算下面图形的面积	算对一个图形的面积得2分，书写规范得2分
	设计意图：用这样的基础题型，检测学生对平行四边形的面积、三角形的面积、梯形的面积的基础知识和基本技能的掌握情况	
2	1. 在方格纸上分别画出面积是12平方厘米的平行四边形、三角形和梯形各一个。（每小格的边长是1厘米） 2. 估一估淘淘刚出生时脚印的面积大约是（　　　）平方厘米。（每个小方格代表1平方厘米）	1. 画出一种符合题意的图形得2分 2. 能估算出淘淘脚印的大小得2分
	设计意图：借助由面积画出符合题意图形的逆推题型，首先检测学生对这三种常见的平面图形面积公式和这三种图形的特征的基础知识和基本技能的掌握情况；其次借助此题的练习，培养学生的推理能力	

表2-3(续)

题号	单元课后作业	评价标准
3	1. 淘淘小区有一块平行四边形土地，土地面积是 60m²，他打算在阴影部分种上绿萝。(6分) (1) 种绿萝部分的土地面积是多少？先与同伴或家长说一说自己的思路，再算一算。 6m 7m (2) 如果每平方米可以种植绿萝 25 盆，一共可以种植多少盆？ 2. 国家对中学生体育的重视程度越来越高，尤其是游泳项目已经上升至和跑步同等重要的位置。某中学计划修建一所游泳场馆，求游泳馆的占地面积。 16m 16m 70m	1. （1）能说出自己的解题思路得 2 分，能正确求出绿萝部分的土地面积得 2 分 （2）能正确求出种植的盆数得 2 分 2. 能正确求出游泳馆的面积得 2 分 书写规范整洁得 1 分
	设计意图：首先从学生熟悉的生活素材着手，激发学生主动学习的欲望。其次，借助面积逆推和平移转化等方法解决上述问题，从而考查学生提取关键信息的能力和把所学知识迁移到新情境的综合解决问题的能力	
4	为了开展劳动教育，学校把一片区域作为四年级的 1~6 班的植物种植区，此区域的平面图如下。如何划分比较合适呢？	能画出合适的划分图得 6 分，能用数据、语言解读自己的思路得 6 分
	设计意图：结合劳动教育设计习题，考查学生对于本单元知识的综合理解和掌握程度，此题是一个具有很强实践性、开放性和创新性的习题，让学生结合给定的卫生区域完成尝试划分、验证、改正等逐步解决问题的过程，从而提高学生的量感、推理能力及解决问题的能力	

4. 教师设计单元作业属性表（见表2-4）

表2-4　教师设计单元作业属性表

课前作业			
功能指向：以拼摆七巧板为载体，考查学生在各个知识点学习之前的学情			
问题编号	目标指向	编写说明（设计意图）	学情简述
1	通过学生用七巧板摆图形监测其对常见的平面图形这一概念的掌握情况	在用七巧板摆图形的游戏中考查学生对常见平面图形的相关知识及直观想象能力	检测的32名学生中，20名学生可以摆出5种不同形状的图形并能准确说出此五种图形的名称；10名学生也能摆出5种不同形状的图形，可是只能说出4种图形的名称，而梯形不能正确说出；剩余的2名学生只能摆出4种不同形状的图形和说出对应图形的名称
2	通过学生在方格纸上画出所摆的图形和画高活动，监测其对常见平面图形特征和画高相关知识的掌握情况	在画平面图形和画高游戏中考查学生有关平面图形特征和画高相关知识的掌握情况及空间想象能力	检测的32名学生中，15名学生能正确根据所摆图形画出5种不同形状的图形，可是这里面只有5名学生能把所画图形的高画标准；10名学生只能根据所摆图形画出4种不同形状的图形，而把高画标准的只有3名
3	通过学生说出所画图形的面积公式以及推导过程，探查学生对长方形、正方形、平行四边形、三角形、梯形等平面图形面积公式的认识情况	考查学生在"平行四边形、三角形、梯形的面积公式以及这些公式的推导过程"没有学习之前的知识储备	检测的32名学生中，能正确写出正方形和长方形的面积公式的有15名，写出平行四边形、三角形、梯形的面积公式的只有9名，能讲出此三种图形面积公式的推导过程的只有2名。其中10名学生认为平行四边形的面积是"平行四边形的两条邻边相乘"，还有2名学生将面积与周长混淆

表 2-4（续）

课中作业				
功能指向：通过该部分内容考查学生在课中学习后对知识的掌握程度，在知识的学习中哪方面存在着不足之处				
任务编号	目标指向	基本问题	编制说明	评价标准
1	学生通过查阅课本、书籍，网络查找，咨询父母、老师、同学等学习方式，知道多边形和组合图形的含义和特点，并能把组合图形分割或添补为基本的平面图形	1. 你能把通泰路小学五年级 1～4 班卫生区域划分成常见的平面图形吗？	把五年级 1～4 班的卫生区域划分作为背景，有利于激发学生探索的欲望和主动学习常见平面图形面积相关知识的积极性。整合了三角形的面积和梯形的面积两个课时的内容，更有利于学生系统性地建构常见平面图形面积公式的知识体系，以及灵活运用这些公式解决生活中的实际问题	依据任务一评价量规
2	学生通过数、剪、拼、摆、实验观察、自主探索、小组交流汇报等活动，探索并掌握平行四边形的面积公式，并能解决生活中一些简单的实际问题。这种学习能培养学生的量感，并逐步提高学生的运算能力	2. 平行四边形的面积如何计算呢？你准备采用什么方法探索它的面积？在探索中你发现了什么？它的面积字母公式是？	把五年级 1～4 班的卫生区域划分作为背景，有利于激发学生探索的欲望和主动学习常见平面图形面积相关知识的积极性。整合了三角形的面积和梯形的面积两个课时的内容，更有利于学生系统性地建构常见平面图形面积公式的知识体系，以及灵活运用这些公式解决生活中的实际问题	依据任务二评价量规

表4-2(续)

3	学生通过数、剪、拼、摆、实验观察、自主探索、小组交流汇报等活动，探索并掌握三角形和梯形的面积公式，并能解决生活中一些简单的实际问题。这种学习能培养学生的量感，并逐步提高学生的运算能力	3. 三角形和梯形的面积如何计算呢？你准备采用什么方法探索它们的面积？在探索中你发现了什么？它们的面积字母公式是？	把五年级1~4班的卫生区域划分作为背景，有利于激发学生探索的欲望和主动学习常见平面图形面积相关知识的积极性。整合了三角形的面积和梯形的面积两个课时的内容，更有利于学生系统性地建构常见平面图形面积公式的知识体系，以及灵活运用这些公式解决生活中的实际问题	依据任务三评价量规
4	学生通过拼、剪、小组交流等活动，能正确计算组合图形和不规则图形的面积，体会并运用转化思想，从而发展空间观念和几何直观	4. 第一次设计的卫生区域划分图合适吗？如果不合适，如何改进才能让我们的卫生区域划分图变得合适呢？	通过计算第一次划分图、1~4班各自卫生区域的面积和改进划分图等任务，学生能够进一步运用平行四边形、三角形、梯形的面积公式解决生活中的实际问题，在解决问题中巩固对平行四边形、三角形、梯形的面积公式的掌握，又培养灵活解决问题的能力	依据任务四评价量规

课后作业

功能指向：通过该部分作业对已经学习过的面积公式相关知识进行后测，检查学生对课中学习内容的掌握情况以及学生运用知识的灵活程度

作业编号	作业题型	目标指向	编制说明	创新点	评价标准
1	计算	平行四边形、三角形、梯形的面积公式	设计基础性的练习题目，以检测学生对平面图形面积公式和基本计算的掌握情况		算对一个图形的面积得2分，书写规范得2分

表4-2(续)

2	动手操作	写出平行四边形、三角形、梯形的面积公式和这三种图形的特征，以及用方格求不规则图形的面积	借助由面积画出符合题意图形的逆推题型，首先检测学生对这三种常见的平面图形面积公式和这三种图形的特征的基础知识和基本技能的掌握情况；其次借助此题的练习，培养学生的推理能力		1. 画出一种符合题意的图形得2分 2. 能估算出淘淘脚印的大小得2分
3	解决问题	利用平面图形的面积公式，对不规则图形求面积	首先从学生熟悉的生活素材着手，激发了学生主动学习的欲望。其次，学生要借助面积逆推和平移转化等方法解决上述问题，这考查学生提取关键信息的能力和把所学知识迁移到新情境综合解决问题的能力		1.（1）能说出自己的解题思路得2分，能正确求出绿萝部分的土地面积得2分（2）能正确求出种植的盆数得2分 2. 能正确求出游泳馆的面积得2分 书写规范整洁得1分
4	综合题	组合图形的划分和平面图形的面积公式	结合劳动教育设计习题，考查学生对本单元知识的综合理解和掌握程度。此题是一个具有很强实践性、开放性和创新性的习题，让学生结合给定的卫生区域完成尝试划分、验证、改正等逐步解决问题的过程，从而提高量感、推理能力及解决问题的能力	结合劳动教育课程设计习题，考查学生对本单元知识的综合理解和掌握程度	能画出合适的划分图得6分，能用数据、语言解读自己的思路得6分

5. 作业完成情况统计及分析（相当于"试卷"的质量分析）

老师通过分析课前作业，了解到学生对于平行四边形的面积公式有所认知，可是并不太理解面积公式的推导过程；对于课中作业，学生可以借助小组合作快速解决；对于课后作业，98%的学生都能利用平行四边形、三角形、梯形的面积公式解决生活中常见的实际问题。结合任务四的作业，通过数据整理，老师发现100%的小组都能够合理设计卫生区域划分图，并且95%的学生都能够在小组内讲出本组划分图如此设计的原因；还有5%的学生虽然能够理解本组划分图的道理，可是不能用数学的语言表达出来，这说明学生对于平面图形的面积公式已经有了初步的认知，只是不能灵活迁移，这就需要我们从基本概念和现象入手帮助学生建立正确的对平面图形面积公式的认知，从而提高学生的直观几何、空间观念以及推理能力。

二、人教版教材《数学》五年级上册第六单元"面积分一分 和谐美十分（多边形面积模块）"的"3发展"作业之一：基于设计的作业

（一）"基于设计的作业"目标设计

学生已经掌握了常见的平面图形以及它们的面积公式，能灵活地运用这些平面图形的形状和相关知识设计一个美丽的生活场景。本设计重点是根据自己心中所想的美丽的生活场景、自己拥有的知识以及手中材料，综合运用自己的知识创新性地完成一个美丽的生活场景的设计（用上本单元所学的平面图形）。

（二）"基于设计的作业"环节设计

美丽又有趣的地方是每个人都想去的。如今在新冠肺炎疫情期间，虽然不能外出旅游，可是我们可以拿起笔，加上心中的畅想来设计一个美丽的生活场景。首先我们要考虑设计一个什么地方的场景；其次我们要发挥想象的力量，想一想这个场景中会有哪些物品或景色呢？最后我们就开始设计。该设计要求学生独立完成，关注任务的多样性和趣味性，促进学生的创造能力发展。最后的作品将以美丽生活场景海报的形式呈现出来。

"3发展"作业评价设计（如何给分评估？即设计作业质量标准）见表2-5。

表 2-5　"3 发展"作业编码表（评价标准）

	评价维度	核心素养	水平划分（水平一、水平二、水平三、水平四）
情境	情境：你心中最美丽的生活场景是什么样子的呢？	直观想象	水平二
问题	问题 1：你心中最想去的地方在哪里？	直观想象	水平一
	问题 2：根据实际情境的景色，加上你心中畅想的景色，你能用平面图形设计一幅美丽的生活场景吗？	逻辑推理	水平二
任务	任务 1：请你写出最想去的地方具有的特色景色	直观想象	水平二
	任务 2：请你设计出最美丽的生活场景的海报	逻辑推理	水平三

（三）基于设计的作业

本次作业是完成一幅美丽的生活场景海报。

2022 年 1 月新冠肺炎疫情再次在河南省发生，大家都禁足在家中，本来打算外出旅游的我们也只能在家中借助电脑搜索美丽的景色。此时你突然说："我们可以把心中想去的地方用平面图形创新地设计出来，然后再介绍给自己的家人和朋友。"下面请你首先写一写你想去的地方；其次，查找一下这些地方的特色景色；再次，畅想你心中最美丽的生活场景，并用平面图形把它设计出来；最后，请把这个美丽的生活场景介绍给自己的家人和朋友。

该作业的评价量规见表 2-6。

表 2-6　一幅美丽海报的评价量规

评价维度	评价标准	评价结果		
		自评	同伴评	教师评
会画	画图规范、干净整洁、有创新性——优秀；画图规范、干净整洁、没有创新性——良好；画图规范、不干净整洁——合格；画图不规范——待合格			
色彩搭配	色彩搭配非常合适——优秀；色彩搭配比较合适——良好，色彩搭配合适——合格，色彩搭配不合适——待合格			
布局	布局美观大方——优秀；布局大方但不美观——良好；布局不合理——合格			

部分成果图片见图2-5。

图 2-5　用平面图形创设美好生活

三、人教版教材《数学》五年级上册第六单元"面积分一分　和谐美十分（多边形面积模块）"的"3 发展"作业之二：基于问题的作业

（一）"基于问题的作业"目标设计

学生已经掌握了常见的平面图形以及它们的面积公式，能灵活地运用这些平面图形的面积公式和相关知识解决生活中与面积有关的实际问题。本作业的重点是让学生利用自己所掌握的平面图形的特征和面积公式，综合运用自己的知识解决自己房子的平面设计图的问题。

（二）"基于问题的作业"环节设计

经过全体人民的共同努力，如今我们都能吃饱、吃好，还有美丽的房子可居住，生活真的很幸福。可是你知道自己家房子的面积吗？你的卧室选择什么样的地板砖更划算呢？要想解决这个问题，第一要测量每个房间的各边长度；第二要根据测量的数据和按 1∶100 的比例把自己家房子的平面图画出来；第三要利用面积公式求出每个房间的面积；第四就是查找资料，在同等质量下看看地板砖的型号有哪些，根据型号计算哪种地板砖会正好铺满自己的卧室；第五要根据数量和地板砖的价格计算哪种费用最少，就是你要选择的最佳地板砖型号。该作业要求学生和家人协作完成，测量要多次，计算要准确，从而促进学生动手操作能力和运算能力的发展。最后的作品将以家的平面图和"我的卧室我做主"说明书的形式呈现出来。作业评价标准见表2-7。

表 2-7 "3 发展"作业编码表（评价标准）

评价维度		核心素养	水平划分（水平一、水平二、水平三、水平四）
情境	情境 1：你家房子的面积有多大呢？	直观想象	水平一
	情境 2：在同等质量条件下，你的卧室选择哪种型号的地板砖最划算呢？	逻辑推理	水平三
问题	问题 1：你能画出你家房子的平面图吗？	直观想象	水平二
	问题 2：你能根据 1：100 的比例和自己房屋的平面图，把自己家子的面积求出来吗？	逻辑推理	水平二
	问题 3：根据常见地板砖的型号，计算哪种地板砖能正好铺满自己的卧室	运算能力、推理能力	水平二
	问题 4：根据地板砖的价格与数量，确定哪种型号的地板砖铺你的卧室是最划算	运算能力、推理能力	水平二
任务	任务 1：请根据 1：100 的比例把自己家房子的平面图画出来	直观想象、运算能力	水平三
	任务 2：请你根据平面图、平面图上标注的数据以及 1：100 的比例把自己家房子的面积求出来	逻辑推理、运算能力	水平三
	任务 3：选择能够铺满自己卧室的地板砖型号	逻辑推理、运算能力	水平三
	任务 4：确定最佳地板砖型号	运算能力	水平二

（三）基于问题的作业一：我家平面图（见表 2-8）

表 2-8 基于问题的作业一：我家平面图

项目	记录区域	
测量的数据		
我家平面图（按 1：100）		
各个房间的面积	各个房间的图形面积	各个房间的实际面积
我家房子的实际面积		

（四）基于问题的作业二："我的卧室我做主"的说明书

学生根据自己卧室的总面积和同等质量下的地板砖型号，首先选择能够铺满自己卧室的地板砖型号，其次根据地板砖的单价和数量确定最划算的地板砖型号。两份作业的评价量规见表2-9和表2-10。

表2-9　基于问题作业一：我家平面图的评价量规

评价维度	评价标准	评价结果		
		自评	同伴评	教师评
测量	测量数据准确——优秀；测量数据个别有误——良好；测量数据大部分不准确——合格；测量数据都不准确——待合格			
平面图	画图规范、准确、干净整洁——优秀；画图规范、准确、不整洁——良好；画图规范、部分不准确——合格；画图大部分不准确——待合格			
面积计算	计算准确、单位准确——优秀；计算准确、单位有误——良好；个别计算有错——合格；计算都错——待合格			

表2-10　基于问题作业二："我的卧室我做主"说明书的评价量规

评价维度	评价标准	评价结果		
		自评	同伴评	教师评
测量	测量数据准确——优秀；测量数据个别有误——良好；测量数据大部分不准确——合格；测量数据都不准确——待合格			
选地砖型号	选得准确、选得全面——优秀；选得准确、选得不太全面——良好；选择不太准确——合格；选得都不准确——待合格			
计算	计算准确、单位准确——优秀；计算准确、单位有误——良好；个别计算有错——合格；计算都错——待合格			

四、人教版教材《数学》五年级上册第六单元"我的农场我做主（多边形面积模块）"的"3发展"作业之三：基于项目的作业

（一）"基于项目的作业"目标设计

2018年9月，习近平总书记在全国教育大会上明确提出要培养德智体美

劳全面发展的社会主义建设者和接班人，要在学生中弘扬劳动精神，全面贯彻党的教育方针。2020年3月20日，《中共中央 国务院关于全面加强新时代大中小学劳动教育的意见》出台。基于国家对劳动教育的要求和学生自身劳动能力的欠缺，我校成立了"快乐农场"社团。经过上学期的研究，学生遇到了一个核心问题：如何规划农场布局和制定营销策略，才能让农场的种植更合理和利益最大化？于是我们设计了"我的农场我做主"的项目作业。通过多边形面积的学习，学生已经掌握了常见平面图形的面积公式以及相关知识，同时这个核心驱动性问题激发了学生主动探究的欲望，于是我们就开始规划"快乐农场"相关项目。

（二）"基于项目的作业"环节设计

"快乐农场"社团已经成立半年了，我们试着在水里、花盆里、土壤里种植了大蒜、香菜、小青菜等蔬菜，可是除了大蒜都没有种植成功。于是我们开始查找资料，发现很多蔬菜都需要在适当的温度下才能发芽生长。所以今年我们首先借助问卷，调查社团成员最喜欢的节令蔬菜的品种，并用条形统计图记录每组社团成员最喜欢的蔬菜组合，从而确定每组即将种植的最佳蔬菜品种；其次，我们开始规划这个农场，让它的可用面积达到最大化；再次，根据社团组数将"快乐农场"的可用面积进行合理划分，从而实现社团成员的公平种植；再其次，撰写农场管理方案，使农场的管理既安全又有序；最后，结合本农场农产品的特色和农产品的市场单价及产量，设计出最佳营销方案，从而实现我们的农产品的利益最大化。我们最后呈现的作品可以是条形统计图、"快乐农场"的平面划分图、"快乐农场"的管理方案海报以及最佳营销方案海报等形式，也可以是一部简短的视频，还可以是PPT等多种形式。作业评价标准见表2-11。

表2-11 "3发展"作业编码表（评价标准）

	评价维度	核心素养	水平划分（水平一、水平二、水平三、水平四）
情境	情境1：如何规划我们的农场布局，才能让我们的农场种植更合理？	逻辑推理	水平三
	情境2：采取什么样的管理措施和营销措施才能使我们的农场的管理更安全、更有序以及盈利更多？	逻辑推理	水平三

表2-11(续)

评价维度		核心素养	水平划分（水平一、水平二、水平三、水平四）
问题	问题1：本学期我们的农场种植哪些蔬菜呢？	直观想象	水平一
	问题2：我们的农场如何规划才能使农场种植的可用面积最大？	逻辑推理	水平三
	问题3：如何划分可用的农场面积，才能让五组社团成员感觉合理呢？	逻辑推理	水平三
	问题4：采取什么样的管理措施，才能使我们的农场管理更安全、更有序呢？	逻辑推理	水平三
	问题5：采取什么的营销措施，才能使我们的农产品盈利更多？	逻辑推理	水平四
任务	任务1："快乐农场"社团每组的最佳蔬菜品种说明书	创新意识	水平二
	任务2："快乐农场"的平面图	应用意识、数学抽象、运算能力	水平三
	任务3："快乐农场"可用面积的合理的平面划分图	创新意识	水平四
	任务4：我是CEO（首席执行官）：设计"快乐农场"的管理方案	创新意识、应用意识	水平三
	任务5：我是营销员：设计"快乐农场"的营销方案	创新意识、应用意识	水平四

（三）基于项目的作业

基于项目的作业：我的农场我做主

核心问题：如何规划农场布局和制定营销策略，才能让农场的种植更合理和利益最大化？

驱动问题1：本学期我们的农场种植哪些蔬菜呢？

我是小小讲解员：请根据问卷调查出的结果选出最喜爱的8种蔬菜，根据各自蔬菜的特性进行有效组合。每组成员请用条形统计图记录自己本组成员所选的组合品种，通过数据对比找到适合本组的最佳蔬菜品种，并给本组的蔬菜品种附上说明书（见表2-12），录制视频分享给大家。评价量规见表2-13。

表2-12 第（　　）组（　　）和（　　）蔬菜品种的说明书

蔬菜名称	
蔬菜照片	
蔬菜习性	
蔬菜组合的价值	
备注	

表2-13 我是小小讲解员的评价量规

评价维度	评价标准	评价结果		
		自评	同伴评	教师评
说明书的撰写	优秀：书写规范、有蔬菜照片或图片、蔬菜习性写得准确、蔬菜组合的价值写得准确； 良好：书写大部分规范、有蔬菜照片或图片、蔬菜习性大部分准确、蔬菜组合的价值大部分准确； 合格：书写基本规范、有蔬菜照片或图片、蔬菜习性写得基本准确、蔬菜组合的价值写得基本准确； 待合格：书写不规范、没有蔬菜照片或图片、蔬菜习性写得不准确、蔬菜组合的价值写得不准确			
我是小小讲解员	优秀：声音洪亮、语言条理清晰、脱稿、有感情的演讲； 良好：声音洪亮、语言大部分条理清晰、脱稿、有感情的演讲； 合格：声音洪亮、语言部分条理清晰、部分不能脱稿、有感情的演讲； 待合格：声音小、语言条理不清晰、不能脱稿、没有感情的演讲			

驱动问题2：如何规划我们的农场才能使农场种植的可用面积最大？

我是小小设计师：请根据"快乐农场"的实际场景进行合理规划，并把规划好的可用农场面积按照1∶100画出平面图。评价量规见表2-14。

"快乐农场"平面图（略）。

表 2-14　我是小小设计师的评价量规

评价维度	评价标准	评价结果		
		自评	同伴评	教师评
合理规划的说明	优秀：说明有依据、条理清晰、语言简洁。良好：说明有依据、条理清晰、语言不算简洁。合格：说明有依据、条理不太清晰、语言不算简洁。待合格：说明没有依据、条理不太清晰、语言不算简洁			
测量	优秀：测量关键数据准确。良好：测量关键数据个别有误。合格：测量关键数据大部分不准确。待合格：测量数据都不准确			
计算	优秀：根据 1∶50 的比例能够正确计算出画平面的关键数据。良好：根据 1∶50 的比例能够正确计算出画平面的部分关键数据。合格：根据 1∶50 的比例能够正确计算出画平面的很少一部分的关键数据。待合格：根据 1∶50 的比例不能够正确计算出画平面的关键数据			
平面图	优秀：画图规范、准确、干净整洁。良好：画图规范、准确、不整洁。合格：画图规范、部分不准确。待合格：画图大部分不准确			

驱动问题 3：如何划分可用的农场面积，才能让五组社团成员感觉公平呢？

我是农场规划师：请根据农场可用面积的平面图和社团的组数进行合理划分，划分后要进行面积数据的验证，确保公平合理的分配。如果不合理，需要进行调整，直到公平合理；最后把几种划分合理的方案进行对比，选出最容易划分的方式进行分配，并在实际的"快乐农场"中进行合理划分。评价量规见表 2-15。

"快乐农场"划分图（略）。

表 2-15　我是农场规划师的评价量规

评价维度	评价标准	评价结果		
		自评	同伴评	教师评
会说	优秀：说明有依据、条理清晰、语言简洁。良好：说明有依据、条理清晰、语言不算简洁。合格：说明有依据、条理不太清晰、语言不算简洁。待合格：说明没有依据、条理不太清晰、语言不算简洁			

表2-15(续)

评价维度	评价标准	评价结果		
		自评	同伴评	教师评
测量	优秀：测量关键数据准确。良好：测量关键数据个别有误。合格：测量关键数据大部分不准确。待合格：测量数据都不准确			
面积计算	优秀：计算准确、单位准确。良好：计算准确、单位有误。合格：计算个别有错。待合格：计算都错			
合理划分图的说明	优秀：说明有依据、条理清晰、语言简洁。良好：说明有依据、条理清晰、语言不算简洁。合格：说明有依据、条理不太清晰、语言不算简洁。待合格：说明没有依据、条理不太清晰、语言不算简洁			
会算	优秀：根据1∶50的比例能够正确计算出"快乐农场"中实际距离的全部关键数据。良好：根据1∶50的比例能够正确计算出"快乐农场"中实际距离的部分关键数据。合格：根据1∶50的比例能够正确计算出"快乐农场"中实际距离的很少一部分关键数据。待合格：根据1∶50的比例不能够正确计算出"快乐农场"中实际距离的关键数据			

驱动问题4：采取什么样的管理措施，才能使我们的农场管理更安全、更有序？

我是CEO：请根据农场的日常管理需求和蔬菜生长需求设计一份"快乐农场"的管理方案（见表2-16）。

表2-16　"快乐农场"的管理方案

管理措施	
人员分工	
日常记录（每一天"快乐农场"的小结，从蔬菜的发芽个数、开花个数、有无损坏，以及人员所做的工作等方面进行记录）	

驱动问题5：采取什么的营销措施，才能使得我们的农场盈利更多?

我是营销师：首先查找常见的蔬菜营销方式，其次根据本组种植的蔬菜的市场单价和本组蔬菜的特色设计一种新颖的营销方案（见表2-17），并采用此营销方式进行销售。评价量规见表2-18。

表2-17　"快乐农场"第（　　　）组的营销方案

本组种植的蔬菜的名称和特色	
营销方法的名称和口号	名称： 口号：
营销措施	
营销记录（记录每一天的销售数量、售价以及成本支出，并把当天营销的改进方式记录下来）	

表2-18　"我是营销师"的评价量规

评价维度	评价标准	评价结果		
		自评	同伴评	教师评
查找资料	优秀：查找资料全面、准确，梳理出符合本组特色的详细清晰的营销措施。良好：查找资料全面，梳理出符合本组特色的详细的营销措施。合格：查找资料一般，梳理的营销措施一般。待合格：只查找了一点资料，营销措施不得当			
营销方法的名称和口号	优秀：营销方法名称独特、有新意，口号响亮、有创新。良好：营销方法名称一般，口号响亮、有创新。合格：营销方法名称一般，口号响亮。待合格：营销方法名称一般，口号一般			
营销记录	优秀：营销记录的要求全面、详细。良好：营销记录的要求全面。合格：营销记录的要求一般。待合格：营销记录没有要求			

第二节　对人教版教材《数学》三年级时间单位内容整合为"时间探秘"后的单元作业设计

【作者信息】郭永胜　陈莉①
【适用年级】二年级

一、对人教版教材《数学》三年级时间单位内容整合为"时间探秘"后的常规作业设计

说明：本部分内容整合了人教版《数学》三年级上册第一单元《时、分、秒》和《数学》三年级下册第六单元《年、月、日》这两部分内容。我们结合 2021 年度航天年的大背景对这两部分进行了学习内容的整合，既拓展了学生们的学习视野，又有利于孩子们对知识之间进行连续性的学习。

1. 课标内容及要求

课标内容：

（1）能认识钟表，了解 24 时计时法；结合自己的生活经验，体验时间的长短。

（2）认识年、月、日，了解它们之间的关系。

课标要求：

这两部分内容属于常见的量，让学生运用这部分知识对创设的大情境进行描述，以该部分内容为载体发展学生的数感。学生在教师的指导下可以发现和提出有关时间的简单数学问题并尝试解决，感受数学与生活的密切联系。

2. 教材及学情分析

教材分析：

数学的核心素养包括：数学抽象、逻辑推理、数学建模、直观想象、数学运算和数据分析。本部分内容整合了人教版《数学》三年级上册第一单元《时、分、秒》和三年级下册第六单元《年、月、日》这两部分内容。教材采用螺旋上升的设计理念将两部分内容安排在了不同的学段，便于学生更好地掌握该部分内容。但教材中创设了两个不相关的学习情境，学生们在学习时不能较好地进行衔接。

---

① 郭永胜为郑东新区中州大道小学教师，陈莉为郑东新区基础教育教学研究室教研员。

学情分析：

年、月、日这几个时间单位对于学生来讲是比较抽象的，学生理解这些较大的时间单位有一定的困难。由于学生的年龄特点，因此他们只能理解和掌握那些与他们的实际生活最接近的时间单位，如时、分等。随着年龄的增长，学生才能逐步理解离他们生活较远的且较大的时间单位，如年、月等。

单元知识与数学素养的关系：

根据三年级学生的心理、生理特点以及学生的知识基础，我们小组讨论认为单元知识与数学素养之间的关系如下：

（1）通过年、月、日、时、分、秒之间的关系以及时间单位间换算的整合学习，可以有效地帮助学生在脑海中建立起以时间单位为基本概念的数学模型，进一步提高学生的数学建模能力和数学运算能力。

（2）通过 24 时计时法的学习以及分、秒等时间单位的体验活动来有效激发学生学习数学的兴趣，培养学生直观想象的能力。

数学核心素养细化：

综上所述，我们对于本单元涉及的数学核心素养做了细化（见图 2-6）。

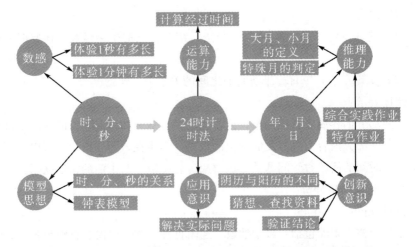

图 2-6　"时、分、秒"和"年、月、日"的数学核心素养细化

单元大概念架构见图2-7。

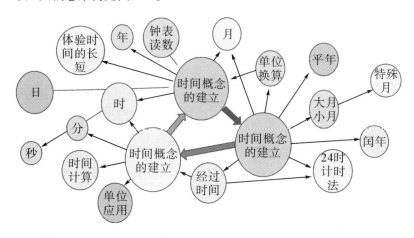

图2-7 "时、分、秒"和"年、月、日"两个单元大概念架构

3. 作业设计展示

课前学习任务逻辑透视见表2-19。

表2-19 课前学习任务逻辑透视

阶段	学习任务	逻辑关联	状态	备注
课前	1. 在奥运会赛跑的相关赛事的背景下完成分与秒之间的单位换算,以此探查学生对与"秒"相关的知识的掌握情况	探查	绝大部分学生对"秒"有了初步的概念认识,但是并不能准确感知"秒"这一时间观念,以及灵活运用相关知识对前测中提出的问题进行解答	
	2. 根据日晷这一学习材料完成"日晷中的刻度填写",以此来探查学生"24时计时法"相关知识的掌握情况		学生都知道一天有24小时,但是并不能明确24时计时法和12时计时法之间的逻辑关系,对于一个自然时间单位"日"和人为划分的时间单位"时"之间的关系也不甚明了	
	3. 在"高考倒计时"的背景下完成"百日日历表",探查学生对于年、月、日有关概念的认识情况		学生知道某一个月有多少日,但不知道根据相关知识来填写每个月的日历	

表2-19（续）

阶段	学习任务	逻辑关联	状态	备注
课中	1. 神舟十二号飞船发射倒计时利用了哪个时间单位？600 秒是几分几秒？	概念转变、认识发展	通过该学习任务的完成，大部分学生能够利用时、分、秒的关系解决目标问题	
	2. 神舟飞船从发射到航天员进入核心舱一共经历了多长时间？		通过任务的完成，学生能根据不同情况灵活选择不同的计时方法	
	3. 神舟十二号的航天员们一共出差了多少天？着陆时用了几时几分？		学习了年、月、日之间的关系，更能利用所学知识解决实际问题	
课后	利用所学习的有关知识解决一些生活中的数学问题	诊断	学生能够利用所学知识解决一部分生活中的数学问题，但是对于一些灵活的探究问题还是缺乏一定的灵活性	

（1）单元课前作业。

课前学习任务 1：奥运枪声

2021 年的 7 月 16 日，第三十二届奥运会在东京正式开幕。奥运会共设 33 个大项，其中观众对田径项目格外的关注。

①100 米短跑。

东京奥运会上，100 米短跑开始前，起点的发令员举起发令枪，开始进行倒计时，5、4、3、2、1，随后传出了枪声，运动员们同时迈开步伐奔向终点。同学们，你们知道上面发令员倒数的 5、4、3、2、1 是用的什么时间单位吗？对于今天要学习的这个新朋友，你了解多少？还想知道什么？

②5 000 米长跑。

2021 年 8 月 6 日，在东京奥运会男子 5 000 米决赛中，乌干达选手切普特盖以 12 分 58 秒的成绩获得冠军。12 分 58 秒，这里用了两个时间单位，而且这两个单位之间的关系还非常密切呢，你知道它们谁大谁小吗？你能正确完成下面的填空吗？1 分 =（   ）秒

除此之外，在东京奥运会上还有全程大约 42 千米的马拉松，中国选手杨绍辉最终以 2 小时 14 分 58 秒的成绩位居第 19。为什么这场比赛用上"时"这个时间单位呢？它和"分""秒"之间的进率分别是多少呢？试着完成下面的填空：2 小时 14 分 =（   ）分

课前学习任务2：《日晷》案例学习

日晷：如图2-8所示。"日"指"太阳"，"晷"表示"影子"，"日晷"的意思是"太阳的影子"。因此，所谓日晷，就是白天通过测日影定时间的仪器。

图2-8　日晷

在一天中，被太阳照射到的物体投下影子的方向在改变，早晨的影子在西方，中午的影子在北方，傍晚的影子在东方。古人通常以影子的方位计时。通过对日晷的观察，你会发现古人将1天分为12份，每一份称为一个时辰。也就是说古人的一个时辰相当于今天的2小时。日晷上每一个刻度都有自己的名字。如：午时是指11：00—13：00。请根据以上学到的知识完善图2-9中的信息。

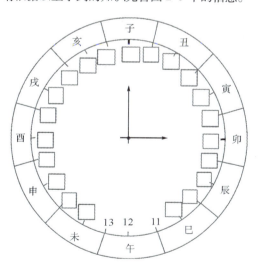

图2-9　日晷设计图例

课前学习任务 3:《高考倒计时》案例学习

高考是全国统一的选拔性考试,一般是每年 6 月 7 日—6 月 8 日考试。但是 2020 年的高考安排格外引人注目。由于疫情突然反弹,该年的高考时间推迟了一个月(7 月 7 日—7 月 8 日举行)。在这备考的日子里,数千万学子挑灯夜战,虽然过程艰辛,但能结出甜蜜的果实。将来的你,也会走进高考的考场,也会经历辛苦但有成就感的备考日子。学校会为你们挂出高考倒计时 100 天的横幅,请根据以上的信息填写 2020 年 3—6 月的日历并圈出倒计时 100 天的日期(见图 2-10)。

3月							4月							5月						
一	二	三	四	五	六	日	一	二	三	四	五	六	日	一	二	三	四	五	六	日

6月							7月						
一	二	三	四	五	六	日	一	二	三	四	五	六	日
									1	2	3	4	5
							6	7	8				

图 2-10 月历设计单

（2）单元课中作业（见表 2-20）。

表 2-20　单元课中作业

班级		学生姓名		课题	《时、分、秒》
单元学习目标		1. 认识时间单位秒，知道 1 分＝60 秒；能选择合适的单位和工具对时间进行度量。结合生活经验体验时间的长短，初步建立分、秒的时间观念，会用一定的方法估计时间 2. 使学生了解 24 时计时法，会用 24 时计时法表示时刻；初步理解时间和时刻的意义，会计算简单的经过时间；结合具体的生活情境，体会时刻与经过时间之间的区别和联系，能解决简单的实际问题 3. 使学生认识时间单位年、月、日，了解它们之间的关系；知道大月、小月、二月及其相关知识；知道平年、闰年等方面的最基本知识。使学生更好地建立时间观念，养成遵守和爱惜时间的意识和习惯				
单元核心任务		北京时间 2021 年 6 月 17 日 9 时 22 分，搭载神舟十二号载人飞船的火箭发射取得圆满成功。2021 年 9 月 17 日 13 时 30 分许，神舟十二号载人飞船返回舱安全着陆。航天员们一共在中国自己的空间站中工作了多长时间？				
设计意图		以神舟十二号发射为大背景，激发学生的爱国热情和学习时间单位相关知识的积极性。统整《年、月、日》和《时、分、秒》两个自然单元的知识，解决神舟十二号飞船相关的实际问题				
子任务		具体问题	能力指向	学生自评	
子任务 1 从《神舟发射》学习时、分、秒的相关知识点	问题链	【问题 1】神舟十二号点火发射前，数的 10 秒倒计时有多长？ 【问题 2】你知道这个电子表显示的时刻吗？ 【问题 3】如果没有了计时器，估计出 10 秒倒计时有多长？ 【问题 4】你知道文中的 573 秒是几分几秒吗？	应用理解	1. 我（能、否）准确说出有关秒的知识 2. 我（能、否）正确地读出秒表上的时间 3. 我（能、否）借助活动准确地估测时间 4. 我（能、否）正确地进行单位换算	
	设计意图	让学生认识秒针，从钟表和自身体验两个方面来认识 1 秒和 10 秒；了解生活中常见的秒表、"秒"的计时方法；借助活动经验估计出 10 秒大概有多长；理解 1 分＝60 秒，学会简单的时间换算，以及感受 1 分钟有多长			

表2-20（续）

班级		学生姓名		课题	《时、分、秒》
子任务2 从《神舟 巡天》学习 24时 计时法 的相关 知识点	问题链	【问题1】为什么要认识24时计时法？ 【问题2】24时计时法的特征有哪些？ 【问题3】24时计时法与普通计时法的关系是什么？ 【问题4】神舟飞船从发射到与空间站成功对接经过了多长时间？		识记	1. 我（能、否）与同学们有效地交流24时计时法的特征。 2. 我（能、否）对两种计时法进行换算 3. 我（能、否）利用24时计时法解决问题
	设计意图	结合具体的情境，激发学生的学习兴趣；加深学生对24时计时法的认识，提高应用能力。我们以解决问题的形式开展教学，创设了一个"知道发射时刻和交会对接时刻，求经过了多长时间"的实际问题			
子任务3 从《神舟 凯旋》学习 年、月、 日的相关 知识点	问题链	【问题1】要解决"航天员们一共在中国自己的空间站中工作了多长时间？"用哪些计时单位最合适？ 【问题2】2021年每个月分别有多少天？观察近4年的日历，发现每一个"月"分别多少天？有什么规律？ 【问题3】平年、闰年如何判定及规律是什么？ 【问题4】神舟十二号的航天员们在空间站中工作了多长时间？		理解应用	1. 我（能、否）判断出一个月有多少天 2. 我（能、否）判断出平年、闰年 2. 我（能、否）正确计算出大跨度的经过时间
	设计意图	以神舟十二号发射为大背景，激发学生的爱国热情和学习时间单位相关知识的积极性。统整《年、月、日》和《时、分、秒》两个自然单元的知识，解决神舟十二号飞船相关的实际问题			
教师评价	书写情况	字体潦草　规范整洁　漂亮美观			
	作业态度	太贪玩　较认真　非常认真			
	正误情况	错的较多　错的较少　全对			
	建议	书写认真些　作业认真些　做题专注些			
	总评	合格　良好　优秀			

（3）单元课后作业（见表2-21）。

表2-21　单元课后作业

题号	单元课后作业	评价标准
1	填空题 （1）常用的时间单位有时、分、（　　）、（　　）、（　　）、（　　）。 （2）2021年的二月份有（　　）天，全年有（　　）天。 （3）一年有（　　）月，有（　　）个季度。 大月有（　　）天，分别是：＿＿＿＿＿。 小月有（　　）天，分别是：＿＿＿＿＿。 （4）闰年全年有（　　）天，（　　）个星期零（　　）天。 （5）10时到下午5时经过（　　）小时。 7时到21时经过（　　）小时。 11时经过8小时后是（　　）时。 （6）420秒＝（　　）分　180分＝（　　）时　3年＝（　　）个月 3分20秒＝（　　）秒　2日7时＝（　　）时　48时＝（　　）日	填对每空得1分
	设计意图：设计基础性的练习题目，以检测学生对时、分、秒和年、月、日的基础知识的掌握情况	
2	选择题 （1）6路公共汽车每15分钟发一班车，第一班5：50发车，第二班（　　）发车。 　A. 5：65　B. 6：05　C. 6：15 （2）明明、乐乐、军军三人参加百米赛跑，成绩分别是15秒、13秒和16秒，获得第一名的是（　　）。 　A. 明明　B. 乐乐　C. 军军 （3）一袋薯条的生产日期是2019年5月20日，保质期是8个月，下面哪个时间，这袋薯条不能吃？（　　） A. 2019年12月25日　B. 2020年1月1日　C. 2020年2月10日	答对一题得2分
	设计意图：在基础知识练习的基础上增加一级难度，加入真实的生活情境，一方面检测学生在情境中的知识应用情况，另一方面使学生感受生活与数学的联系	

表2-21（续）

题号	单元课后作业	评价标准
3	（1）"六一"儿童节期间，动物园将增加动物表演场次。计划每天上午9：30开始表演第一场，然后每隔2小时表演一场，最后一场是下午5：30开始。 ①"六一"儿童节期间，每天共有（　　）场动物表演。 ②请你填出每场动物表演的开始时间。 | 场次					
---	---	---	---	---	---
开始时间					| （2）周末淘淘一家要去大剧院看话剧，话剧16：10开演。 ①他们到大剧院需要40分钟的车程，最晚要在什么时间从家里出发？ ②这场话剧时长1小时45分，话剧什么时间结束？	1. 能正确填出有几场动物表演得2分；能正确填出动物表演的开始时间得5分 2. 能正确求出最晚出发的时间得2分；能正确求出话剧结束的时间得2分；书写规范整洁得1分
	设计意图：以生活中的情境为素材，采用的是填空题和简答题结合的题型，题目更加具有综合性，考查学生对知识的理解和掌握，难度较第2题更高	
4	从东方红一号到风云、北斗，从嫦娥探月到天问落火，从曙光一号到神舟、天舟再到天宫空间站，我国航空航天业的发展带给我们无数惊喜和骄傲！ （1）神舟十一号载人飞船在＿＿年＿＿月＿＿日在酒泉发射基地发射升空，历时33天，于＿＿年＿＿月＿＿日圆满返回。 （2）了解中国航空航天史，任选一个发射任务进行研究，制作活动历。 （要求：①标示当年是平年还是闰年。②特殊月是＿＿月，有＿＿天。③探究发射任务的升空和返回时间以及驻留时间。）	1. 能正确求出神舟十一号发射升空和圆满返回的时间得6分，即每空1分；做出的活动历每符合一个要求即可得3分；制作精美得1分，新颖得1分
	设计意图： 结合中国航空航天事业设计习题，考查学生对本单元知识的综合理解和掌握程度，并且题目能够让学生了解中国航天事业的发展历程，感受中国航天事业的伟大成就。其中第（2）题是一个具有很强实践性、开放性和创新性的习题，让学生对自己的掌握情况进行判定，自由选择，动手制作活动历	

4. 教师设计单元作业属性表（见表2-22）

表2-22 教师设计单元作业属性表

课前作业			
功能指向：以独立的小情境为背景，考查学生在各个知识点学习之前的学情			
问题编号	目标指向	编写说明（设计意图）	学情简述
1	通过该部分内容监测学生对于"秒"这一时间概念的掌握情况	在奥运会的相关情境中考查学生有关"秒"的相关知识以及数感	绝大部分学生对"秒"有了初步的概念认识，但是并不能准确感知"秒"这一时间概念，不能灵活运用相关知识对前测中提出的数学问题进行解答
2	通过日晷的改造活动监测学生对24时计时法产生的数理过程的掌握情况	在日晷改造的活动中考查学生"24时计时法"的相关知识	学生知道一天有24小时，但是并不能明确24时计时法和12时计时法之间的逻辑关系，对于自然时间单位"日"和人为划分的时间单位"时"之间的关系也不甚明了
3	通过解决情境中的问题监测学生对于年、月、日相关知识的储备情况	考查学生有关"年、月、日"没有学习之前的知识储备	学生知道具体的某一个月有多少日，但不能根据相关知识来填写某一年份某个月的日历表
课中作业			
功能指向：通过该部分内容考查学生在课中学习后的知识掌握程度，在知识的学习中存在着哪方面的不足之处			
任务编号	目标指向	基本问题	编制说明	评价标准
1	1. 认识时间单位秒，知道1分=60秒，能简单换算时间，并能选择合适的单位和工具对时间进行度量 2. 结合生活经验体验时间的长短，初步建立分、秒的时间观念，会用一定的方法估计时间	1. 神舟十二号飞船发射倒计时利用了哪个时间单位? 600秒是几分几秒?	以神舟十二号发射为大背景，激发学生的爱国热情和学习时间单位相关知识的积极性。统整《年、月、日》和《时、分、秒》两个自然单元的知识，解决神舟十二号飞船相关的实际问题	1. 书写情况 2. 作业态度 3. 能否快速解决老师和同学们提出的问题

表2-22(续)

2	1. 结合具体的航天情境，使学生了解24时计时法，会用24时计时法表示时刻 2. 初步理解时间和时刻的意义，会计算简单的经过时间，并能解决简单的实际问题 3. 在解决日常问题的过程中，养成合理安排时间和珍惜时间的好习惯	2. 神舟十二号飞船从发射到航天员进入核心舱一共经历了多长时间？	以神舟十二号发射为大背景，激发学生的爱国热情和学习时间单位相关知识的积极性。统整《年、月、日》和《时、分、秒》两个自然单元的知识，解决神舟十二号飞船相关的实际问题	1. 书写情况 2. 作业态度 3. 是否能独立完成相关数学问题
3	1. 通过对不同年历的观察、记录和分析，发现并知道大小月、二月的天数和规律，提高分析、处理信息的能力 2. 根据二月份天数的不同，认识平年和闰年，通过观察、对比、分析发现平年和闰年的规律，会正确进行判断 3. 能运用所学的知识解决生活中相关的实际问题，感受数学与生活的联系，增强学习兴趣	3. 神舟十二号的航天员们一共出差了多少天？着陆时用了几时几分？	通过将一个月的日期依次填进日历，学生既能进一步了解月、日、星期以及它们之间的关系，在解决问题中巩固年、月、日的知识，又能培养灵活解决问题的能力	从书写情况、作业态度等方面进行评价

表 2-22（续）

课后作业

功能指向：通过该部分作业对已经学习过的时间相关知识进行后测，检查学生对课中学习内容的掌握情况以及学生运用知识的灵活程度

作业编号	作业题型	目标指向	编制说明	创新点	评价标准
1	填空	时、分、秒，年、月、日，24时计时法	设计基础性的练习题目，以检测学生对于时、分、秒和年、月、日的基础知识的掌握情况		能否正确快速完成相关题目
2	选择	时、分、秒，年、月、日	在基础知识练习的基础上增加一级难度，加入真实的生活情境，一方面检测学生在情境中的知识应用情况，另一方面使学生感受生活与数学的联系		能否正确、快速完成相关题目
3	解决问题	24时计时法、计算经过时间	以生活中的情境为素材，采用的是填空题和简答题结合的题型，题目更加具有综合性，考查学生对知识的理解和掌握，难度较第2题更高		能否自己完成相关问题，并能提出创新性的问题
4	综合题	年、月、日	让学生了解中国航天事业的发展历程，感受中国航天事业的伟大成就。其中第（2）题是一个具有很强实践性、开放性和创新性的习题，让学生对自己的掌握情况进行判定，自由选择，动手制作活动历	结合中国航空航天事业设计习题，考查学生对于本单元知识的综合理解和掌握程度	能否在分析清楚条件后完成相关的数学问题

5. 作业完成情况统计及分析（相当于"试卷"的质量分析）

我们通过分析学生前测的答题情况，了解到学生对于一些概念只是有了初步的了解，对于知识点相关的一些简单题目都能正确完成，对于课中一些较难

的问题能迅速进行回答。课后作业中的第四项，很多学生完成的情况不佳。这说明学生对于核心的概念有了初步的认识，但还需要我们从基本概念和现象入手帮助他们建立正确的相关观念，在理解的层面上引导和启发学生们向更高阶的思维层次迈进。

二、人教版教材《数学》三年级"时间探秘（时间单位模块）"的"3 发展"作业之一：基于设计的作业

（一）"基于设计的作业"目标设计

学生已经知道了年、月、日相关的知识，能自己独立地设计日常一天的作息时间表和一个月的作息时间表，本设计重点要求学生发挥自己的想象力综合运用所学知识创新性地完成该设计。

（二）"基于设计的作业"环节设计

每个人都有自己的梦想，梦想着自己长大后的样子。因此我们确立了想象的内容——15 年后的自己是什么职业以及自己一天的作息规律，借此让学生展开想象的翅膀，想象自己 15 年后的生活活动轨迹是怎样的。该设计要求学生独立完成，关注任务的多样性和趣味性，促进学生创新能力的发展。最后的作品将以日历的形式呈现出来。

"3 发展"作业评价设计（如何给分评估？即设计作业质量标准）见表 2-23。

表 2-23　"3 发展"作业编码表（评价标准）

评价维度		核心素养	水平划分（水平一、水平二、水平三、水平四）
情境	情境 1：15 年后的某一天的工作和生活	直观想象	水平二
问题	问题 1：15 年后的 2 月份是平年还是闰年呢？	逻辑推理	水平二
	问题 2：15 年后的某一天的工作和生活是怎样安排的？	直观想象	水平二
任务	任务 1：请你设计出自己 15 年后 2 月份的日历	逻辑推理	水平二
	任务 2：请你设计出某一天的作息时间表	直观想象	水平三

（三）基于设计的作业

未来日记（角色扮演）

小朋友们，你今年_____岁了。再过 15 年是_____岁。那时候祖国的社会主义现代化就要靠你们这一代去建设了。下面请你先完成 15 年后的日历（见表 2-24），之后用图 2-11 作息时间表的形式记录下自己美丽而充实的一天吧。

表 2-24　15 年后的日历
_____年 2 月

周六	周日	周一	周二	周三	周四	周五
备注：1 月 31 日是星期三						

图 2-11　作息时间表图例

三、人教版教材《数学》三年级"时间探秘（时间单位模块）"的
"3 发展"作业之二：基于问题的作业

作业设计见表 2-25。

表 2-25　基于问题的作业设计：《美味的酸奶》实践记录单

学校	中州大道小学	年级	三年级	时间	
实验名称	美味的酸奶		小组成员		
实验目的	了解酸奶的制作步骤，把控好时间点。用所学习的数学、生活知识创造有用价值				
实验器材	新鲜酸奶、鲜牛奶、杯子、瓶子、金属小勺、竹筷、温度计				
实验过程	实验过程		每一阶段用时		
	1. 将所准备的容器和工具消毒		___时___分至___时___分 共：___小时___分		
	2. 将鲜牛奶煮开后，凉至 30 摄氏度左右，平均分装在已消毒的杯子中		___时___分至___时___分 共：___小时___分		
	3. 分别向装有鲜牛奶的杯子中加入等量的酸奶，搅拌均匀后盖上盖子		___时___分至___时___分 共：___小时___分		
	4. 将其中的一杯放在温暖环境中，另一杯放在阴凉环境中，8 小时后观察。 实验现象：鲜牛奶变成了鲜美的酸奶		___时___分至___时___分 共：___小时___分		
	5. 将其中的一杯放在温暖环境中，另一杯放在阴凉环境中，24 小时后观察。 实验现象：鲜牛奶变成了鲜美的酸奶		___月___日___时___分至 ___月___日___时___分 共：___小时___分		
	整个实验过程合计：____ 小时____分				
实验现象或实验结果	1. 鲜牛奶是怎样变成味道鲜美的酸奶的 2. 制作酸奶成功的关键是什么				

四、人教版教材《数学》三年级"时间探秘（时间单位模块）"的"3发展"作业之三：基于项目的作业

（一）"基于项目的作业"目标设计

当国庆节、春节这种大型节日的时候，你是不是特别想出去玩儿？如果要外出，我们就要做好准备。无论在路线选择上还是从时间的角度都需要自己进行好充分的规划，这样的规划在旅游攻略中是最实用的，它被称为路书。通过对教材主要内容的学习，学生们对时间概念和航天背景已经有了深入的了解，内心对我国的航天事业充满了自豪感和幸福感，那我们就利用这一热度让学生规划出自己的航天路线的路书，也对自己的所学有一个综合性的运用和创造性的规划。

（二）"基于项目的作业"环节设计

当我们国家的航天事业取得了一个又一个成就的时候，你是不是特别想去航天城、火箭发射基地去看一看？我们先来制作一个航天旅行的路书吧。路书里既包含数学知识，又有地理方面的知识，更有对航天事业的向往。我们最后呈现的作品可以是手抄报的形式，也可以是一部简短的视频，还可以是PPT等多种形式。作业评价标准见表2-26。

表2-26 "3发展"作业编码表（评价标准）

评价维度		核心素养	水平划分（水平一、水平二、水平三、水平四）
情境	情境1：怀着对航空航天中国梦的憧憬，如何安排好旅行的时间？请你制作有关西北环线的旅游路书	数学抽象	水平二
	情境2：探究航天梦，如何追寻神舟之旅	数感	水平二
	情境3：我是时间规划师	数感	水平二
问题	问题1：如何规划自己的路书？	逻辑推理	水平三
任务	任务1：规划路线	应用意识	水平三
	任务2：规划时间	创新意识	水平四
	任务3：作品呈现	创新意识	水平四

（三）基于项目的作业

基于项目的作业：航天报国，追梦路书

探索浩瀚宇宙，发展航天事业，建设航天强国，是我们不懈追求的航天梦。经过几代航天人的接续奋斗，我国航天事业创造了以"两弹一星"、载人航天、月球探测为代表的辉煌成就，走出了一条自力更生、自主创新的发展道路，积淀了深厚博大的航天精神。

核心问题：对于航天之旅，如何安排自己的时间？规划好一份"追寻"路书。

驱动问题1：怀着对航空航天中国梦的憧憬，如何安排好旅行的时间，请你制作有关西北环线的旅游路书。

回望"飞天"历程，中华民族"摘星揽月上九天"的梦想一步步变为现实。请你了解神舟飞船的历史，制作"神舟成长"小报。

驱动问题2：探究航天梦，如何追寻神舟之旅？学生作品见图2-12和图2-13。

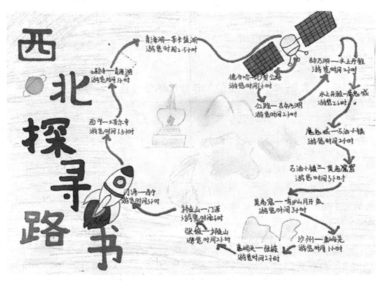

图2-12　学生作品图例1

《西北探寻路书》

建议路线	时间	游览时间
西宁—塔尔寺	50 分	1.5 小时
塔尔寺—青海湖	3 小时	1 小时
青海湖—茶卡盐湖	2 小时 15 分	2.5 小时
德令哈—U 形公路	2 小时	1 小时
U 形公路—吉乃尔湖	11 小时 11 分	2 小时
吉乃尔湖—水上雅丹	1 小时 19 分	2 小时
水上雅丹—魔鬼城	1 小时 37 分	2 小时
魔鬼城—石油小镇	3 小时	2 小时
石油小镇—莫高窟	2 小时 10 分	3 小时
莫高窟—鸣沙山月牙泉	34 分	3 小时
沙洲—嘉峪关	3 小时 14 分	1 小时
嘉峪关—张掖	3 小时 47 分	2 小时
张掖—祁连山	2 小时 13 分	2 小时
祁连山—门源	1 小时 40 分	2 小时
门源—西宁	3 小时	

图 2-13 学生作品图例 2

驱动问题 3：我是时间规划师

相信你对时间的了解一定有了深刻的认识。时间是宝贵的，如何做自己时间的主人呢？请你认真思考，制作一个时间规划表（见图 2-14）。

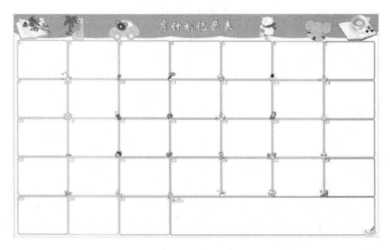

图 2-14　月计划记录表

第三节　对人教版教材《数学》三年级下册
　　　第六单元《年、月、日》的单元作业设计

【作者信息】谢蕾蕾　王艳珍　任延新　李晓丽　常瑞哲①
【适用年级】三年级

一、对人教版教材《数学》三年级下册第六单元《年、月、日》的常规
###　　作业设计

　　说明：本部分内容是人教版教材三年级数学下册第六单元《年、月、日》的常规作业设计。年、月、日是自然界中存在的一种时间单位，人类从古至今对于这种时间单位并不陌生，学生在接触时也有非常丰富的生活经验做支撑。但是这种生活中的理解是感性的和片面的，并非逻辑性很强的全面的认知。而且《年、月、日》这个单元的知识点较多，因此授课时需在学生生活经验的基础上，创设真实情境激发学生的学习内驱力。所以经过小组研讨，我们最后选择"探索通泰路小学三年级四班李昀怡同学明明9岁却只过了两次生日"作为背景

　　① 谢蕾蕾为郑州市郑东新区基础教育教学研究室教研员，王艳珍为郑州市郑东新区通泰路小学教师，任延新为郑州市郑东新区文苑学校教师，李晓丽为郑州市郑东新区龙翔小学教师，常瑞哲为郑州市郑东新区众意路小学教师。

材料。通过对单元整体学习内容的重组，在对问题的解决过程中，学生不断梳理单元知识要点，在轻松的活动中，完成对单元知识的自主建构和完形。

1. 课标内容及要求

《数学课程标准（2011 年版）》中第一学段"数与代数"领域部分明确指出：能认识钟表，了解 24 时计时法；结合自己的生活经验，体验时间的长短。认识年、月、日，了解它们之间的关系。能结合生活实际，解决与常见的量有关的简单问题。

此部分内容属于"数与代数"中常见的量，学生对于此部分内容有很丰富的生活经验，所以我们就借助探索生日之谜，来发展学生的数感、运算能力、模型思想、推理能力，发展应用意识。

2. 教材及学情分析

（1）教材分析。

认识年、月、日和 24 时计时法是本单元的主要学习内容。

本单元之前，学生已经在三年级上学期学习了时、分、秒等相关知识，并在实际生活中积累了一些有关年、月、日的感性经验。人教版教材中通过引导学生标注年历卡中特别的日子与关于年、月、日都知道了哪些等任务及问题的设置，帮助学生在独立探索、思考和合作交流的基础上发现其中的规律，了解年、月、日和平年、闰年的含义及其相互关系。学生通过观察、记录、对比、分析等数学活动，得到关于大月、小月和二月的相关知识，并会用 24 时计时法表示时刻。学生在自主探索的过程中，提高了分析问题、解决问题的能力。在具体的生活情境中，通过提炼有价值的任务，引导学生用年、月、日的相关知识去解决诸如计算简单的经过时间、说出时刻与时间之间的区别和联系等简单的实际问题，让学生能根据建立的时间观念，养成遵守和爱惜时间的意识和习惯。

（2）学情分析。

年、月、日这几个时间单位对于学生来讲是比较抽象的，他们理解这些较大的时间单位有一定困难。基于三年级学生的年龄特点，他们只能理解和掌握那些与他们的实际生活最接近的时间单位，如时、分等。随着年龄的增长，学生才能逐步理解离他们生活较远且较大的时间单位，如年、月等。学生已经在三年级上学期学习了时、分、秒，并在实际生活中积累了年、月、日方面的感性经验；有关年、月、日方面的知识，也越来越多地出现在他们的生活和学习内容中，这样，学生便有了形成较长时间观念的基础。所以本单元第一个任务就是放手让学生自己去查找资料，得到一年中 12 个月天数的特征以及一年的天数。对于 24 时计时法，学生需要借助任务的探索进而理解与掌握，并能灵活地解决有关时间的生活问题。

（3）单元大概念架构。

为了遵循学生认知时间的"由中间向两端"和"由近及远"的发展规律，综合考虑学生的生活经验和其他数学能力的发展情况，对于"时间量"这一部分内容，教材将其分散在一至三年级共四册书中进行编排。具体编排结构如图 2-15 所示。

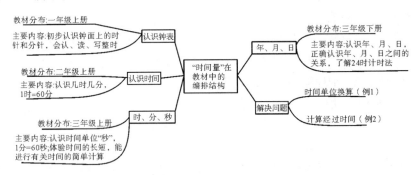

图 2-15　"时间量"在教材中的编排结构

学生在前面的学习中已经对一昼夜有了概念，并能用 12 时计时法表示一天中的某一时刻。在此基础上，本单元通过一些实际问题和活动，让学生认识时间单位年、月、日，了解它们的关系，了解 24 时计时法，会进行一些简单的计算，会通过一些年、月、日的相关知识去解决实际问题，所以本单元的结构如图 2-16 所示。

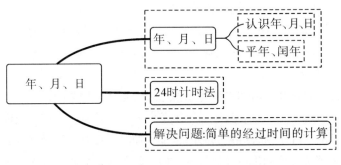

图 2-16　《年、月、日》单元的结构

（4）数学核心素养的细化。

本单元的目标对应数学核心素养中的培养数感、模型思想、运算能力、推理能力、应用意识等方面的要求（见图 2-17）。在授课时，教师需将这些素养要求贯穿到单元目标的达成与课时目标的落实中。

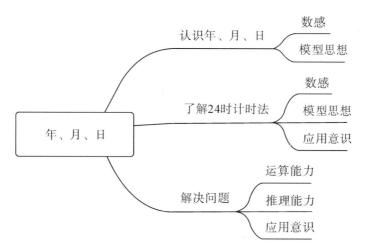

图 2-17 《年、月、日》单元内容与数学核心素养的对应结构

3. 作业设计意图

本作业设计的理论基础是美国教育心理学家布鲁姆的教育目标分类学中，有关认知过程中记忆、理解、运用、分析、评价和创造的六个维度。

（1）课前作业的目标。

①通过时、分、秒的单位换算，来检测学生对时、分、秒掌握的情况，为本单元的 24 时计时法的学习奠定良好的基础。

②通过时间单位和年、月、日的知识，来检测学生对本单元的新内容年、月、日的了解程度，从而把握学生准确的起点。

课前作业的能力指向：识记、理解。

课前作业的设计意图：通过课前作业的填写与叙述，来检测学生的起点，为本单元的教学奠定基础。

希望学生独立回答，难度属于容易。

（2）课中作业的目标。

①学生通过查找资料，能用语言描述年、月、日、季度、上半年、下半年、大月、小月、平年、闰年的含义，并能用自己的话描述它们的时长。

②学生通过举例来说明 24 时计时法的表示方法和 24 时计时法与普通计时法的转换方法，以及求经过时间的方法，从而提高语言表达能力和运算能力。

课中作业的任务一的能力指向：识记、理解。

课中作业的任务二的能力指向：识记、理解、应用。

课中作业的任务一的设计意图：让学生基于自身理解进行描述，将"虚"

的时间长度"实际"化，有效地将概念进行语言表达。这有利于学生理解概念。

课中作业任务二的设计意图：让学生通过举例子比较和计算经过时间，掌握两种计时法和求经过时间的方法。

希望学生独立回答，难度属于中等。

（3）课后作业目标。

①通过课后作业 1，检测学生对每个月天数的特点，特别是平年、闰年的 2 月份天数特点，以及求经过时间方法的掌握情况，从而提高学生的运算能力。

②通过课后作业 2，检测学生对求经过时间的方法和 24 时计时法与普通计时法的转换方法的掌握情况，从而提高学生的理解能力和运算能力。

③通过课后作业 3，检测学生对年、月、日的每个月的天数以及日期的安排的掌握情况，从而提高学生的动手操作能力和综合运用能力。

课后作业 1 的能力指向：识记、理解。

课后作业 2 的能力指向：理解、应用。

课后作业 3 的能力指向：应用、创新。

课后作业设计意图：通过作业 1 和作业 2，来巩固学生对年、月、日的基础知识的掌握，通过作业 3 综合考查学生对年、月、日的知识理解与运用程度，以及全面考查学生根据一天的日期推算出全年中每一天的日期的推理能力。

作业 1 和作业 2 希望学生独立回答，难度属于中等。作业 3 需要小组合作完成，难度属于中上。

4. 教师设计的单元作业属性表（见表 2-27）

表 2-27　教师设计的《年、月、日》单元作业属性表

课前作业			
功能指向：以写一写、说一说的方式探测学生的学习起点			
问题编号	目标指向	编写说明（设计意图）	学情简述
问题 1	通过该部分内容监测学生对"时、分、秒"之间的单位换算的掌握情况	借助写一写考查学生掌握的"时、分、秒"的相关知识以及运算能力	56%的学生能准确填空，说明这些学生已经掌握了时、分、秒的单位换算，可是还有 44%的学生对时、分、秒的单位换算知识没有掌握住，这就需要在课堂学习的时候加入有关时、分、秒之间的进率和单位换算方法的学习

表2-27（续）

问题2	通过"说一说，你还知道哪些时间单位和关于年、月、日的知识?"考查学生对本单元年、月、日知识的了解程度	借助说一说考查学生掌握的"年、月、日"的相关知识	很多学生都说除了时、分、秒，他们还知道时间单位有年、月、日，可是一年有多少天，每个月有多少天，大部分学生都不清楚。这说明学生对于本单元的重点内容还知道甚少，需要我们设计具有探究意味的任务让学生去探索并归纳出大月、小月、二月的天数，并灵活掌握24时计时法与12时计时法的转换，以及能运用年、月、日的知识解决生活中的实际问题，从而发展学生的时间观念和推理能力

课中作业

功能指向：通过该部分内容考查学生在学习年、月、日有关知识之后的掌握程度和不足

任务编号	目标指向	基本问题	编制说明	评价标准
1	通过查阅资料、填写学习单、小组交流等学习方式，认识年、月、日，了解它们之间的关系，知道大月、小月、二月、平年、闰年的天数及其相关知识	什么是年、月、日、季度、上半年、下半年、大月、小月、平年、闰年?你能用自己的话来描述一下它们分别有多长吗?	借助大问题让学生主动去探索，促进学生整体建构的能力和语言表达能力	1. 积极回答问题 2. 能用语言描述年、月、日、季度、上半年、下半年、大月、小月、平年、闰年的特点
2	掌握24时计时法和12时计时法的表示方法与转换方法，会正确计算经过时间	问题1：24时计时法跟普通计时法有什么不同?请举例说明。问题2：经过的时间怎样计算呢?比如从10：00到13：20经过了多长时间?你是怎么计算的?你也可以举例子进行说明	把24时计时法和求经过时间的方法整合在一起，促进学生对24时计时法的表示方法和它与普通计时法之间的转换方法的运用及整体建构	1. 能准确说出24时计时法与普通计时法的区别 2. 能正确计算出经过时间 3. 能说出自己计算时间的方法

表2-27(续)

			课后作业		

功能指向：诊断学生对年、月、日的基本知识点，24时计时法与12时计时法的表示和转换，以及求经过时间的计算方法的掌握情况，为学生灵活运用年、月、日的知识解决生活中与时间有关的实际问题打下良好的基础

作业编号	作业题型	目标指向	编制说明	创新点	评价标准
1	填空	年、月、日的基本知识和计算经过时间	设计基础性的练习题目，以检测学生对年、月、日的基础知识和求经过时间的方法的掌握情况，从而发展其数学的数感和运算能力		写对两空得一个雅慧印章
2	解决问题	24时计时法与普通计时法的转换、计算经过时间	首先以邮递员叔叔取信和商场营业时间为素材，激发学生探索的欲望。其次，借助24时计时法与普通计时法之间的关系和求经过时间的方法解决上述问题，从而考查学生提取关键信息的能力和把所学知识迁移到新情境的综合解决问题的能力		1. 正确写出商场营业时间的普通计时法的，给予4个雅慧印章 2. 能正确写出取信的一次时间的，给予一个雅慧印章 3. 正确算出从周一到周五的营业时长的，给予两个雅慧印章
3	动手操作	年、月、日基本知识和日期的推理	借助做年历来整体考查学生对年、月、日的知识和日期规律的掌握情况，从而发展学生的推理能力和创新意识	结合做年历设计习题，考查学生对本单元知识的综合理解和掌握程度	能美观、准确设计出2022年年历的，给予10个雅慧印章

5. 作业及其评分标准

（1）课前作业内容。

①填空。

1时＝（　　　）分　　　　　　　　1分＝（　　　）秒

1 时 = （　　　）秒　　　　　　240 分 = （　　　）时

1 分 25 秒 = （　　　）秒　　　　82 分 = （　　　）时（　　　）分

②回答问题。

A. 时、分、秒都是什么单位？

B. 关于时间单位你还知道哪些？

C. 关于年、月、日的知识你想知道些什么？

课前作业评分标准见表 2-28。

表 2-28　《年、月、日》课前作业评分标准

题号	评价标准				评价结果		
	优秀	良好	合格	不合格	自评	互评	师评
1	全部正确且书写规范	大部分正确且书写规范	50% 正确，书写规范	正确内容在 50% 以下，书写一般			
2	全部回答正确且书写规范，关于年、月、日的知识知道得很全面	大部分回答正确且书写规范，知道大部分年、月、日的知识	50% 回答正确且书写规范，只知道很少有关年、月、日的知识	回答正确的在 50% 以下，年、月、日的知识都不知道			

（2）课前作业反馈。

①56%的学生能准确填空，说明这些学生已经掌握了时、分、秒的单位换算，可是还有44%的学生对时、分、秒的单位换算知识没有掌握住，这就需要在课堂学习的时候加入有关时、分、秒之间的进率和单位换算方法的学习。

②很多学生都说除了时、分、秒，他们还知道时间单位有年、月、日，可是一年有多少天，每个月有多少天，大部分学生都不清楚。这说明他们对于本单元的重点内容还知道甚少，需要我们设计具有探究意味的任务让学生去探索并归纳出大月、小月、二月的天数，并灵活掌握24时计时法与12时计时法的转换，以及能运用年、月、日的知识解决生活中的实际问题，从而发展学生的时间观念和推理能力。

（3）课中作业内容。

任务一：探索年、月、日、平年、闰年。

问题：什么是年、月、日、季度、上半年、下半年、大月、小月、平年、

闰年？你能用自己的话来描述一下它们分别有多长吗？

任务二：探索24时计时法与12时计时法的表示方法和它们之间的转换方法，以及求经过时间的计算方法。

问题1：24时计时法和普通计时法有什么不同？请举例说明。

问题2：经过的时间怎样计算呢？比如从10：00到13：20经过了多长时间？你是怎么计算的？你也可以举例子进行说明。

课中作业评分标准见表2-29。

表2-29　《年、月、日》课中作业评分标准

任务	评价标准				评价结果		
	优秀	良好	合格	不合格	自评	互评	师评
任务一	全部能够通过查找资料，用自己的语言叙述上述时间词的含义以及时长	大部分能够通过查找资料，用自己的语言叙述上述时间词的含义以及时长	50%的内容能够通过查找资料，用自己的语言叙述上述时间词的含义以及时长	50%以下的内容能够通过查找资料，用自己的语言叙述上述时间词的含义以及时长			
任务二	全部能够通过举例说明24时计时法与普通计时法的区别和联系，以及如何求经过时间的方法	大部分能够通过举例说明24时计时法与普通计时法的区别和联系，以及如何求经过时间的方法	50%的内容能够通过举例说明24时计时法与普通计时法的区别和联系，以及如何求经过时间的方法	50%以下的内容能够通过举例说明24时计时法与普通计时法的区别和联系，以及如何求经过时间的方法			

（4）课后作业内容。

①填空。

A. 一年里，每个月有31天的有（　　）个月，每个月有30天的有（　　）个月，平年的二月有（　　）天，闰年的二月有（　　）天。

B. 图书馆下午2：30开门，17：00关门，共开放（　　）小时（　　）分。

②解决问题。

A. 邮递员叔叔每天上午 8 时 30 分至晚上 7 时 30 分，分 5 次到大厦门口的邮筒里取信，第一次取信的时间是上午 8：30，以后每隔 2 小时 45 分取一次。你知道他每次取信的时间吗？试着写下来。

取信次数	第一次	第二次	第三次	第四次	第五次
取信时间	8：30				

B. 某商场的营业时间如下：

星期一至星期五 8:30~17:30
星期六、星期日 8:30~17:00

问题一：用普通计时法表示商场的营业时间。

问题二：该商场星期一至星期五每天营业多长时间？

③请制作一个 2022 年的年历当作礼物送给自己的爸爸妈妈！

课后作业评分标准见表 2-30。

表 2-30 《年、月、日》课后作业评分标准

题号	评价标准				评价结果		
	优秀	良好	合格	不合格	自评	同伴评	教师评
1	全部正确且书写规范	大部分正确且书写规范	50% 正确且书写规范	正确内容在 50% 以下，书写一般			
2	全部正确且书写规范	大部分正确且书写规范	50% 正确且书写规范	正确内容在 50% 以下，书写一般			
3	能制作出正确、美观、书写规范的年历	大体上能制作出正确、美观、书写规范的年历	基本能够制作出正确、美观、书写规范的年历	不能够制作出正确、美观、书写规范的年历			

6. 作业完成情况统计及分析（相当于"试卷"的质量分析）

课前作业分析：针对50名学生进行了前测（见表2-31）。

表2-31　《年、月、日》单元学生课前作业的情况

题号	数据统计	答题情况	课前作业分析
1	45人全对，其中1时=（　）秒2人有错，82分=（　）时（　）分3人有错		90%的学生已经掌握了时、分、秒之间的关系并能进行正确的单位换算，其中4%的学生对时与秒之间的关系不太熟练，还有6%的学生对分化成时与分的复合单位不太熟练
2（1）	100%全对		通过此题中的数据可以看出，学生对年、月、日的认识只是看似认识，但是对年、月、日的具体内容并不是很了解，需要借助课堂上的探索解决心中的疑惑
2（2）	80%的学生回答是年、月、日，还有少部分学生回答是毫秒、世纪等		
2（3）	100%的学生都能提出一些关于年、月、日的想知道的内容或问题		

课后分析：针对50名学生进行了后测（见表2-32）。

表2-32　《年、月、日》单元学生课后作业的情况

题号	数据统计	答题情况	课后作业分析
1	全对		通过数据和答题情况可以看出，学生对年、月、日的基础知识掌握得很牢固，完成了作业1的要求

表2-32(续)

题号	数据统计	答题情况	课后作业分析
2（1）	40 名学生全部答对，其中后三个时间写错的有 6 人，还有 4 人把最后一个时间写错	第（1）的答题情况	对于 2（1）题，通过数据和答题情况，可以看出学生已经基本掌握了根据经过时间求每次取信的时间，只是有个别学生在表示时间点的时候出现错误，把 24 时计时法与普通计时法弄混淆了，说明我们需要在 24 时计时法与普通计时法之间的转换上加强练习与引导
2（2）	80% 的学生全写对，有 10 人都错在了第①小题的第二个时间的表示上	第（2）的答题情况	对于第 2（2）题，学生对求经过时间的方法已经完全掌握了，但还是在 24 时计时法与普通计时法之间的转换上出现错误，说明需要针对此项内容进行视频讲解和书写的练习

表2-32（续）

题号	数据统计	答题情况	课后作业分析
3	100%的学生都做了正确的年历		通过作品的完成情况可以看出，学生都已经掌握了年、月、日和每个月的天数以及日期的安排，当学生不确定日期的时候就进行推理计算，然后再结合电子设备进行查找验证，这种辩证思维能力非常棒

通过前测分析，我们了解到学生对于年、月、日的特点只有简单的了解，还不清楚这些概念的本质。通过课中任务的探索与练习，学生基本都掌握了年、月、日的基本特点和24时计时法与普通计时法转换的方法以及求经过时间的方法，可是对于课后作业第2题和制作的年历中的日期还不能熟练地算出答案。这说明学生对年、月、日这个单元的基础知识已经有了初步的掌握，但还需要我们从这些核心概念的本质上引发学生深度思考，便于学生灵活运用本单元的知识解决生活中有关时间的实际问题。

二、人教版教材《数学》三年级下册第六单元《年、月、日》的"3发展"作业之一：基于设计的作业

（一）"基于设计的作业"目标设计

1. 作业设计的学情分析与意图

通过4个课时的学习，学生已经对年、月、日的知识有所了解，并掌握了每个月的具体天数以及日常日期的推理。为了拓展巩固学生对年、月、日知识的掌握程度，我们让学生选择有纪念意义的一个月，如自己出生的月份、爸爸妈妈结婚的月份、奥运会召开的月份等，设计、制作某一个月的月历牌。这样，通过学生独立设计一个月的月历牌，再次巩固学生对年、月、日知识的掌握，同时提高学生对日期的认识与推理能力。

2. 作业目标

（1）通过组织学生探究制作月历牌的活动过程，进一步巩固其对年、月、

日的认识，加深其对所学知识的理解。

（2）让学生知道月历的编排规律，会用简单推算的方法制作月历。

（3）通过制作具有纪念意义的月历活动，使学生体验数学知识在实际生活中的应用，培养学生学习数学的兴趣。

（二）"基于设计的作业"环节设计

学生首先选择一个有纪念意义的月份；其次，根据自己所学的有关年、月、日的知识确定这个月的总天数；再次，根据现在的日期去推理这个月的第1天的日期，从而设计这个月的月历牌；最后，对这个月历牌进行美化完善。作业评价标准见表2-33。

表2-33 《年、月、日》"基于设计的作业"编码表（评价标准）

评价维度		核心素养	水平划分 （水平一、 水平二、 水平三、 水平四）
情境	情境1：一年有12个月，选出一个对你最有意义的月份	数感	水平一
问题	问题1：根据自己选的月份，你能快速知道这个月有多少天吗？	数感	水平一
	问题2：你能否根据今天的日期，推理出你所选月份中每一天的日期呢？	运算能力和推理能力	水平三
任务	任务1：根据月份说出这个月的总天数	数感	水平一
	任务2：推理出这个月每一天的日期	运算能力和推理能力	水平三

（三）作业内容

学生选择有纪念意义的一个月，如自己出生的月份、爸爸妈妈结婚的月份、奥运会召开的月份等，设计、制作某一个月的月历牌。作业呈现见表2-34。

表2-34 《年、月、日》单元基于设计的作业呈现

评价项目	评价内容	自我评价	同学评价
学习态度	对探究年历制作的过程活动充满热情，能积极主动思考和探寻问题，乐于参加设计活动		
活动过程	月历牌的设计布局合理、美观，月历牌信息正确		

表2-34(续)

评价项目	评价内容	自我评价	同学评价
反思能力	能虚心听取他人的意见和建议，学会自我反思，发现问题及时更正		
发布成果的能力	展示活动成果时，大方自信，语言有一定的感染力		
活动成效	在规定时间内完成活动，记录翔实、完整，选用合适的成果展示方式，很好地展现了活动的过程和收获		

在整个过程中，我的体验（下面为作业呈现）：

评价说明：在评价栏中画★。表现优秀得4颗星，表现良好得3颗星，表现一般得两颗星，待努力得1课星

三、人教版教材《数学》三年级下册第六单元《年、月、日》的"3发展"作业之二：基于问题的作业

（一）"基于问题的作业"目标设计

1. 学情分析

通过本单元内容的学习，学生对于简单的年、月、日的知识已基本掌握，在生活中也积累了与年、月、日有关的感性经验，与年、月、日有关的词语也越来越多地出现在他们的生活和学习内容中，有了一定的理解基础。但是在涉及说明具体含义，以及与其有关的计算与推理时，学生还存在一定的困难。北京冬奥会也是学生在寒假期间关注比较多的热门事件，让学生去深入了解冬奥会并对时间进行推算、验证，对于学生来说，也是一次挑战。

2. 作业目标

（1）能用自己的语言说明现实生活中与时间有关的词语的意思。

（2）灵活运用年、月、日的相关知识解决生活中与时间有关的实际问题。

（二）"基于问题的作业"环节设计

1. 学习主题

2022年2月4日，举世瞩目的第二十四届冬季奥林匹克运动会开幕式在北京的国家体育场隆重举行。时隔约14年，北京再次点燃奥运圣火。此前，在距离开幕式1 000天之际，冰雪项目国家集训队为进一步统一思想、凝聚共识、提振士气，以更加积极的姿态迎接北京冬奥会的到来，举行了誓师动员大会。

2. 驱动性问题：

核心问题：2022年北京冬奥会倒计时1 000天是哪一天？

3. "基于问题的作业"的复杂任务设计

任务1：2022年1月1日到开幕式前一天一共有多少天？

考察方式：学生独立完成。学生可以用自己的语言说明对"倒计时"的理解，也可以通过举例子说明。在此基础上，学生可以借助算式或者借助查找日历等方式，得出2022年1月1日到开幕式一共有多少天的正确结果。

任务2：2021年和2020年是平年还是闰年？分别有多少天？

考察方式：学生独立完成。学生可以借助平年、闰年的计算方式进行计算，可以借助自己所熟悉的属于平年、闰年的年份来进行推理，也可以上网查阅资料等中。

任务3：2022年北京冬奥会倒计时1 000天是哪一天？查阅资料进行验证。

考察方式：小组协作完成。组员分工合作，可以直接计算，也可以在日历上数一数等。

4."基于问题的作业"成果呈现

学生用研究小报或者手抄报展示探索解决问题的整个过程，或者录视频讲解其推理过程。作业成果见图2-18。

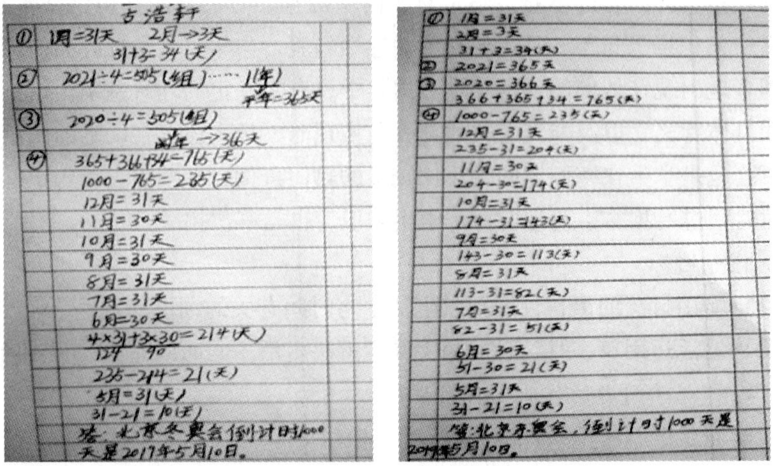

图2-18 《年、月、日》单元问题的成果呈现

5."基于问题的作业"评价设计

作业评价标准见表2-35。

表2-35 《年、月、日》单元"基于问题的作业"编码表（评价标准）

	评价维度	核心素养	水平划分（水平一、水平二、水平三、水平四）
情境	情境1：冬奥会倒计时1 000天誓师大会		
问题	问题1：2022年北京冬奥会倒计时1 000天是哪一天？	建模思想、数感	水平四
任务	任务1：2022年1月1日到开幕式一共有多少天？	数据分析	水平二
	任务2：2021年和2020年是平年还是闰年？分别有多少天？	运算能力、推理能力	水平一
	任务3：2022年北京冬奥会倒计时1 000天是哪一天？	运算能力、推理能力	水平三

（三）作业内容

计算 2022 年北京冬奥会倒计时 1 000 天是哪一天？查阅资料进行验证。作业评价见表 2-36。

表 2-36　《年、月、日》单元"基于问题的作业"评价

评价维度	评价标准	评价结果		
		自我评价	同学评价	教师评价
会计算	能够准确计算经过时间，判断平年、闰年以及其天数，逆推出倒计时 1 000 天的准确日期			
会表达	条理清晰地将自己的计算方法讲给同伴听			
会反思	能虚心听取他人的意见和建议，学会自我反思，发现问题及时更正			
活动成效	在规定时间内完成活动，记录翔实、完整，选用合适的成果展示方式，很好地展现活动的过程和收获			
在整个过程中，我的体验：				
评价说明：在评价栏中画★。表现优秀得 4 颗星，表现良好得 3 颗星，表现一般得两颗星，待努力得 1 颗星				

四、人教版教材《数学》三年级下册第六单元《年、月、日》的 "3 发展"作业之三：基于项目的作业

（一）"基于项目的作业"目标设计

1. 学情分析

学生已经认识了时、分、秒，已经认识了年、月、日之间的关系，以及

24时计时法和普通计时法之间的关系，并能解决和时间有关的简单实际问题。学生对年、月、日关系的认识主要通过观察、研究资料和合情推理的方式获得，缺乏对知识产生过程的体验。运用年、月、日之间的关系制作台历，计算经过的天数时，学生出错较多。北京冬奥会是学生身边刚发生的事情，让学生用赛会负责人的身份编排比赛时间表，不仅可以让学生深入了解冬奥会，还可以进一步强化对计算经过时间的方法的运用。

2. 作业目标

（1）能正确计算经过的天数，能根据经过的天数正确算出起止日期。

（2）编排冰壶比赛的赛程时，能考虑主要因素的影响。

（3）能编排冰壶比赛赛程表。

（4）在计算、交流中能表达自己的想法，调整自己的不合理想法。

（二）"基于项目的作业"环节设计

1. 学习主题：编制冬奥会冰壶比赛赛程表

2022年北京举办了第24届冬季奥林匹克运动会，成为全球首座"双奥之城"。本届冬奥会从2月4日开幕，2月20日闭幕，历时17天。北京冬奥会共有7个大项，分别为滑冰、滑雪、雪车、雪橇、冰球、冰壶和冬季两项。冰壶比赛是冬奥会开赛最早、历时最久的赛事。冰壶比赛分为混合赛、男子赛、女子赛三种，根据场馆要求，混合赛不能和男子赛、女子赛同时进行。这三种赛事需要的比赛时间分别为：混合赛小组赛5天，混合赛半决赛1天，混合赛铜牌赛、决赛1天；男子赛小组赛8天，男子赛半决赛1天，男子赛铜牌赛1天，男子赛决赛1天；女子赛小组赛8天，女子赛半决赛1天，女子赛铜牌赛1天，女子赛决赛1天。所有赛事最晚在闭幕式当天结束。

2. 驱动性问题

核心问题：如果你是冰壶比赛负责人，冰壶比赛赛程该怎么安排？

子问题1：北京冬奥会冰壶比赛需要多少天可以使全部比赛结束？

子问题2：赛程安排需要注意哪些因素？

子问题3：你准备怎样编排冰壶比赛的赛程？

子问题4：你的赛程安排和北京奥运会赛程安排一样吗？如果有不一样的地方，北京奥运会为什么这样安排？

3. 作业复杂任务设计

子问题1学生独立完成；子问题2学生独立思考后交流；子问题3可以独立完成，也可选择2~4人协作完成；子问题4独立思考后交流。

（1）作业成果呈现：提交一份冰壶比赛赛事安排表。

（2）作业评价设计见表2-37。

表2-37　《年、月、日》单元"基于项目的作业"编码表（评价标准）

评价维度		核心素养	水平划分 （水平一、水平二、水平三、水平四）
情境	情境1：北京冬奥会冰壶比赛	数感	
问题	问题1：北京冬奥会冰壶比赛需要多少天可以使全部比赛结束？	推理能力、运算能力	水平一：思路清晰，表达准确 水平二：回答准确，表达不够流畅 水平三：所有天数相加，表达清晰 水平四：天数错误，表达不流畅
	问题2：要让赛程安排更合理，需要注意哪些因素？	理性思维	水平一：闭幕时间 水平二：开幕、闭幕时间 水平三：开幕、闭幕、其他 水平四：开幕、其他
	问题3：你准备怎样编制冰壶比赛的赛程？	推理能力	水平一：从闭幕时间向前推 水平二：在闭幕时间和开幕时间之间编制 水平三：从开幕时间开始编制 水平四：随意编制
	问题4：你的赛程安排和北京奥运会的安排一样吗？如果有不一样的地方，北京奥运会为什么这样安排？	质疑、猜想	水平一：不一样，进一步猜想原因；一样，进一步猜想原因 水平二：不一样，不知道如何猜想原因 水平三：一样，不能猜想原因 水平四：不一样，不能猜想原因

表2-37(续)

	评价维度	核心素养	水平划分 (水平一、水平二、水平三、水平四)
任务	任务1：计算冰壶比赛需要的天数	运算能力、模型思想	水平一：18天，快速得出天数 水平二：18天，认真思考后得到天数 水平三：29天，快速得到天数 水平四：22或29天，思考后得到天数
	任务2：思考需要注意的方面	理性思维	水平一：去掉所有无关因素 水平二：有主要因素，去掉多数无关因素 水平三：有主要因素，去掉少数无关因素 水平四：不能去掉无关因素
	任务3：编制冰壶比赛赛程表	推理能力、模型思想	水平一：赛程表条理清晰，布局美观 水平二：赛程表条理清晰，布局有待调整 水平三：赛程表条理不清晰，布局美观 水平四：赛程表条理不清晰，布局不美观
	任务4：观察不同，猜想原因	批判、质疑	水平一：不一样，能坚持自己的编排，猜想冬奥会编排的原因 水平二：不一样，认为冬奥会编排更合理，能猜想原因 水平三：不一样，认为冬奥会编排更合理，不猜想原因 水平四：都可以，没有猜想原因

（三）作业内容

编制冬奥会冰壶比赛赛程表。

部分作业见图2-19、图2-20。

图 2-19 《年、月、日》单元基于项目的作业呈现 1

图 2-20 《年、月、日》单元基于项目的作业呈现 2

第四节 对人教版 PEP 教材《英语》三年级上册 Unit 4 We love animals 的单元作业设计

【作者信息】 杨鸣 欧玲玲①
【适用年级】 三年级

一、对人教版 PEP 教材《英语》三年级上册 Unit 4 We love animals 的常规作业设计

（一）课标内容及要求

（1）语言知识：能正确读出 26 个英文字母；了解简单的拼读规律，能够

---

① 杨鸣为郑州市郑东新区基础教育教学研究室负责人，欧玲玲为郑州市郑东新区基础教育教学研究室小学英语学科教研员。

根据拼读规律，读出简单的单词；知道根据单词的音、行、义来学习词汇；能初步运用所学单词发起话题。

（2）语言技能：能根据听到的词句识别或指认图片和实物；能表达简单的情感和感觉；能完成简单的角色表演；能在图片的帮助下读懂简单的小故事；能正确书写字母和单词。

（3）情感态度：积极参与各种课堂学习活动；在小组活动中能与其他同学积极配合和合作。

（4）学习策略：积极与他人合作，共同完成学习任务；尝试阅读英语故事与其他英语课外读物；积极运用所学英语表达、交流。

（5）文化意识：知道英语中最简单的问候语、称谓语和告别语。在教师的指导下学习和感知人际交往中英语与汉语在表达方式上的异同；了解基本问候、感谢用语；有追求真善美、发展健全人格的意识。

解读：我们认真研读了义务教育课程标准和英语学科核心素养要求，对其进行了细化，对应至本单元。如图 2-21 所示，课标中要求学生能交流简单的个人信息，表达简单的感觉和情感，细化到单元目标，就是要求学生能运用10 个有关动物的核心词汇及核心句型，结合已学语言知识，在情境中有感情地介绍动物；能听、说、读、写本单元的五个字母并知道其在单词中的发音。学生能在老师、图片和录音的帮助下听懂和读懂课文；通过模仿录音说话，流利朗读课文，进行角色扮演；充当动物园小导游介绍动物，表达自己对动物的喜好，在真实任务中进行语言运用。

（二）教材及学情分析

1. 单元主旨

本单元的话题是"我们爱动物"，属于三大主题语境中"人与自然"下的子主题"人与动植物"中的一部分，要求学生"问一问所见到的动物"和"在情境表演中介绍动物"。我们通过创设争当动物园开放日小导游的情境，让学生在情境中体验，培养热爱动物、保护动物的意识，感悟人与自然和谐相处的重要性，理解生命的意义与价值。

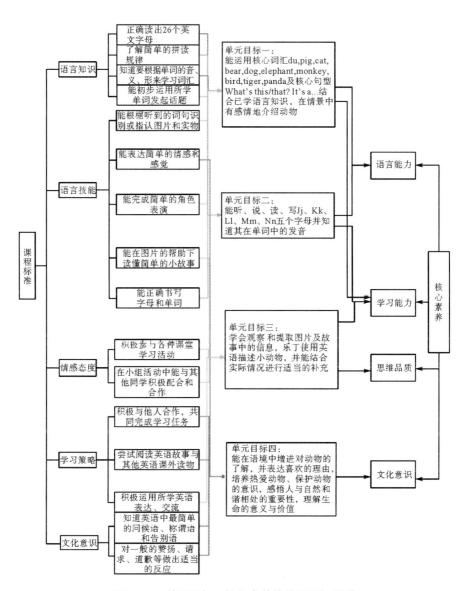

图 2-21　基于课标、核心素养的单元目标关联

2. 教材结构分析（见表2-38）

表2-38　小学英语第四单元结构分析

项目	内容	
话题	□人与社会　☑人与自然 （单元话题___At the zoo___）	
功能	☑交往　□感情　□态度 （单元功能___询问、介绍___）	
育人价值	学生通过情境体验，感受到动物的可爱，树立正确的价值观，培养热爱动物、保护动物的意识，懂得与动物和谐相处	
教材板块定位	核心板块	（1）Part A/B　Let's talk，通过"听、说、读"活动引导学生运用句型介绍动物 （2）Part A/B　Let's learn，通过"听、说、读"活动引导学生识记、理解、运用核心词汇 （3）Letters and sounds，通过"听、说、读、写"活动引导学生掌握字母及其在单词中发音
	非核心板块	（1）主情境图，通过图文呈现本单元核心内容所在的语境语篇 （2）Part A Let's chant，通过"听、说"活动操练巩固核心词汇 （3）Part B Let's do，通过"听、说、做"活动操练巩固核心词汇 （4）Part B Let's play，通过"听、说"活动操练巩固核心句型 （5）Star to read，通过"听、说"活动操练巩固核心句型 （6）Read and count，通过"听、说"活动引导学生复习字母 （7）Let's check，通过"听、做"活动检测评价学生的学习效果 （8）Let's sing，通过"听、唱"活动复习巩固本单元核心词汇和句型

3. 单元核心内容结构如图 2-22 所示（呈现结构化核心学习内容，体现单元内容之间的关联）。

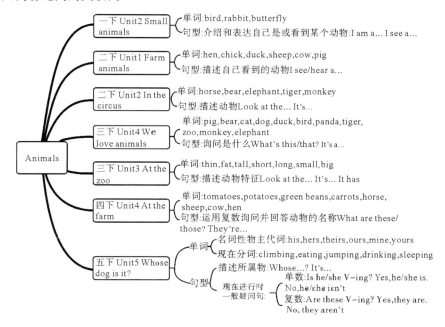

图 2-22　小学英语单元核心内容结构

4. 单元目标与核心素养的关联分析（见图 2-23）

在整个单元的教学中，我们通过任务的设置——当动物园小导游，创设一个大的情境，为学生提供了多种语言体验和实践的活动，来落实核心素养。

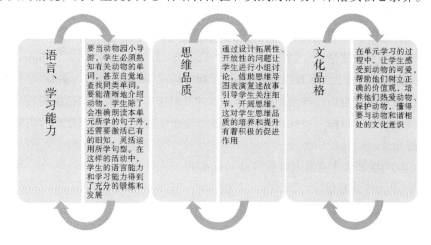

图 2-23　小学英语单元目标与核心素养的关联分析

5. 学情分析

我们从语言基础、情感态度和思维品质三个方面对学生的实际情况进行分析：

（1）语言基础。

学生在英语教材一年级下册第二单元学过动物单词 bird、rabbit、butterfly、frog、bee 和句子 I see a...；在二年级下册第一单元学过动物单词 hen、chick、duck、cow、sheep、pig，句子 I see a...，第二单元学过动物单词 horse、bear、elephant、tiger、monkey、panda，句子 Look at...。但由于时间关系，学生可能会出现遗忘的情况。

在三年级一、二、三单元中，我们已经学习了文具名称、身体部位、颜色的词汇和有关人物、颜色介绍的句子。

学生可以明白基本的课堂用语、教师的简单指令，在教师的指导下能完成一系列的英语课堂活动。

（2）情感态度。

学生处于小学三年级，年龄九、十岁，具有爱玩、好动、爱表现、求知欲强、模仿表演力强等特点，对英语学习有着浓厚的兴趣。

（3）思维品质。

这个年龄段的儿童观察能力明显提高，自治性品质发展趋于平稳，是理解能力、有意识记忆能力发展的关键时期，学生的思维能力处于从具体形象思维向逻辑思维过渡的阶段。

综上所述，我们在教学中可以对本单元的学习进行单元整合，尊重学生认知规律，研究学生的学习经验，注重单元设计的大情境和大任务设置，整合本单元的各板块，科学地设计单元教学过程。依据单元话题"We love animals"可以设定四个单课话题，如"Know well about the animals at the zoo""Introduce one animal you like""To be a tour guide"和"Love animals, love nature"。让学生围绕着单课话题以任务驱动进行学习，并及时进行评价。单课话题的设定具有评价、任务、目标一致性，强调递进性，突出实践性，体现了学生习得和思维的进阶。

（三）作业设计意图（评价目标的说明）

1. 单元作业目标

我们依据课标要求，在认真分析教材和学情的基础上，设计了本单元的作业目标（见表2-39）。

表 2-39　小学英语单元作业目标分析

项目	内容
单元作业目标	1. 能在语境中正确朗读、识记和运用核心词汇：duck，pig，cat，bear，dog，elephant，monkey，bird，tiger，panda，zoo 2. 能在语境中运用句型 What's this/that? It's a/an ...，询问并回答动物的名称 3. 能在情境中联系已学知识，并结合句型 It's ... This is ... It can...，从动物名称、颜色、身体部位、能力等方面来介绍自己喜欢的动物 4. 能听、说、读、写 Jj、Kk、Ll、Mm、Nn 五个字母并知道其在单词中的准确发音 5. 在动物园开放日的语境中，能以小导游的身份熟练地介绍小动物并准确地回答参观者的提问 6. 在录音和老师的帮助下，能用正确的语音语调朗读绘本，理解绘本大意 7. 借助图片提示，能够进行口头表达，向同伴分享海龟等动物的外貌、生活习性 8. 在综合实践活动中，通过小组看、听、读等多种方式，能够了解某一种动物的生活习性 9. 在学习和认识动物、讨论交流的过程中，培养热爱动物、保护动物的意识，感悟人与自然和谐相处的重要性，理解生命的意义与价值

2. 单元目标达成说明（见图 2-24）

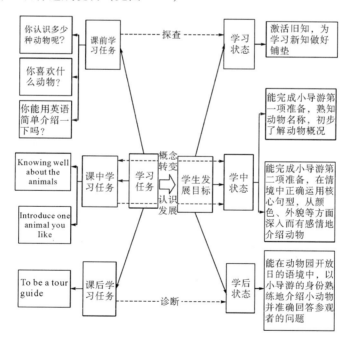

图 2-24　小学英语单元作业目标达成说明

（四）教师设计单元作业属性表（如表2-40所示，此表是对上面作业的分析）

表2-40 教师设计单元作业属性表

课前作业				
功能指向：探测学情				
问题编号	目标指向	编写说明（设计意图）		学情简述
0-1	单元目标1	探测学生对动物类词汇的掌握情况		学生能说出一部分常见的动物名称
0-2	单元目标3	探测学生对核心句型的掌握情况		一半的学生能用 I like... 表达自己喜欢的动物
0-3	单元目标2、3	探测学生对核心句型的掌握情况		一部分学生能运用句型询问并回答动物的名称
课中作业				
功能指向：建构概念等				
任务编号	目标指向	基本问题	编制说明	评价标准
1-1	单元目标1	What animals do you know?	请学生听歌，说出自己看到的动物名称	认真倾听☆☆☆ 语音正确☆☆☆
1-2	单元目标2、3	Which animal do you know?	动物是我们的好朋友，你一定对它们特别熟悉。根据图片提示，请用1~2句话介绍一下你喜欢的小动物吧！	☆☆☆能指着图片或照片，清晰、准确、流畅地和同伴共同描述动物 ☆☆能指着图片或照片，准确地和同伴共同描述动物 ☆在老师或同伴的帮助下指着图片或照片描述动物
2-1	单元目标3	What animals do you like?	请用3-5句话从动物名称、颜色、身体部位、能力等方面来介绍你喜欢的动物。	☆☆☆能指着图片或照片，清晰、准确、流畅地和同伴共同描述动物 ☆☆能指着图片或照片，准确地和同伴共同描述动物 ☆在老师或同伴的帮助下指着图片或照片描述动物
3-1	单元目标4	Who are the star animals in the zoo? Why?	Look at the pictures, and guess. 根据图片线索提示，猜测谁是动物园的明星动物，并说出原因	☆☆☆ 回答正确，辅音、元音发音正确

☆☆	☆
回答正确，个别辅音或元音发音不准确	回答有误，辅音、元音发音不准确

表 2-40（续）

				☆☆☆	☆☆	☆
3-2	单元目标 5	How was the Zoom's guided tour? Can you act out the story?	Zoom 的导游之旅怎么样呢？你能演一演这个小故事吗？	辅音、元音发音正确，表达顺畅，表达中能进行眼神和肢体的交流	辅音、元音发音基本正确，表达较顺畅，表达中基本能进行眼神和肢体的交流	辅音、元音发音不够准确，表达不够流畅，表达中缺少眼神和肢体的交流
				☆☆☆	☆☆	☆
3-3	单元目标 3、5	Can you make a new ending of the story?	你能续编故事吗？	辅音、元音发音正确，表达顺畅，表达中能进行眼神和肢体的交流	辅音、元音发音基本正确，表达较顺畅，表达中基本能进行眼神和肢体的交流	辅音、元音发音不够准确，表达不够流畅，表达中缺少眼神和肢体的交流
				☆☆☆	☆☆	☆
4-1	单元目标 7、8	Can you share the story with your friends using the story map?	借助故事图片，和朋友分享小海龟的生命历程	辅音、元音发音正确，表达顺畅，表达中能进行眼神和肢体的交流	辅音、元音发音基本正确，表达较顺畅，表达中基本能进行眼神和肢体的交流	辅音、元音发音不够准确，表达不够流畅，表达中缺少眼神和肢体的交流
				☆☆☆	☆☆	☆
4-2	单元目标 9	What do you think of the story?	你对这故事有什么想法？	辅音、元音发音正确，表达顺畅，表达中能进行眼神和肢体的交流	辅音、元音发音基本正确，表达较顺畅，表达中基本能进行眼神和肢体的交流	辅音、元音发音不够准确，表达不够流畅，表达中缺少眼神和肢体的交流

课后作业

功能指向：诊断等

作业编号	作业题型	目标指向	编制说明	创新点	评价标准		
5-1	书面作业	单元目标 4	看图片读单词，并圈出单词中的字母 Jj, Kk, Ll, Mm, Nn。做到朗读正确，发音优美，完成后记得在自评表中给自己一个评价	将所学单词中今天学过的辅音字母圈出来，帮助学生巩固字母在单词中的发音。评价表则帮助学生在朗读前明确标准，朗读后进行自评对照	☆☆ 会读	☆☆ 正确	☆☆☆ 流利

表2-40（续）

				☆☆☆	☆☆	☆
5-2	实践作业	单元目标3	Make a presentation to introduce the animal you like. 以"我喜欢的动物"为主题做一个汇报	让学生自由表达自己对某一动物的喜好，并进行描述，贴近学生生活，给不同层次的学生提供了说的空间。学生通过激活原有的知识储备，运用已学的句型对知识进行整合，促进语言能力和思维品质的发展	辅音、元音发音正确，表达顺畅，表达中能进行眼神和肢体的交流	辅音、元音发音基本正确，表达顺畅，表达中能进行眼神和肢体的交流	辅音、元音发音不够准确，表达不够流畅，表达中缺少眼神和肢体的交流
5-3	实践作业	单元目标8、9	Know more about another animals life circle. 小组合作，了解另一种动物的外形及生活习性，并和朋友进行分享	通过让学生查阅资料，了解其他动物的生命历程，培养学生资料收集能力和阅读能力。学生在小组合作中也能培养他们的团队精神。同时，这也有助于他们明白与自然和谐相处的重要性，理解生命的意义与价值	能从颜色、大小、身体部位、居住地等维度描述动物的生活习性。能够与同伴分工查阅资料	基本能从颜色、大小、身体部位、居住地等维度描述动物的生活习性。基本能够与同伴分工合作查阅资料	基本能从颜色、大小、身体部位、居住地等维度描述动物的生活习性。基本能够与同伴分工合作查阅资料

（五）作业及其评分标准（见表 2-41）

表 2-41　小学英语作业及评分标准表

一级指标	二级指标	评估标准			
		A	B	C	D
课前作业	动物名称、喜好、介绍动物	1. 能准确说出至少 5 个动物的名称，语音正确 2. 能够用英语流利地表达自己喜欢的动物，语音标准，无语法错误，自信大方 3. 能够用至少 2 句英语介绍动物，语音标准，语法正确，表达流畅，自信大方	1. 能说出 3～5 个动物的名称，语音较为正确 2. 能够用英语较为流利地表达自己喜欢的动物，语音较为标准，基本无语法错误 3. 能够用 1～2 句英语介绍动物，语音较为标准，语法基本正确，表达较为流畅	1. 能说出 1～2 个动物的名称，语音基本正确 2. 能够用英语表达自己喜欢的动物，语音基本标准，语法错误较多 3. 能够用 1～2 句英语介绍动物，语音基本标准，语法错误较多	1. 只能说出 1 个或者不能说出动物的名称 2. 不能用英语表达自己喜欢的动物 3. 不能用英语介绍动物

表2-41(续)

一级指标	二级指标	评估标准			
		A	B	C	D
课中作业	听	全部听懂，能准确回答所给出的问题	基本听懂，能给出部分问题的关键信息	大部分听懂，能给出一部分问题的关键信息	只能够听懂课文中的一部分，不能答问
	说	1. 能熟练地运用所学知识与老师、同学进行问答，语音清晰、正确 2. 能主动、自信地说出对自己、对他人的评价，评价中肯、全面，注意发言礼貌	1. 能够及时回答老师所提出的问题，与同学就所学的句型进行问答 2. 能比较中肯地说出对自己和他人的评价，注意发言礼貌	1. 能在老师的提示下，就所学的句型进行问答 2. 能说出对自己及他人的评价	1. 能模仿句型造句 2. 不能说出对自己及他人的评价
	读	朗读对话与文章时，声音响亮，发音准确、清晰，语言流畅	发音比较准确，语言比较流畅	发音基本准确，语言相对流畅	发音不够准确，朗读不流利
	写	书写正确，格式规范，页面整洁	书写正确，格式基本规范，页面比较整洁	书写基本正确，格式不太规范	书写错误较多，格式不够规范，页面杂乱

表2-41(续)

一级指标	二级指标	评估标准			
		A	B	C	D
课后作业	书面作业	回答正确，书写规范，干净整洁	回答正确，书写较为规范	回答基本正确，书写基本规范	回答有错误
	实践作业	1. 主题明确，条理清晰 2. 语言表达自然流利，语音正确，无语法错误 3. 自信大方，声音响亮 4. 有团队合作精神	1. 能围绕主题开展，有条理 2. 语言表达较为通顺，语音较为正确，有一些语法错误 3. 声音响亮 4. 能通过小组合作完成任务	1. 能围绕主题开展 2. 语言表达基本通顺，语法错误较多 3. 声音较小，不够自信	1. 不能用英语进行汇报 2. 不会查阅资料，对其他某种动物的生命历程不了解

（六）作业完成情况统计及分析（见表2-42）

表2-42 作业完成情况统计及分析

作业序号	能力指向	认知水平	难易程度	作业时长	作业效果	存在问题
0-1	语言运用	知道	易	1分钟	良好	学生能说出一部分常见动物的名称
0-2	语言运用	知道	适中	1分钟	良好	一半的学生能用 I like... 表达自己喜欢的动物
0-3	语言运用	知道	适中	2分钟	一般	一部分学生能运用句型询问并回答动物的名称
1-1	语言学习	理解	易	2分钟	良好	大部分学生都能说出歌曲中的单词，并进行跟读学习
1-2	语言运用	运用	适中	1分钟	良好	个别学生不能正确使用 a/an
2-2	语言运用	运用	适中	3分钟	良好	部分学生对身体部位的描述存在语法错误

表2-42(续)

作业序号	能力指向	认知水平	难易程度	作业时长	作业效果	存在问题
3-1	语言学习、运用	理解	难	3分钟	一般	很多学生对明星动物的发音掌握不是很好
3-2	语言运用	运用	适中	3分钟	良好	有个别学生的感情色彩不太到位，单词有读错的
3-3	语言运用	运用	适中	3分钟	良好	个别同学单词发音不够准确
4-1	语言运用	知道	易	2分钟	良好	个别学生不能根据图片正确理解故事大意
4-2	语言学习	理解	适中	3分钟	中等	部分学生对开放性的问题缺乏想象力和创造力
5-1	语言运用	知道	易	1分钟	优秀	个别学生对单词 numbat、jellyfish、snake 不太熟悉
5-2	语言运用	理解	易	1分钟	优秀	无
5-3	语言运用	运用	难	10分钟	良好	学生能借助 PPT，或者手绘海报、以图文结合的方式介绍自己喜欢的动物。但是个别学生的表达出现语法错误，不是很流畅
5-4	语言运用、语言学习	运用	适中	20分钟	一般	介绍某一种动物的生命历程对于孩子们来说难度较大，需要老师给予更多的语言支撑

我们基于单元的常规作业设计处于初步探索阶段，经过仔细深入地研究课标、学习先进单元作业设计理念、尝试整合单元内容及作业内容并运用到实际教学中，我们在摸索中取得了一定的成绩，但也有不足之处。

《英语》三年级上册 We love animals 教学建议为 6 个课时，由于所学单词及对话在学生二年级时已有涉及，内容较为简单。为响应单元整合理念的号召，经过本课题小组认真研讨，我们将 6 个课时整合至 4 个课时。由 6 个课时压缩至 4 个课时增加的不仅仅是教学任务量，还有作业量。因此我们紧扣课程标准，参照教学大纲，科学设计每堂课的作业，做到每项作业有目标可寻，充分考虑英语学科素养的体现，以求提高学生的综合语言运用能力。

经过实际实施发现了以下几个问题：①整合后的作业设计对后进生不太友好。尽管大部分内容在学生一、二年级均有涉及，但是对于后进生来说仍然陌生，整合后的单词及对话内容更多，后进生不能很快适应并跟上教师节奏。②部分学生开放性作业的完成情况差。对于基本的单词认读、识记类的作业，学生完成情况特别棒，基础知识掌握得很扎实。但是遇到开放性作业如创编对话、复述绘本故事等，需要开动脑筋，将所学知识综合运用时，学生明显缺乏创造性，举一反三能力差。

综上所述，针对作业整合中出现的问题，我们需要改进以下几点：①关注后进生。及时督促后进生完成预习作业，做到上课有条不紊；为其配备小老师，帮助后进生解决疑难。②充分发挥学生的主体地位，注意培养学生的创造性，激发其思维的灵活性。③适当减少机械认读作业，增加开放性作业及跨学科设计作业，培养学生的学科融合能力和综合语言运用能力。

二、人教版 PEP 教材《英语》三年级上册 Unit4 We love animals 的 "3 发展" 作业之一：基于设计的作业

（一）"基于设计的作业"目标设计

1. 基于课程标准的思考

课程标准中一级目标的相关描述，即"能交流简单的个人信息，表达简单的感觉和情感"，要求学生能够运用目标语言有感情地介绍动物，并简单表达喜欢的原因。学生要能使用礼貌用语进行交流，回答有关动物名称、喜好等简单的问题，做到语言得体。

2. 基于教材的分析

本单元的话题是"我们爱动物"，属于三大主题语境中"人与自然"下的子主题"人与动植物"中的一部分，要求学生"问一问所见到的动物"和"在情境表演中介绍动物"，体现了交往中"询问"与"介绍"的功能。通过创设争当动物园开放日小导游的情境，让学生在情境中体验，培养热爱动物、保护动物的意识，感悟人与自然和谐相处的重要性，理解生命的意义与价值。

3. 基于学情的分析

我们从语言基础、情感态度和思维品质三个方面对学生的实际情况进行分析：

（1）语言基础。

学生在学习完第一课时的知识后，已经能在语境中正确朗读、识记和运用

核心词汇 duck、pig、cat、bear、dog、elephant、monkey、bird、tiger、panda、zoo，以及句型 What's this/that? It's a/an … 询问并回答动物的名称。学生还能在情境中联系已学知识，并结合句型 It's … This is … It can… 从动物名称、颜色、身体部位、能力等方面来介绍自己喜欢的动物。

（2）情感态度。

学生处于小学三年级，年龄九、十岁，具有爱玩、好动、爱表现、求知欲强、模仿表演力强等特点，对英语学习有着浓厚的兴趣。

（3）思维品质。

这个年龄段的儿童观察能力明显提高，自治性品质发展趋于平稳，是理解能力、有意识记忆能力发展的关键时期，学生的思维能力处于从具体形象思维向逻辑思维过渡的阶段。

4. 作业目标

基于以上三点，结合本单元教学目标，我们设定作业的目标为：能够为自己喜欢的动物设计一张名片，并用英语简单介绍。

（二）具体作业设计

【导语】同学们，英国的小朋友要来银基动物王国参观，现在动物王国需要征集小动物名片卡，快来加入吧！名片卡形状自定，卡面信息可以参考下面的图片（见图 2-25），也可自己查阅新的资料补充其他信息，期待你的作品！

0-1：🎨 Draw an animal you like, and make a name card for it. 为你喜欢的小动物设计一张名片吧！

图 2-25 作业设计名片

作业内容设计表见表 2-43。

表 2-43 "基于设计的作业"内容设计表

项目	内容
设计意图	小学生对于绘画具有较强的兴趣，该作业通过与美术学科的有效整合，让学生在画一画、写一写的过程中提升对单词的认读能力，让绘画在一定意义上为语言教学服务。学生在语言与绘画的交叉使用中，语言智能和视觉空间智能都得到了同步发展
必备知识	语音□ 词汇□ 语法□ 语篇□ 功能☑ 话题☑
关键能力指向	语言运用能力☑ 语言学习能力□
核心素养指向	语言能力☑ 学习能力□ 文化品格☑ 思维品质☑

作业评价标准见表 2-44。

表 2-44 "基于设计的作业"评价标准

评价指标	评估标准			
	A	B	C	D
设计作业	名称书写规范正确，图案美观，布局合理，干净整洁，设计新颖有创意，内容丰富，文字介绍包含动物外貌、生活习性等特征	名称书写规范正确，图案较为美观，布局较为合理，干净整洁，内容参照范例书写	名称书写规范正确，布局较为合理，干净整洁	名称书写不够规范正确，图案较为简单，布局不太合理

三、人教版 PEP 教材三年级上册 Unit4 We love animals 的"3 发展"作业之二：基于问题的作业

（一）"基于问题的作业"目标设计

1. 基于课程标准的思考

课程标准中一级目标的相关描述，即"能交流简单的个人信息，表达简单的感觉和情感"，要求学生能够运用目标语言有感情地介绍动物，并简单表达喜欢的原因。学生要能使用礼貌用语进行交流，回答有关动物名称、喜好等简单的问题，做到语言得体。

2. 基于教材的分析

本单元的话题是"我们爱动物",属于三大主题语境中"人与自然"下的子主题"人与动植物"中的一部分,要求学生"问一问所见到的动物"和"在情境表演中介绍动物",体现了交往中"询问"与"介绍"的功能。通过创设争当动物园开放日小导游的情境,让学生在情境中体验,培养热爱动物、保护动物的意识,感悟人与自然和谐相处的重要性,理解生命的意义与价值。

3. 基于学情的分析

我们从语言基础、情感态度和思维品质三个方面对学生的实际情况进行分析:

(1)语言基础。

学生在学习完第一课时的知识后,已经能在语境中正确朗读、识记和运用核心词汇 duck、pig、cat、bear、dog、elephant、monkey、bird、tiger、panda、zoo,以及句型 What's this/that? It's a/an ... 询问并回答动物的名称。学生还能在情境中联系已学知识,并结合句型 It's ... This is ... It can ... 从动物名称、颜色、身体部位、能力等方面来介绍自己喜欢的动物。

(2)情感态度。

学生处于小学三年级,年龄九、十岁,具有爱玩、好动、爱表现、求知欲强、模仿表演力强等特点,对英语学习有着浓厚的兴趣。

(3)思维品质。

这个年龄段的儿童观察能力明显提高,自治性品质发展趋于平稳,是理解能力、有意识记忆能力发展的关键时期,学生的思维能力处于从具体形象思维向逻辑思维过渡的阶段。

2. 作业目标

基于以上内容,并结合本单元教学目标,我们设定作业目标为:通过小组合作的方式,能根据调查结果整理数据,找出班级中 TOP5 的动物明星。

(二)具体作业设计

【导语】动物是我们人类的朋友,但生活中我们发现很多动物没有得到很好的保护。你喜欢的小动物是什么?我们将通过调查了解一下大家喜欢的动物是什么,我们班的动物明星有哪些,并一起探讨如何保护它们!

1. Do a survey.

在你的班级里,最受喜爱的动物有哪些呢?请你和你的朋友组成 6 人小组,在课间分别调查班级 5 名同学喜欢的动物,确保不重复,并做好记录。

调查作业见图 2-26 和图 2-27。

Do a survey.

（在你的班级里，最受喜爱的动物有哪些呢？请你和你的朋友组成6人小组，在课间分别调查班级5名同学喜欢的动物，确保不重复，并做好记录。）

Tips：在调查过程中，请注意使用礼貌用语，你可以参考以下句子。

1.Excuse me.May I ask you some questions?
2.Do you like animals?
3.What animas do you like?
4.Do you have any animals at home?
5.Thank you very much.

图 2-26　小调查作业 1

Animals in my class

Investigator(调查员)：_____

Name	Jack	Alice	Owen	Cathy	Joe
Animals he/she like					
Reason					

图 2-27　小调查作业 2

【设计意图】让学生在真实的调查任务中，运用所学语言进行交际，综合培养听、说、读、写各项语言技能；在合作与互动中，增进对彼此的了解，逐渐明确自己喜欢的动物及喜欢的原因。

2.  Make a chart.

（1）根据上一题的调查结果，在小组中合作整理出调查数据，找出班级中 top5 的动物明星。在校内完成该任务。

（2）将 top5 的动物的结果制作成图表，如饼图、柱状图等（如图 2-28 所示）。回家完成该任务。

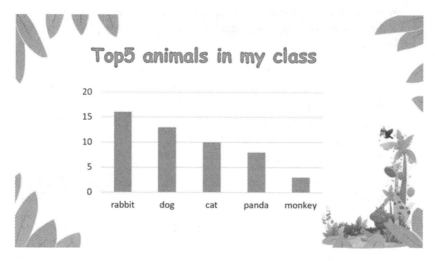

图 2-28　小调查作业 3

3. How to protect them？

What do the animals like to eat？

Waht weather do they like？

What are the behaviors that are friendly to animals？

How to make friends with them？

作业内容设计表见表 2-45。

表 2-45　"基于问题的作业"内容设计表

项目	内容
设计意图	让学生巧用跨学科的知识和技能作为解决问题的工具，以小组合作的方式对收集到的调查数据进行加工处理，在交换整合数据的过程中，培养学生的合作精神。让学生尝试用图表呈现调查结果，挖掘数据背后的意义，以跨学科的知识应用为载体，通过作业实践提高学生分析问题的能力
必备知识	语音□词汇□语法□语篇□功能☑话题☑
关键能力指向	语言运用能力☑　语言学习能力□
核心素养指向	语言能力☑　学习能力□ 文化品格☑　思维品质☑

作业评价标准见表2-46。

表2-46 "基于问题的作业"评价标准

评价指标	评估标准			
	A	B	C	D
实践作业	1. 表达流利准确；能使用礼貌用语进行调查采访，能够基于问题说出如何和小动物做朋友，如何保护小动物，语言流利、通顺，记录清晰详细 2. 能小组合作整理调查数据，运用数学知识绘制图表。数据准确、画图规范，色彩搭配合理	1. 表达能力较强；能使用礼貌用语进行调查采访，基本能够基于问题说出如何和小动物做朋友，如何保护小动物，语言较为通顺，记录较为清晰详细 2. 能小组合作整理调查数据，运用数学知识绘制图表。数据准确、画图较为规范	1. 能对同学进行调查采访，语言基本正确，有采访记录。不能准确表达如何跟小动物做朋友，如何保护小动物 2. 能运用数学知识绘制图表。数据准确	1. 不能用英语进行采访调查，不能基于问题说出如何和小动物做朋友 2. 不会统计并绘制图表

四、人教版 PEP 教材《英语》三年级上册 Unit4 We love animals 的 "3 发展" 作业之三：基于项目的作业

（一）"基于项目的作业"目标设计

1. 基于课程标准的思考

基于课程标准的思考和前两份作业相同，这里不再重复。

2. 基于教材的分析

基于教材的分析和前两份作业相同，这里不再重复。

3. 基于学情的分析

我们从语言基础、情感态度和思维品质三个方面对学生的实际情况进行分析：

（3）语言基础。

学生在学习完本单元的知识后，已经能在语境中正确朗读、识记和运用核心词汇 duck、pig、cat、bear、dog、elephant、monkey、bird、tiger、panda、zoo，以及句型 What's this/that? It's a/an … 询问并回答动物的名称。学生还能

在情境中联系已学知识，并结合句型 It's ... This is ... It can... 从动物名称、颜色、身体部位、能力等方面来介绍自己喜欢的动物。学生在动物园开放日的情境中，能以小导游的身份熟练地介绍小动物并准确地回答参观者的提问；同时在班级调查活动中，通过听、看、读等多种方式获取同学们最喜爱的动物信息，进行了说和写的表达。

（2）情感态度。

学生处于小学三年级，年龄九、十岁，具有爱玩、好动、爱表现、求知欲强、模仿表演力强等特点，对英语学习有着浓厚的兴趣。

（3）思维品质。

这个年龄段的儿童观察能力明显提高，自治性品质发展趋于平稳，是理解能力、有意识记忆能力发展的关键时期，学生的思维能力处于从具体形象思维向逻辑思维过渡的阶段。

4. 项目作业目标

我们基于以上三点，并结合本单元教学目标，设定该项目作业的目标如下：

（1）能够合理安排自己的参观之旅，设计有意义的出行计划。

（2）能够撰写导游词，运用目标语言有感情地介绍动物，并简单表达喜欢的原因。

（3）能使用礼貌用语进行交流，回答有关动物名称、喜好等方面的简单问题，做到语言得体。

（4）培养热爱动物、保护动物的意识，感悟人与自然和谐相处的重要性，理解生命的意义与价值。

这些具体、可测的目标既体现课程标准要求，又凸显本单元教学目标，不仅关注学生语言能力发展，而且阐述了学生在完成作业过程中应发展的学习能力、思维品质和文化意识等素养目标，彰显了项目式作业对促进学生核心素养整体发展的作用。

（二）"基于项目的作业"环节设计

我们通过提取单元话题 We love animals，链接学生的生活实际，从生活视角重构学习内容，并适当补充学习资源，设计了本次生活实践应用类项目——My/ Our Trip to _____，并设计作业内容（见图 2-29）。

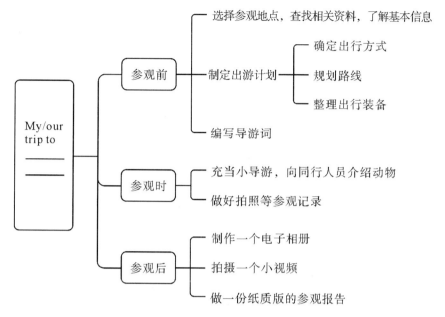

图 2-29　基于项目的作业环节

此次项目式作业以学生有意义的生活为依归，使教材中的话题链接到学生的生活，将学习语言与运用语言融为一体，真正体现了小学英语课程的实践性特征。

（三）作业具体内容

【导语】亲爱的同学们，你去过动物园吗？你们和可爱的动物们有过亲密接触吗？在那里令你印象最深刻的是什么呢？在本单元的综合实践作业中，大家可以利用周末时间，在家长的陪同下，选择自己感兴趣的场馆，自己或与小伙伴们一起参观，并记录下你看到的动物，或者已经消失的动物。参观结束后，请将你的奇妙之旅与朋友分享。

1-1：你可以选择自己最感兴趣的参观地点，然后查找资料，了解它的基本信息。下面给大家一些参考（见图 2-30）。

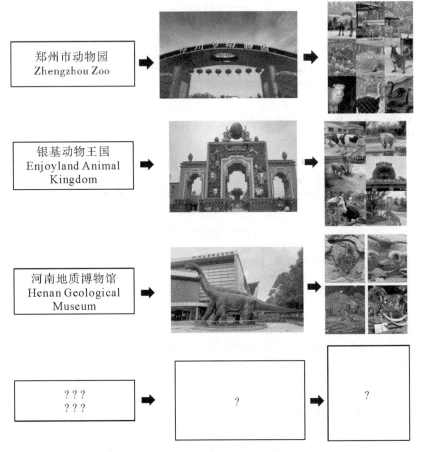

图 2-30 供参考的参观地点

1-2：同学们，现在请你自己或者和你的小伙伴们一起制定一份出游计划吧。在计划里，请你确定好出行方式，规划适合的出行路线，并认真思考我们此次出行需要带什么出行装备。

1-3：精彩的参观之旅即将开始，请你根据查找的资料撰写一份导游词吧。注意语音得体，语句通顺，用词准确。

1-4：动物园的参观之旅开始了，请你充当一名小导游，为同行的伙伴进行讲解吧。别忘了记录下你此次旅行的美好瞬间。

1-5：同学们，参观已经结束了，请将你的奇妙之旅与朋友分享，你可以从以下三个活动中选择自己最感兴趣的一个来完成。

Activity1：Make an electronic album（制作一个电子相册）

利用以下社交软件，分享一些你此行的美照和感受。

QQ　　Tik Tok　　Meitu　　Wechat

Activity2 ：Make a vlog/video.（拍摄一个小视频）

拍摄一个小视频，向同学们介绍你的这次旅行。

Activity3：Do a paper report.（做一份纸质版的参观报告）

同学们，在你知道的所有动物里，你印象最深刻的是哪一个呢？快来展示一下吧！请你（或与你的同伴或父母一起）完成这个小册子（见图2-31）。

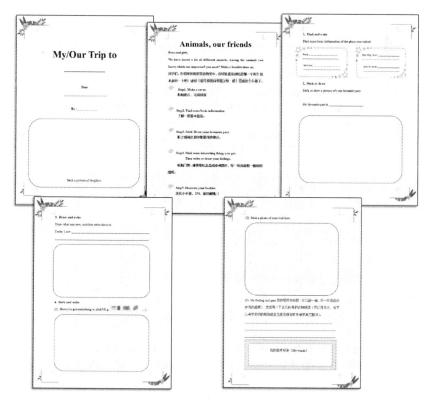

图2-31　纸质版的参观报告

作业内容设计见表2-47。

表2-47　小学英语"基于项目的作业"内容设计表

项目	内容
设计意图	依据学生的年龄特征、认知水平和语言能力，让学生通过"经历"获得"经验"，设置基于实际生活的语言任务，帮助学生内化语言并实现语言输出的目的。本作业以参观动物园或博物馆、探索动物为切入口，设计了多层次、多形式的作业：参观前的资料收集、导游词编写、制定出游计划；在参观过程中的小导游任务；参观后借助社交软件制作电子相册，录制小视频，或完成纸质小报告等。引导学生在真实的语境中运用核心语言，以体验学习促进核心素养发展
必备知识	语音□词汇□语法□语篇□功能☑话题☑
关键能力指向	语言运用能力☑　语言学习能力☑
核心素养指向	语言能力☑　学习能力☑ 文化品格☑　思维品质☑

作业评价标准见表2-48。

本次作业以评价量表的形式对学生实践活动进行综合考评。

表2-48　小学英语"基于项目的作业"评价量表

		评价标准	自评	师评
内容	A	对动物园参观之旅充满好奇和热情，能了解相关信息；能够合理安排自己的参观之旅，设计有意义的出行计划；能够撰写导游词，运用目标语言从动物的名称、外貌、能力、饮食喜好等方面有感情地介绍动物，并简单表达喜欢的原因。内容完整，有新意		
	B	能了解动物的关键信息，能够安排自己的参观之旅，设计出行计划；能运用目标语言有感情地介绍动物，内容完整		
	C	能简单地描述动物，内容不够完整		
语言	A	能使用礼貌用语进行交流，熟练运用本单元的核心词汇和核心句型进行表达；做到语言得体，语法基本正确，内容完整，语言连贯		
	B	能使用礼貌用语进行交流，能较为熟练地运用本单元的核心词汇和核心句型进行表达，介绍内容较为完整，语言较为连贯		
	C	能基本运用本单元的核心词汇和核心句型进行表达，语言不够连贯		
教师评语：				

第五节　对大象版教材《科学》六年级上册第三单元《大家动手做乐器》的单元作业设计

【作者信息】刘歌　徐铜浩　路会娟　李秋香　范自红①
【适用年级】六年级

一、对大象版教材《科学》六年级上册第三单元《大家动手做乐器》的常规作业设计

（一）课标内容及要求

1. 核心素养学段目标

（1）科学观念。

①举例说明声音因物体振动而产生。

②举例说明声音在同物质中可以向各个方向传播。

③知道声音有高低和强弱之分；制作能产生不同高低、强弱声音的简易装置，知道振动的变化会使声音的高低、强弱发生改变。

④知道噪声的危害和防治；知道保护听力的方法。

（2）科学思维。

通过分析、比较、抽象、概括等方法，抓住简单事物的本质特征，能够使用或建构模型，解释有关的科学现象和过程。

（3）态度实践。

①初步具有从事物的结构、功能、变化及相互关系等角度，提出问题和制订比较完整的探究计划的能力。

②初步具有获取信息，并运用科学方法描述和处理信息，得出结果的能力。

（4）态度责任。

①乐于尝试运用多种思路和方法，完成探究和实践。

②愿意沟通交流，就科学问题在认识上的分歧，乐于与他人进行沟通交流

---

① 刘歌为郑东新区基础教育教学研究室小学科学教研员，徐铜浩为郑东新区鸿雁小学教师，路会娟为郑东新区白沙小学教师，李秋香为郑东新区外国语学校教师，范自红为郑东新区众意路小学教师。

和辩论，基于证据反思和调整探究。

2. 核心概念

本单元要学习的核心概念主要包括声音，内容的概念抽象程度较高，对学生的探究水平要求也较高。教学中，要加强学生的体验，在系列探究活动中渗透实验归纳方法、控制变量方法和理想化方法。

（二）教材及学情分析

1. 教材分析

本单元将引领学生探索关于声音的产生和传播、声音振动的频率与音高、声音的振幅与音量间关系的基本规律，并通过游戏活动去引导学生探究声音的产生和传播与振动的关系。

教材编排中：注重培养学生的探究能力、实践能力和积极的科学态度，旨在让学生以更科学的方法来学习科学知识，强调学生要主动地学习、富于个性地学习，促进学生创新意识和实践能力的发展。

2. 核心内容结构（见图 2-32）

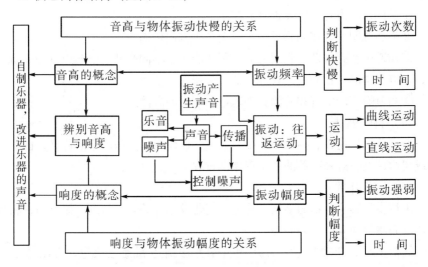

图 2-32　核心内容结构

解读："响度、音高与物体振动幅度、快慢的关系"是一个简单的规则，分别需要以响度和振动幅度、音高与振动频率两组具体概念为基本前提条件；另外，还需要以"振动产生声音"为背景条件，因为如果不知道声音是由振动产生的，那么探究响度与物体振动幅度、音高与物体振动频率的关系就失去了基础。"振动的快慢、强弱"的概念需要以"振动—往复运动"的概念和判断快慢为前提条件；"振动产生声音"概念的建立需要以对声音的感知和振动概念为前提条件，振动需要以"运动"的概念为基础，需要通过不同运动形式（直线运动、曲线运动）的对比来建立；判断快慢需要以"时间"和"振动的次数"的感知为条件。

3. 单元作业目标

（1）通过动手实验、阅读文本，举例说明声音因物体振动而产生及在不同物质中可以向各方向传播。

（2）通过动手实验和观察，说出声音有高低之分及振动的变化会使声音的高低、强弱发生变化。

（3）通过阅读文本，举例说出噪声的危害和防治措施及保护听力的方法。

（三）作业设计意图（评价目标的说明）

《大家动手做乐器》这一单元，从科学概念的形成方面来看，学生对于声音是如何产生的比较容易理解；对于"音量、音高、音色"，大部分学生不了解这三个要素是由什么因素决定的，而且常常搞混"音量"与"音高"这两个概念，对声音传播的相关知识也比较陌生。作业设计以培养学生的科学素养为宗旨，以学生理解科学概念、领悟生活中的科学现象为目标；重视对科学知识（概念）和基本技能、基本现象的检测，评价学生对科学知识、技能的理解和应用，注重其科学探究能力的培养。设计的总体原则是情境生活化、知识简单化、涵盖本单元的所有知识点，强化元认知，让学生以更科学的方法来学习科学知识。

（四）单元作业及属性表

1. 单元常规作业

【课前作业】

（1）乐器能够演奏优美的音乐，试着找几样简单的小乐器玩一玩，观察它们是怎样发声的。

（2）小夏在研究口琴的发声原理时，拆掉了口琴外壳，发现在气孔边分布着长短、厚薄都不同的一排铜片（如图2-33所示）。吹口琴时，在气流的冲击下，铜片振动，发出声音。对不同气孔吹气，改变了声音的_____；在同一气孔处用不同的力度吹气，改变了声音的_____。

图2-33　口琴

（3）优美的乐曲和嘈杂的噪声，你更喜欢哪个？查阅资料，了解噪声的危害，想一想怎样控制我们周围的噪声。（小提示：你可以查阅书籍、上网浏览或询问家长获得答案。）

【课中作业】

（1）核心任务。

知道声音是由物体的振动产生的，能区分声音的大小与高低。能区分乐音和噪声，了解噪声的危害和防治方法。知道声音要通过物质传播到达人的耳朵。

能从"这是什么""为什么会这样"等角度对周围事物提出问题，乐于用学到的科学知识改善生活。

（2）根据核心任务分解的子任务（见表2-49）。

表2-49　核心任务分解的子任务

子任务情境	任务阐述	知识迁移
1. 怎样让自制或模仿制作的乐器发出声音？	1.1 欣赏音乐，引入制作乐器的计划 1.2 探究乐器产生声音的秘密 1.3 根据观察提出关于声音产生的猜想 1.4 利用实验寻找证据加以验证 1.5 根据探究的结论，分小组设计出制作乐器的方案，并展示给大家	如图2-34所示，将竖直悬挂的乒乓球接触正在发声的音叉，会看到乒乓球_____。该实验说明了声音是由物体的振动产生的。请你再设计一个显示声源振动的实验：_____。 图2-34　物体振动实验装置
2. 如何使自制的乐器演奏出较多的音符？	2.1 根据各小组设计的制作方案进行制作 2.2 探究怎样使乐器发出比较好听的声音 2.3 改变发声体的振动幅度和振动频率，探索改变音高和响度的方法	如图2-35所示，三个相同玻璃瓶里装水，水面高度不同，用嘴贴着瓶口吹气，如果能分别吹出"1（Do）""2（Re）""3（Mi）"三个音阶，声音最高的是（　　）。 A　　B　　C 图2-35　装水的玻璃瓶

表2-49（续）

子任务情境	任务阐述	知识迁移
3. 人是怎样听到乐器发出的声音的？如何控制噪声呢？	3.1 通过讨论和实验，知道声音通过固体、气体、液体等介质传播 3.2 通过演奏乐器，根据发出的声音好听与否引入噪声的概念 3.3 了解生活中噪声的危害及控制方法	1. 如图2-36所示，鱼儿能听见拍手声，则声音的传播可能是（　　） 图2-36　水缸 A. 气体→液体→固体 B. 液体→气体 C. 液体→固体→气体 2. "掩耳盗铃"是大家非常熟悉的故事，从科学角度分析，盗贼所犯的错误是：既没有阻止声音的产生，又没有阻断声音的_____，只是从 减弱噪声

【课后作业】

基础训练

（1）如图2-37所示，用硬纸片把一个喇叭糊起来，做成一个"舞台"。台上小人在音乐声中翩翩起舞，这个现象说明_____。

图2-37　实验装置

（2）小亮同学利用课余时间，创作了一部科幻小小说——《太空漫游记》。小说中有这样的描写：小明和小亮驾驶"女娲号"飞船漫游在太空，突然听到空中传来"隆隆"的雷声，之后又看见闪电四射。哇！太空真美啊！请你从物理学的角度，指出这段文字中的一处科学性错误及判断依据。错误之处：_____；判断依据：_____（开放性试题，答案合理即可）。

（3）如图2-38所示，8个相同的玻璃瓶中灌入不同高度的水，仔细调节水的高度，敲击它们，就可以发出不同音阶的声音来；而用嘴吹每个瓶子的上端，可以发出哨声。则下列说法正确的是（　　）。

图 2-38　装有不同高度的水的玻璃瓶装置

A. 敲击瓶子时，声音只是由瓶本身的振动产生的

B. 敲击瓶子时，左侧瓶子发出声音最高

C. 用嘴吹气时，哨声是由瓶中空气柱振动产生的

（4）属于在声源处控制噪声的是（　　）。

A. 安装隔音板　　B. 禁止汽车鸣笛　　C. 佩戴耳塞

能力拓展

（5）趣味科学——对牛弹琴。

对牛弹琴是一个成语，这里面还有一个故事。古代有一位著名的音乐家叫公明仪，他对音乐有很高的造诣，精通各种乐器，尤其弹得一手好琴，优美的琴声常使人如临其境。

一个春天的午后，公明仪在郊外散步，看见绿油油的草地上有一头牛正在低头吃草。这清新怡人的气氛让他很有感触，于是他决定要为牛弹奏高雅之曲。只见公明仪左手在弦上不同位置按压，右手娴熟地拨弦，琴声悠扬，非常富有感染力。可是那头牛却依然只顾埋头吃草，根本不理会这悠扬美妙的琴声和正在弹琴的公明仪。

公明仪对此非常生气，认为牛太不懂事了。但是当他静静观察思考后，他明白了那牛并不是没有听到他的琴声，而是实在不懂得高雅之曲。后人把这个故事叫作对牛弹琴，比喻说话不看对象，对不懂道理的人讲道理，对外行人说内行话；也用来讽刺那些说话不顾对象的人。

听完故事，请回答下面问题：

①公明仪在弹琴时，琴弦_____发出声音；公明仪精通各种乐器，我们闭上眼也能区分琴声和啸声，这是因为这两种声音的_____不同。

②公明仪在弹琴时，右手拨弦，左手不停改变按弦的位置。他是通过改变弦的_____（选填"长短"或"松紧"），从而改变琴声的_____。

A. 音调　　B. 响度　　C. 音色　　D. 以上三者都有

实践探究

（6）小超和小菲想知道是什么因素造成了乐器发声音调的改变（见图2-39）。

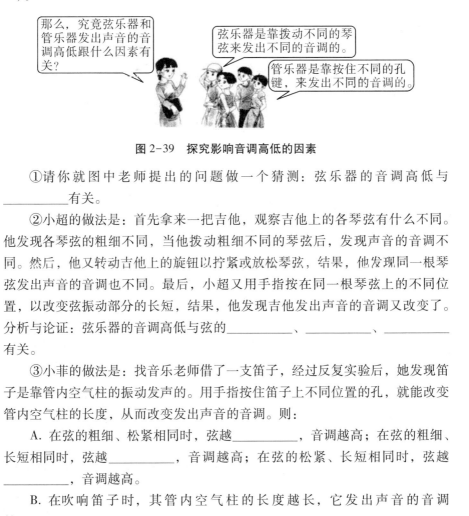

图2-39　探究影响音调高低的因素

①请你就图中老师提出的问题做一个猜测：弦乐器的音调高低与_____有关。

②小超的做法是：首先拿来一把吉他，观察吉他上的各琴弦有什么不同。他发现各琴弦的粗细不同，当他拨动粗细不同的琴弦后，发现声音的音调不同。然后，他又转动吉他上的旋钮以拧紧或放松琴弦，结果，他发现同一根琴弦发出声音的音调也不同。最后，小超又用手指按在同一根琴弦上的不同位置，以改变弦振动部分的长短，结果，他发现吉他发出声音的音调又改变了。分析与论证：弦乐器的音调高低与弦的_____、_____、_____有关。

③小菲的做法是：找音乐老师借了一支笛子，经过反复实验后，她发现笛子是靠管内空气柱的振动发声的。用手指按住笛子上不同位置的孔，就能改变管内空气柱的长度，从而改变发出声音的音调。则：

A. 在弦的粗细、松紧相同时，弦越_____，音调越高；在弦的粗细、长短相同时，弦越_____，音调越高；在弦的松紧、长短相同时，弦越_____，音调越高。

B. 在吹响笛子时，其管内空气柱的长度越长，它发出声音的音调越_____。

2. 单元作业属性表（见表 2-50）

表 2-50　单元作业属性表

课前作业			
功能指向：学情监测			
问题编号	目标指向	编写说明（设计意图）	学情简述
1	目标 1	利用任务驱动的方式探测学生对声音的认知水平	学生对于声音的体验是丰富的。对于声音是如何产生的，78%的学生会有所了解。但这种了解只是停留在"知道"的层面上，而非真正的理解，因为这种振动常常是不易观察到的。容易产生迷惑之处在于：看到振动与听见声音的同步性。有些儿童会认为是声音引起了振动，而非振动产生了声音
2	目标 2	检测学生对"音高""响度"两个知识性概念的认知，促使学生发现问题、解决问题，提升学生的科学思维	儿童的认知通常来自日常生活经验。100%的学生常用声音"大-小""尖-粗""好听-不好听"来进行描述。这其实就指向了声音的三要素——音量、音高、音色。但87%的学生不了解这三个要素是由什么因素决定的，而且常常搞混"音量"与"音高"这两个概念
3	目标 3	培养学生运用科学方法描述和处理信息、提取相关概念的探究实践素养	5%的学生知道"刺耳""不好听"的声音是噪声，并能够在一定程度上认识到噪声有损健康，但对其危害认识不足。学生对声音的传播介质比较陌生。对于噪声的控制，80%的学生往往采用"被动回避"的态度，即实在难以忍受时就捂住耳朵，只有20%的学生能够从声源的控制角度想到主动控制和减少噪声

表 2-50（续）

课中作业				
功能指向：目标达成				
任务编号	目标指向	基本问题	编制说明	评价标准
1	目标1	阐述声音因物体振动而产生	考核内容：使物体（如音叉、鼓）振动产生声音，描述物体振动产生声音的现象 考核水平：设计实验方案的初显水平	A：学习过程中有创造性，能准确描述声音是怎样产生的 B：学生可以按实验要求完成实验，在教师引导下说出声音是怎样产生的 C：学生需要在教师帮助下完成实验操作，说出声音是怎样产生的
2	目标2	知道振动的变化会使声音的高低、强弱发生变化	考核内容：比较声音的强弱与物体振动的幅度，找出规律；预测不同情况下物体发出的音调高低 考核水平：通过尝试和预测设计研究方案的胜任水平	A：学习过程中能独立思考并与他人合作、交流，积极参与科学创作，说出改变响度和音高的方法 B：在教师引导下学生可以完成学习任务，能描述改变响度和音高的方法 C：学生需要在教师帮助下完成学习任务，知道改变响度和音高的方法

表2-50(续)

			考核内容：描述出声音的传播需要介质；提出控制噪声的措施 考核水平：记忆	
3	目标3	知道噪声的防治和保护听力的方法		A：准确描述出声音传播需要介质；在生活中寻找控制噪声的事例，用各种方式（科学小报、绘画等）交流及表达成果收获 B：能描述出声音传播需要介质；能独立列举控制噪声的事例，能交流及表达成果收获 C：学生需要在教师帮助下完成学习任务，知道声音传播需要介质，说出控制噪声的方法

课后作业

功能指向：效果检验

作业编号	作业题型	目标指向	编制说明	创新点	评价标准
1	填空	目标1	考核内容：使物体振动产生声音，描述物体振动产生声音的现象 考核水平：解释	以图片折射知识性概念，让考生分析其原理。检测学生科学思维素养的达成	评价细则：声音是由物体振动产生的

表2-50（续）

			考核内容：描述出声音的传播需要介质 考核水平：运用已有科学知识对事物进行评判	开放性试题，检测学生调动和运用知识、论证和探讨问题等能力	评价细则：开放性的问题，理由符合逻辑都可以
2	填空	目标3	考核内容：描述出声音的传播需要介质 考核水平：运用已有科学知识对事物进行评判	开放性试题，检测学生调动和运用知识、论证和探讨问题等能力	评价细则：开放性的问题，理由符合逻辑都可以
3	选择	目标2	考核内容：预测不同情况下物体发出的音调高低 考核水平：运用已有科学知识对事物进行评判		参考答案：C
4	选择	目标3	考核内容：提出控制噪声的措施 考核水平：记忆		参考答案：B
5	实验探究	目标1、2	考核内容：使物体振动产生声音，描述物体振动产生声音的现象；预测不同情况下物体发出的音调高低 考核水平：解释		参考答案： （1）振动、音色 （2）长短、音调 评分说明： 正确一个得25%的分值；以此叠加 分值在50%以下的为初始水平 分值在50%~75%的为初显水平 分值达到75%以上的为胜任水平

表2-50(续)

| 6 | 实验探究 | 目标2 | 考核内容：预测不同情况下物体发出的音调高低
考核水平：解释、分析 | | 参考答案：
（1）粗细或松紧或长短
（2）粗细、松紧、长短
（3）①短、紧、细
②低
评分说明：
正确一个得12.5%的分值；以此叠加
分值在60%以下的为初始水平；
分值在60%~79%的为初显水平；
分值达到79%以上的为胜任水平 |

（五）作业及其评分标准

1. 课前、课中评价

（1）评价原则：学业评价的根本目的与核心宗旨是促进学生的发展。学业评价的主要功能是为教师和学生提供有效的反馈信息，从而改善教与学的过程和方法。学业评价应淡化甄别、选拔功能。学业评价是将学生的学习表现与课程标准相比较，衡量学生是否达到了课程标准的要求，不是在学生之间进行横向比较。学业评价应尊重学生差异，激发学生潜能，促进每位学生在达到共同要求的基础上发展个性。

（2）评价维度：准确评价学生的基础知识和基本技能，也要特别重视学生思维能力（如概括、抽象能力，以及在真实情境中应用知识解决现实问题的能力）和科学态度的评价，既要关注学习结果，也要关注学习过程，如学习风格、学习策略、学习动机、学习兴趣等。

（3）学生评价量规见表2-51。

表 2-51　学生评价量规

表现标准	评价维度	完成反馈
科学态度	第一阶段，感受现象。表现为有意识地、主动地倾听	
	第二阶段，积极响应。表现为有积极主动参与的动机	
	第三阶段，价值判断。表现为对特定物体、现象或行为所持的价值观念	
	第四阶段，条理化。表现为将各种价值观进行比较、联系和综合	
	第五阶段，内化为性格特征。形成具有个性特征的行为表现	
科学实践	第一层次，初始水平。属于学习的起步阶段	
	第二层次，初显水平。学习了一些技能，处于不断摸索、不断学习的阶段	
	第三层次，胜任水平。基本掌握所学的技能，能够独立运用的阶段	
	第四层次，精通水平。熟练掌握所学的技能，能够在需要的时候自如运用	
科学知识	记忆。能用语言、文字陈述科学知识	
	判断。能用已有科学知识对事物进行评判	
	推理。能运用已有科学知识进行归纳、演绎、因果推理等	
	解释。能运用已有科学知识解决问题，解释现象，说明道理	

阐述：在表现标准中，先描述科学态度表现标准，再描述科学实践表现标准，最后描述科学知识表现标准。这样，在明确科学态度、科学实践水平层次的基础上，老师能够更准确地理解科学知识的水平层次，能够更好地用其指导评价学生科学知识与能力达成水平的实践。

2. 课后作业评价（试题情况反馈，在结果反馈的下方，正确的画"□"，错误的画"△"，见表2-52）

表2-52　课后作业评价

题目序号	1		题型	填空
作业指标	结果反馈	能力层级	题目难易度	完成用时（分钟）
		解释	易	
题目序号	2		题型	填空
作业指标	结果反馈	能力层级	题目难易度	完成用时（分钟）
		判断	适中	
题目序号	3		题型	选择
作业题指标	结果反馈	能力层级	题目难易度	完成用时（分钟）
		判断	适中	
题目序号	4		题型	选择
作业题指标	结果反馈	能力层级	题目难易度	完成用时（分钟）
		记忆	适中	
题目序号	5		题型	实验探究
作业题指标	结果反馈	能力层级	题目难易度	完成用时（分钟）
		解释	适中	
题目序号	6		题型	实验探究
作业题指标	正确数目	能力层级	题目难易度	完成用时（分钟）
		解释、分析	难	
收获				

（六）作业完成情况统计及分析

依据学生作业成果得知，学生经历了"感知生活→类比结构→迁移应用→情境实践"的探究过程，最终完成预期的学习目标。

学生对基础知识的掌握情况较好，具有了一定的创造能力，能够依据自己所学知识去解决一些科学问题，并有自己的独特见解。学生还能够理论联系生活实际，将科学知识充分运用到实际的生活中去，取得了"学以致用"的良好效果。

二、大象版教材《科学》六年级上册第三单元《大家动手做乐器》的
"3 发展"作业之一：基于设计的作业

（一）"基于设计的作业"目标设计

1. 核心概念

运动与相互作用。

2. 核心素养学段目标

（1）科学观念。

①举例说明声音因物体振动而产生。

②知道物体振动的变化会使声音的高低改变。

（2）科学思维。

①通过分析、比较、综合等方法，抓住简单事物的本质特征，使用模型解释有关的科学现象和过程。

②利用分析、比较、归纳、演绎等方法，建立证据与观点之间的联系，分析科学实验中的变量控制。

（3）探究实践。

具有初步的构思、设计、操作、实现、验证与优化的能力。

（4）态度责任。

乐于尝试运用多种思路和方法，完成探究和实践。

作业设计的目标是让学生在技术与工程实践中形成构思、设计、操作、实现、验证、优化等能力。我们倡导以探究和实践为主的多样化学习方式，强调"做中学"和"学中思"，让学生主动参与、动手动脑、积极体验，经历科学探究和技术与工程实践的过程；促使学生开展自主学习和合作学习，克服学习过程中的困难，为成为一个具有终身学习能力的学习者打下基础。

（二）"基于设计的作业"环节设计

1. 确立挑战性的学习主题

情境：利用身边的常见材料，完成一件自制乐器并能演奏一首乐曲，在学期末举行的"请你来听我的演奏会"上进行自制乐器的展示与演奏。思考如何使自制的乐器演奏出较多的音符？

解读：这样的设计联系生活实际，创设学习情境，引起学生的认知冲突，启发学生的积极思维，使学生树立基本的科学态度，激发和保护学生对自然现象的好奇心，让学生树立科学的自然观和正确的价值观，培养其社会责任感。这样可以为学生今后的学习、生活以及终身发展奠定良好的基础。

2. 确定驱动性问题设计

小学阶段的儿童对于自己动手进行手工制作的活动比较有兴趣。他们乐于通过自己的作品展示自我个性，发挥想象，抒发自己的情感。因此，在课后合理设计手工制作类作业，能大大激发儿童完成作业的兴趣，提高作业的有效性，学生经历了"基于学习目标→巩固知识技能→激活思维火花→培养学习品质→形成核心素养"的学习历程。

3. "基于设计的作业"复杂任务设计

任务一：设计乐器制作方案

_____制作方案

目的：

器材：

步骤：

设计简图

任务二：根据自己制作乐器的经历完成乐器制作手记（见表2-53）

表2-53 "基于设计的作业"任务记录

我们的小乐器制作手记 第_____小组	
乐器类型选择	弹拨类 □　打击类 □　吹奏类 □
需要的材料	

表2-53（续）

设计思路	
可能遇到的问题	
我们是这样解决的	

任务三：展示自己制作的乐器，记录大家的评价和建议（见表 2-54）

我的乐器展示记录

名称：＿＿＿＿＿＿＿＿＿＿　　时间：＿＿＿＿＿＿＿＿＿＿

优点：

存在的问题：

大家的建议：

表 2-54　自制乐器评价表

乐器名称	评价内容		
	音色	音高	响度
……			
总评价			

4. "基于设计的作业"成果呈现

自制乐器模型，填写记录单。（略）

5. "基于设计的作业"评价设计（见表 2-55）

表 2-55 "基于设计的作业"编码表（评价标准）

	评价维度	核心素养	水平划分
情境	标准：真实性、创新性	态度责任	科学态度
问题	标准：能提出通过科学探究找出答案的问题，并能根据问题设置探究活动，制订切实可行的解决方案 等级：初始、初显、胜任、精通	科学思维	模型建构
任务	标准：设计和制作模型时，有意识地根据需要，如用途、现有条件等，选用特定条件 等级：初始、初显、胜任、精通	科学实践、科学思维	技术与工程实践、模型建构

（三）"基于设计的作业"质量标准（见表 2-56）

表 2-56 "基于设计的作业"质量标准

一级指标	二级指标	评估标准	评估等级			
			A	B	C	D
目标设计	课程标准	对课标内容的描述准确到位，多学科的作业能够整合所涉及学科的课程标准				
	学情	能够在学生知识储备、能力水平、生活经验、兴趣与动机的基础上深入分析学情				
	核心素养	注重培育学生的学科核心素养和发展核心素养				
环节设计	挑战性的学习主题	能够基于学生经验、认知水平和真实的生活情境；学生感兴趣、乐于探究				
	驱动性问题	适合学生探究的复杂的、不确定性的非良构问题，引发学生持续研究				
	复杂任务	具有整体性、功能性、结构性、层次性、多样性、趣味性的特征，与目标相匹配				
	成果呈现	能够凸显真实性、探究性、实践性				
	评价设计	能够设计"3 发展"作业编码表，开展多维度评价，编码表设计科学、合理、适切，与目标相匹配				

三、大象版教材《科学》六年级上册第三单元《大家动手做乐器》的"3发展"作业之二：基于问题的作业

（一）"基于问题的作业"目标设计

1. 核心概念

运动与相互作用。

2. 核心素养学段目标

（1）科学观念。

①举例说明声音因物体振动而产生。

②知道物体振动的变化会使声音的高低改变。

（2）科学思维

①通过分析、比较、综合等方法，抓住简单事物的本质特征，使用模型解释有关的科学现象和过程。

②利用分析、比较、归纳、演绎等方法，建立证据与观点之间的联系，分析科学实验中的变量控制。

（3）探究实践

初步具有获取信息并运用科学方法描述和处理信息，从而得出结果的能力。

（4）态度责任

乐于尝试运用多种思路和方法，完成探究和实践。

该作业设计的目标是培养学生抽象与概括、分析与综合、推理与论证等思维方法，形成基本的学科观念，能用其解决简单的实际问题。

（二）"基于问题的作业"环节设计

1. 确立挑战性的学习主题

情境：利用身边的常见材料，完成一件自制乐器并能演奏一首乐曲，在学期末举行的"请你来听我的演奏会"上进行自制乐器的展示与演奏。思考如何使自制的乐器演奏出较多的音符？

解读：该作业设计联系生活实际，创设学习情境，引起学生的认知冲突，启发学生的积极思维，使学生树立基本的科学态度，激发和保护学生对自然现象的好奇心，让学生树立科学的自然观和正确的价值观，培养其社会责任感。这样可以为学生今后的学习、生活以及终身发展奠定良好的基础。

2. 确定驱动性问题设计

"声音"是我们身边常见而抽象的特殊现象，声音的概念抽象程度较高，对学生的探究水平要求也较高。该作业设计通过设定问题培养学生的学习观

察、分析、综合、抽象、概括、论证等能力，让学生养成良好的学习习惯，形成初步的科学观念。

3. "基于问题的作业"复杂任务设计

基于学生已有的认知基础，该作业采用课内微项目教学的方式进行设计（见表2-57）。

表2-57　科学微项目设计

项目	项目主题	项目内容	设计意图
项目一	怎样让自制或模仿制作的乐器发出声音？	问题引入：乐器怎么发出声音？ 实验探究：声音是怎样产生的？ 计划组织：设计制作乐器的方案	引导学生从不同中找相同，发现声音是怎样产生的；利用任务驱动的方式引导学生应用所学知识解决问题
项目二	如何使自制的乐器演奏出较多的音符？	活动：研究怎样使乐器发出的声音好听 实验：改变声音的音高和响度 交流：小组介绍改变响度和音高的方法	提取相关概念加以应用迁移；分享交流，评价概念应用情况

学生在完成挑战的过程中，也掌握了知识，并且印象会比在传统的教学模式下更加深刻。微项目引入本课，既能提升学生发现并解决问题的能力，也能让学生更好地建构科学概念，同时增加趣味性，提高学生的学习兴趣。

4. "基于问题的作业"成果呈现

作业成果可以是科学小论文、研究报告、科普小报等。

5. "基于问题的作业"评价设计（见表2-58）

表2-58　"基于问题的作业"编码表（评价标准）

评价维度		核心素养	水平划分
情境	标准：真实性、创新性	态度责任	科学态度
问题	标准：能提出通过科学探究找出答案的问题，并能根据问题设置探究活动，制订切实可行的解决方案 等级：初始、初显、胜任、精通	科学思维	模型建构
任务	标准：为了分析多种因素的不同作用，涉及多个变化，自变量和因变量的实验 等级：初始、初显、胜任、精通	科学实践、科学思维	科学探究、推理论证

"基于问题的作业"质量标准见表2-59。

表2-59　"基于问题的作业"质量标准

一级指标	二级指标	评估标准	评估等级			
			A	B	C	D
目标设计	课程标准	对课标内容的描述准确到位，多学科的作业能够整合所涉及学科的课程标准				
	学情	能够在学生知识储备、能力水平、生活经验、兴趣与动机的基础上深入分析学情				
	核心素养	注重培育学生的学科核心素养和发展核心素养				
环节设计	挑战性的学习主题	能够基于学生经验、认知水平和真实的生活情境；学生感兴趣、乐于探究				
	驱动性问题	适合学生探究的复杂的、不确定性的非良构问题，引发学生持续研究				
	复杂任务	具有整体性、功能性、结构性、层次性、多样性、趣味性的特征，与目标相匹配				
	成果呈现	能够凸显真实性、探究性、实践性				
	评价设计	能够设计"3发展"作业编码表，开展多维度评价，编码表设计科学、合理、适切，与目标相匹配				

四、大象版教材《科学》六年级上册第三单元《大家动手做乐器》的"3发展"作业之三：基于项目的作业

（一）"基于项目的作业"目标设计

1. 核心概念

运动与相互作用。

2. 核心素养学段目标

（1）科学观念。

知道物体振动的变化会使声音的高低改变。

（2）科学思维。

①通过分析、比较、综合等方法，抓住简单事物的本质特征，使用模型解释有关的科学现象和过程。

②利用分析、比较、归纳、演绎等方法，建立证据与观点之间的联系，分

析科学实验中的变量控制。

（3）探究实践。

初步具有从事物的结构、功能、变化及相互关系等角度提出探究问题和制订比较完整的探究计划的能力。

（4）态度责任。

乐于尝试运用多种思路和方法，完成探究和实践。

该作业设计培养学生科学探究的意识，让学生理解科学探究是探索和获得科学知识、解决科学问题的主要途径，初步具有提出问题、做出假设、制订计划、搜集证据、处理信息、建构解释、表达交流和反思评价的科学探究能力。

（二）"基于项目的作业"环节设计

1. 确立挑战性的学习主题

情境：利用身边的常见材料，完成一件自制乐器并能演奏一首乐曲，在学期末举行的"请你来听我的演奏会"上进行自制乐器的展示与演奏。思考如何使自制的乐器演奏出较多的音符。

解读：该作业设计联系生活实际，创设学习情境，引起学生的认知冲突，启发学生的积极思维，使其能够根据自身特点制订合理的学习计划，监控学习过程，反思学习结果，具有初步的学习能力。

2. 确定驱动性问题设计

作业以生活中的乐器出发，以笙箫、小提琴、鼓等常见乐器为例，让学生学以致用，思考"这些乐器是如何发声的"，然后提出驱动性问题"我们可以用常见材料自制小乐器吗"，激发学生的学习兴趣。

本作业以项目化形式开展，分三个环节。第一个环节是设计小乐器。在这个环节，学生首先需要思考制作什么类型的乐器，然后寻找合适的材料，并确定如何发出有规律的、高低不同的声音。第二环节是制作并修改小乐器。纸上得来终觉浅，绝知此事要躬行。基于设计图的小乐器需要不断调试修正，才能成为真正的自制乐器。第三环节就是展示和评价，学生在交流的过程中取长补短，不断调试和修正。

该作业设计运用 STEM（科学、技术、工程和数学教育）的理念与工程设计的思想，通过创设情境把项目要求、自主实践及交流反思这几个环节融合在一起，最终希望孩子初步经历包括设计、制作、调整、展示的完整的制作自己的小乐器的过程，建构起改变物体的属性可以使它发出高低不同的声音这一概念，同时发展学生的实践能力，将科学和技术密切结合起来。

3. "基于项目的作业"复杂任务设计

（1）自制乐器的初体验与"自制乐器构思"大碰撞。

学生简单绘制出乐器的设计草图，并注明每个部件所要使用到的材料及尺寸大小。然后，学生根据小组讨论与建议，修改、完善自己的"自制乐器"设计草图，准备"自制乐器"所需的材料和工具。

（2）初现"自制乐器"庐山真面目。

学生相互间从科学、数学、技术、音乐和美术等方面提出自己的想法和建议，为"自制乐器"的成功，奠定坚实的理论基础。之后，学生进行"自制乐器"的音阶演奏，完善自己的乐器，班级对自制乐器的音阶准确度进行评价（见表2-60）。最后，班级将评价较好的作品进行展示。

表2-60 "基于项目的作业"自制乐器评价表

自制乐器评价表				
组别	评价内容			
	音色	音量	音高	外观
1				
2				
3				
4				
5				
6				
其他小组对我们的评价	做得不错（　　　）	需要改进（　　　）		

（3）请你来听我的演奏会——自制乐器演奏会。

①教师组织一场三年级的"请你来听我的演奏会"的自制乐器演奏与展示会，节目由各班票选的最佳选手组成。在精致的自制乐器、美妙的音乐中，相信学生们可以从中取长补短，更牢固地掌握本单元的知识，思考如何能让自己的作品更优秀。

我的乐器展示记录

名称：_____ 时间：_____

优点：

存在的问题：

大家的建议：

②认真观看同学们的展示，挑选出你最喜欢的乐器。

我最喜欢的乐器记录

名称：_____ 时间：_____

音色：

音高：

响度：

我最喜欢的地方：

还可以改进的地方：

4. 小组评价（见表2-61）

表2-61 "基于项目的作业"自制乐器评价表

主要指标	1分	2分	3分	第一组	第二组	第三组	第四组	第五组	第六组
分工合作	小组分工不明确，只有一两位学生在指挥或者做事	小组分工明确，但个别成员不知道自己的分工	小组分工明确，每个成员都能完成自己的任务						
设计图	缺少文字和图画设计	有文字和图画说明，但是说明较混乱，没有对每种材料的加工和用量进行说明	文字和图画说明设计合理，对每部分使用的材料进行了加工和用量的详细介绍						
制作成本	所用材料的成本最高	所用材料的成本居中	所用材料的成本最低						
演奏效果	能发出声音	能演奏简单音符	能演奏美妙的音乐						

5. "基于项目的作业"评价设计（见表2-62）

表2-62　"基于项目的作业"编码表（评价标准）

	评价维度	核心素养	水平划分
情境	标准：真实性、创新性	态度责任	科学态度
问题	标准：能提出通过科学探究找出答案的问题，并能根据问题设置探究活动，制订切实可行的解决方案 等级：初始、初显、胜任、精通	科学思维	模型建构
任务	标准：设计和制作模型时，有意识地根据需要，如用途、现有条件等，选用特定条件 等级：初始、初显、胜任、精通	科学实践、科学思维	技术与工程实践、模型建构

（三）"基于项目的作业"质量标准

质量标准评价见表2-63。

表2-63　"基于项目的作业"质量标准评价

一级指标	二级指标	评估标准	评估等级			
			A	B	C	D
目标设计	课程标准	对课标内容的描述准确到位，多学科的作业能够整合所涉及学科的课程标准				
	学情	能够在学生知识储备、能力水平、生活经验、兴趣与动机的基础上深入分析学情				
	核心素养	注重培育学生的学科核心素养和发展核心素养				
环节设计	挑战性的学习主题	能够基于学生经验、认知水平和真实的生活情境；学生感兴趣、乐于探究				
	驱动性问题	适合学生探究的复杂的、不确定性的非良构问题，引发学生持续研究				
	复杂任务	具有整体性、功能性、结构性、层次性、多样性、趣味性的特征，与目标相匹配				
	成果呈现	能够凸显真实性、探究性、实践性				
	评价设计	能够设计"3发展"作业编码表，开展多维度评价，编码表设计科学、合理、适切，与目标相匹配				

第六节 对人教版教材《英语》七年级下册 Unit 5 Why do you like pandas？的单元作业设计

【作者信息】杨鸣 白利阁①

【适用年级】七年级

一、对人教版教材《英语》七年级下册 Unit 5 Why do you like pandas？的常规作业设计

（一）课标内容及要求

根据《高中英语课程标准》（2020 年修订版）的要求，学生应达到的语言能力目标、文化意识目标、思维品质目标、学习能力目标如下：

语言能力目标：在常见的具体语境中整合性地运用已有语言知识，理解口头和书面语篇所表达的意义，识别其恰当表意所采用的手段，有效地使用口语和书面语表达意义和进行人际交流。

文化意识目标：形成正确的价值观。

思维品质目标：能辨析语言和文化中的具体现象，梳理、概括信息，建构新概念，分析、推断信息的逻辑关系，正确评判各种思想观点，创造性地表达自己的观点，具备多元思维的意识和创新思维的能力。

学习能力目标：具有明确的学习目标，能够多渠道获取英语学习资源。

本单元的主题语境为人与自然，其话题为谈论动物园中的动物，动物的特征，动物的习性及生存状态。依据《高中英语课程标准》（2020 年修订版）的要求，结合初中生的特点，我们将在语言能力目标、文化意识目标、思维品质目标、学习能力目标这几个方面，对本单元的文本进行整合、梳理，并提取出本单元的大概念——人与自然和谐共生；制定本单元的学习目标：①学生能够描述动物的特征、产地及生存习性。②学生能够表达个人喜欢动物的原因及个人喜好的观点。③学生能够概括文章大意、分析动物的生存现状并制定相应的保护措施，树立人与自然和谐共生的理念。

（二）教材及学情分析

本作业设计基于初中英语新目标人教版七年级下册第五单元。本单元主要

---

① 杨鸣为郑州市郑东新区基础教育教学研究室负责人，白利阁为郑州市郑东新区基础教育教学研究室英语教研员。

是让学生通过学习动物名称和常见的有关描述动物的形容词，学会表达个人对动物的喜好；学会运用 why、what、where 引导的问句，了解动物的外形、生活习性及主要产地；通过交际功能的学习，学生将在交流汇总中了解各地野生动物的情况，增加地理知识，热爱大自然，挽救濒临灭绝的动物。

完成本次作业的学生为郑东新区外国语学校七年级二班的学生。本班学生共 53 人，其中男生 28 人，女生 25 人。学生整体英语基础较好，他们在 unit4 已经学过 Where 引导的特殊疑问句；在七年级上册 unit6 和 unit9 已经学过表达个人喜好和原因的句子；在七年级上册 unit9 已经学习过描述人的特征的形容词，能够写出描写人物外貌特征并简单表达喜爱理由的文章。通过本单元的学习，学生除了可以使用 where 进行问答外，还能使用 what、why 的特殊疑问句；能够使用形容词表达自己喜欢动物的原因、描述动物的生存习性、生存现状和保护措施。学生能分析本单元文章，并对文本信息进行概括、归纳和重新建构；能形成自己的观点并理解和包容别人的观点；能够通过书籍、互联网等多种渠道，获取能完成学习目标的学习资源，并独立或小组合作完成学习任务。本班学生精力充沛、乐于探索求知、有较好的合作意识，但缺乏持久的专注、动手操作能力和深度思考能力。他们还没有系统构建本单元知识的能力，不能把本单元知识结构化。基于以上学情，教师在设计单元作业时，要充分发挥和调动学生的优势，同时注重培养学生的动手能力和高阶思维品质；使学生通过完成单元作业，对本单元的知识有系统化的认知和构建，使所学知识能够应用到生活中，解决生活中的实际问题；培养学生的核心素养。

（三）作业及其评分标准

基础作业——课前作业：学情诊断+单元学习准备（见表 2-64）。

表 2-64　课前作业

		题目呈现
课前作业	内容	本周六，学校将组织"动物园一日游"活动，为了更好地制定动物园参观路线，特向大家征集以下几个问题： 1. 你想参观什么动物呢？ 2. 你想参观这些动物的原因是什么？你知道这些动物的产地吗？
	设计意图	课前任务主要用于探查学情，通过设置真实情境，了解学生在本单元学习之前，已经知道哪些动物的名称，喜欢这些动物的原因，老师在突破本单元的重难点上定位准确

基础作业——课中作业：任务驱动，构建概念（见表2-65）。

表2-65　课中作业

单元核心任务	学校广播电台将要做一期"动物世界"的节目，现向全校同学发出邀请函，征集小小解说员。如果你参加这档节目，你会从哪几方面写解说词？	
设计意图	以"动物世界"节目录制为大背景，激发学生认识动物的热情，同时以写解说词为目标，将单元内容进行统整，引导学生从认识动物，到了解动物，再到保护动物，实现问题的解决	
子任务1：了解动物的特征和生活习性	任务链	【任务1】视频中 Mike、Jack、Jane 都提到哪些动物呢？哪些是它们喜欢的动物呢？ 【任务2】请同学们以小组为单位，说说自己想看的动物和原因 【任务3】动物园组织"动物知识大比拼"活动，请同学们积极参加 【任务4】请大家分别为 Peter 和 Jenny 家的宠物设计一张"ID Card" 【任务5】完成"单词大比拼""Bingo 小游戏""对话小练习"
	设计意图	此课中任务主要用于评估学生学会了没有，评估学生对动物的认识是否转变。子任务1中包含5个任务链。通过视频导入，引导学生识别动物的名称，通过小组讨论，使学生能表达对动物喜好的原因。从单词到句型，实现知识和能力的发展，从识别到语言输出，体现思维的发展。通过听力输入，以"动物知识大比拼"活动为载体，让学生进一步表达动物的栖息地、生活习性等。从认识动物到多维度、全方位地了解动物，加深和拓宽学生对动物的认知，从"喜欢"到"喜爱"过渡。除了了解动物园的动物外，学生通过设计宠物身份证，可以关注身边宠物的特征。在这个过程中，学生不仅能正确使用 Why、What、Where 引导的特殊疑问句和表示性质和品质的形容词，还能培养提取信息、分析问题、解决问题的能力。同时，从动物园的动物到家养的宠物，由"远"及"近"，在生活的真实情境中，激发学生运用目标语言进行表达的欲望，也促使学生更加关注家庭宠物

表2-65（续）

子任务2： 能就自己 喜欢的动物 表达观点	任务链	【任务1】记录 Tony 和 Mary 在动物园谈话的关键信息 【任务2】小组合作，以思维导图的形式，画出他们问题解决的过程 【任务3】小组合作，讨论"动物园半日游"的参观方案
	设计 意图	此课中任务主要评估学生思维水平的发展和解决问题能力的发展。通过听力，记录 Tony 和 Mary 在动物园谈话的关键信息，分析他们想要参观的动物及其原因。让学生通过思维导图的形式进一步梳理他们的对话，明确问题解决的途径和方式。学生通过听力输入、文本解读、构建思维导图，能够明晰：和同伴发生意见冲突时，如何清晰地表达个人的观点和喜好，如何接纳别人的观点并找到解决问题的办法，最终使问题有效解决。通过小组合作，学生就自己喜欢的动物各自发表观点和看法，最终通过"动物园半日游"的参观方案，呈现问题的解决办法。体现学生运用所学知识解决真实问题的能力，实现知识和能力的迁移
子任务3： 了解动物的 生存现状和 保护措施	任务链	【任务1】阅读泰国象的文章，找出作者想要挽救泰国象的原因 【任务2】阅读文章，分析泰国象的生存现状和保护措施 【任务3】小组合作，制作拯救泰国象的具体方案 【任务4】学校的英语小报要征集以"My favorite animal"为主题的文章，请同学们积极投稿吧
	设计 意图	此课中作业主要评估学生保护动物和生态的认知是否发展。让学生通过阅读文章，理解挽救泰国象的原因，分析保护泰国象的措施，并制作拯救方案，以此引发学生思考其他动物的生存现状和保护措施，从而激发学生保护动物、维护生态平衡的热情和决心。从认识、了解到喜爱，再到理解，最后采取行动，学生的认知水平是在不断发展的。通过英语小报征集活动，让同学们围绕自己喜欢的动物，从原因、特征、生活习性、能力等方面描述，并对生存现状进行剖析，给出保护措施，呼吁人们保护动物。书面表达综合了整个单元的学习内容，学生需要整合本单元所学知识进行输出。通过输出的内容，评估学生知识、能力、思维水平和保护生态、和自然和谐共生的意识

基础作业——课后作业：诊断反馈，课后提升

1. Fill in the blanks.

（1）Please write down the each name of animals（见图2-40）。

( ) ( ) ( ) ( ) ( ) ( )

图2-40 课后作业（第一题）

（2）Please describe the futures of each animal.

_____

_____

（3）What animals do you like? Why do you like them?

_____

_____

（4）What else do you know about your favorite animals?

_____

_____

评价标准：A——能准确回答以上4个问题。

B——能准确回答2~3个问题。

C——能较为准确地回答1~2个问题。

设计意图：联系自身生活实际，查看学生对单词拼写和目标语言的掌握情况。

2. Complete the conversations.

A：Hi, Linda. Let's go to the zoo tomorrow.

B：Ok. What animal do you want to see first?

A：_____

B：Why?

A：_____

B：What about you?

A：_____ Because they are friendly and cute.
They can sleep for over 10 hours a day.

B：I like them, too! Let's see the Koalas first.

A：_____! See you tomorrow.

B：_____

评价标准：A——能准确填写 5 个句子。

B——能准确填写 3~4 个句子。

C——能较为准确地填写 1~2 个句子。

设计意图：以补全对话句子填空的形式，在理解对话语篇的基础上，检测学生在真实情境中的语言表达能力和解决问题的能力。

3. Reading comprehension.

1 _____

Pandas are in danger. There are only about 1 600 pandas in the wild today. Zoos and research centers are looking after about 340 pandas. Pandas do not have many babies and baby pandas often die. The situation is getting very difficult. Scientists are doing a lot of research to help pandas produce more babies and help baby pandas live.

2 _____

Pandas live in the forests and mountains of Southwest China. Each panda needs to eat a lot of bamboo every day. The bamboo forests are getting smaller, so pandas are losing their home.

3 _____

In order to protect pandas in. wild, the government is setting up

nature parks and developing other plans. The nature parks will be big and

there will be more bamboo to feed the pandas. Pandas born in zoos may go back to live in the nature parks

4 _____

The World Wide Fund for Nature (WWF) wants to protect all animals. And it chose the panda to be its symbol. We do not want to lose tigers, elephants or any other animals, so the WWF is working hard to save them all.

（1）Read the passage and match the headings with the paragraphs.

A. Nature parks for pandas　　　　B. WWF and animals in danger

C. The pandas' home　　　　D. An animal in danger

（2）Why are pandas in danger?

_____

_____

_____

（3）How to protect pandas according to the passage?

_____

(4) Do you know what other ways we can do to protect pandas?

(5) Please draw a mind map of this passage.

设计意图：通过阅读和《泰国象》结构相似的篇章，让学生了解大熊猫的生存现状和保护措施，考查学生的分析、概括、提取文本信息的能力及学生的迁移能力。

评价标准：A——能完成以上 5 个问题，体现分析、概括及迁移能力。

B——能完成 3~4 个问题，较能体现分析、概括及迁移能力。

C——能完成 1~2 个问题，较少体现分析、概括及迁移能力。

4. Writing

学校广播电台将要做一期"动物世界"的节目，现向全校同学发出邀请函，征集解说词。请大家积极参与投稿吧。凡参与的同学都会收到小奖品！

评价标准：A——能很好地完成写作任务，内容包含动物的特征、生活习性、生存现状和保护措施等至少 4 个方面的内容；结构清晰，能够分段，且段落之间、句子之间有逻辑、有衔接；语句流畅，基本没有语法错误；书写规范。

B——能较好地完成写作任务，内容包含动物的特征、生活习性、生存现状和保护措施等其中 3 个方面的内容；结构较清晰，能够分段且句子间较有逻辑、有衔接；语句较流畅，有较少的语法和语言错误；书写较规范。

C——在老师帮助下能够基本完成写作任务，内容要点有所欠缺，只能完成 1~2 方面的内容，结构欠完整，不能分段，句子间逻辑不清晰，衔接不顺畅；语法错误较多；书写不规范。

设计意图：以广播站投稿的形式，激发学生写作的热情。通过文章写作，检测学生在真实情境中对本单元的核心问题——动物的特征、习性、生存环境及保护措施等的掌握情况，从最终形成的篇章也能看出学生在语言结构上的语言组织和架构能力。

（四）作业完成情况统计及分析

本次单元作业整体完成情况较好，通过完成课前作业、课中作业、课后作业，学生能够流利地表达动物的特征、生活习性，并能够根据个人喜好表达原因和观点。学生能够阅读文章，查阅信息，了解动物的生存现状，并根据生存现状制定出相应的保护措施。通过作业完成情况来看，85%的学生达成了本单元的学习目标，达成度较高。具体分析如下：

课前作业：85%的学生能够说出自己喜欢的动物的名称，75%的同学能够简单表达喜欢的原因。学生对本单元动物名称的表达不再是难点，教师可以将重难点放在动物的特征描述和表达个人喜好及观点上。

课中作业：3个子任务中，目标达成度最高的是子任务1，其次是子任务2；子任务3相对于前两个任务，目标达成度较低。由此说明，任务的难度设计是螺旋上升，层层递进。其中在子任务1中，85%的同学能够完成任务1、任务2和任务4，任务3和任务5的完成度为75%左右。由此说明，学生能够运用目标语言表达动物的特征，但运用目标语言解决生活实际问题的能力还较为欠缺，学生的深度思考能力和灵活应变能力还有待提高。子任务2中，80%的同学能够完成任务1，记录下Tony和Mary对话的关键信息；70%的学生通过小组合作，能够基本画出思维导图；75%的学生能够小组合作讨论出"动物园半日游"的方案。由此说明，学生对思维导图的构建还需要进一步练习和提升，但通过已构建好的思维导图，学生能够深入分析听力文本，并找出解决问题的方法，最终在解决实际问题的任务3中，完成度相对较高。子任务3中，目标达成度较高的是任务1和任务2，分别为80%和75%；任务3和任务4的达成度相对较低，分别是73%和71%。这说明学生能够在教师的引导下理解文章内容，厘清文章结构，总结出泰国象的生活环境和生存现状。但在依据文本的基础上，进行超越文本的活动，学生的分析和解决问题的能力还需要进一步提高。任务3对学生的综合素养和知识储备及拓展要求较高；而任务4则需综合本单元所学内容，基于原有认知水平，进行书面输出表达，学生不仅需要关注篇章内容，还需要关注篇章结构、语言的准确性和丰富性等。

课后作业：获得A等级的同学有21名，约占总人数的40%；获得B等级的同学有25人，约占总人数的47%；获得C等级的同学有7人，约占总人数的13%。由此可见，87%的同学能够达成本单元的学习目标。

由课前、课中、课后的作业分析情况来看，80%以上的同学能够达成本单元的学习目标，达成度较高。学生对本单元的目标语言和基础知识的掌握比较牢固，但学生运用所学知识解决真实问题的能力还需要进一步培养，学生在思维层面上还存在浅层化现象，构建知识、分析问题的能力还有所欠缺。教师在今后的作业设计中，应突出对学生解决问题的能力、高阶思维品质和系统建构学科知识的能力的培养。

（五）教师设计单元作业属性表（见表2-66）

表2-66　教师设计单元作业属性表

课前作业			
功能指向：探查学情，为课中作业、课后作业提供依据			
问题编号	目标指向	编写说明（设计意图）	学情简述
1	目标1	源于学生生活中的真实问题，一方面激发学生的兴趣，另一方面让学生们认识到英语的学习可解决生活中的真实问题	85%的学生能够说出自己喜欢的动物的名称，说明学生对本单元动物名称的表达不再是难点，教师可以将重难点放在动物的特征描述和表达个人喜好及观点上
2	目标2	引导学生在表述自己喜好的同时阐述原因	学生只能简单地表达自己喜欢的动物，但对原因的表述不够清晰明了

课中作业				
功能指向：引导学生构建知识体系，发展思维能力和解决问题的能力				
任务编号	目标指向	基本问题	编制说明	评价标准
1	目标1 目标2	如何用含有形容词的句子来描述动物的特征，及喜欢的原因？	通过视频、小组对话、小组竞赛、课堂游戏等活动，使学生从语言感知、语言模仿，向语言生成发展	A. 能熟练地运用含有6个及以上形容词的目标语言表达动物的特征及生活习性 B. 能较为熟练地运用含有4~5个形容词的目标语言表达动物的特征及生活习性 C. 在老师的帮助下，能够说出动物的1~3个特征，能用1个目标语言表达喜好
2	目标2	面对意见冲突时，如何实现问题的解决？	通过深入分析听力文本，梳理文本中的人物表达的观点、解决问题的过程，培养学生解决问题的能力	A. 能运用2个以上目标语言进行3个话轮以上的对话，能清晰地表达自己的喜好和观点，就问题达成一致意见 B. 能运用1~2个目标语言进行2个话轮的对话，较为清晰地表达自己的喜好和观点，就问题基本达成一致意见 C. 在老师的帮助下能运用1~2个目标语言进行1~2个话轮的对话，能表达自己的喜好，但问题没有能够达成一致

表2-66(续)

| 3 | 目标3 | 如何保护濒临灭绝的动物? | 考查学生深入理解文章的能力及通过分析、概括文章内容,提取观点、制订方案的能力 | A. 能使用3个以上的句子正确地表达动物的生存状态,并能根据生存状态,找出相对应的保护措施
B. 能使用2个句子较为准确地表达出动物的生存现状,并根据生存现状,找出相应的保护措施
C. 需要在老师的帮助下表达1种动物的生存现状及保护措施 |

课后作业

功能指向:反馈与诊断;巩固、拓展与提升

作业编号	作业题型	目标指向	编制说明	创新点	评价标准
1	问答	目标1 目标2	考查学生对动物的名称、特征、生活习性及喜好原因的表达	问题3属开放性问题,学生可通过查阅资料了解更多动物的习性	A. 能准确回答4个问题 B. 能准确回答2~3个问题 C. 能准确回答1~2个问题
2	补全对话	目标1 目标2	考查学生表达观点的能力	在真实情境中,解决问题的能力	A. 能准确填写5个句子 B. 能准确填写3~4个句了 C. 能较为准确地填写1~2个句子
3	阅读理解	目标3	考查学生在新情境中的迁移能力	在新的情境中,实现知识和能力的迁移	A. 能完成以上5个问题,体现分析、概括及迁移能力 B. 能完成3~4个问题,较能体现分析、概括及迁移能力 C. 能完成1~2个问题,较少体现分析、概括及迁移能力
4	书面表达	目标1 目标2 目标3	考查学生整合本单元所学知识的能力	创设贴近学生生活的真实情境,激发学生参与写作的积极性	A. 能很好地完成写作任务,内容包含动物的特征、生活习性、生存现状和保护措施等至少4个方面的内容;结构清晰,能够分段,且段落之间、句子之间有逻辑、有衔接;语句流畅,基本没有语法错误;书写规范 B. 能较好地完成写作任务,内容包含动物的特征、生活习性、生存现状和保护措施等其中3个方面的内容;结构较清晰,能够分段且句子间较有逻辑、有衔接;语句较流畅,有较少的语法和语言错误;书写较规范 C. 在老师帮助下能够基本完成写作任务,内容要点有所欠缺,只能完成1~2方面的内容,结构欠完整,不能分段,句子间逻辑不清晰,衔接不顺畅;语法错误较多;书写不规范

二、人教版教材《英语》七年级下册 Unit 5 Why do you like pandas? 的"3 发展"作业之一：基于问题的作业设计

（一）"基于问题的作业"目标设计

必备知识：学生在七年级上册 unit4 已经学过 Where 引导的特殊疑问句，在 unit6 和 unit9 已经学过表达个人喜好和原因的句子，在 unit9 已经学习过描述人的特征的形容词。学生能够读懂简单的故事并抓住大意，能够写出描写人物外貌特征并简单表达喜爱理由的文章。通过本单元的学习，学生除了可以使用 where 进行问答外，还能使用 what、why 的特殊疑问句；能够使用形容词描述动物的特征，并能表达个人的喜好，能就某个问题表达自己的观点并通过协商达成一致意见。学生不仅能够读懂文章而且在教师的帮助下学习概括段落大意，并能分析文章结构。学生不仅能够写出描写特征、表达原因的文章，而且还能在此基础上简单描绘现状和措施等。

关键能力：通过本单元的学习，学生能够感知注意本单元的目标语言和核心句型，提高学习理解能力。通过问题设置和问题解决，学生能提高自己的实践应用能力。通过情境设置，学生能够在新的陌生情境中解决问题，培养迁移创新的能力。

必备品格：本单元以动物园中的动物为主线，讨论了动物的特征、生活习性、生存现状和保护措施等。在"人与自然"这个主题语境中，学生通过学习，能够产生热爱自然、保护动物的意识，以及和动物和谐相处、保持生态平衡的理念。

基于以上核心素养的培养，我们确定出基于问题的作业设计目标：

目标 1：（1）学生能绘制出郑州市动物园的园区图。

（2）学生能查阅信息并在园区图上标注动物的信息，包括特征、生活习性、生存状态等。

目标 2：（1）学生能设计出可行性方案、呼吁人们保护动物。

（2）方案可操作、可实施。

（二）"基于问题的作业"环节设计

1. 确立挑战性的学习主题

本单元主要谈论对动物的喜好，了解动物的特征、生活习性、生存现状及保护措施等。课本围绕动物园里的动物展开讨论，以参观动物园的动物为主线，贯穿整个单元。同学们除了了解到动物的基本特征外，还能进一步了解到泰国象的生存状态和保护措施。基于本单元的学习内容，我们确定了以下两个

挑战性的学习主题：①参观郑州市动物园并画出园区图。②制作方案，呼吁人们保护动物。主题 1 基于动物的基本特征和生活习性，进行实践和拓展，鼓励同学们描述自己身边的动物，从书本走向生活。同时绘制园区图需要学生的构图能力、绘图能力等综合能力，体现学生的能力素养。主题 2 通过让学生制作方案，首先激发学生保护动物的意识，再让学生以实际行动影响他人，呼吁人们加入保护动物的行列。此项作业形式不限，可充分调动学生的积极性和创新性。

2. 确定驱动型问题设计

主题 1：郑州市动物园里都有哪些动物呢？它们都有哪些特征和生活习性呢？

主题 2：作为中学生，我们如何呼吁身边的人一起参与保护动物呢？

3. "基于问题的作业"复杂任务设计

作业 1 需要学生以小组为单位协作完成。此项任务需要学生实地参观、记录并构思、绘图，同时需要通过多种途径查阅资料信息。同学们大部分都喜欢动物，更有同学很了解动物，因此此项作业的任务具有层次性、多样性和趣味性。

作业 2 需要学生以小组为单位协作完成。此项任务由于不限形式，学生可以充分发挥自身特长。这能极大地调动学生参与的积极性，促进学生的探究能力和创新精神。

4. "基于问题的作业"成果呈现

作业 1 以绘制园区图形式呈现。

作业 2 形式不限，可以是演讲、海报、快闪等。

5. "基于问题的作业"评价设计

作业 1——基于问题

本周 Mike 和他的朋友们带我们参观了他们国家的动物园。Mike 对中国的动物园也很感兴趣，他想知道中国的动物园里都有什么动物，是否和他们国家的一样。请同学们利用周末时间，以学习小组为单位参观郑州市动物园，并在参观之后，完成以下任务：

（1）画出郑州市动物园的园区图。

（2）标注出每个园区的动物及动物信息，包括名称、特征、生活习性、来源地等。每个园区可选择两到三种动物。

基于问题的作业 1 评价量规见表 2-67。

表 2-67　基于问题的作业 1 评价量规

水平划分	任务	信息	语言	绘图
水平一	完成所有任务要求	信息标注准确无误	语言通顺	绘图精美
水平二	基本完成任务要求	信息标注有少量错误	语言较为通顺	绘图比较精美
水平三	完成部分任务要求	信息标注不准确	错误表达较多	绘图欠缺美观
水平四	不能完成任务要求	没有信息标注	语言不通顺	绘图凌乱、不美观

作业 2——基于问题

社会的快速发展带来了很多问题，如环境污染、生态失衡、过度开发等。这些问题也给动物们的生存带来了巨大威胁，有些动物已经灭亡，有些动物处于濒临灭亡的边缘。爱护动物、保护动物就是保护我们自己。保护动物的行动需要每一位同学的参与。请同学们以学习小组为单位，设计制作出具有可行性的实操方案，呈现形式可以是如海报、演讲、快闪等。让我们从自己做起，并呼吁周围的人们加入爱护动物、保护动物的行动中，让我们的地球更加美丽、和谐！

基于问题的作业 2 评价量规见表 2-68。

表 2-68　基于问题的作业 2 评价量规

水平划分	价值观	实操性	准确度	创新点
水平一	作品能够传递正能量，起到呼吁人们保护动物的作用	作品实操性强、可实施	作品中语言准确、富有感染力	作品制作精美、有创意
水平二	作品基本能够传递正能量，在一定程度上起到呼吁人们保护动物的作用	作品有一定的实操性、基本可实施	作品中出现少量语言错误，有一定的感染力	作品制作比较精美，较有创意
水平三	作品基本能够传递正能量，但作用较小，影响力不够	作品实操性较小	作品中语言错误较多，不太具有感染力	作品缺乏一定的美观度，欠缺创意

表2-68(续)

水平划分	价值观	实操性	准确度	创新点
水平四	作品不能起到呼吁人们保护动物的作用	作品没有实操性,不可实施	作品中不能传递正确信息,没有感染力	作品不美观且没有创意

"3发展"作业编码表见表2-69和表2-70。

表2-69　　"3发展"作业编码表(基于问题的作业1)

			"3发展"作业评价维度		
类别	情境	问题	任务	核心素养	水平划分 (水平一、水平二、 水平三、水平四)
基于问题的作业	本周 Mike 和他的朋友们带我们参观了他们国家的动物园。Mike 对中国的动物园也很感兴趣,他想知道中国的动物园里都有什么动物,是否和他们国家的一样	郑州市动物园里都有哪些动物呢? 他们都有哪些特征和生活习性呢?	任务1:实地参观郑州市动物园,记录各个园区的位置及园区内动物的信息,小组合作,画出一张园区图 任务2:小组合作,查阅园区内动物的信息,包括出生地、特征、生活习性、生存状态等,并将信息标注在园区图上	培养学生的观察能力,查找、搜寻信息的能力及小组合作的能力	水平一:完成所有任务要求,信息标注准确无误,语言通顺,绘图精美 水平二:基本完成任务要求,信息标注有少量错误,语言较为通顺,绘图比较精美 水平三:完成部分任务要求,信息标注不准确,错误表达较多,绘图欠缺美观 水平四:不能完成任务要求,没有信息标注,语言不通顺,绘图凌乱,不美观

表 2-70 "3 发展"作业编码表（基于问题的作业 2）

类别	情境	问题	任务	核心素养	水平划分（水平一、水平二、水平三、水平四）
	"3 发展"作业评价维度				
基于问题的作业设计	社会的快速发展带来了很多问题，如环境污染、生态失衡、过度开发等。这些问题也给动物们的生存带来了巨大威胁，有些动物已经灭亡，有些动物处于濒临灭亡的边缘。爱护动物、保护动物就是保护我们自己。保护动物的行动需要每一位同学的参与	作为中学生，我们如何呼吁身边的人一起参与保护动物呢？	任务 1：小组合作，查阅相关资料，依据宣传对象，确定方案的主题、形式和内容 任务 2：小组分工，明确任务，通力合作，使方案可实施、可操作	培养学生解决问题的能力、创新能力和小组合作能力，树立人与自然和谐相处的意识	水平一：作品能够传递正能量，起到呼吁人们保护动物的作用；作品实操性强，可实施；作品中语言准确，富有感染力；作品制作精美，有创意 水平二：作品基本能够传递正能量，在一定程度上起到呼吁人们保护动物的作用；作品有一定的实操性，基本可实施；作品中出现少量的语言错误，有一定的感染力；作品制作比较精美，有一定的创意 水平三：作品基本能够传递正能量，但作用较小，影响力不够；作品实操性较低；作品中语言错误较多，不太具有感染力；作品缺乏一定的美观度；欠缺创意 水平四：作品不能起到呼吁人们保护动物的作用；作品没有实操性，不可实施；作品中不能传递正确的信息，没有感染力；作品不美观且没有创意

第七节　对北师大版教材《数学》九年级下册第二章《二次函数》前三节课的单元作业设计

【作者信息】魏国杰　陈晓婕　王亚欣　袁晓娜①

【适用年级】九年级

一、对北师大版教材《数学》九年级下册《二次函数》单元前三节课的常规作业设计

函数是义务教育阶段初中数学学科的核心内容。二次函数是函数的基本类型之一，对其图像及其性质的研究是二次函数研究的基本任务。二次函数模型在现实生活中具有重要的应用价值。滑雪运动员飞翔的路线、喷泉的水流、标枪的投掷、抛物线型的拱桥等曲线都是二次函数图像的现实原型。

（一）课标内容及要求

2022年发布的《义务教育数学课程标准（2022年版）》，刘《二次函数》前三节部分提出了四点学习要求：①通过对实际问题的分析，体会二次函数的意义。②会用描点法画出二次函数的图像，通过图像了解二次函数的性质。③会用配方法将数字系数的二次函数的表达式化为 $y=a(x-h)^2+k$ 的形式，并能由此得到二次函数图像的顶点坐标，说出图像的开口方向，画出图像的对称轴，并能解决简单实际问题。④知道给定不共线三点的坐标可以确定一个二次函数。这是设计"1基础+3发展"作业的依据。

（二）教材及学情分析

（1）教材分析。本案例选自北师大版《数学》九年级第二学期第二章《二次函数》前三节内容，属于"数与代数"模块。本部分的主要内容是对二次函数的概念、图像与性质的探究，目的在于引领学生进一步认识二次函数的形式特征，了解二次函数的图像与性质的研究方法结构。

（2）核心素养结合点。本案例以学生熟悉的体育运动为背景设计作业，使学生进一步体会二次函数的意义和所蕴含的模型思想。本部分在授课时应注重对学生进行逻辑训练，引导学生了解二次函数的图像和性质探索所承载的数

---

① 魏国杰为郑州市郑东新区基础教育教学研究室数学教研员，陈晓婕为是郑州市郑东新区河南大学附属学校初中数学教研组组长，王亚欣为郑州市郑东新区白沙中学数学教研组组长，袁小娜为郑州市郑东新区美秀初级中学数学教研组组长。

学思维，引导学生从知识的整体性来把握本部分的重要内容。

（3）学情分析。学习本部分之前，九年级学生已经历了一次函数、反比例函数的图像和性质的学习过程，已对函数性质的探究方法有了初步的感知。学生对函数的图像与性质的探究方法有了一定的熟悉程度，这些为二次函数的图像与性质的探索做了很好的铺垫。调查发现，绝大部分学生容易掌握函数作图过程，但对于根据函数的图像来分析函数的性质，认知还是比较模糊的。

（三）作业设计展示

1. 课前作业

运动对于学生成长发挥着关键作用。学生适度参加体育活动能够舒缓学习压力，可以强身健体，实现全面发展。篮球、足球、排球、铅球等活动都是学生喜欢的体育项目。

问题1：见图2-41，观察下列球类的飞行路线：篮球被抛出后，足球被踢出后，铅球被推出后，高尔夫球被击出后……这些路线是否有相似之处？你能否用一次函数、反比例函数图像来描述呢？它会与某种函数有关系吗？

图2-41 球类的飞行路线

问题2：一个足球被从地面向上踢出，它距地面的高度 h（米）可以用公式 $h=-4.9t^2+19.6t$ 来表示，其中 t（秒）表示足球被踢出后经过的时间。你认为应该如何画出这个函数的图像呢？如何来研究这个函数的性质呢？

问题3：类似于一次函数和反比例函数，二次函数也有其一般形式，你能把问题2中的表达式化成 $y=a(x-h)^2+k$ 这种形式吗？根据这个函数的表达式，你能描述出这个函数的相关性质吗？

问题 4：用待定系数法可以求一次函数和反比例函数的表达式。若已知一个函数的图像经过 A（0，1），B（1，2），C（2，1）三点，你能用待定系数法确定这个函数的表达式吗？

2. 课中作业

（1）子任务 1：二次函数的概念和 $y = ax^2$ 的图像与性质。

2022 年北京冬奥会引爆了全民冰雪热潮。国家跳台滑雪中心"雪如意"拥有着世界上最长的跳台滑雪赛道，展示了中国文化之美。运动员需要从百米高度向下助滑、加速、起跳，在空中飞行一段距离后着陆。裁判根据运动员的空中姿态和飞行距离打分，得分高者为胜。

问题 1：见图 2-42，你是否注意到运动员们在滑雪场上飞翔的路线呢？你能否用合适的方式来刻画这条飞翔的路线？

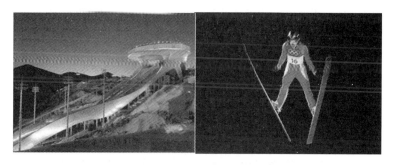

图 2-42　北京冬奥会滑雪场景

问题 2：见表 2-71，在测试赛中，一名滑雪者根据测试需求从跳台滑下，在特定情况下，测出了滑行距离与滑行时间的几组数据。

表 2-71　滑雪测试数据

滑行时间 t/秒	0	1	2	3	4	5	6
滑行距离 s/米	0	1	4	9	16	25	36

如图 2-43 所示，以 t 为横坐标、s 为纵坐标建立平面直角坐标系，请描出表 2-71 中数据对应的点，并用平滑曲线连接它们，再根据这条图像，来研究这个函数的性质。

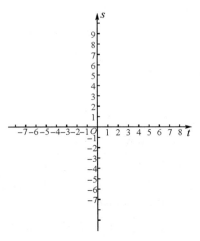

图 2-43　平面直角坐标系（一）

问题 3：对于所抽象出的函数关系式 $y=ax^2$，请根据已有的研究函数性质的经验，从取值范围、对称性、增减性等方面来研究它的性质，并思考：①当 x 小于 0 时，是否也具有这种性质呢？②当 a 的取值不是 1 时，是否也具有上述性质呢？请用准确的语言来概述这个函数 $y=ax^2$ 的性质。

问题 4：用待定系数法求某一个二次函数的表达式时，一般需要找出几个点的坐标？已知函数 $y=ax^2$ 的图像经过点（-2，8），你能用待定系数法确定这个函数的表达式吗？

（2）子任务 2：二次函数 $y=ax^2+k$，$y=a\,(x-h)^2$ 的图像与性质。

问题情境：2022 年 2 月 18 日我国选手谷爱凌获得了北京冬奥会自由式滑雪女子 U 型场地技巧赛冠军。U 型场地赛是指比赛选手从管顶出发，在 U 型的池壁上做出眼花缭乱的旋转与空翻技巧并配以抓板，以此来得分的比赛。观看比赛后，小聪突发奇想，自己设计了一个类似 U 型场地的奖杯，图 2-44 为杯子的设计稿。

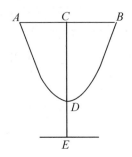

图 2-44　奖杯设计稿

问题 1：若以点 E 为坐标原点，以 CE 所在的直线为 y 轴建立平面直角坐标系。已知 $AB=4$，$CD=8$，$DE=3$，你能求出这条抛物线的解析式吗？

问题 2：在问题 1 的基础上，请根据已有研究函数的经验，从取值范围、对称性、增减性等方面来研究这条抛物线二次函数的性质。推而广之，二次函数 $y=ax^2+k$ 是否也具有这种性质呢？请概述它的性质。

问题 3：若以点 D 为坐标原点，如图 2-45 所示建立平面直角坐标系，其他条件不变，你能求出这条抛物线所对应的解析式吗？

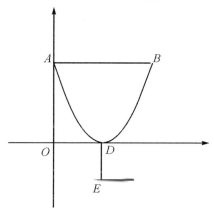

图 2-45 平面直角坐标系（二）

问题 4：在问题 3 的基础上，请根据已有的研究函数性质的经验，从取值范围、对称性、增减性等方面研究所得到的二次函数的性质。推而广之，二次函数 $y=a(x-h)^2$ 是否也具有这种性质呢？请概述它的性质。

（3）子任务 3：根据二次函数 $y=a(x-h)^2+k$、$y=ax^2+bx+c$ 的图像与性质，确定二次函数的解析式。

在跳台滑雪比赛中，运动员起跳后的飞行路线可以看作抛物线的一部分。在测试赛中，一名运动员起跳后，他的飞行路线如图 2-46 所示，当他的水平距离为 15m 时，达到飞行的最高点 C 处，此时的竖直高度为 $45m$，他落地时的水平距离（OA）的长为 $60m$。求这名运动员起跳时的竖直高度（OB）的长。

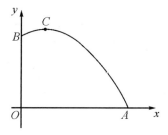

图 2-46 运动员的飞行路线

问题1：这个抛物线与之前学习过的抛物线有什么不同的地方？你能利用前几节课所学习的解析式来表示这个函数关系吗？

问题2：由"当他的水平距离为15m时，达到飞行的最高点 C 处，此时的竖直高度为45m"可以得到什么结论？从"落地时的水平距离（OA）的长为60m"又可以得到什么结论？在问题的基础上，你能求出这个二次函数的表达式吗？

问题3：根据已有经验，请结合图像，从取值范围、对称性、增减性等方面研究所得到的这个二次函数的图像与性质。推而广之，对于此函数 $y=a(x-h)^2+k$，请尝试概述它的性质。

问题4：根据之前的研究经验，从取值范围、对称性、增减性等方面来研究二次函数 $y=ax^2+bx+c$ 的性质，请尝试概述它的性质。

3. 课后作业

（1）子任务1：二次函数的概念和 $y=ax^2$ 的图像与性质。

1. 下列函数是二次函数的是（　　　）

    A. $y=x$ B. $y=\dfrac{1}{x}$

    C. $y=x-2+x^2$ D. $y=\dfrac{1}{x^2}$

2. 下列具有二次函数关系的是（　　　）

    A. 正方形的周长 y 与边长 x

    B. 速度一定时，路程 s 与时间 t

    C. 正方形的面积 y 与边长 x

    D. 三角形高一定时，面积 y 与底边长 x

3. 已知 $y=(m+2)x^{m^2-2}$ 是二次函数，则 $m=$ _____.

4. 已知抛物线的开口方向向下，对称轴是直线 $x=0$，那么抛物线的表达式可以是_____（只需要写出一个表达式）.

5. 如图2-47所示，一抛物线型拱桥，当拱顶到水面的距离为2米时，水面宽度为4米；那么当水位下降1.5米后，水面的宽度为_____米.

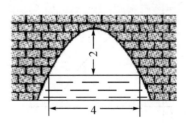

图2-47　抛物线型拱桥

（2）子任务 2：二次函数 $y=ax^2+k$、$y=a(x-h)^2$ 的图像与性质。

6. 抛物线 $y=ax^2+1$ 经过点 $(-2，6)$，那么 $a=$ _____.

7. 抛物线 $y=x^2$，$y=-x^2-1$，$y=\frac{1}{2}x^2$ 共有的性质是（　　　）

    A. 开口向上
          B. 对称轴为 y 轴

    C. 都有最低点
        D. 开口大小相同

8. 对于二次函数 $y=-2(x+3)^2$ 的图像，下列说法正确的是（　　　）

    A. 开口向上

    B. 对称轴是直线 $x=-3$

    C. 当 $x>-4$ 时，y 随 x 的增大而减小

    D. 顶点坐标为 $(-2，-3)$

9. 如图 2-48 所示，抛物线型的拱门的地面宽度为 20 米，两侧距地面高 15 米处各有一个观光窗，两窗水平距离为 10 米，则拱门的最大高度为（　　　）

    A. 10 米
          B. 15 米

    C. 20 米
         D. 30 米

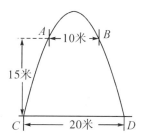

图 2-48　抛物线型的拱门

10. 图 2-49 是一座桥的示意图，已知桥洞的拱形是抛物线. 当水面宽为 12m 时，桥洞顶部离水面 4m.

（1）请确定合适的平面直角坐标系，并求该抛物线的函数表达式.

（2）若水面上升 1m，水面宽度将减少多少？

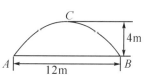

图 2-49　桥

（3）子任务 3：二次函数 $y=a(x-h)^2+k$、$y=ax^2+bx+c$ 的图像与性质，确定二次函数的解析式。

11. 对于二次函数 $y=(x+1)^2+2$ 的图像，下列说法正确的是（　　）

  A. 开口向下
      B. 对称轴是直线 $x=1$

  C. 顶点坐标是（-1，2）
  D. 当 $x\geq-1$ 时，y 随 x 增大而减小

12. 烟花厂为虎年春节特别设计制作了一种新型礼炮，这种礼炮的升空高度 h（m）与飞行时间 t（s）的关系式是 $h=-\frac{3}{2}t^2+12t+30$。若这种礼炮在点火升空到最高点引爆，则从点火升空到引爆需要的时间为（　　）

  A. 3s
      B. 4s

  C. 5s
      D. 6s

13. 用描点法画二次函数的图像需要经过列表、描点、连线三个步骤. 表 2-72 是小明画二次函数 $y=ax^2+bx+c$ 图像时所列的表格：

表 2-72   坐标数据

x	$\cdots$	-4	-3	-2	0	2	$\cdots$
y	$\cdots$	3	0	-1	3	15	$\cdots$

14. 根据表 2-72，可以知道该二次函数图像的顶点坐标是_____.

在平面直角坐标系中，抛物线 $y=x^2+bx+c$ 经过点（-1，9）、（2-3）.

（1）求这条抛物线所对应的函数表达式；

（2）若点 P 是这条抛物线上的一点，其横、纵坐标互为相反数，求点 P 的坐标.

15. 如图 2-50，桥拱截面 OBA 可视为抛物线的一部分. 在某一时刻，桥拱内的水面宽 $OA=8$m，桥拱顶点 B 到水面的距离是 4m.

（1）按如图 2-50②所示建立平面直角坐标系，求桥拱部分抛物线的函数表达式；

（2）一只宽为 1.2m 的打捞船径直向桥驶来，当船驶到桥拱下方且距 O 点 0.4m 时，桥下水位刚好在 OA 处，有一名身高 1.68m 的工人站立在打捞船正中间清理垃圾，他的头顶是否会触碰到桥拱，请说明理由（假设船底与水面齐平）.

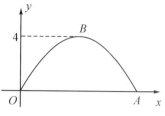

①   ②

图 2-50 拱桥

（四）单元作业属性表（见表 2-73）

表 2-73 单元作业属性表

课前作业			
功能指向：探测学情，明确教学的起点，为课中作业、课后作业设置提供依据			
问题编号	目标指向	编写说明（设计意图）	学情简述
1	目标1	以学生熟悉的体育运动为背景，一方面让学生感觉到很熟悉，另一方面也能唤起学生利用数学眼光审视生活的意识	学生已有丰富的校园生活经验，能发现这些球类运动状态的相似程度
2	目标2	引领学生积极参与到数学活动中，进一步培育学生的数学应用意识	学生已具备了一次函数、反比例函数的知识，有了一定的函数建模意识
3	目标3	通过问题，让学生回忆再现研究函数性质的一般方法	学生已知道该从哪些方面对函数的性质进行研究和阐述总结
4	目标4	使学生再次体会数学与现实生活的联系，引导学生学会用数学知识来分析现实问题	学生已有对生活中类似现象的审视，加深对抛物线的认识和感悟

表 2-73（续）

课中作业				
功能指向：落实目标，夯实知识，注重章节知识点的梳理与解析				
任务编号	目标指向	基本问题	编制说明	评价标准
子任务 1	目标 1 目标 2	1. 二次函数的概念是什么？ 2. 从哪些方面来研究二次函数 $y=ax^2$ 的图像及性质？	创设丰富问题情境，使学生理解二次函数的意义	会准确判别二次函数；做出函数 $y=ax^2$ 的图像，并能根据图像描述它的性质
子任务 2	目标 3	1. 从哪些方面来研究二次函数 $y=ax^2+k$、$y=a(x-h)^2$ 的图像及性质？ 2. 如何利用二次函数的图像及性质解决实际问题？	引领学生通过数形结合的方式来研究二次函数的性质	能准确描述二次函数的性质，积累利用图像探究性质的经验
子任务 3	目标 3 目标 4	1. 从哪些方面来研究二次函数 $y=a(x-h)^2+k$、$y=ax^2+bx+c$ 的图像及性质？ 2. 如何用待定系数法确定一个二次函数的解析式？	综合考查学生对点的坐标、函数的认识程度，考查了方程与函数思想	能准确求解二次函数解析式，并能利用二次函数解决实际问题

课后作业					
功能指向：反馈测评，拓展提升，注重知识点的强化与巩固					
作业编号	作业题型	目标指向	编制说明	创新点	评价标准
1~5	填空题选择题	目标 1 目标 3	考查二次函数的概念和 $y=ax^2$ 的图像与性质	问题 4 属于开放性问题；问题 5 可以有不同的模型建构方式	能利用二次函数的概念解决问题，能利用函数 $y=ax^2$ 的图像与性质解决实际问题

表2-73(续)

6~10	填空题 选择题 解答题	目标3	考查 $y=ax^2+k$、$y=a\ (x-h)^2$ 的图像与性质	问题9属于结合图像确定函数关系	能利用函数 $y=ax^2+k$、$y=a\ (x-h)^2$ 的图像与性质解决实际问题
11~15	填空题 选择题 解答题	目标3 目标4	考查二次函数 $y=a\ (x-h)^2+k$、$y=ax^2+bx+c$ 的图像与性质,确定二次函数的解析式	问题15侧重于探索具体问题中的数量关系和变化规律,引领学生利用函数性质来解决问题	能利用函数 $y=a\ (x-h)^2+k$、$y=ax^2+bx+c$ 的图像与性质解决实际问题

一、北师大版教材《数学》儿年级下册第二单元《二次函数》的"3发展"作业之一:基于项目的作业

(一)"基于项目的作业"目标设计

基于项目的作业,设计目的在于让学生经历数学学习的完整过程,体验知识之间的内在联系和整体架构,并获得一些研究数学问题的方法和经验。本作业以"设计喷泉"为背景,引领学生利用二次函数知识解决问题,从而评价学生的数学建模能力和应用意识。基于项目的作业设计有利于不同认知风格的学生学习成果的有效展示。

(二)"基于项目的作业"环节设计

1. 确立挑战性的学习主题

应用二次函数模型解决实际问题时,需要综合函数与其他数学知识之间的内在联系,如二次函数与一元二次方程的联系,二次函数图像与几何图形的联系。本学习主题是设计一个抛物线型的喷泉,问题解答所需要的水平是灵活运用层次的。

节日的喷泉给人们带来喜庆,夏日的喷泉给人们带来凉爽。现在某公园门口有一片空地,准备修建一个半径是10米的圆形喷泉,设计标准是喷泉高度不能低于5m,喷出的水流不会喷溅到外面。现有某种型号的喷泉喷嘴若干个,按如图2-51所示的直角坐标系,喷出的水流路线所对应的抛物线表达式可以表示为 $y=-\dfrac{1}{6}x^2+2x$。请同学们设计一个符合要求的喷泉图案。

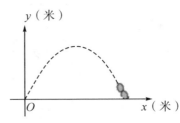

图 2-51　喷泉及直角坐标系 1

2. 确定驱动性问题设计

这里的问题类型并不是有固定答案的应用问题，而是对学生相关能力层次要求较高的开放性问题。学生对这个实际问题的设计过程，将有利于学生展示整个问题解决的过程。学生解决问题的水平在一定程度上可以反映出学生具有的相应学业水平的层次。

我们所设计的驱动型问题是：根据题目要求设计一个符合要求的喷泉模型。在问题解决前，学生要综合考虑以下各种因素：公园前空地的面积是多少？需要修建的喷泉池的形状是什么样的？在喷嘴型号确定的前提下，喷嘴应该安装在什么位置？喷泉水流的高度和喷泉喷射的距离有多远？

3. "基于项目的作业"复杂任务设计

在上述分析问题的基础上，项目组通过组织学生开展头脑风暴，对这个问题进行了下面的系统思考。

任务 1：把这一组喷嘴直接安装在圆形水池的中心位置，保证喷出去的水流都沿着朝外的方向以相同的路径落下。如图 2-52 所示，这样的设计是否符合设计标准呢？

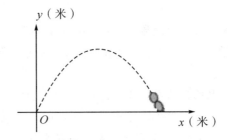

图 2-52　喷泉及直角坐标系 2

任务 2：改变喷嘴的位置，先在喷水池中心竖直安装一个柱形喷水装置，将该型号的喷嘴安装在这个立柱上，喷泉在离中心水平距离 4m 处可以达到最高处。按如图 2-53 所示的直角坐标系，该型号的喷嘴安装在立柱的什么位置，才能符合设计标准？

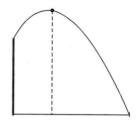

图 2-53　喷泉及直角坐标系 3

任务 3：为增加观赏效果，我们对喷泉喷嘴性能进行了改进。改进后在如图 2-54 所示的直角坐标系中，喷出的水流在 6m 处达到最高点 18 米。再次改变喷嘴的安装位置，把 20 个喷嘴等距安装在圆周上，使喷嘴朝里面沿相同抛物线喷水。同时打开水流会聚于一点，形成自然下落的水柱。若设计要求调整为：水流汇聚点距地面的高度不得低于 8m，喷出的水流也不会喷射到外面。如图 2-54 所示，通过计算判断，这样设计是否符合要求（π 取 3）。

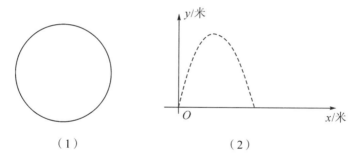

（1）　　　　　　　　　　　（2）

图 2-54　喷泉及直角坐标系 4

任务 4：为使喷泉造型更有层次感，在圆周 20 个等距位置上分别装了 3 个喷嘴，使喷嘴同时向圆心方向喷水。通过控制喷嘴的出水角度，每组喷嘴所形成的 3 条抛物线水流统一形式为 $y=ax^2+bx$，水流到达的最高点不同但都在直线 $y=3x$ 上，开口度最大的抛物线所对应的 $a=-\dfrac{2}{3}$。如图 2-55 所示，若设计要求调整为：每组水流落地点最远不超过圆心，并且三个落地点间隔 3 米，这样的设计是否符合设计标准呢（π 取 3）？

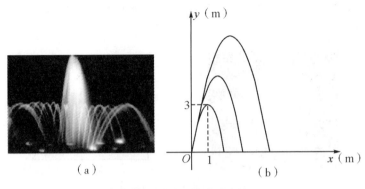

图 2-55　喷泉及直角坐标系 5

任务 5：如图 2-56 所示，在喷水池中心竖直安装一组柱形喷水装置，将喷嘴安装在立柱上，控制喷嘴的喷水角度，使喷泉达到的最远距离为 8m。喷泉的水流以内的区域的同心圆上安装一些彩灯，每个同心圆之间的距离为 0.5 米，最内圈的圆上相邻的彩灯间的弧长为 0.5 米，且每个圆上的彩灯个数相同，最外圈不安装彩灯。则当最内圈的圆的半径定为多少时，安装的彩灯个数最多？最多为多少个（π 取 3）？

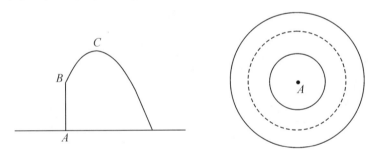

图 2-56　喷泉及直角坐标系 6

这 5 个问题，由学生独立或协作完成，关注任务的整体性、功能性、结构性、层次性、多样性、趣味性等。本作业能促进学生的探究能力和创新精神，体现出学生积极参与、体验成功、获得发展的有意义的学习。

4. "基于项目的作业"成果呈现

不同学科的"3 发展"作业有着不同的呈现形式。基于项目的作业是以提供不同形式的问题解决方案所呈现出的作业。本案例突出了"设计不同类型的喷泉"这样一个主题，指向的是学生运用多元表征的方式来表达概念，指向的是学生对于二次函数知识的应用与迁移。"3 发展"作业的成果形式应该多样化。任务 1 至任务 5 的设计方案见图 2-57—图 2-61。学生活动照片见图 2-62。

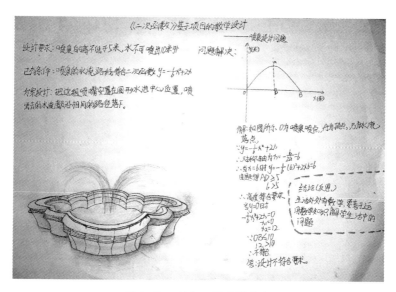

图 2-57　任务 1 的设计方案

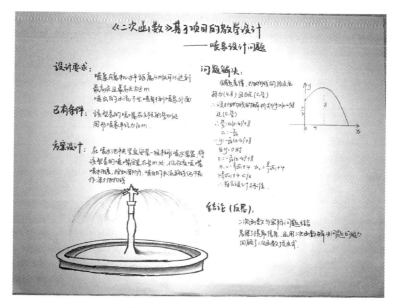

图 2-58　任务 2 的设计方案

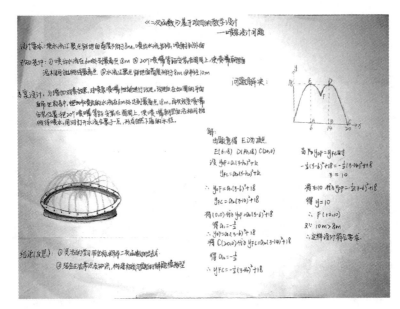

图 2-59　任务 3 的设计方案

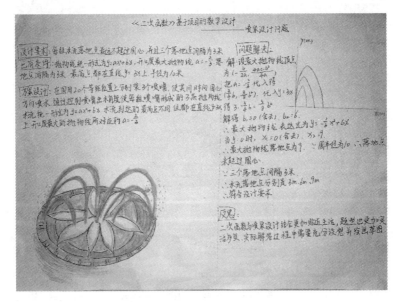

图 2-60　任务 4 的设计方案

图 2-61　任务 5 的设计方案

图 2-62　学生活动照片

5."基于项目的作业"评价设计

"基于项目的作业"是知识迁移、运用和创新的体现，注重的是建构性、真实性和过程性的评价，在真实的、开放的情境中，学生能够表现出应用知识与技能的能力。作业评价标准见表2-74。

表2-74 "3发展"作业编码表（评价标准）

"3发展"作业评价维度					
类别	情境	问题	任务	核心素养	水平划分（水平一、水平二、水平三、水平四）
基于项目的作业	某公园门口有一片空地，准备修建一个半径为10米的圆形喷泉	如何根据要求设置喷泉放置的具体位置？如何设计合理的问题解决方法？	设计一个符合要求的喷泉，使它喷射的高度和喷射的距离都符合要求	数学抽象；数学建模；逻辑推理；数学运算	水平一：没有完成任务，或完成的任务与具体要求无关 水平二：能结合所学知识，设计出简单的问题解决方案，方案基本科学、合理，能基本解决现实生活中的问题 水平三：体现学科核心知识，多角度联系实际，表达能力较好，较完整地完成各项具体要求，条理较清晰 水平四：能结合所学知识及生活经验，设计最优化解决方案，方案非常科学、合理，可行性强，能有效解决现实生活中的问题

三、北师大版教材《数学》九年级下册第二单元《二次函数》的"3发展"作业之二：基于设计的作业——设计一个抛物线型遮阳篷

（一）"基于设计的作业"目标设计

数学来源于社会生活实际，最终也服务于生产与实践。这个作业题目是以"生活中的抛物线图案"为原型，利用解直角三角形、二次函数、圆的相关问题的方法来设计一个抛物线型遮阳篷。这样的作业设计可以测评学生的空间观念与分析、综合、推理和探究的能力。

（二）"基于设计的作业"环节设计

1. 确立挑战性的学习主题

本作业的主题是设计一个抛物线型的遮阳篷，问题解答所需要的水平是灵活运用层次的。

如图2-63，某数学课题研究小组针对郑州市房屋窗户"如何设计遮阳篷"这一课题进行了探究，过程如下：教学楼窗户朝南，窗户的高度是1.5米。请

你为教学楼的窗户设计一个抛物线型遮阳篷，要求它既能最大限度地遮挡夏天炎热的阳光，又能最大限度地使冬天温暖的阳光射入室内。

图 2-63　教学楼窗户

2. 确定驱动性问题设计

本作业所设计的驱动型问题是：设计一个遮阳篷，要求它既能最大限度地遮挡夏天炎热的阳光，又能最大限度地使冬天温暖的阳光射入室内。在问题解决前，需要综合考虑以下各种因素：这个遮阳篷的形状是什么样子的？这个最大的限度该如何确定呢？光线照射的角度变化是如何来确定的？

3. "基于设计的作业"复杂任务设计

在分析上述问题的基础上，我们对这个问题进行了如下系统思考：

任务 1：郑州市房屋窗户的光线照射的角度变化是如何来确定的？冬至这一天的正午时刻太阳光与地面的夹角最小，夏至的正午时刻太阳光与地面的夹角最大，这个数据应该如何来确定呢？

任务 2：如图 2-64，我们都有这样的经验，解决问题可以按照由易到难的顺序推进。研究这个问题，我们可以从直角形遮阳篷的设计入手。这种情况下，我们又可以抽象成一个什么样的几何问题呢？

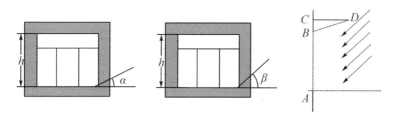

图 2-64　直角形遮阳篷的设计问题

任务 3：如图 2-65，当太阳光与地面的夹角为 α 时，要想使太阳光刚好全部射入室内，遮阳篷 BCD 应如何设计？请在图 2-65 中画图表示。此时，BC

唯一吗？CD 呢？

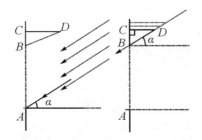

图 2-65　夹角为 α 时的设计问题

任务 4：如图 2-66，当太阳光与地面的夹角为 β 时，要想使太阳光刚好全部不射入室内，遮阳篷 BCD 应如何设计？请画图表示。此时，BC 唯一吗？CD 呢？

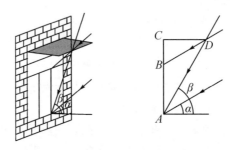

图 2-66　夹角为 β 时的设计问题

任务 5：如图 2-67，要同时满足太阳光与地面的夹角为 α 和 β 两个条件，那么直角型遮阳篷 BCD 应如何设计？请在图 2-67 中画图表示。此时，BC 唯一吗？CD 呢？你能用含 h、α、β 的关系式分别表示 BC 和 CD 吗？

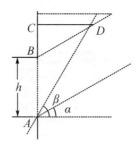

图 2-67

任务 6：如图 2-68，若要设计的遮阳篷 BCD 是一个抛物线型的，那么还需要知道哪些数据才能进行设计？又该如何来设计呢？请设计一个方案。

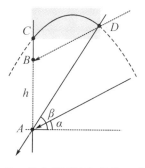

图 2-68 抛物线型遮阳篷的设计问题

4.“基于设计的作业”成果呈现（见图 2-69、图 2-70 和图 2-71）

图 2-69 学生完成作业的场景

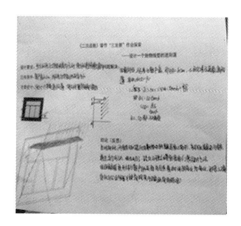

图 2-70 作业成果 1

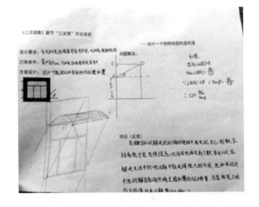

图 2-71　作业成果 2

第八节　对人教版教材《道德与法治》八年级上册第二单元《遵守社会规则》的单元作业设计

【作者信息】莫彦华①

【适用年级】八年级

一、对人教版教材《道德与法治》八年级上册第二单元《遵守社会规则》的常规作业设计

课程核心素养是课程育人价值的集中体现，是学生通过课程学习要逐步形成的正确价值观、必备品格和关键能力。初中道德与法治课程的核心素养包括政治认同、道德修养、法治观念、健全人格和责任意识。

《道德与法治》八年级上册第二单元涉及的社会规则与初中生的生活息息相关。初中生处于从自然人向社会人转化（社会化）的过程，他们需要不断学习、理解、实践社会规范，遵守规则、尊重他人、诚信、守法等。这个过程也是学生从他律转向自律的发展过程。本单元立足这个情况设计了《社会生活离不开规则》《社会生活讲道德》《做守法的公民》三课，这三课重点体现了道德修养、法治观念的核心素养。基于单元整合理念，笔者将本单元六个课时整合为三个课时——"假如我是志愿者""维护秩序你我他""争做守法小

---

① 莫彦华为郑州市郑东新区基础教育教学研究室初中道德与法治教研员。

公民"，选取本单元进行作业设计，为下一个单元《勇担社会责任》的学习做好准备。

1. 课标内容及要求

成长中的我——自尊自强、心中有法

我与他人和集体——交往与沟通、在集体中成长

我与国家和社会 ——积极适应社会的发展

（1）理解遵守社会规则和维护社会规则对于社会稳定的重要性。

（2）自尊自爱，不做有损人格的事，能够分辨是非善恶，学会在比较复杂的社会生活中做出正确的选择；知道礼貌是文明交往的前提，掌握基本的交往礼仪与技能，理解文明交往的个人意义和社会价值；学会换位思考，学会理解与宽容，尊重、帮助他人，与人为善；领会诚实是一种可贵的品质，正确认识生活中诚实的复杂性，知道诚实才能得到信任，努力做诚实的人；知道每个人在人格和法律地位上都是平等的，做到平等待人，不凌弱欺生，不以家境、身体、智能、性别等方面的差异而自傲或自卑，不歧视他人，富有正义感。

（3）学会运用法律维护自己、他人、国家和社会的合法权益；知道不履行法律规定的义务或者做出法律所禁止的行为都是违法行为，理解任何违法行为都要承担相应的法律责任，受到一定的法律制裁；掌握获得法律帮助和维护合法权益的方式和途径，提高运用法律的能力；了解违法行为与犯罪的区别，知道不良心理和行为可能发展为违法犯罪，分析未成年人犯罪的主要原因，增强自我防范意识。

2. 教材及学情分析

本册教材的语境是社会生活。安定、文明、有序的社会生活，需要人与人之间、人与社会之间等建立和谐的关系，而这种关系的建立，需要每个人认识社会规则、学习社会规则、遵守社会规则、维护社会规则。通过第一单元的学习，学生在了解社会生活后，知道要成为一名负责任的公民，必须遵守社会规则。因此，本单元是对第一单元的深化。

社会规则营造良好的社会秩序，给我们的学习和生活带来便利，我们要了解社会规则，理解社会规则的意义和价值，知道如何遵守社会规则，学习维护和改进社会规则。道德和法律是调节人们行为的两种主要社会规则，我们要学习和践行道德和法律规范，提高道德修养，增强法治意识，推动社会文明进步。

社会规则对于初中生来说并不陌生。一个人从自然人转变为社会人，是逐步社会化的过程。在这一过程中，个体需要不断学习、理解、实践各种社会规

范，如遵守交通规则、尊重他人、守时、诚信、遵守法律等。社会生活中的社会规则主要包括道德、纪律、法律等，这些不同的社会规则对人们的各种行为进行规范和引导。从学生心理发展的阶段性来看，初中生正处在由他律向自律转变的发展过程中，他们既能够明白社会规则对自我、他人的约束，同时，又不能完全控制自己的行为，会出现言行不一的现象，也就是心目中的"我"与实际表现出来的"我"会存在差异。本单元的《社会生活离不开规则》《社会生活讲道德》《做守法的公民》三课，均与上述情况有关。

在思想意识方面，八年级的学生对于规则、尊重、文明有礼、诚信并不陌生，但是对于为什么要遵守规则、规则能否修改、文明有礼和诚信的社会意义以及经济意义是什么等尚未形成完整的认识。因此作业设计从改进规则的角度让学生认识规则，扩展学生对规则的认识的广度和深度，增加学生对文明有礼和诚信的认识的深度，从而提升学生的规则意识、文明意识、诚信意识。

在行为方面，八年级学生情绪易变，做事容易冲动，在日常生活中往往不拘小节，这些极易对他们产生不良影响，因此需要及时纠正和解决，从而杜绝其走上违法犯罪道路的可能性。除此之外，学生自己的合法权益受到侵害时，往往束手无策或采取极端手段，因此有必要在让学生充分理解和认识规则、尊重、文明、诚信的基础上，为其提供保护自己的途径和方法，帮助学生遵法、学法、守法、用法。

3. 作业设计展示

学生基础作业分为课前作业、课中作业和课后作业，每个作业有着不同任务和目标，具体如图 2-72 所示。

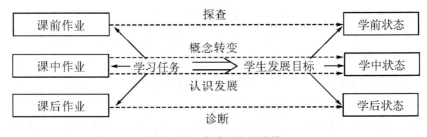

图 2-72　本单元作业结构

课前作业：

（1）思考：如果没有秩序，我们的生活将会怎样？

（2）思考：你是不是一个有道德的人，给出理由（结合教材知识，阐述中重点体现尊重、文明有礼、诚信三个层面）。

（3）道德和法律一样吗？谈一谈你所认识的法律。

课中作业：

（1）观看视频，思考良好的社会秩序是自然生成的吗。

明确社会规则与社会秩序的关系，结合教材知识，准确回答社会规则的含义和社会规则包含的具体内容。

思考一个问题：人们很好地遵守社会规则，是因为受到来自外界的压力。当这个外在压力减弱或消失，我们是否就可以想做什么就做什么？

以小组为单位进行讨论，最终在练习本上呈现你对"社会规则与自由的关系""对待规则的态度"的理解和认识。

（2）假如你是核酸检测点的志愿者领队，需要制定一个维持秩序的注意事项（重点突出尊重、文明有礼、诚信三个层面），并充分说明你制定这份注意事项的理由。

同学分享自己制定的注意事项，班级讨论；根据讨论，学生以书面形式回答问题：尊重的意义和做法；礼的重要性和怎么做一个文明有礼的人；诚信的重要性及如何践行诚信。

（3）如果在志愿服务过程中，一些人之间产生了冲突，你会尝试怎样去化解矛盾？分享你的方法。

如果矛盾升级，冲突中做核酸检测的居民殴打了志愿者，导致志愿者受伤，思考怎么定性这种行为，打人者要承担什么责任，应受到什么样的处罚；根据这种可能发生的冲突，设计一个应急预案（包含意义、处理方法，涉及侵权后的维权）；分享自己的预案，讨论如果志愿者中有像我们这样的未成年人，处理方法哪些可行，哪些不可行。

课后作业：

（1）谈一谈你的理解：维护秩序靠规则，只要制定了社会规则，就会有良好的社会秩序。

（2）活动与探索。

文明是华美的乐章。斑马线前机动车礼让行人蔚然成风；一米线见证着对他人合法权益的尊重；自觉排队安静有序渐成风景……这样的文明举止，正是我们社会的亮丽底色。规则是社会文明的基石。但生活中，少数人规则意识"跟不上趟"：高铁要"霸座"，景区要泡脚，野菜公园找，废物顺手抛，不顺心就找公交司机闹……因此，要让规则标注人们的行为边界，让文明之光照亮每一个角落。

为了强化规则意识、提升文明素养，你校准备举行一次以"守规则，讲文明"为主题的教育活动。

A. 为使活动取得良好效果，学校决定先进行一次关于校园内外学生不文明行为状况的调查。请列举你所了解的不文明行为（两个方面即可）。（2分）

B. 分析某一个不文明行为产生的原因（两个方面即可）。（4分）

C. 结合本次活动主题，就如何做一个守规则、讲文明的好学生向同学们发出倡议（两个方面即可）。（2分）

（3）调整和修改个人设计的维持秩序的注意事项（突出尊重、文明有礼、诚信三个层面）。

（4）反思、调整、修改我们的预案（包含意义、处理方法，涉及侵权后的维权）。

4. 教师设计单元作业属性表

我们根据单元基础作业的具体任务，进行功能指向、目标指向、设计意图、学情描述等方面的说明，形成作业属性表（见表2-75）。

表2-75　教师设计单元作业属性表

课前作业			
功能指向：学情前测，探测学生的知识起点			
问题编号	目标指向	编写说明（设计意图）	学情简述
1	社会秩序种类，秩序与规则的关系	思考：如果没有秩序，我们的生活将怎样？	课前思考，了解学生对于秩序和规则的认识，把握学情，了解学生在规则方面存在怎样的思想困惑和思维盲点
2	尊重、文明有礼、诚信的含义和要求	思考：你是不是一个有道德的人？给出理由（结合教材知识，重点体现尊重、文明有礼、诚信三个层面）	课前思考，了解学生对尊重、文明有礼、诚信等方面的认知情况。了解学生对日常生活中这些道德规范是否知道、了解，哪些方面还存在困惑和问题
3	违法行为的类别、犯罪基本特征及刑罚种类	思考：道德和法律一样吗？谈一谈你认识的法律	课前思考，了解学生对法律、违法犯罪等相关内容的已有认知，了解学生对于违法行为、犯罪、刑罚等内容的已有认知

表 2-75（续）

课中作业				
功能指向：课中作业为课堂教学服务，课中作业指引学生针对目标完成任务				
任务编号	目标指向	基本问题	编制说明	评价标准
1	社会规则与社会秩序的关系，含义和内容	观看视频，思考良好的社会秩序是自然生成的吗。明确社会规则与社会秩序的关系，结合教材知识，准确回答社会规则的含义和社会规则包含的具体内容	视频引入，思考，结合教材回答知识性问题	A. 积极表达分享，表述完整准确 B. 积极参与，但表述不够完整清晰 C. 表现被动，没有回答出相关内容
2	社会规则与自由的关系，如何对待规则	思考一个问题：人们很好地遵守社会规则，是因为受到来自外界的压力。当这个外在压力减弱或消失，我们是否就可以想做什么就做什么？以小组为单位进行讨论，最终在练习本上呈现你对"社会规则与自由的关系""对待规则的态度"的理解和认识	问题思考，小组讨论，综合分析，整理书写	A. 积极表达分享，表述完整准确 B. 积极参与，但表述不够完整清晰 C. 表现被动，没有回答出相关内容

表2-75（续）

3	认识和理解尊重、文明有礼、诚信	假如你是核酸检测点的志愿者领队，需要制定一个维持秩序的注意事项（重点突出尊重、文明有礼、诚信三个层面），并充分说明你制定这份注意事项的理由	结合任务情境与要求，编写一份注意事项	A. 积极表达分享，表述完整、制定的注意事项条理清晰，具有可操作性，能够解释制定依据，书写格式、语法、拼写无错误 B. 积极参与，但表述不够完整，制定的注意事项条理不够清晰，语言不简练，欠缺可操作性，书写格式、语法、拼写存在少数错误 C. 表现被动，没有完成注意事项的编写
4	尊重的意义和做法；礼的重要性和怎么做一个文明有礼的人；诚信的重要性及如何践行诚信	同学分享自己制定的注意事项，班级讨论。根据讨论，学生以书面形式回答问题：尊重的意义和做法；礼的重要性和怎么做一个文明有礼的人；诚信的重要性及如何践行诚信	问题思考，分享讨论，综合分析，整理书写	A. 积极表达分享，表述完整准确 B. 积极参与，但表述不够完整清晰 C. 表现被动，没有回答出相关内容

表2-75（续）

5	法律责任，刑法，刑罚的含义及种类	如果在志愿服务过程中，一些人之间产生了冲突，你会尝试怎样去化解矛盾？分享你的方法。如果矛盾升级，冲突中做核酸检测的居民殴打了志愿者，导致志愿者受伤，思考怎么定性这种行为，打人者要承担什么责任，应受到什么样的处罚	问题思考，分享讨论，综合分析，整理回答	A. 积极表达分享，表述完整准确 B. 积极参与，但表述不够完整清晰 C. 表现被动，没有回答出相关内容
6	如何使用法律维护自身合法权益	根据这种可能发生的冲突，设计一个应急预案（包含意义、处理方法、涉及侵权后的维权）；分享自己的预案，讨论如果志愿者中有像我们这样的未成年人，处理方法哪些可行，哪些不可行	结合任务情境与要求，编写一份应急预案，并积极分享	A. 积极思考，参与讨论分享，思维发散活跃，表述完整，条理清晰，能够提出新颖的观点，编写的应急预案具有可操作性，能够解释制定依据，书写格式、语法、拼写无错误 B. 积极参与，但表述不够完整，语言不简练，编写的应急预案缺乏可操作性，书写格式、语法、拼写存在少数错误 C. 参与讨论，表述简单，没有编写出应急预案

表 2-75（续）

课后作业

功能指向：课后作业是对课程内容的补充和延伸，具有引导复习、总结课堂内容、消化课堂内容和纠正错误、巩固新知识的功能

作业编号	作业题型	目标指向	编制说明	创新点	评价标准
1	辨析	秩序与规则的关系	分析易错易混淆点	考查学生辩证思维能力，要求学生全面地看问题，深入地分析问题，系统地论述问题	结合情境素材，恰当分析话题，合理组织答案，全面、系统、辩证、准确地表达观点（SOLO分层评价）
2	活动与探索	遵守社会规则和社会规则对社会稳定的重要性	以情境为载体，用活动考能力、考素养，形式多样，设问灵活，可以综合考查学生分析问题、解决问题的能力	关注社会生活中的文明话题，聚焦一些不文明现象，引导学生思考其产生的原因，并让学生尝试运用"规则"等方法解决这些不文明行为	第一问只要答出校园内外的任何一种不文明行为，即可给1分，最高给2分。第二问只要能从不同角度答出不文明行为产生的原因，而且言之有理，符合实际，即可给分，最高给4分。第三问向同学们发出的倡议只要符合本次活动主题每条给2分，最高给4分

表2-75(续)

3	表现性任务	尊重、文明有礼、诚信三个层面如何展现做一个有道德的人	调整和修改个人设计的维持秩序的注意事项	用实践型、探究型、活动型等多种类型的作业，引导学生通过亲身感受、体验、探究来加深对知识的理解，提升道德情感，树立法治观念，增强实践能力	能够基于情境任务调用学科主干知识（20%）；完成情境任务过程中能体现学科思维（20%）；完成情境任务过程中能体现正确的情感态度价值观（20%）；能够准确理解情境任务，完整地完成各项具体要求（20%）；书面表达规范清晰，内容简明有条理（20%）
4	表现性任务	做一个遵法学法守法用法的人	反思、调整、修改课中设计的预案	用实践型、探究型、活动型等多种类型的作业，引导学生通过亲身感受、体验、探究来加深对知识的理解，提升道德情感，树立法治观念，增强实践能力	能够基于情境任务调用学科主干知识（20%）；完成情境任务过程中能体现学科思维（20%）；完成情境任务过程中能体现正确的情感态度价值观（20%）；能够准确理解情境任务，完整地完成各项具体要求（20%）；书面表达规范清晰，内容简明有条理（20%）

5. 作业完成情况统计及分析

以课后作业 2 为例：

本题是一道活动与探索题，以情境为载体，用活动考能力、考素养，形式多样，设问灵活，可以综合考查学生分析问题、解决问题的能力。文明是华美的乐章，规则是社会文明的基石。本题关注社会生活中的文明话题，聚焦一些不文明现象，引导学生思考其产生的原因，并让学生尝试运用"规则"等方法解决这些不文明行为。本题先后设置了"发现不文明行为""思考不文明行为产生的原因"和"发出倡议（解决问题）"三个具体活动，通过这三个活动培养学生理智深入思考问题的能力，发现解决这些问题的方法并积极践行。

在学生答题过程中我们发现，本题三问，第（2）问得分率较低，其他两问得分率较高，符合题目预设的难度系数0.82，学生存在以下几个问题：

（1）盲目照抄照搬，不结合材料和题目回答，缺乏具体问题具体分析的能力。

（2）审题不清，写两个不文明的原因和写两个倡议，只写了一个。

（3）语言表述过于口语化，不够规范。

（4）角度单一，第（2）问可从不同角度答出不文明行为产生的原因，但学生没有区分角度。

今后教学改进方向：

（1）日常教学中，设置真实情境中的任务，让学生在任务达成过程中研究、探讨、展示、提升，从而在新的教学方式引领下培养能力；加强学生对基础知识的理解，对于易混淆的知识点，在教学中可以多加比较，通过提问、练习等方式加以区分，加强记忆；要重视对教材的使用，注重对教材中的探究、拓展空间等栏目的挖掘。

（2）日常习题评讲时，为学生挑选的习题（问题）要设计严谨、科学、要有一定层次性和开放性；做题时注意要求学生圈画关键词，并记录设问的转换，引导学生从正确角度思考问题；评讲习题时不断渗透、巩固各种题型的答题方法，提高学生分析设问、提取关键信息、组织答案的能力，引导学生多角度、多方面作答。

（3）继续深入开展单元教学模式，引导学生建立单元框架，加强对单元立意、单元主线、单元框架的贯穿总结，使学生能够自主理解记忆框架，让零碎的知识点融会贯通。

（4）培养和训练学生规范答题的习惯，强调学科规范。

二、对人教版教材《道德与法治》八年级上册第二单元《遵守社会规则》的"3发展"作业设计

初中道德与法治学科的核心素养今年有了新的表述：政治认同、道德修养、法治观念、健全人格和责任意识，这更多的是从"政治素养"角度去阐述。学科还有另一个核心素养就是"学科能力"，包括阅读能力、辩证思维能力、表达能力等。

初中道德与法治学科作为一门德育学科，专注于学生的社会性发展、国家意识形态的引领与社会问题的呈现和认识等，有专家指出："思想政治教育中

的能力培养，主要是指在政治理论认知的基础上，能够进一步应用基本理论观点分析、说明主客观两方面一定范围内的实际问题……培养的重点是分析能力和应用能力。"

因此我们在进行"3发展"作业设计时，第一要明确目标，第二要创设情境，第三要设计任务，第四要做好评价规，最终指向学生分析能力和应用能力的素养体现。在设计作业的过程中要注意几个方面：角色的理解和认同能力、问题的推演和辨析能力、价值的判断和决策能力。我们要在此基础上设计作业任务，设计基本问题，设定预期结果，最终到达评价目的。

（一）"3发展"作业目标设计

本单元主要引导学生认识社会规则、学习社会规则，培养学生的规则意识和法治观念，养成自觉遵守社会规则的行为习惯。本单元以"遵守社会规则"为主题，帮助学生理解社会规则的意义和价值，认识社会规则的主要内容，知道如何遵守社会规则，学习和践行道德和法律规范，提高道德修养，增强法治意识。首先，本单元内容帮助学生从规则的产生、运行、修订等角度深度认识规则，以引导学生自觉践行规则。其次，本单元内容从尊重的含义和功能，从文明礼貌习惯的培养，从诚信的社会意义、经济意义等角度，引导学生了解社会生活中的几类主要道德规范。最后，本单元内容引导学生认识违法行为的危害，树立"法不可违"的信念，增强规则意识和法治观念，增强遵纪守法的自觉性；帮助学生反省自身行为，远离不良行为，积极预防犯罪；帮助学生认识法律救济的相关知识，增强依法维权的能力和意识。

我们根据学生心理特点，以及多数学生对于规则的认知主要集中于如何遵守社会规则等而尚无完整认知的学情，设计"3发展"作业，旨在让学生认识社会规则、学习社会规则、遵守社会规则、维护社会规则，力求使学生能利用所学知识创造性地解决现实生活中的实际问题。

（二）"基于设计的作业"环节设计

1. 创设情境：新冠肺炎疫情下的小老师

在该作业创设的情境中，学生将初步理解教师这个角色，尤其是在疫情防控下开展教学工作的教师角色。

新冠肺炎疫情是一场灾难，对国民来说就是一堂深刻的思想政治教育课。这堂课蕴含人与自然和谐相处的思想、以爱国主义为核心的伟大民族精神、集体利益和个人利益现实境遇下的认知和选择、对生命价值的思考、对社会规则的敬畏和遵守的价值选择。

"基于设计"的作业以知识梳理为依托，完成有关事实、概念、原理或观点的再现或再认，让学生对未知生活情境具有初步的认知能力。情境创设学生以小老师身份，完成线上教学发言。

2. 确定驱动性问题设计

大家最近都做核酸检测了，在核酸检测中我们看到大部分人都是遵守规则的，核酸检测有序进行，当然也有个别不和谐的现象。结合我们刚刚线上进行的道德与法治课程，完成你的线上课堂发言：知识梳理。具体工作如下：

如果让你梳理知识体系，为同学们讲解《道德与法治》八年级上册第二单元《遵守社会规则》的主要内容，你会怎么绘制知识地图呢？温馨提示，可以从"是什么""为什么""怎么做"的角度进行知识梳理。快来试一试吧！

请注意：①内容科学、完整、简洁、美观；②结构清晰、逻辑合理；③有原创的文字内容、自绘图片、符号等，体现学科特色或其他特色创新。

3. 复杂任务设计

思维导图或其他形式的逻辑思路图以构图形式呈现，更多地体现了知识体系的工具性价值，根据设计要求、设计评价等，激活学生大脑知识储存量、提升其大脑思维的可视化程度。这种思维可视化、知识结构化的做法可以优化学生的学习方式，提升学习效果；也可以培养学生的学科思维能力。设计思维导图的过程可以锻炼学生关键信息提取、知识体系架构、信息归纳整合等综合能力，体现了学生学科核心素养。

学生需要思考的基本问题：

（1）《遵守社会规则》的主要知识点有哪些？哪些属于"是什么"，哪些属于"为什么"，哪些属于"怎么做"？

（2）我选用什么方式绘制知识地图？思维导图？鱼骨图？还是其他结构？

（3）怎么体现原创问题、图片、学科特色和创新？

（4）如何体现这些知识点和设计结构的简洁、美观、完整？

学生预期的理解：

（1）知识与知识之间的联系。

（2）学科"是什么""为什么""怎么做"的知识区分。

（3）学科知识有哪些地方可以创新。

学生将获得知识和技能：

（1）能够创造、绘制知识结构图。

（2）提炼、归纳、整理、总结章节知识点。

4. 作业成果呈现

"3发展"作业的呈现不局限于此，不同学科的"3发展"作业有不同呈现形式。基于设计的作业是以设计作品形式呈现的作业，突出一个主题的设计，可以运用多元表征表达概念，指向学生对知识的应用与迁移。作业的成果形式多样化，可以是思维导图、鱼骨图的形式（如图 2-73 和图 2-74 所示）。

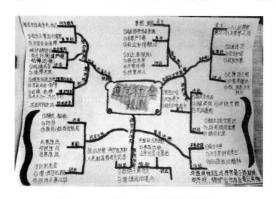

图 2-73　学生完成的思维导图 1

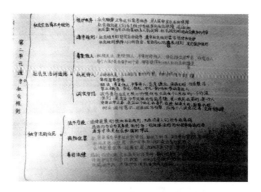

图 2-74　学生完成的思维导图 2

5. 评价设计

课程核心素养是课程育人价值的集中体现，是学生要通过课程学习逐步形成的正确价值观、必备品格和关键能力。初中道德与法治课程核心素养包括政治认同、道德修养、法治观念、健全人格和责任意识。

学科知识在学习中的表现形式为知识理解、知识迁移、知识创新三种形态，结合 SOLO 分类理论，对学生完成的作业进行分层次评价，"基于设计的作业"重点表现对知识的理解。

我们基于以上内容，形成"基于设计"的作业编码表（见表 2-76）。

表 2-76　"基于设计的作业"编码表（评价标准）

"3 发展"作业评价维度					
类别	情境	问题	任务	核心素养	水平划分 （水平一、水平二、 水平三、水平四）
基于设计的作业	完成你的线上课堂发言：知识梳理	如果让你梳理知识体系，为同学们讲解《道德与法治》八年级上册第二单元《遵守社会规则》的主要内容，你会怎么绘制知识地图呢？温馨提示，可以从"是什么""为什么""怎么做"的角度进行知识梳理	创设思维导图或鱼骨图等结构图，内容科学、完整、简洁、美观；结构清晰、逻辑合理；有原创的文字内容、自绘图片、符号等，体现学科特色或其他特色创新	道德修养、健全人格、法治观念、责任意识	水平一：关键词或句子简单罗列；水平二：能够提炼关键词，体现知识逻辑和学科特点，但不具备完整性；水平三：知识体系架构合理，关键词概括准确，尽可能全面呈现主题的有关内容，体现出概念之间的联系，排版工整；水平四：正确呈现有关主题的多个概念及其关系，知识体系架构合理，关键词概括准确，尽可能全面呈现主题的有关内容，体现出概念之间的联系，排版工整，有原创的文字内容、自绘图片、符号等，体现学科特色或其他特色创新

（三）"基于问题的作业"环节设计

1. 创设情境：新冠肺炎疫情下的小志愿者

该作业设计立足于本单元遵守社会规则的价值取向，立足课本知识将课程价值和学科素养导向生活化。学生在创设的情境中，以科学、创新等学科思维解决问题，使学科核心素养落地。

2. 确定驱动性问题设计

志愿服务的准备（核酸检测点准备工作：检测过程中你需要做哪些工作？）。

2022 年初新冠肺炎疫情再度来袭，郑州市启动全员核酸检测，医护人员接到通知第一时间前往工作现场，在寒冬中为市民进行核酸检测。作为学生，我们也积极响应国家号召，投身志愿服务活动，作为小志愿者参与疫情防控工作。

每次核酸检测前，你要提前做好核酸检测点准备工作，试想一下，都要准备哪些工作。

检测开始后，作为秩序维护志愿者，对于那些不尊重秩序与规则的人，你怎么劝说？

3. 复杂任务设计

此类作业以志愿服务的创设为情境，志愿服务的准备促进学生的探究能力和创新精神的实现。在设计"基于问题的作业"内容时，要关注学生的生活经验和自身实际，并遵循"题在书外，理在书中"这一原则，强调用知识去解决现实生活中的问题，从而设计作业内容。根据创设的情境，把作业与学生的生活实践和生活体验结合起来，促使学生将课堂上学习到的知识、理论应用于现实生活之中，让学生将学到的书本知识活用起来，帮助其规范自身的行为，增长自身的能力。只有这样，教师才能够在传授知识的过程中，调动起学生的学习兴趣，让学生在作业内容中体会到知识的应用价值。

学生需要思考的基本问题：

（1）核酸检测点的场景是什么样的？

（2）核酸检测的流程是什么？

（3）作为志愿者，每个流程都有什么样的准备工作，我都需要做些什么？

（4）如果在检测过程中，有不遵守秩序和规则的人，我该怎么办？如果是我面对这样不遵守秩序和规则的人，我应该怎么劝说？

学生预期的理解：

（1）熟悉核酸检测点的准备流程和注意事项。

（2）理解作为志愿者的初衷和使命。

（3）明确规则和秩序的重要性。

（4）劝说他人的技巧和方法。

学生将获得的知识和技能：

（1）能够做出正确价值判断和决策的能力，掌握规则和秩序相关内容。

（2）初步掌握分析问题、解决问题的能力。

（3）掌握辨析问题和科学合理进行语言表达的能力。

4. 成果呈现

依托情境创设，志愿服务的准备可以是小论文形式，也可以是根据问题、以解决问题为目的的文字性叙述，例如解决方案的形式（如图2-75、图2-76所示）。

图2-75　学生作业完成情况展示1

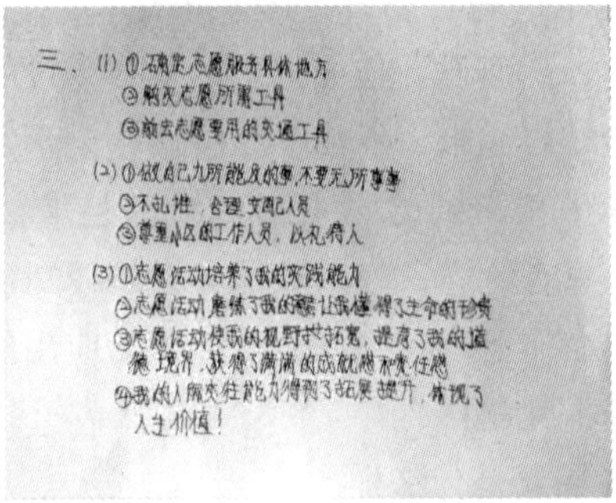

图 2-76 学生作业完成情况展示 2

5. 评价设计

"基于问题的作业"评价重点在于知识的迁移与运用，重点是对利用学科知识解决问题的评价。

我们基于以上内容，形成"基于问题的作业"编码表（见表 2-77）。

表 2-77 "基于问题的作业"编码表（评价标准）

"3 发展"作业评价维度					
类别	情境	问题	任务	核心素养	水平划分（水平一、水平二、水平三、水平四）
基于问题的作业	疫情志愿服务的准备	每次核酸检测前，你要提前做好核酸检测点的准备工作，试想一下，都要准备哪些工作。检测开始后，作为秩序维护志愿者，对于那些不尊重秩序与规则的人，你怎么劝说？	基于真实情境：列举核酸检测工作的准备事项；对于不遵守秩序人员的劝导	政治认同、道德修养、健全人格、法治观念、责任意识	水平一：对问题基本上不具备相关知识或被相关概念困扰，思维混乱；水平二：学生对任务有一点理解，但只能找到一个方面进行阐述，对问题的理解趋于表面和肤浅；水平三：针对任务能找到多个方向或维度，基本能将各种信息进行整合，基本能解决任务提出的具体问题；水平四：学生对任务不仅有整体把握，还能迁移于新的问题情境，并对问题和任务进行抽象概括

（四）"基于项目的作业"环节设计

1. 创设情境：新冠疫情下的小编辑

"基于项目的作业"是在"疫情下我们怎么做一个遵守社会规则的人"这一驱动性问题下围绕一个单元核心概念开展的作业，利用知识和方法去解决真实情境中的问题，发现和创造新的规律、方法等指向学生核心素养的落地。

2. 确定驱动性问题设计

行动准则的编写，包括：①版面设计；②文稿内容（规则篇、道德篇、法律篇）。

疫情防控期间，通过线上学习和志愿服务实践工作，同学们既学习了理论又付诸实践。马上要放假了，假如你是学生会宣传部部长，请你完成一份疫情防控期间学生行动准则手册的编辑工作，通过学校公众号将电子稿发送给同学们参考（行动准则分为三个篇章：规则篇、道德篇、法律篇）。

3. 复杂任务设计

行动准则的编写在实践探究、创新发展的基础上，体现任务的功能性和结构性，学生通过行动准则的编写从参与、体验中完成认知发展和有意义的学习。"基于项目的作业"强调的是一种教和学同时进行的模式，本次作业关注"遵守社会规则"的中心概念和原则，旨在把学生带入设计行动准则之类有意义的任务完成的过程中，学生积极地学习、自主地进行知识的建构，以学生生成的知识和培养起来的学科能力为最高成就目标。对于道德与法治学科而言，一些基于项目的学习可以成为概念的教与学所赖以存在的中心环节，而不仅仅是在努力学习过程之后进行的一种辅助性的充实。此外，结合前两个作业，设计"3发展"作业内容时，既要参考基础作业考查的内容，又要坚持学生可接受的、循序渐进的原则，把作业内容设计成由易到难、由简到繁、由基础能力到高阶能力的模式，避免作业内容过深、过难、过简单。

学生需要思考的基本问题：

（1）行动准则手册的版面都有哪些？有几大块内容？每个版块的内容是什么？

（2）规则篇、道德篇、法律篇的内容都有哪些？这些版块之间的关系是什么？

（3）同学们会对哪些内容和形式感兴趣？

（4）设计一份好的宣传电子稿，我还需要思考哪些问题，做哪些准备？还需要参考哪些内容？

学生预期的理解：

（1）知道了道德、法律、规则之间的联系。

（2）理解了对于青少年而言，道德、法律、规则的要求是什么。

（3）我们需要道德、法律、规则的原因。

（4）在这样的要求下，我们应该怎么去做。

学生将获得的知识和技能：

（1）制作公众号电子宣传稿的方法和技巧。

（2）掌握资料检索的方法和途径。

（3）学科知识整理、语言组织、观点归纳、文字表达能力。

（4）信息技术相关能力提升。

4. 成果呈现

行动准则的编写以文字报告、设计手稿等形式呈现。结合前两个"基于设计""基于问题"的作业，这三个作业循序渐进，从知识梳理到知识理解最后到知识运用，同时也具有结构性和整体性，凸显作业的真实性、探究性、实践性要求（如图2-77、图2-78所示）。

图2-77　学生设计手稿1　　　　图2-78　学生设计手稿2

5. 评价设计

"基于项目的作业"是知识迁移、运用和创新的体现，注重的是建构性、真实性和过程性的评价，在真实的、开放的情境中，学生能够表现出应用知识与技能的能力。

我们基于以上内容，形成"基于项目的作业"编码表（见表2-78）。

表2-78　"基于项目的作业"编码表（评价标准）

"3发展"作业评价维度					
类别	情境	问题	任务	核心素养	水平划分 （水平一、水平二、水平三、水平四）
基于项目的作业	疫情防控期间假期学生行动准则	请你编写一份疫情防控期间学生行动准则，通过学校公众号发送给同学们参考	行动准则的编写，包括：①版面设计；②文稿内容（规则篇、道德篇、法律篇）	政治认同、道德修养、健全人格、法治观念、责任意识	水平一：没有完成任务，或完成的任务与具体要求无关；水平二：有版面设计，能够使用学科术语编写，但角度单一，书面表达不规范，部分内容逻辑思维不清；水平三：版面设计较优美，体现学科核心知识，多角度联系实际，表达能力较好，较完整地完成各项具体要求，条理较清晰；水平四：版面设计优秀，能够基于情境任务调用学科主干知识，体现学科思维和正确的情感态度价值观，能够准确理解情境任务，完整地完成各项具体要求，书面表达规范清晰，内容简明有条理，具有创新性

（五）"3发展"作业质量标准

以作业质量标准来看"3发展"作业的全貌，就相当于展示"一道题及其评分参考"，其余的都是考查目标、设计意图、知识能力编码表、完成结果的统计分析。

根据道德与法治学科的特点、作业设计内容，对作业质量进行评价，可参阅以下作业评价标准，如表2-79所示。

表2-79　中学道德与法治学科作业质量评价标准

作业类型	具体内容	评估标准	评估等级			
			A	B	C	D
目标设计	作业目标	根据课标制定目标，切实可行，具体可测；课标内容的描述准确到位，多学科的内容能够整合所涉及学科的课程标准				
	学情分析	着眼于学生实际生活，关注学生自身生活经验，探索基于情境、问题导向、高阶思维、积极参与、真实体验、深度学习				
	核心素养	体现政治认同、道德修养、法治观念、健全人格和责任意识等学科核心素养，体现初中道德与法治课程方向性、思想性、实践性的特点				
作业设计	作业任务主题	能够基于学生经验、认知水平和真实的生活情境，指向核心概念的构建、问题的解决和主题项目的设计				
	驱动性问题	适合学生探究的复杂的、不确定性的非良构问题，引发学生持续研究				
	复杂任务	具有整体性、功能性、结构性、层次性、多样性、趣味性的特征，针对学情和学习目标分层设计、精准实施				
	成果呈现	能够凸显真实性、探究性、实践性，体现学生创新精神、实践能力、辨别是非的能力、分析和解决问题的能力				
	评价设计	能够设计"3发展"作业编码表，开展多维度评价，编码表设计科学、合理、适切，与目标相匹配				

第九节　对人教版教材《化学》九年级上册第五单元《化学方程式》的单元作业设计

【作者信息】李珍①

【适用年级】九年级

说明：在前期定性研究化学反应的基础上，第五单元《化学方程式》将引导学生从质量和比例的视角认识化学反应中各物质间存在的定量关系。学生主要围绕单元大概念（质量守恒定律）展开对化学方程式的探究，在学习过程中体现定量、宏微结合研究化学变化等化学学科基本思想方法，同时发展学生化学观念、科学思维、探究实践、科学态度等多方面化学学科核心素养。本单元的作业设计与实施是对素养导向教学的有意义的思考与实践，在此特别鸣谢作业实施团队②对本单元作业的实践与反馈。

一、对人教版教材《化学》九年级上册第五单元《化学方程式》的常规作业设计

（一）课标内容及要求

有关第五单元《化学方程式》的内容要求与学业要求指向化学观念、科学思维、探究实践、科学态度与责任等方面的化学课程核心素养，它们相互联系，构成有机整体，反映了教育价值与育人功能。

1. 内容要求

（1）学习和体会化学家进行科学探究的智慧和方法，理解科学探究的本质，体会实验探究和模型建构是化学科学研究的基本方法。

（2）认识化学反应遵守质量守恒定律，理解化学反应前后参加反应的各物质总质量守恒的微观本质。

（3）认识通过观察和实验等获取证据，基于证据进行分析推理以形成结论等对于科学探究的意义；体会合作与交流在科学探究中的重要作用。

（4）理解化学变化的本质是原子的重新排列组合，原子的种类和数量不变。化学反应前后，分子的种类发生改变。

---

①　李珍为郑州市郑东新区基础教育教学研究室化学教研员。

②　参与本单元作业实施与反馈的单位有郑州市第九十六中学、郑州市郑东新区白沙中学和郑州市第八十六中学。

（5）知道化学方程式可以表示化学反应，了解化学方程式的含义，理解化学方程式的书写规则。

（6）学习利用比例关系定量认识和应用化学反应，认识到定量研究对于化学科学发展的重大作用。

2. 学业要求

（1）能查找资料并讲述质量守恒定律的发展简史。

（2）能选取实验证据说明、论证质量守恒定律，并能阐释微观本质；能根据实验事实用文字和符号描述、表示化学变化，能正确书写常见的化学方程式。

（3）能利用质量守恒定律分析、解释简单的自然界、生产、生活和实验中的现象，能基于守恒关系模型推断化学反应的相关信息；能进行简单的化学方程式计算。

（4）能基于真实的问题情境，从多角度分析和解决生产、生活中有关化学变化的简单问题；能利用化学知识进行产品的创意设计等项目任务及跨学科实践活动。

（二）教材与学情分析

1. 教材分析

本单元的主旨是基于化学反应的三重表征，从定量的角度研究化学反应，让学生初步建立守恒观，认识定量研究对实际生产生活的意义。教材引导学生通过探究实验获取证据，基于证据进行分析推理，以建构单元大概念"质量守恒定律"；同时基于微粒视角分析、阐释化学变化及质量守恒定律的微观本质，促进学生守恒观念的形成和发展。本单元以质量守恒定律为理论基础，通过"宏观—微观—符号"多重表征手段，引导学生多角度认识化学反应，帮助学生建立化学方程式的书写和计算模型，发展对化学变化的定量认识和推理能力。质量守恒定律、化学方程式、化学方程式的计算三个概念之间在知识层面存在紧密的关联性，同时在学生的认知能力水平方面又存在一定的纵深性。从本单元所学习到的原理是学生以后学习化学反应及其规律的重要基础。

（1）单元大概念架构（见图2-79）。

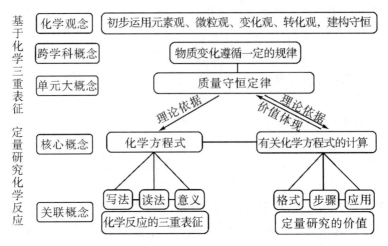

图 2-79　单元大概念架构

（2）单元知识图谱（见图 2-80）。

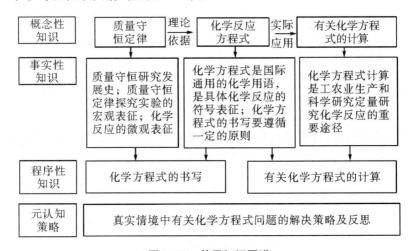

图 2-80　单元知识图谱

（3）单元学科核心素养进阶模型（图2-81）。

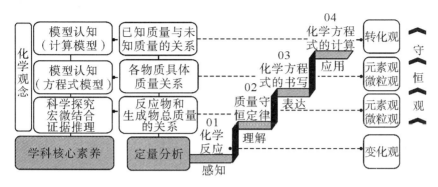

图 2-81　单元学科核心素养进阶模型

在学习化学方程式之前，学生已经接触了一些常见的化学反应，从微观角度认识了化学反应的实质。本单元以定量分析的学科思想方法为主线，引导学生综合运用变化观、微粒观、元素观、转化观等化学观念，逐步建构、深化守恒观，同时发展学生多维学科核心素养。

（4）单元认知模型（图2-82、图2-83）。

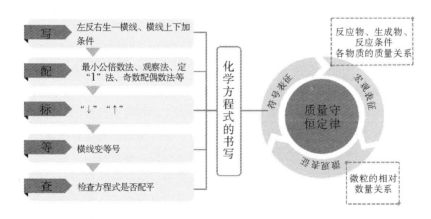

图 2-82　认知模型——化学方程式的书写模型

化学方程式作为化学反应的符号表征，能够促进学生更深入地理解化学反应的宏观表征和微观表征，它是研究化学反应从定性走向定量的有效桥梁。

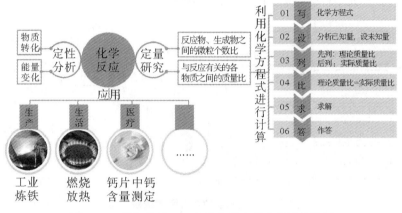

图 2-83　认知模型——有关化学方程式的计算模型

2. 学情分析

　　学生在前面学习中从定性的角度认识了化学变化，基本形成微粒观，初步感知了定量研究物质组成的思路方法，但还未形成定量研究化学变化的认识角度。从本单元起，学生对化学的学习将由生成何种物质向生成多少物质展开（量的方面）。定量研究化学变化具有明显的系统性和复杂性，是初中化学定量研究方法的又一次认知飞跃，对于学生来说具有一定的挑战性。

　　学生已基于微粒的视角认识了化学反应的实质，对化学反应中反应物和生成物的质量关系的认识处于表观猜测阶段，一方面缺乏实证研究，另一方面对化学反应中反应物的"参加"和生成物的"生成"的具体内涵不甚清楚。对质量守恒定律的探究，是学生首次进行定量的化学探究实践活动，这些活动承载着守恒观念的形成、证据推理、构建模型、宏微结合的科学思维方法以及对科学精神的感悟与体验，能有效提升学生的学科能力和素养。

　　在学习化学方程式书写之前，学生已经具备了对化学反应进行简单符号表征的意识，但对化学反应符号表征的意义的认识有待深入。依据质量守恒定律对化学反应表达式进行完善，有助于学生从定量的角度更深入地理解化学反应原理。学生在学习化学方程式计算之前，还未深入体会化学反应方程式在实际生产生活中的应用价值和定量研究化学反应的思维方式。根据化学方程式的简单计算解决问题是学生应用化学知识解决实际问题的初步尝试，有利于学生进一步了解化学在生产、生活中的应用，认识化学的学科价值和社会价值，同时增强学生学习化学的内驱力。

（三）单元作业展示

1. 单元学习目标

（1）通过实验探究、小组讨论，了解化学反应都遵守质量守恒定律，理解化学反应前后参加反应的各物质总质量守恒的微观本质，初步建立守恒观。

（2）通过观察和实验等获取证据，认识基于证据进行分析推理以形成结论等对于科学探究的意义，学习和体会化学家进行探究的智慧和方法。

（3）通过教师引导、自主练习，知道化学方程式是重要的国际化学用语，会正确书写简单的化学方程式，并会举例表述其意义。

（4）通过阅读教材、自主探究、教师点拨，会规范进行有关化学方程式的简单计算，进一步体会化学定量研究的实际意义。

2. 单元作业评价指标（见表 2-80）

表 2-80　单元作业评价指标

作业评价指标	能力层级		核心素养及水平
1. 能用实验论证质量守恒定律，并能从微观角度进行解释	学习理解	理解	化学观念（水平1） 探究实践（水平1） 科学态度（水平1）
2. 能利用质量守恒定律分析、解释简单的自然界、生产、生活和实验中的现象		理解	化学观念（水平1） 科学态度（水平1） 科学态度与责任（水平1）
3. 会正确书写常见的化学方程式并正确表述其意义		记忆 理解	化学观念（水平1） 科学思维（水平1）
4. 能根据化学反应方程式进行简单的计算		应用	化学观念（水平1） 科学态度与责任（水平1）
5. 能基于质量守恒关系模型推断不同情境下化学反应的相关信息		应用 分析	化学观念（水平2） 科学思维（水平2）
6. 能对质量守恒定律验证实验的探究方案的合理性进行评价并对装置进行创意设计	探究实践	评价 创造	化学观念（水平2） 科学思维（水平2） 探究实践（水平2）
7. 运用质量守恒定律，基于真实情境系统探究，解决实际问题，体会定量研究化学反应的意义	探究实践 迁移创新	评价 创造	化学观念（水平3） 科学思维（水平3） 探究实践（水平3） 科学态度与责任（水平3）

3. 单元作业设计

第一部分：基础作业

［单元课前作业］

在地球表面，氧气随处都是，而在太空中却是极难寻得。空间站中的氧气主要是依靠电解水来提供的，请你结合已有的经验试回答下列问题。

问题1：通电完全分解100g水，生成氢气和氧气。你认为生成气体的总质量的大小与100g的关系如何？

问题2：现有100g水，通电分解后测得生成氢气和氧气的质量之和小于100g，对此你有哪些猜测？

问题3：采用教材中图4-25所示实验装置图进行通电分解水的实验，如果要验证通电分解水前后物质的总质量是否变化，你认为对该装置有什么要求？

问题4：观察通电分解水的微观模型，在变化前后哪些微粒发生了变化？哪些微粒未发生变化？

问题5：观察通电分解水的符号表达式，从质和量的角度考虑，如何让它真正体现化学反应的实质？

问题6：若你是火箭推进器的设计师，当确定升空的火箭需要液氢100千克时，你会在火箭助燃剂仓中填充多少千克的液氧来满足这些液氢完全燃烧？你的解决思路是什么？

［单元课中作业］

（1）单元学习任务结构（见图2-84）。

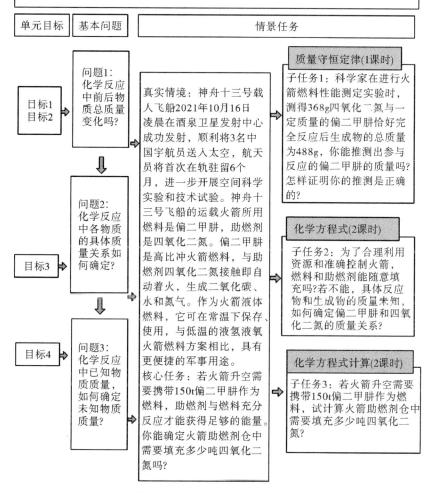

单元关键问题：如何从定量的角度分析化学反应中反应物和生成物的质量关系?

单元目标	基本问题	情景任务

目标1 目标2 — 问题1：化学反应中前后物质总质量变化吗?

目标3 — 问题2：化学反应中各物质的具体质量关系如何确定?

目标4 — 问题3：化学反应中已知物质质量，如何确定未知物质质量?

真实情境：神舟十三号载人飞船2021年10月16日凌晨在酒泉卫星发射中心成功发射，顺利将3名中国宇航员送入太空，航天员将首次在轨驻留6个月，进一步开展空间科学实验和技术试验。神舟十三号飞船的运载火箭所用燃料是偏二甲肼，助燃剂是四氧化二氮。偏二甲肼是高比冲火箭燃料，与助燃剂四氧化二氮接触即自动着火，生成二氧化碳、水和氮气。作为火箭液体燃料，它可在常温下保存、使用，与低温的液氢液氧火箭燃料方案相比，具有更便捷的军事用途。

核心任务：若火箭升空需要携带150t偏二甲肼作为燃料，助燃剂与燃料充分反应才能获得足够的能量。你能确定火箭助燃剂仓中需要填充多少吨四氧化二氮吗?

质量守恒定律(1课时)
子任务1：科学家在进行火箭燃料性能测定实验时，测得368g四氧化二氮与一定质量的偏二甲肼恰好完全反应后生成物的总质量为488g，你能推测出参与反应的偏二甲肼的质量吗?怎样证明你的推测是正确的?

化学方程式(2课时)
子任务2：为了合理利用资源和准确控制火箭，燃料和助燃剂能随意填充吗?若不能，具体反应物和生成物的质量未知，如何确定偏二甲肼和四氧化二氮的质量关系?

化学方程式计算(2课时)
子任务3：若火箭升空需要携带150t偏二甲肼作为燃料，试计算火箭助燃剂仓中需要填充多少吨四氧化二氮?

图 2-84　单元学习任务结构

（2）单元学习活动安排（见图 2-85）。

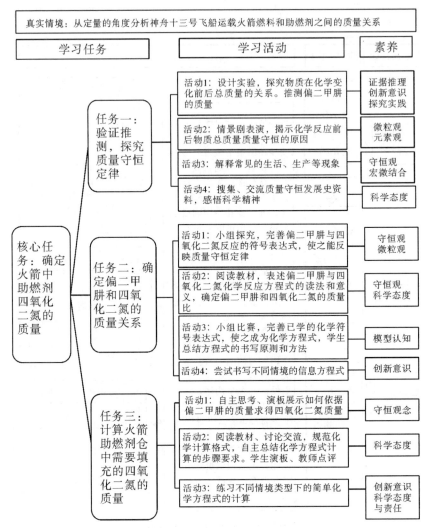

真实情境：从定量的角度分析神舟十三号飞船运载火箭燃料和助燃剂之间的质量关系

| 学习任务 | 学习活动 | 素养 |

核心任务：确定火箭中助燃剂四氧化二氮的质量

任务一：验证推测，探究质量守恒定律
- 活动1：设计实验，探究物质在化学变化前后总质量的关系。推测偏二甲肼的质量 —— 证据推理 创新意识 探究实践
- 活动2：情景剧表演，揭示化学反应后物质总质量质量守恒的原因 —— 微粒观 元素观
- 活动3：解释常见的生活、生产等现象 —— 守恒观 宏微结合
- 活动4：搜集、交流质量守恒发展史资料，感悟科学精神 —— 科学态度

任务二：确定偏二甲肼和四氧化二氮的质量关系
- 活动1：小组探究，完善偏二甲肼与四氧化二氮反应的符号表达式，使之能反映质量守恒定律 —— 守恒观 微粒观
- 活动2：阅读教材，表述偏二甲肼与四氧化二氮化学反应方程式的读法和意义，确定偏二甲肼和四氧化二氮的质量比 —— 守恒观 科学态度
- 活动3：小组比赛，完善已学的化学符号表达式，使之成为化学方程式，学生总结方程式的书写原则和方法 —— 模型认知
- 活动4：尝试书写不同情境的信息方程式 —— 创新意识

任务三：计算火箭助燃剂仓中需要填充的四氧化二氮的质量
- 活动1：自主思考、演板展示如何依据偏二甲肼的质量求得四氧化二氮质量 —— 守恒观念
- 活动2：阅读教材、讨论交流，规范化学计算格式，自主总结化学方程式计算的步骤要求。学生演板、教师点评 —— 科学态度
- 活动3：练习不同情境类型下的简单化学方程式的计算 —— 创新意识 科学态度与责任

图 2-85　单元学习活动安排

[单元课后作业]

嫦娥奔月、夸父逐日、万户飞天……自古以来，中国人就用口耳相传的传说和典故，诉说着对深邃而神秘的太空的向往。从 1970 年 4 月 24 日我国首颗人造地球卫星"东方红一号"顺利升空到 2021 年 10 月 16 日神舟十三号飞船的成功发射，从无人飞行到载人飞行、从空间出舱到交会对接、从单船飞行到组合稳定运行……60 余载风雨兼程，中国航天实现弯道超车、跨越发展，在浩瀚太空成就了一段波澜壮阔的东方传奇。同学们，让我们运用质量守恒定律

全力参与联通天地的万里接力赛吧！

1号站　航天守恒

评价指标：

1. 能利用质量守恒定律分析、解释简单的现象。

2. 能对验证质量守恒的实验方案进行合理评价与改进。

［基础达标］

1. 请用质量守恒定律解释下列现象：

（1）长时间或大量降水会使环境湿度上升，对火箭发射场地面设备设施、运载火箭、航天器产生腐蚀，影响设备的可靠性与工作寿命。航天器如果被腐蚀，其质量会有所增加。

（2）液氢是一种高能、低温液体燃料，可用于火箭发射。在测定氢气热值实验时，发现4g氢气在50g氧气中完全燃烧，测得生成水的质量小于54g。

［素养提升］

2. 肼（N_2H_4）也是一种火箭燃料，肼和四氧化二氮（N_2O_4）反应的微观示意图如图2-86所示，请回答下列问题。

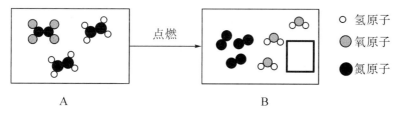

图2-86　肼和四氧化二氮反应的微观示意图

（1）在B图中将相关粒子图形补充完整；

（2）此变化前后发生改变的粒子是 _____。

［弹性作业］

3. 2021年12月9日，天宫课堂开课，三位宇航员利用泡腾片和蓝色水球，为大家展示了"太空欢乐球"（见图2-87）。看完视频后，某同学对泡腾片有了兴趣，查阅资料得知：泡腾片是利用有机酸和碱式碳酸（氢）盐反应做成的泡腾崩解剂，将其置入水中后两者即刻发生泡腾反应生成并释放大量的二氧化碳气体，状如沸腾。该同学欲利用泡腾片探究质量守恒定律，结果观察到反应后天平不平衡（见图2-88），由此得出这个化学反应不遵守质量守恒定律的结论。这个结论是否正确？为什么？为了验证质量守恒定律，你对该装置的改进有哪些方案设想？

图 2-87　太空水中泡腾片

图 2-88　探究质量守恒定律

2 号站　航天反应

评价指标：

1. 会正确书写常见的化学方程式并明确其意义。

2. 会根据不同情境书写相关的信息方程式。

[基础达标]

1. 写出下列有关反应的化学方程式：

（1）火箭发射需要高能燃料燃烧放出的巨大能量，结合前面所学内容写出你所知道的有关物质燃烧的化学反应方程式（至少 2 个，可燃物的物质类别尽量不同）。

（2）宇航员在空间站生活需要氧气，写出你所知道的能生成氧气的化学反应方程式。

2. 航空火箭制造的过程中会用到大量钛合金，工业制钛的一个反应为：$TiF_4 + 2H_2SO_4 \xrightarrow{\triangle} 4HF\uparrow + 2X + TiO_2$，X 的化学式为＿＿＿＿＿＿，此反应中生成的 HF 和 X 物质的质量比为＿＿＿＿＿＿。

[素养提升]

3. 国际空间站已在地球上空的轨道上运行了几十年。空间站和机上实验的电力来自四对太阳能电池阵列。太阳能光伏发电板中含有硅，单质硅可由石英（SiO_2）固体和焦炭在高温下反应制得，同时产生一种可燃性气体，写出反应的化学方程式。

[弹性作业]

4. 2020 年 12 月 22 日，我国自主研制的新一代中型运载火箭"长征八号"首次试飞取得圆满成功。长征八号两种发动机分别采用液氢、液氧和煤油、液氧作推进剂，写出煤油（以 $C_{12}H_{16}$ 为例）完全燃烧的化学方程式。

3 号站　航天计算

评价指标：

能规范进行简单的有关化学方程式的计算。

[基础达标]

1. 液氢是发射火箭的液态燃料之一，其热值大且生成物对环境无污染。已知完全燃烧 1kg 氢气可以放出 $1.43×10^5$kJ。若测得反应后生成水的质量为 90kg，则理论上该反应放出的热量为多少千焦？

[素养提升]

2. 航天载人飞船座舱空气中二氧化碳分压一般都控制在 0.5 千帕以下，达到 2 千帕就会影响航天员的健康和安全，严重时会危及生命。所以，对航天员呼出的二氧化碳必须采取有效的措施进行吸收处理。对于短期飞行的载人航天器而言，通常采用氢氧化锂（LiOH）吸收航天员排入舱内的二氧化碳。问 240kg 的氢氧化锂理论上最多能吸收二氧化碳多少千克？

4 号站　航天综合

评价指标：

1. 能基于质量守恒模型推断相关化学反应信息。

2. 能对有关化学方程式进行简单的变式计算。

3. 会初步设计关于化学方程式物质质量计算的实验方案。

[基础达标]

1. 高氯酸铵（NH_4ClO_4）曾被用作火箭发射燃料的氧化剂，其受热分解后生成氧气、水蒸气和另外两种物质，这两种物质是 N_2、CO_2、SO_2、Cl_2、$KClO_3$ 中的两种。试推测未知生成物，并简要说出推测的依据。

[素养提升]

2. "天宫二号"太空舱利用 $NiFe_2O_4$ 作催化剂将航天员呼出的二氧化碳转化为氧气，为宇航员提供良好的生活环境。其微观反应示意图如图 2-89 所示：

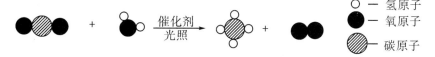

图 2-89　二氧化碳转化为氧气的微观反应示意图

（1）该反应的化学方程式是_____。

（2）反应生成的化合物与单质的质量比是_____。

（3）从以上微观反应示意图中你还能得到哪些信息？（至少写出两条）

3. 火箭外壳所用部分原料为铝合金，工业上常通过电解熔融的氧化铝制取铝单质（同时生成一种常见气体）。若测得氧化铝在电解前后固体质量减小了3.2g，试计算生成了铝多少克？

[弹性作业]

4. 航天员进入太空后，人体骨密度流失很快，需要补钙。某同学欲利用碳酸钙和醋酸（CH_3COOH）的反应，测定某钙片（图2-90）中的钙含量。已知：碳酸钙会和醋酸（CH_3COOH）反应生成醋酸钙 [（CH_3COO)$_2Ca$]、水和二氧化碳。

（1）写出此反应的化学方程式。

（2）试设计一个合理的实验方案，探究该钙片中所含碳酸钙的质量分数。

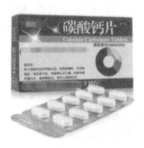

图2-90　碳酸钙片

4. 单元作业属性表及行为表现核查表等（见表2-81至表2-83）

表2-81　单元作业属性表（教师设计）

课前作业			
功能指向：探查学生学习本单元前的学情基础			
问题编号	目标指向	编写说明（设计意图）	学情简述
1	目标1	结合已有知识经验，探测学生与对反应前后物质总质量关系认知的常模距离	由于生成物是气体，约30%的学生直觉猜想反应后质量减少
2	目标1	探查学生对反应物有剩余情况下的反应前后质量关系的认识角度	学生对反应物参加反应的量的认识不是很清晰
3	目标2	探查学生对验证质量守恒实验装置密闭和开放的选择思维角度	多数学生考虑到了装置的气密性要良好，但对密闭装置的认识不到位

表2-81(续)

4	目标1	探查学生对质量守恒定律的微观认知起点	约70%的学生认为水分子发生了变化，氢原子和氧原子未发生变化，但原子的具体变化方面列举不全面
5	目标3	引导学生认识到符号表达式不能完全表征化学反应，探查其对化学方程式的思维起点	约55%的学生会从反应前后原子个数相同的角度进行思考，但配平技能较弱，不知如何添加相应化学计量数
6	目标4	探查学生定量研究化学变化中根据已知物质质量试求未知物质质量的认知起点	少数学生会通过计算反应中物质相对分子质量，列出比例式

课中作业

功能指向：引导学生建构单元大概念——质量守恒定律

任务编号	目标指向	基本问题	编制说明	评价标准
任务一	目标1、2	化学反应中前后物质总质量变化吗？	引导学生通过对燃料质量的推测设计实验方案以验证质量守恒，进一步探究质量守恒的原因	1.《探究质量守恒定律》行为表现核查表（详见表2-82） 2.《探析质量守恒定律原因》情境剧表演评价标准（详见表2-83） 3. 运用质量守恒定律对物质的增加或减少的原因进行剖析，语言简洁、描述正确 4. 所搜集质量守恒定律的研究史料丰富，并能对研究历程进行简单描述
任务二	目标3	化学反应中各物质的具体质量关系如何确定？	以偏二甲肼燃烧为例，思考化学反应符号表达式表示化学反应的不足和完善方法，进一步明确化学方程式的意义	1. 尝试从反应前后原子数目相等的角度完善表达式 2. 对方程式的意义描述正确，质量比计算准确 3. 根据新情境判断反应物、生成物和反应条件

表2-81(续)

任务三	目标4	化学反应中已知物质质量,如何确定未知物质质量?	通过计算未知燃料的质量探究化学反应中未知物质质量的路径,明确计算的规范性	1. 从物质之间的质量比关系求解未知物质 2. 方程式计算格式规范、正确 3. 准确提取信息,运用方程式计算解决新情境下的实际问题

课后作业

功能指向:诊断学生对本单元学习目标的达成,发展其能力和素养

作业编号	作业题型	目标指向	编制说明	创新点	评价标准
航天守恒1	简答	目标1	提升学生运用质量守恒定律解释简单现象的能力;渗透辩证唯物主义观,深化守恒观	结合火箭发射场地及火箭燃料相关情境,与课中作业相契合	能从反应物和生成物的种类和量的角度利用质量守恒定律进行分析,语言表达规范、准确
航天守恒2	简答	目标1	从微粒的角度探查学生对质量守恒定律原因的理解;发展学生微观探析素养	以观察已知微粒模型为基础,进行分子模型的推测	1. 能依据原子守恒推测未知粒子的模型 2. 能从分子构成的角度分析粒子前后的变化
航天守恒3	简答	目标2	诊断学生对验证质量守恒定律开放和密闭装置选择的理解水平;提升实验设计与评价能力;培育证据推理和创新思维素养	通过天宫课堂实验认识泡腾片的,迁移至对实验装置的考查	对有气体生成的反应进行质量守恒定律的验证方案,能体现密闭装置的要求,且具有安全性和创新性
航天反应1	简答	目标3	加强化学用语基本功,为后续化学学习奠定基础	—	对所学化学符号表达式能进行准确熟练地配平和相关补充
航天反应2	填空	目标3	考查学生从微粒的角度对方程式配平模型的应用水平	—	化学式书写规范,计算结果正确

表2-81(续)

航天反应3	填空	目标3	诊断学生在真实情境下信息方程式的书写水平；提升学生书写化学方程式的迁移能力；发展模型应用和创新素养	生成物隐含在题意中，学生需要对信息进行加工	能有效筛选新情境下的化学反应信息，找准反应物、生成物和反应条件，进行配平和补充。方程式书写正确无误
航天反应4	填空	目标3	探究有机物的燃烧反应特征；提升学生书写化学方程式的迁移能力；发展模型应用和创新素养	根据反应物中元素的组成推测生成物	会依据质量守恒对生成物进行推测，方程式书写准确无误
航天计算1	计算	目标4	巩固有关化学方程式的简单计算技能；探查学生解决跨学科问题的能力；提升科学态度与责任素养	与热能的计算相结合，具有学科融合性，指向解决真实问题	方程式书写正确，步骤格式规范，单位标识正确，计算结果正确
航天计算2	计算	目标3、4	诊断学生对真实情境下有关化学方程式的书写和简单计算能力；提升学生的社会实践能力；发展学生的科学态度和责任素养	创设新情境，通过方程式计算解决问题	能根据新信息正确书写化学方程式，步骤规范，计算结果正确
航天综合1	简答	目标1	从元素的角度探查学生质量守恒定律的应用水平，进一步深化守恒观	对生成物进行排查性选择	能准确说出推测未知生成物元素组成的依据，并对氯气和氯酸钾两种物质进行正确选择
航天综合2	综合	目标1、3	运用微观模型进行化学方程式的书写和计算；进一步理解化学反应的实质；进一步建构微粒观	微粒模型与化学方程式书写认知模型有机结合	1. 能辨认各微粒模型所代表的物质，准确写出其化学方程式 2. 能从宏观、微观的角度从物质组成、分子构成、化学反应实质等方面对信息进行准确描述，化学专业用语规范

表2-81(续)

航天综合3	计算	目标1、3、4	探查学生对化学方程式的简单变式计算技巧；进一步加深守恒观念，提升证据推理素养	信息型计算和差量法计算相融合	能指出固体减少量中生成氧气的质量。方程式计算格式规范，结果正确
航天综合4	综合	目标1、2、3、4	巩固差量法在化学方程式计算中的应用；考查学生实验方案的设计能力；进一步加深对守恒观念的理解，提升证据推理素养	依据质量守恒对药品的成分进行探究	方程式书写正确无误，方案中呈现差量法确定碳酸钙质量的设计思路

表 2-82　《探究质量守恒定律》行为表现核查表

指导语：在探究任务中，请根据自己的操作情况在符合的行为前面打"√"

一、探究过程（学生自评）
1. 猜想与假设
□根据生活经验提出合理的猜想
2. 设计实验
□实验前对托盘天平进行调零
□对药品的选择正确
□实验仪器组装正确
□对有气体参加或生成的反应考虑到装置是否需要密闭
3. 进行实验与收集证据
□基本实验操作规范，药品无撒落
□使用托盘天平时，做到左物右码
□正确读取化学反应前后天平的示数并记录

4. 分析与论证
□能正确描述实验现象
□能列出化学反应前后物质总质量的数学关系表达式
□会解释天平平衡或不平衡的原因
5. 评估
□进行自我评估，发现实验错误或漏洞
二、探究态度（同学互评）
□未迟到或擅自离开实验室
□积极参与探究过程
□与同学分享实验结果，共同探讨问题
□完成实验后，收拾好实验仪器，清洁试验台

表 2-83　《探析质量守恒定律原因》情境剧表演评价标准

评价维度	评价标准	水平表现（A \ B \ C）
出场方式	进出场迅速有序，表现得体	
语言表达	说话清楚、标准，语言和谐	

表2-83（续）

评价维度	评价标准	水平表现 （A \ B \ C）
道具准备	道具制作科学、形象，色彩搭配合理，视觉效果好	
学科关联度	能形象表现出某化学反应中分子分裂和原子重新组合的过程，台词紧扣化学反应的实质	
临场发挥	临场发挥能力和应变能力出众，幽默风趣，组员配合默契，气氛热烈	

二、人教版教材《化学》九年级上册《化学方程式》单元的"3发展"作业之一：基于设计的作业——自制验证质量守恒装置（适用于新授课课后）

（一）目标设计

1. 课程标准要求及核心素养指向

（1）学习和体会化学家进行探究的智慧和方法，理解科学探究的本质。（科学态度）

（2）认识到化学反应遵守质量守恒定律，理解化学反应前后参加反应各物质的总质量守恒的微观本质。（守恒观念、科学思维）

（3）能利用化学知识进行产品的创意设计。（探究实践）

2. 学情分析

学生已通过实验探究从宏观和微观的角度理解了质量守恒定律，并建立了从量的角度认识化学反应的观念，初步形成了守恒观，能够用质量守恒定律解释一些常见的实验现象。教材中提供的实验素材分为开放型和密闭型两种装置，学生通过推理已经明确了在验证质量守恒定律时如果反应中有气体生成，就需要在密闭容器中进行。如果让学生自由选择实验室或家庭资源设计与教材不重复的实验装置，需要学生在理解反应原理的基础上，对装置进行创新设计。对质量守恒定律的实验设计与评价，对于学生来说既是对知识的回顾又是对创新实践能力的挑战。

3. 作业评价指标

评价指标：能对质量守恒定律验证实验的探究方案合理性进行评价并对装置进行创意设计。

指标细化：通过实验的设计与评价，让学生进一步理解质量守恒定律，提升创新意识和探究实践素养。

（二）作业设计

你能利用家中或实验室的资源设计一组实验来验证质量守恒定律吗？要求不与教材中的实验重复。

1. 作业任务设计

学习任务 1：确定及验证实验所需的药品

学习任务 2：确定及验证实验的装置类型

学习任务 3：设计验证质量守恒定律的实验装置

学习任务 4：为保证装置的科学性，对装置进行合理改进

2. 作业成果呈现（见图 2-91 至图 2-95）

图 2-91　"自制质量守恒定律验证装置"学生作品（水平一）

图 2-92　"自制质量守恒定律验证装置"学生作品（水平二）

图 2-93　"自制质量守恒定律验证装置"学生作品（水平三）

图 2-94　"自制质量守恒定律验证装置"学生作品（水平一）

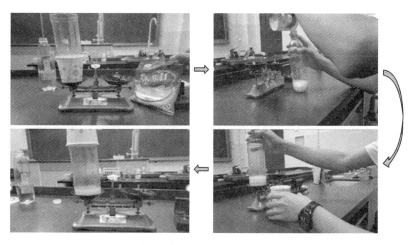

图 2-95　"自制质量守恒定律验证装置"学生作品（水平四）

3. 作业质量标准（见表 2-84）

表 2-84 《自制质量守恒验证装置》质量标准

表现水平	质量标准
水平 1	选用实验室中的药品和仪器或家中材料设计装置，开放体系中天平不平衡，基本实验操作不规范，无实验安全意识
水平 2	选用实验室中的药品和仪器或家中材料设计装置，开放体系中天平平衡，实验操作基本规范，有一定的实验安全意识
水平 3	选用实验室中的药品和仪器设计装置，密闭体系中天平平衡，实验操作规范，有较强的实验安全意识
水平 4	选用家中的药品和仪器设计装置，开放或密闭体系中天平平衡，实验操作规范，有很强的实验安全意识

三、人教版教材《化学》九年级上册《化学方程式》单元的"3 发展"作业之二：基于项目的作业——自制维生素 C 泡腾片（适用于单元复习）

（一）目标设计

1. 课程标准要求及核心素养指向

（1）学习和体会化学家进行探究的智慧和方法，理解科学探究的本质。（科学态度）

（2）认识化学反应中各物质间存在定量关系，化学反应遵守质量守恒定律。（守恒观念、科学思维）

（3）知道化学方程式可以表示化学反应，了解化学方程式的含义，理解化学方程式的书写规则。（符号表征）

（4）学习利用比例关系定量认识和应用化学反应，认识到定量研究对于化学科学发展的重大作用。（定量研究的学科思想方法）

（5）初步体会关注产品需求、成本核算、资源充分循环使用、绿色环保的发展理念。（科学态度和社会责任）

2. 学情分析

学生已通过实验探究从宏观层面发现并认识了质量守恒定律，并能运用质量守恒定律解释生活中常见的现象；但对本单元的知识整合还处于浅尝辄止阶段，未达到对质量守恒的深层运用水平，运用定量分析化学反应的学科思想方法来解决实际问题则需要化学方程式计算的支持。研究真实情境中的陌生的化学反应并确定物质之间的质量关系这种开放性的任务，对于学生来说具有一定的挑战性，也具有很强的趣味性。

3. 作业评价指标

评价指标：利用质量守恒定律，基于真实情境预测推断、系统探究，解决实际问题。

指标细化：

（1）能正确书写新情境信息方程式；

（2）能运用化学方程式的计算解决真实问题，认识定量研究对于化学科学发展的重大作用；

（3）提升搜集资料、方案的设计与实施、反思交流等科学探究能力；

（4）通过解决真实问题，提升知识的综合运用能力以及创新意识、证据推理和探究实践素养。

（二）作业设计

维生素 C 泡腾片（以下简称"VC 泡腾片"）在京东营养补充矿物质热卖榜上排名位居前列。VC 泡腾片用冷水或温开水溶解后就成为一杯鲜甜味美的橙味饮品，人们根据自身体质选择性地适量服用能有效提升身体免疫力。某化学小组准备依据果维康 VC 泡腾片的药品配方自制 VC 泡腾片。如果你们是小组成员，准备如何开展研究？

环节设计：

1. 确立挑战性的学习主题

学习主题：自制 VC 泡腾片

"自制维生素 C 泡腾片"作业设计旨在引导学生通过主动建构以质量守恒定律为核心的第五单元《化学方程式》的知识体系，针对挑战性的任务将本单元及跨单元知识进行整合并有效迁移应用到真实情境中解决问题。引导学生主动使用化学方程式解决实际问题，并在过程中体会质量守恒定律和定量分析化学反应的应用价值。考查学生的证据推理、创新意识、模型认知、科学探究素养和守恒观的形成水平。

2. 确定驱动性问题

某化学小组准备依据果维康 VC 泡腾片的药品配方自制 VC 泡腾片。如果你们是小组成员，准备如何开展研究，你们认为成功制作 VC 泡腾片的关键是什么？

3. 作业复杂任务设计（运用了什么考查方式）

学习任务 1：明确 VC 泡腾片的主要成分

学习任务 2：确定每片 VC 泡腾片中各主要成分的质量配比

学习任务 3：压制成片

学习任务 4：展示本小组自制的 VC 泡腾片，并将其溶于水中，相互评价气泡涌动的效果和口感。

4. 作业成果呈现预期

希望学生所呈现的表现如表 2-85 所示。

表 2-85　《自制维生素 C 泡腾片》项目研究报告（教师预设）

项目主题：自制维生素 C 泡腾片		
项目任务	具体活动实施	分析推理
项目任务 1：明确 VC 泡腾片的主要成分	活动 1：查阅泡腾片说明书，了解成分说明 活动 2：把泡腾片用温开水溶解	1. 确定成分 根据药品说明书，了解到泡腾片的成分有：维生素 C、碳酸氢钠、酒石酸（或柠檬酸）、乳糖、聚乙二醇-6 000、色素、香精等。 泡腾片溶解后有大量气泡。 2. 确定主要成分 （1）泡腾片的主要成分是维生素 C； （2）泡腾片溶于水后产生大量气泡，是由于成分中的碳酸氢钠和酒石酸发生反应生成了二氧化碳气体。（依据：碳酸氢盐与酸反应的性质） （3）查阅资料：聚乙二醇-6 000 是润滑剂，色素及香精属于食品添加剂，推测其含量应该是极少量。 由此确定 VC 泡腾片的主要成分为：维生素 C、碳酸氢钠、酒石酸、乳糖

表2-85(续)

项目任务2：确定每片VC泡腾片中各主要成分的质量配比	确定VC含量（每片）		依据说明书，确定每片VC泡腾片含VC1.0g，碳酸氢钠、酒石酸、乳糖等成分的含量未标识。
	确定碳酸氢钠和酒石酸的含量（每片）	活动3：查阅资料，了解酒石酸的化学式，尝试写出发生的化学反应	$NaHCO_3+C_4H_6O_6 = C_4H_5O_6Na+ CO_2\uparrow +H_2O$（依据：碳酸氢盐与酸反应的性质，其中碳酸氢根与酸中的氢离子结合生成二氧化碳和水）
		活动4：确定每片泡腾片中碳酸氢钠和酒石酸的质量	1. 思路：可以根据泡腾片溶于水时生成的二氧化碳的质量推测碳酸氢钠和酒石酸的质量 2. 方案设计与实施 方案1：向一玻璃杯中加入足量的水（能彻底溶解一片泡腾片），称量其质量m1；将一片VC泡腾片放入玻璃杯中，待不再产生气泡时称量玻璃杯及杯内物质的总质量m2。根据质量守恒定律，玻璃杯内物质的减少量m1+一片泡腾片的质量-m2即为逸出的二氧化碳的质量。 方案2：将一片VC泡腾片放入固液不加热型制取气体的装置中，把生成的气体通入能吸收该气体的溶液中，洗气瓶前后的质量增加量，则为二氧化碳的质量。 方案3…… 反思评价：根据数据比较精确性，确定方案的合理性，选择最优方案。 3. 计算 每片泡腾片中含碳酸氢钠和酒石酸的质量
		活动5：确定乳糖的质量	乳糖的质量：4g（每片泡腾片的质量）-1.0g（维生素C）-碳酸氢钠质量-酒石酸质量
		活动6：确定各成分的质量配比	得出泡腾片中酒石酸、小苏打、维生素C、乳糖的质量配比
项目任务3：压制成片	活动：自制模具，压制成片		碳酸氢钠和酒石酸遇到水会发生反应。可以用其他食用液体黏合，例如植物油、蜂蜜。最佳方案应是直接压片，直接压片时可以用橄榄油作为润滑剂。 资料扩展：制药厂通常用聚乙二醇（PEG）包埋酸或碳酸氢钠，避免酸与碳酸氢钠直接接触
项目成果展示：展示本小组自制的维生素C泡腾片，并将其溶于水中，相互评价气泡涌动的效果和口感			

5. 学生的表现（如图 2-96、图 2-97 所示）

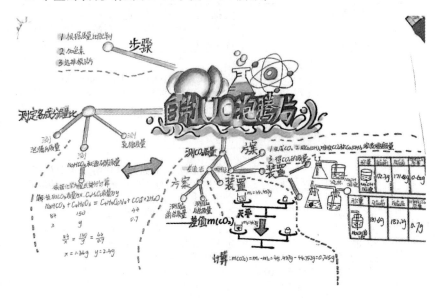

图 2-96　《自制维生素 C 泡腾片》学生项目研究报告 1

自制 VC 泡腾片 ⬭

自制 VC 泡腾片

任务分解	方案设计	现象及数据记录	分析
1.找出VC泡腾片的主要成分	方案一： 查阅泡腾片说明书，了解成分说明	确定成分：根据药品说明书，了解到泡腾片的成分有：维生素C，碳酸氢钠，酒石酸，乳糖，聚乙二醇-6000，色素，香精剂	
	方案二： 咨询药店医生，询问泡腾片的主要成分	了解到泡腾片的成分有：维生素C，碳酸氢钠，酒石酸，乳糖	
	方案三： 上网查询	确定成分：根据药品说明书，了解到泡腾片的成分为：维生素C，碳酸氢钠，酒石酸，乳糖，聚乙二醇-6000，色素，香精剂	
2.确定每片VC泡腾片中各主要成分的含量	①确定VC含量（每片） 方案：仔细阅读泡腾片说明书，找出每片VC泡腾片	确定每片VC泡腾片含VC 1.0g	
	②确定碳酸氢钠和酒石酸的含量（每片） 步骤1：泡腾片每片泡腾片中生的的CO_2量为x片。将一个空烧杯和加些烧杯加入足量的水，放到电子天平称量，称量其质量m_1，再将一片VC泡腾片塑料瓶中挤压，再产生气泡时称量塑料瓶及杯内的总质量m_2。根据质量守恒定律，$m_1 - m_2$即为产生的CO_2质量	泡腾片放入水中，碳酸氢钠与酒石酸反应，生成二氧化碳。根据质量守恒定律，CO_2的质量为反应前后质量的差值	
		物质 | 反应前质量 | 反应后质量 | 差值 泡腾片及烧杯及杯内的液体 | 47.47g | 47.31g | 0.73g	
	方案2：将密闭烧杯瓶中加入一定量氢氧化钙溶液，用电子天平称量质量为m_1，将氢氧化钙水中加入足量水，内壁刺有两根丝固定一个泡腾片，塞子扭松一点，把VC泡腾片放入烧杯水瓶中，塞紧，记录来到充反应后的总质量m_2，三者CO_2的质量...	 容量 | 反应前 | 反应后 | 差值 | 185.7g | 184.9g | 0.8g	
	步骤二：设含有$NaHCO_3$的质量为x，含有$C_4H_6O_6$的质量为y $NaHCO_3 + C_4H_6O_6 = C_4H_5O_6Na + H_2O + CO_2$ 84 | 150 | | 44	分析：由题知取20℃$Ca(OH)_2$饱和溶液30.0g，饱和液$Ca(OH)_2$溶解度为0.29g... $\frac{84}{x} = \frac{44}{0.7} = \frac{150}{y}$ $x = 1.34g$ $y = 2.4g$	

（a）

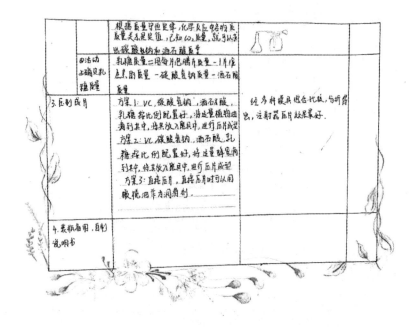

	根据质量守恒定律、化学反应物质质量关系及其值,已知 CO_2 的质量,就导出碳酸氢钠和酒石酸质量。		
①活动②确定乳糖用量	乳糖质量=用每片泡腾片质量-1片应产生的质量-碳酸氢钠质量-酒石酸质量		
3.压制成片	方案1:VC、碳酸氢钠、酒石酸、乳糖按比例配置好,将适量植物油抹到其中,将其放入模具中,进行压片成型方案2:VC、碳酸氢钠、酒石酸、乳糖按比例配置好,将适量蜂蜜抹到其中,将其放入模具中,进行压片成型方案3:直接压片,直接压片时可以用硬脂酸作为润滑剂。	经多种模具混合比较,勺折胃出,注射器压片效果最好。	
4.装瓶备用,自制说明书			

（b）

图 2-97　《自制维生素 C 泡腾片》学生项目研究报告 2

附:《自制维生素 C 泡腾片》探究过程（见图 2-98—图 2-104）

图 2-98　（一）观察包装说明

图 2-99　（二）原材料准备

精确至0.1g   精确至0.1g

精确至0.001g   精确至0.001g

图 2-100   （三）测定二氧化碳质量 方案 1：测定物质总质量的减少量

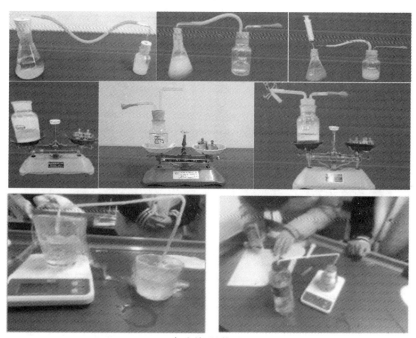

家庭资源装置

图 2-101   （四）测定二氧化碳质量 方案 2：测定吸收气体装置的质量增加量

图 2-102　（五）按质量配比准备主要原材料（精确至 0.001g）

图 2-103　（六）压制成片

图 2-104　（七）产品互评

（三）作业评价设计

1. 作业编码表（见表2-86）

表2-86　《自制维生素C泡腾片》作业编码表（评价标准）

	评价维度	核心素养	水平划分 （水平一、 水平二、 水平三、 水平四）
情境	近日，维生素C泡腾片在京东营养补充矿物质热卖榜上排名位居前列。VC泡腾片用冷水或温开水溶解后就成为一杯鲜甜味美的橙味饮品，人们根据自身体质选择性地适量服用能有效提升身体免疫力	—	—
问题	问题1：制作VC泡腾片需要考虑哪些因素？	科学思维	水平二
	问题2：阅读说明书中泡腾片的成分含量说明，能了解到每片泡腾片中哪些成分的含量？	科学态度	水平一
	问题3：制作泡腾片时，如何确定对于未知含量的成分配比？	守恒观念 模型认知	水平三
	问题4：与小组同学的产品进行比较，你们制作的泡腾片成果有何优势？	创新意识	水平二
任务	任务1：明确VC泡腾片的主要成分	科学态度 探究实践	水平一
	任务2：确定每片VC泡腾片中各主要成分的质量配比	守恒观念 探究实践 证据推理	水平三
	任务3：加工调制，压制成片	探究实践	水平一
	任务4：展示本小组自制的维生素C泡腾片，并将其溶于水中，相互评价气泡涌动的效果、口感、包装说明等	创新意识	水平二

2. 作业质量标准（见表 2-87）

表 2-87　《自制维生素 C 泡腾片》作业质量标准

表现水平	评价维度		
	方案设计及探究	数据记录及处理	产品展示
水平一	能依据说明书查阅 VC 泡腾片的主要成分，但没有查阅资料意识，不明确泡腾片溶于水产生气泡的原因	能查阅到每片泡腾片的质量和所含 VC 的质量	与其他小组合作，共享产品
水平二	能依据说明书查阅 VC 泡腾片的主要成分，有查阅资料的意识，但仅能知道泡腾片溶于水产生气泡的反应原理	能查阅到每片泡腾片的质量和所含 VC 的质量，尝试通过化学方程式计算酒石酸（柠檬酸）和小苏打的质量比	与其他小组合作，共享产品
水平三	能依据说明书查阅 VC 泡腾片的主要成分，有查阅资料的意识；明确泡腾片溶于水产生气泡的反应原理；并能根据差量法设计一种方案推导泡腾片中各主要成分的质量比，实验装置基本合理；压片时没有考虑所选黏合剂是否含有水分	能查阅到每片泡腾片的质量和所含 VC 的质量，通过实验探究数据并依据差量法计算每片泡腾片中酒石酸（柠檬酸）、小苏打和乳糖的质量	压片片剂形状基本规则，放至水中时气泡有涌动，口感一般，或稍微有些发涩或发酸（原料配比不精确），能在小组产品互评中反思制作过程中的不足
水平四	能依据说明书查阅 VC 泡腾片的主要成分，有查阅资料的意识；明确泡腾片溶于水产生气泡的反应原理，并能根据差量法设计一种以上方案推导泡腾片中各主要成分的质量比，所选测定质量仪器精确度高；实验装置科学，具有创新性；压片时考虑到所选黏合剂是否含有水分	能查阅到每片泡腾片的质量和所含 VC 的质量，通过实验探究数据并同时运用装置质量的增加与减少计算每片泡腾片中酒石酸（柠檬酸）、小苏打和乳糖的质量	压片片剂形状规则，放至水中时气泡强烈涌动，口感美味，并能在小组产品互评中修正制作过程中的有待改进的环节，制作二次产品

四、人教版教材《化学》九年级上册《化学方程式》单元的"3 发展"作业之三：基于问题的作业——面团为什么变轻了（适用于期末复习）

（一）目标设计

1. 课程标准要求及核心素养指向

（1）学习和体会化学家进行探究的智慧和方法，理解科学探究的本质。（科学态度）

（2）认识化学反应遵守质量守恒定律，理解化学反应前后参加反应的各物质总质量守恒的微观本质。（守恒观念、科学思维）

（3）认识通过观察和实验等获取证据，基于证据进行分析推理以形成结论等对于科学探究的意义；体会合作与交流在科学探究中的重要作用。（探究实践、科学态度）

（4）能利用质量守恒定律分析、解释简单的自然界、生产、生活和实验中的现象。（科学思维、科学态度）

（5）能基于真实的问题情境，从多角度分析和解决生产、生活中有关化学变化的简单问题。（探究实践、社会责任）

2. 学情分析

学生已从宏观和微观的角度理解了质量守恒定律，并建立了从量的角度认识化学反应的观念，初步形成了守恒观，能够用质量守恒定律解释一些常见的现象。针对真实生活情境中的非良构性问题，学生充满探究的欲望，但需要跳出教材的桎梏，对问题进行猜想，继而进行方案的设计，尝试解决开放性的问题。

3. 作业评价指标

评价指标：利用质量守恒定律，基于真实情境预测推断、系统探究，解决实际问题。

指标细化：通过猜想假设、搜集资料和方案的设计与论证，能够应用质量守恒定律分析、解释生活中的发酵现象，提升创新能力和证据推理素养。

（二）作业设计

小明在家自己动手蒸馒头。他取一定量的面粉，按比例加进去水和发酵粉，揉成面团，然后切成馒头的形状大小，放在锅里醒发。过了一段时间，小明掀开锅盖，发现馒头面团的体积变大了，拿起馒头面团，感觉质量却比之前变轻了，你能分析出原因吗？

环节设计：

1. 确立挑战性的学习主题

学习主题：设计方案探究面团发酵前后质量变轻的原因。

该作业通过生活中常见的发酵现象，即发酵的面团较发酵前质量变轻，引导学生运用质量守恒定律进行推理，分析其原因。该作业考查学生对质量守恒定律的理解和定量分析化学反应学科思想方法的运用，以及证据推理素养和守恒观的形成水平。

2. 确定驱动性问题

依据质量守恒定律，你认为面团变轻的原因可能有哪些？试收集资料进行方案推理验证。

3. 作业复杂任务设计

学习任务1：运用质量守恒定律，对面团变轻的原因做出多维猜想。

学习任务2：结合多种猜想，查阅资料，设计方案进行推理论证。

4. 作业成果呈现

（1）希望学生所呈现的表现（见表2-88）。

表2-88　《面团为什么变轻了》探究报告（教师预设）

猜想	方案设计（示例）		现象	结论
猜想一：水分蒸发或生成	取一个刚配料完成的馒头小面团放入玻璃碗中，盖上保鲜膜密封让其发酵		过段时间，玻璃容器内壁有水珠	证明面团变轻的因素之一是水分蒸发或有水生成
猜想二：生成了其他气体	取一个刚配料完成的馒头小面团放入玻璃碗中，盖上保鲜膜密封让其发酵一段时间	用针管穿透保鲜膜吸取容器中的气体	澄清石灰水变浑浊	证明面团发酵生成了二氧化碳气体
		掀开保鲜膜，把带火星的木条伸入杯中	如果木条复燃	证明面团发酵生成了氧气
		掀开保鲜膜，试点燃杯中的气体，如果有火焰，在火焰上方罩一个冷而干燥的玻璃杯	如果气体燃烧，且玻璃杯内壁有水	证明面团发酵生成了氢气
		掀开保鲜膜，试点燃杯中的气体，如果有火焰，在火焰上方罩一个冷而干燥的玻璃杯	如果气体燃烧，向玻璃杯内迅速注入澄清的石灰水，石灰水变浑浊	证明面团发酵生成了一氧化碳
	取一个刚配料完成的馒头小面团放入玻璃碗中，杯内壁贴一个用水润湿的蓝色石蕊试纸，盖上保鲜膜密封让其发酵一段时间（查阅资料，检验氨气）		掀开保鲜膜，如果闻到刺激性气味气体，且蓝色石蕊试纸变红	证明面团发酵生成了氨气
猜想三：既有水分蒸发又生成了气体	如果猜想一和猜想二同时验证成功，则猜想三成立			

（2）学生的表现（如图 2-105 所示）。

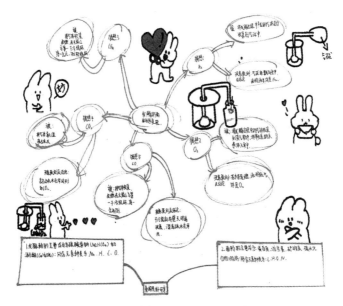

图 2-105　《面团为什么变轻了》学生探究报告

5. 作业评价设计

（1）作业编码表（见表 2-89）。

表 2-89　《面团为什么变轻了》作业编码表（评价标准）

评价维度		核心素养	水平划分（水平一、水平二、水平三、水平四）
情境	小明在家自己动手蒸馒头。他取一定量的面粉，按比例加进去水和发酵粉，揉成面团，然后切成馒头的形状大小，放在锅里醒发。过了一段时间，小明掀开锅盖，发现馒头面团的体积变大了，拿起馒头面团，感觉质量却比之前变轻了	—	—

表2-89（续）

评价维度		核心素养	水平划分（水平一、水平二、水平三、水平四）
问题	问题1：观察发酵的面团外观和内层一般有什么特征？	探究实践	水平一
	问题2：你认为面团发酵属于什么变化？	变化观念	水平一
	问题3：面团发酵后质量变轻，该反应遵守质量守恒定律吗？为什么？	守恒观念	水平二
	问题4：依据质量守恒定律，你认为面团变轻的原因可能有哪些？试收集资料进行方案推理验证	元素守恒 科学思维	水平三
	问题5：通过交流，你觉得你和周围同学的实验方案中哪些更合理？	科学思维 创新意识	水平三
任务	任务1：运用质量守恒定律，对面团变轻的原因做出多维猜想	元素守恒 科学思维	水平一
	任务2：结合多种猜想，查阅资料，设计方案进行推理论证	科学思维	水平三
	任务3：对你和周围同学的实验方案进行对比，尝试对实验方案的改进	创新意识 科学态度	水平三

（2）作业质量标准（见表2-90）。

表2-90　《面团为什么变轻了》作业质量标准

表现水平	评价维度		
	猜想	方案设计	现象及结论的描述
水平一	无查阅资料的意识，依据经验进行猜想，没有理论依据	方案设计与所猜想气体部分不匹配或可操作性不强，化学语言表述不规范	现象、结论与所猜想气体部分不匹配，语言表达缺乏逻辑性，不能体现化学专业语言的规范性和严谨性
水平二	能通过查阅资料了解发酵面团中的组成元素，依据质量守恒定律推测1~3种常见气体	方案设计与所猜想气体基本匹配，具有可操作性，具备一定的安全意识，化学语言表述基本规范	现象、结论与所猜想气体基本匹配，语言表达较为准确，具有一定的逻辑性，能在一定程度上体现化学专业语言的规范性和严谨性

表2-90(续)

表现水平	评价维度		
	猜想	方案设计	现象及结论的描述
水平三	能通过查阅资料了解发酵面团中的组成元素，依据质量守恒定律推测3种以上常见气体	方案设计与所猜想气体匹配，具有可操作性，且安全、便捷，有创新意识，尝试查阅资料描述对陌生气体的检验，化学语言表述很规范	现象、结论与所猜想气体匹配，语言表达准确，具有良好的逻辑性，能充分体现化学专业语言的规范性和严谨性

五、本单元作业完成情况统计及分析

1. 单元作业的实施效果评估（见表2-91）

表2-91 单元作业的实施效果评估

课时	作业	认知水平	能力指向	素养考察	作业梯度	难度系数	作业时长/分钟
航天守恒	1	理解	说明解释	化学观念	基础达标	0.85	3
	2	分析	关联分析	化学观念科学思维	基础达标	0.63	3
	3	评价	评价设计	化学观念探究实践	素养提升	0.39	4
航天反应	1	记忆	辨识记忆	模型认知	基础达标	0.81	3
	2	理解	关联分析	模型认知	基础达标	0.75	2
	3	应用	迁移推测	科学思维	素养提升	0.58	2
	4	分析	迁移推测	科学思维	弹性作业	0.28	3

表2-91（续）

课时	作业	认知水平	能力指向	素养考察	作业梯度	难度系数	作业时长/分钟
航天计算	1	应用	简单推算	化学观念 科学思维	基础达标	0.85	4
	2	分析	迁移推算	化学观念 模型认知 创新意识	素养提升	0.56	5
航天综合	1	理解	推测	化学观念 模型认知	基础达标	0.63	2
	2	应用	推测	化学观念 模型认知 创新意识	素养提升	0.48	3
	3	分析	关联分析	化学观念 模型认知	素养提升	0.55	4
	4	创造	简单设计	化学观念 探究实践	弹性作业	0.19	5
课外实践	设计型作业	理解评价	简单设计	化学观念 探究实践	素养提升	—	—
	项目型作业	评价创造	复杂推理 系统探究	化学观念 科学思维 探究实践 迁移创新	弹性作业	—	—
	问题型作业	分析评价	推理探究	化学观念 科学思维 科学探究	素养提升	—	—

（1）收效。

我们在单元常规作业的实施过程中发现，单元前测能很有效地探测学生与质量守恒定律目标的常模距离，如学生绝大部分对物质质量守恒有初步的感知，但对反应物或生成物的原有质量的认识是其学习理解质量守恒定律的障碍点。在单元课中作业的完成过程中，学生对质量守恒定律的认知从宏观到微观，从定性到定量，由深入浅，在情境化、结构化的任务体系中建构质量守恒定律的概念体系。课后作业有效发挥了诊断作用并反馈了学生本单元的学习达标情况，同时通过实际生产、生活、实验等情境设置，学生实现了对本单元大概念的迁移应用。

（2）问题。

单元常规作业在实施中存在以下问题：①学生的质量守恒定律的微观应用能力较弱；②在化学方程式的学习方面，学生记忆痕迹凸显，与具体知识的联系不紧密，信息型方程式书写正确率较低；③在体现学科融合、联系社会实际的化学方程式的计算方面，学生审题能力弱，创新能力不强。

2. 单元实践性作业的实施效果评估

（1）收效。

本单元在实践性作业的实施方面，基于设计、基于项目、基于问题的作业围绕学生经验、认知水平和真实的生活情境，提出较为复杂的、不确定性的非良构问题，有效激发了学生的学习热情和探究欲，引发学生持续探究，促进了其探究实践和迁移创新高阶能力的提升。

（2）问题。

实践性作业在实施过程中存在以下问题：①基于设计的作业，学生多倾向于实验室药品和器材，家庭资源利用率低，创新意识有待进一步加强。②基于问题的作业，部分学生的猜想没有依据，思路有局限，说明对质量守恒定律的迁移应用能力较弱；化学语言描述欠规范。③基于项目的作业，少部分学生的产品放入水中后效果不是很理想，原因是其推理过程不严谨或数据处理有误，各成分的配料比不精确。

3. 单元作业设计与实施的反思与改进

（1）赋予化学方程式强大的生命力。

化学方程式的知识不是孤立的，而是整个化学学科的一部分，单元的知识层级结构将化学方程式与化学学科主干知识紧密地联系在一起，赋予了化学方程式强大的生命力。因此，在教学过程中不能孤立、过度地放大化学方程式的使用技能，而忽视其与主干知识的联系；要结合化学学科核心素养，使物质的转化、性质、组成、结构及应用赋予方程式丰富的内涵，同时实现质量守恒定律在方程式应用上的迁移创新。

（2）赋予学生真实的社会体验和情感。

在设计单元实践性作业时，要尽量让情境贴近实际生活、生产，设置的任务要更具有整体性、功能性、结构性、层次性、多样性、趣味性的特征，凸显真实性、探究性和实践性；让学生在探究中实践，在实践中进行评价、创造，体会化学特有的学科价值、社会价值和育人价值。

第十节　对人教版教材《化学》九年级下册第十二单元《化学与生活》的单元作业设计

【作者信息】孙迪迪　李珍　王建锋　刘江涛①
【适用年级】九年级

一、对人教版教材《化学》九年级下册第十二单元《化学与生活》的常规作业设计

（一）课标内容及要求

新初中化学课程标准对本单元的要求如表 2-92 所示：

表 2-92　课标要求

学习主题五：化学与社会发展·跨学科实践	内容要求	1. 化学与可持续发展 （1）结合实例了解化学在综合利用资源和开发新能源、保护和改善人类生存环境、科学使用材料、开发新材料、帮助人类营养保健与战胜疾病方面的重要作用，体会化学是推动人类可持续发展的重要力量，树立建设美丽中国、为全球生态安全做贡献的信念
		2. 化学与资源、能源、环境、材料、健康 （2）初步认识生活中的一些重要有机物，了解它们对生命活动的意义及其在社会生活中的应用 （3）知道资源开发、能源和材料的使用可能会对环境产生影响，树立环保意识 （4）通过参加垃圾的分类与回收利用、营养保健品的选择等主题的实际问题解决或跨学科实践活动，促进化学观念、科学思维、探究实践、科学态度与责任的融合发展
		3. 化学、技术、工程融合解决跨学科问题的思路和方法 （5）通过实践活动，初步建立应用变化观等化学观念和科学探究方法解决问题的思路 （6）认识到在解决实际问题时，需要综合运用各学科知识，采用合适的方法和工具，以及系统规划和实施
		4. 科学伦理及法律规范 （7）通过实例分析，认识到应用科学知识解决问题时，应恪守正确的价值观、社会责任和行为规范 （8）知道国家在环境保护与化学品、食品、药品安全等方面颁布的法律法规，培养遵纪守法、自我保护及维护社会安全的意识
		5. 社会性科学议题与未来的不确定性挑战 （9）知道人类生存与发展会面临来自环境、能源、资源、健康和公共卫生等方面的危机与不确定性的挑战 （10）通过社会性科学议题的探讨活动，体会以理性、积极的态度和系统、创新的思维应对挑战的重要性
		6. 跨学科实践活动 （11）垃圾的分类与回收利用 （12）为家人做健康营养餐

① 孙迪迪为郑州市郑东新区南塘初级中学教师，李珍为郑州市郑东新区基础教育教学研究室化学教研员，王建锋为郑州市第九十四中学教师，刘江涛为郑州市郑东新区外国语学校教师。

表2-92（续）

学习主题五：化学与社会发展·跨学科实践	学业要求	1. 能列举生活中常见的能源和资源和有机合成材料及其应用 2. 能辨识食物中的营养素和营养元素，简要说明其对人体健康的作用
		3. 能从物质组成、性质及变化的视角，分析讨论资源综合利用、材料选取与使用、环境保护等有关问题
		4. 在跨学科实践活动中，能综合运用化学、技术、工程及跨学科知识，秉承可持续发展观，设计、评估解决实际问题的方案，制作项目作品，并能进行改进和优化，体现创新意识
		5. 在跨学科实践活动中，具有恪守科学伦理和遵守法律规范的意识，能积极参与小组合作，勇于批判质疑，自觉反思，能克服困难，敢于面对陌生的挑战、不确定性挑战

本单元是一个突出体现新课标以社会生活问题为中心的理念的单元，与学生的生活和社会联系紧密，与初中生物学科相通，是对初中化学知识的扩展与应用，体现了"从生活走进化学，从化学走向社会"的思想。义务教育化学课程标准分别从化学与资源、能源、环境、材料、健康和可持续发展方面，以及化学与学科融合、科学伦理及法律规范等多角度分析，旨在引导学生从化学的视角关注生活，培养学生以理性、积极的态度和系统、创新的思维应对未知的挑战并提升学生科学态度与社会责任的核心素养。

（二）教材及学情分析

1. 教材分析

教材着重介绍三个方面的内容，即人类重要的营养物质、化学元素与人体健康和有机合成材料，是对初中化学知识的扩展与应用，体现了"从生活走进化学，从化学走向社会"的思想。教科书从化学物质与健康这个角度入手，首先引入了六大基本营养素的概念，较为具体地介绍了蛋白质、糖类、油脂和维生素在生命活动中的作用；其次以必需元素对健康的影响为重点讲述了化学元素与人体健康的关系；最后介绍了有机化合物和有机高分子的基本概念，分类讲述了常见的有机合成材料。从知识内容看，本单元属于知识的扩展与应用的范畴。新课标对它们的要求不高，多属于"知道""了解"层次。但该部分和人体健康关系密切，这些知识有利于丰富学生的生活常识，对学生感悟化学在改善和保护人体健康方面的重要作用有所帮助，也对培养学生对化学的热爱有很重要的意义。本单元与生活实际相结合，引导学生从化学的视角关注生活，提升学生科学态度与社会责任的核心素养。

【单元作业大概念架构】

（1）单元概念体系（见图2-106）。

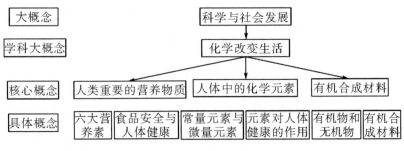

图2-106　单元概念体系

（2）核心内容结构（见图2-107）。

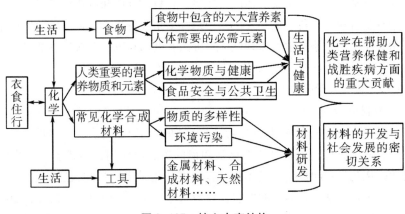

图2-107　核心内容结构

2. 学情分析

学生在生物中已学过本单元的一些内容，有一定的基础；对于有机合成材料，学生也已有一些来自生活的常识，学生在生活中接触了很多塑料、橡胶和纤维制品，对有机合成材料有一定的感性认识。但本单元侧重让学生了解营养物质对人类生命活动的重要意义及有机物与无机物的知识，由于学生缺乏有机物的知识，且这部分专有名词较多，学生学习起来会觉得陌生而枯燥，所以在教学中应充分体现学生的主体性地位，辅以必要的讲解，然后通过大量图片和事实引导学生关注生活，从而完成本单元的学习。

（三）作业设计展示

1. 作业评价目标

本单元涉及的化学物质与健康、科学和技术等都有助于解决社会问题。学生要在分析解决材料、健康问题时，综合考虑科学、技术、社会、环境之间的关系，体会化学是推动人类社会可持续发展的重要力量，树立建设美丽中国、为全球生态安全做出贡献的信念。这些内容能在潜移默化中提升学生的学科核心素养。我们将学科核心素养细化至本单元，制定以下单元学习目标：

（1）通过小组合作交流分析制作寿司所需的食材，能说出各类营养素与人体健康的关系及富含各类营养素的物质；依据生活实际的需要，制定出合理膳食的具体措施，进一步提高生活质量。

（2）通过自主学习，知道人体的元素组成，结合生活中的实例，熟记一些人体必需的常量元素和微量元素，能举例说出某些元素（如钙、铁、锌等）对人体健康的重要作用。

（3）通过对化学元素与人体健康的学习，从物质及其变化的视角认识化学与健康的关系，认识到人体必需元素要合理摄入，辩证看待元素对人体健康的影响，能帮助人们提高自我保护意识。

（4）通过对小组学习和制作寿司所用材料的分析，能准确区分出有机物和无机物，列举出常见的三大有机高分子合成材料并知道其性能和用途，认识化学在综合利用资源、科学使用材料、开发新材料方面的重要作用。

2. 常规作业设计

课前作业：

（1）结合自己的一日三餐，思考在这些食物中有哪些营养物质，你认为这些营养物质对你身体的作用是什么？

（2）你做过微量元素检查吗？在检查报告中提到了哪些微量元素？结合生活经验和所掌握的保健品常识，你认为人体中除了这些微量元素，还有什么重要的元素？

（3）你所熟悉的周围的生产生活用品都是用哪些材料制得的？尽可能多地进行举例。

课中作业：课中作业以真实情境（见图2-108）为载体，设计本单元的基本问题、任务和活动。

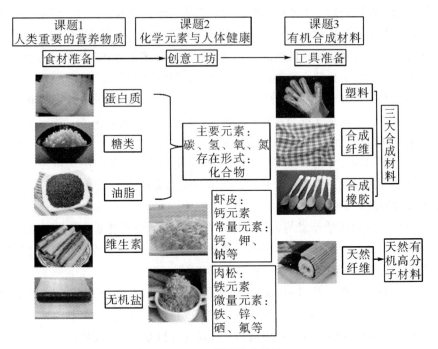

图 2-108　设置真实情境

基本问题：

问题1：我们的生命活动需要哪些营养物质，可通过什么方式补充我们所需的营养物质？

问题2：你的身体中都含有哪些元素呢？它们有什么作用？

问题3：形成化合物种类最多的元素是什么？生活中哪些物质中含有该元素？

情境引入：民以食为天，小明要外出野餐，准备携带一些营养丰富又方便的食物，他首先想到了味道鲜美的寿司。寿司其实最早起源于我们古老的中国，在公元200年即东汉末期，寿司已经在中国流传；宋朝年间，中国战乱频发，寿司成为逃难百姓的充饥食品。公元700年，寿司才传入日本；到了公元1700年，才在日本广泛流传。制作寿司需要准备哪些食材和用具呢？

任务1：了解制作营养全面的寿司需要准备的食材有哪些。

活动一：结合已有经验，探究你吃过或见过哪些类型的寿司。

活动二：小组交流讨论，结合生物课学过的知识，分组交流评判寿司的营养价值。

活动三：小组交流讨论，分析评估自己家的食谱，并给出改进建议。

任务 2：了解制作的寿司中含有人体需要的哪些元素。

活动一：小组讨论，寿司中主要有哪些营养元素？制作寿司过程中可以再点缀些什么？可以为人体补充什么营养元素？

活动二：查阅资料，讨论环境污染、饮食习惯等造成的地理环境疾病及其预防和治理措施。

活动三：讨论交流化学在帮助人类营养保健和战胜疾病方面的实例。

任务 3：了解制作寿司需要用到哪些工具，这些用具是由什么材料制得的。

活动一：结合课本表格与小组成员讨论，生活中重要的有机物以及它们在日常生活中的应用。

活动二：小组讨论交流，制作寿司用的工具中哪些含有有机物的成分。

活动三：查阅有关塑料循环再利用及新材料利用的资料，讨论交流家用材料的使用情况。

课后作业：

课题 1　人类重要的营养物质

【书面作业】

［基础达标］

1. "佛跳墙"是福州传统名菜。

（1）菜名源自诗句"坛启荤香飘四邻，佛闻弃禅跳墙来"。此诗句体现出分子的哪些性质_____（填一点即可）。

（2）"佛跳墙"的配料见表 2-93。

表 2-93　"佛跳墙"配料表

主料	鲍鱼、火腿、猪肚、鸡肉、猪蹄、鸽蛋等
辅料	葱、食盐、冰糖、绍兴酒等

其中属于糖类的是_____，富含蛋白质的有_____（填一种即可）。

2. "民以食为天"，而食物中也蕴含着丰富的化学知识。请回答下列问题：

（1）端午节人们食用粽子以纪念屈原。某种粽子的原料有糯米、食盐、火腿瘦肉、少量油等。从营养均衡的角度看，你认为其中还缺少的营养素为_____。

（2）大米、面粉主要含有的糖类物质是_____，它在人体内经过酶的催化最终会转化为_____（化学式为 $C_6H_{12}O_6$）。$C_6H_{12}O_6$ 在酶的催化下再进行缓慢氧化生成 CO_2 和 H_2O，并产生能量供机体活动和维持体温。写出该反应的化学方程式_____。

[能力提升]

3. 初中生小华在准备一次同学聚会时，设计了食谱（见表 2-94）。请你从营养和健康的角度，对该食谱做出评价（写出两条即可）。

表 2-94 小华准备的同学聚会食谱

主食	米饭、馒头
副食	烧鱼块、咸鸭蛋、红烧肉、油炸花生
饮料	牛奶、白酒

【实践作业】

[素养提升]

4. 新冠肺炎疫情再次扩散蔓延，我们都要减少外出。小明家也响应号召，出去一趟至少买够三天的菜，尽量减少外出。同时，细心的小明为了家人的健康，每次出门前都要合理规划三天的菜谱，让家人居家也能保证合理膳食、营养均衡。请你也为家人设计一份三天的菜单，保证每天都能营养均衡地摄入六大营养素。

课题 2　化学元素与人体健康

【实践作业】

[基础达标]

1. 收集家庭中通过食品添加剂来增加食品营养成分的物质，分析增加的营养成分对人体健康的影响。

[能力提升]

2. 收集药店的各种保健品，查看它们的标签或说明书以了解它们的主要成分，区分里面所含有的常量元素或微量元素，了解人体如何从日常食物中摄取这些元素以及这些元素对人体健康的作用。

[素养提升]

3. 网上收集关于地方性疾病的信息，与同学交流讨论地方性疾病的原因以及解决措施。

课题 3　有机合成材料

【书面作业】

[基础达标]

1. 近日国产某品牌压力 IH 电饭煲，在硬件性能上打破了日本电饭煲对高端市场的垄断，使国人爱上中国造。图2-109为该品牌电饭煲实物图：

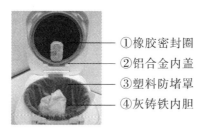

①橡胶密封圈
②铝合金内盖
③塑料防堵罩
④灰铸铁内胆

图2-109　电饭煲

（1）所标物质中，属于有机合成材料的是_____（填序号，下同），属于金属材料的是_____。

（2）塑料防堵罩应使用_____（填"热塑性"或"热固性"）较好的塑料。

（3）清洗铝合金内盖时，不能用金属清洁球擦拭的原因是_____。

（4）煮好米饭后打开锅盖，内盖上的水_____（填"是"或"不是"）软水，生活中区分软水与硬水的方法是加入_____。

【实践作业】

[素养提升]

2. 近两年新冠病毒的传播，让世界很多人都不得不带上了口罩。口罩能够很好地隔绝病毒的传播，保护着人们的身体不被感染。制作口罩的材料有哪些呢？选用一种类型的口罩为研究对象，以"探寻口罩的原材料"为题，撰写调查报告并与同伴交流探讨。

单元复习

【书面作业】

第24届冬季奥运会在北京和张家山举行。冬奥会举办时正是中国传统的春节期间，开幕式2月4日是正月初四，开幕式的当天恰巧是二十四节气中的立春。

①锦纶
②铝合金
③不锈钢

图2-110　刀冰鞋

1. 图2-110是速度滑冰运动员使用的刀冰鞋。所标注的物质中，属于有机合成材料的是＿＿＿＿＿＿（填序号，下同），属于金属材料的是＿＿＿＿＿＿。

2. "二十四节气"是我国上古农耕文明的产物，农耕生产与节气息息相关。

（1）夏至——夏至杨梅满山红，小暑杨梅要出虫。杨梅中含有丰富的钙、磷、铁，人体缺＿＿＿＿＿＿元素会引起贫血。

（2）白露——白露满地红黄白，棉花地里人如海。可用＿＿＿＿＿＿的方法鉴别棉花和合成纤维。

（3）冬至——俗语说"冬至饺子夏至面"，饺子皮和面条都富含的营养素是＿＿＿＿＿＿。

（四）教师设计单元作业属性表（见表2-95）

表2-95　单元作业属性表

课前作业			
功能指向：结合学生已有知识和生活经验，探测学生对本单元内容的掌握情况			
问题编号	目标指向	编写说明（设计意图）	学情简述
1	单元目标1	诊断学生对生物学中已经学过的营养物质的知识的掌握情况	学生在生物学中已经学习过食物中的营养物质
2	单元目标2、3	诊断学生对人体中元素的认知	学生对某些常见元素的作用比较熟悉，但缺乏系统的认识
3	单元目标4、5	诊断学生对元素之最的判断以及生活中各种物品成分的了解程度	学生在生活中接触过很多不同的材料，但只是有一定的感性认识；对于有机物概念还不太清楚
课中作业			
功能指向：通过知识竞赛、小组交流、实验等多种方式激发学生的认知冲突，实现概念的构建			
任务编号	目标指向	基本问题	编制说明	评价标准

表2-95(续)

1	单元 目标1	我们的生命活动需要哪些营养物质,可通过什么方式补充我们所需的营养物质?	通过制作寿司需要准备的食材巩固并再探究人体所需要的营养物质	能积极参与小组活动,与同伴分享交流,并给出合理建议
2	单元 目标2、3	你的身体中都含有哪些元素呢?它们有什么作用?	通过知识竞赛等方式激发学生的认知冲突,让学生在主动建构中理解科学概念	能积极参与小组活动,与同伴分享交流;通过交流讨论建构科学概念
3	单元 目标4、5	形成化合物种类最多的元素是什么?生活中哪些物质中含有该元素?	通过制作寿司所需要的工具探索物质的多样性	能积极参与小组活动,与同伴分享交流;通过实验和查阅资料认识物质的多样性

课后作业

功能指向:诊断学生对本单元知识的掌握情况,并适当进行拓展综合延伸

	作业 编号	作业 题型	目标指向	编制说明	创新点	评价标准
课题 1	1	书面作业	科学思维	巩固六大营养素以及富含各类营养素的物质的相关知识	通过以我国丰富的菜品为例创设情境,激趣导入	准确判断富含各类营养素的食物
	2	书面作业	化学观念	诊断学生对食物中六种营养素的辨别能力	利用中华民族的传统节日和美食创设问题情境,感受中华优秀传统文化	准确判断并记忆营养素在生命活动中的作用
	3	书面作业	科学思维	联系生活实际,诊断学生对合理膳食的理解情况	从与学生紧密联系的情境导入,更贴近生活	能制定出合理膳食的具体措施,进一步提高生活质量
	4	实践作业	科学态度	培养学生科学态度和社会责任的核心素养	结合社会热点问题,提升自己和家人的生活质量	合理搭配各种食物,并依据"平衡膳食宝塔"搭配食材

表2-95(续)

课题2	1	实践作业	科学思维	通过实践探究,知道人体的元素组成,并能举例说出某些元素（如钙、铁、锌等）对人体健康的重要作用	通过身边触手可及的各种物品创设情境,更贴近生活	准确判断一些营养元素和人体健康的关系
	2	实践作业	科学思维			
	3	实践作业	科学思维	诊断学生是都能辩证看待元素对人体健康的影响	通过收集资料了解一些地方性疾病以及解决措施,认识化学在帮助人类营养保健和战胜疾病方面的重大贡献	能举例说明某些疾病以及形成原因,帮助人们提高自我保护意识
课题3	1	书面作业	探究实践	收集学生对金属材料和合成材料的判断情况,同时融合金属的锈蚀和物质的鉴别	通过展示中国制造创设问题情境,展现大国风范,展示化学课程全面育人功能和价值的高度凝练,全面反映和落实化学课程的核心素养	能够准确判断所标注物质的类型并解释其中的原因
	2	实践作业	科学思维	进一步加深对天然材料和有机合成材料的理解	通过对口罩中所用到材料的探究学习,体会化学对社会生活生产的重要性	准确论述生活中的天然材料和有机合成材料
单元复习		书面作业	探究实践	考察对本单元知识的综合应用能力	通过北京冬奥会导入,并结合我国的"二十四节气"创设情境,整合单元重点知识	能够准确做出判断并归纳总结出其中的原因

（五）作业完成情况统计及分析

1. 作业设计与实施评估报告（见表2-96）

表2-96　作业设计与实施评估报告

课题序号	作业类型	作业序号	能力指向	认知水平	素养考察	难易程度	作业时长/分
课题1	书面作业	1	迁移	理解	科学思维	低	15
	书面作业	2	推理	分析	化学观念	中	
	书面作业	3	设计	分析	科学思维	中	
	实践作业	5	关联	理解	科学思维	中	
	实践作业	6	设计	分析	科学态度	难	
课题2	实践作业	1	辨识	记忆	科学思维	低	10
	实践作业	2	辨识	记忆	科学思维	低	
	实践作业	3	辨识	分析	科学思维	中	
课题3	书面作业	1	关联	理解	探究实践	低	10
	实践作业	2	辨识	分析	科学思维	难	

2. 作业设计质量和实施效果反思

本单元与生活联系紧密，所以作业设计从学生的实际出发，面向全体、突出作业的实践性。并且我们设计作业从学生的实际出发，兼顾全体学生，考虑每个学生原有的基础，依据最近发展区，建立基础题、中等题和素养提升题三种类型的题目，真正把作业分层落到实处。考虑本单元内容与生活联系很紧密，所以作业的设计也从书面作业到实践性作业，从基础知识的巩固到应用性，让学生通过动手操作巩固新知，结合生活中的各种情境加深对木单元内容的学习。

"双减"大背景下的作业，不再是课堂教学的附属，而是师生交流、学生间交流的平台，所以还有一些创新实践型作业，如本单元涉及围绕制作寿司的工具和食材，所以设计的单元活动作业包括为家人制作营养丰富的寿司，旨在减轻学生过重的学业负担，促进学生身心健康和核心素养的双向发展。整个单元的作业设计也是让学生真正体验到生活中处处有化学，注重引导学生从日常生活中寻找科学问题，从而乐此不疲、乐在其中地完成作业。

二、人教版教材《化学》九年级下册第十二单元《化学与生活》的"3 发展"作业之一：基于问题的作业——分析饮食结构中缺乏的营养物质

小明同学周末的时候总是不好好吃饭，经常用一桶泡面代替正餐，吃完的泡面桶随手乱丢。久而久之，小明相比较同龄同学身材矮小并且偶尔还有贫血的症状。请从合理膳食的角度分析小明的饮食结构中缺乏哪些营养素以及缺乏哪些必需元素，并从环境保护的角度分析小明的行为。

（一）作业目标设计

学生在生物课上已学过营养素和营养元素的知识，本作业设计旨在让学生通过分析泡面的营养成分，说出其中所缺的营养素与人体健康的关系及富含各类营养素的物质；并依据生活实际的需要，制定出合理膳食的具体措施，进一步提高生活质量。本作业在设计中还通过分析案例中长期不良生活习惯所导致的症状，让学生进一步明确人体的元素组成，并熟记一些人体必需的常量元素和微量元素对人体健康的重要作用。认识到人体必需元素要合理摄入，辩证看待元素对人体健康的影响，能帮助人们提高自我保护意识。

（二）作业环节设计

1. 确立挑战性的学习主题

本作业的设计主题围绕的情境素材为：小明同学周末的时候总是不好好吃饭，经常用一桶泡面代替正餐，吃完的泡面桶随手乱丢。久而久之，小明相比较同龄同学身材矮小并且偶尔还有贫血的症状。课标要求能辨识食物中的营养素和营养元素，简要说明其对人体健康的作用。这也是本单元关于营养素和营养元素的核心知识，并且能和生物课上已学过的知识充分结合。

2. 驱动性问题设计

请从合理膳食的角度分析小明的饮食结构中缺乏哪些营养素以及缺乏哪些必需元素，并从环境保护的角度分析小明的行为。

3. 作业复杂任务设计

学生通过分析案例独立完成，通过分析泡面中的营养素成分，得出缺少哪些营养素和营养元素，再结合案例中提到的长期下去所导致的症状分析这些营养素和营养元素对人体的重要作用。学生最后要结合泡面桶的处理方法从环境保护的角度分析案例中的行为，巩固本单元的重点知识。

4. 作业成果呈现

学生以研究报告的形式，从营养素、营养元素和环境保护三个方面分析题目。

5. 作业评价设计（详见表 2-97 和表 2-98）

表 2-97　《分析饮食结构中缺乏的营养物质》作业编码表

情境	小明同学周末的时候，总是不好好吃饭，经常用一桶泡面代替正餐，吃完的泡面桶随手乱丢	
	评价维度	核心素养
问题	问题 1：请从合理膳食的角度分析小明的饮食结构中缺乏哪些营养素	科学思维
	问题 2：请从合理膳食的角度分析小明的饮食结构中缺乏哪些营养元素	科学思维
	问题 3：从环境保护的角度分析小明的行为	科学态度
任务	任务 1：分析泡面中的营养素成分	科学思维
	任务 2：通过症状分析小明所缺乏的营养元素	科学思维
	任务 3：通过小明对泡面桶的处理分析其所造成的环境问题	科学态度

表 2-98　《分析饮食结构中缺乏的营养物质》作业表现性评价标准

表现水平	质量标准
水平 1	结合小明的生活习惯，指出其饮食结构中缺乏的某一种营养素，没有明确指出其行为对环境造成的影响
水平 2	结合小明的生活习惯或出现的症状，指出其饮食结构中缺乏的某一种营养素或必需元素，知道其行为对环境会造成影响
水平 3	结合小明的生活习惯和出现的症状，指出其饮食结构中缺乏的营养素和必需元素，知道其行为会造成严重的环境污染
水平 4	结合小明的生活习惯和出现的症状，准确分析出其饮食结构中缺乏的营养素和必需元素，并明确指出其行为会对环境造成严重的白色污染

6. 部分学生作业设计（如图 2-111 至图 2-114 所示）

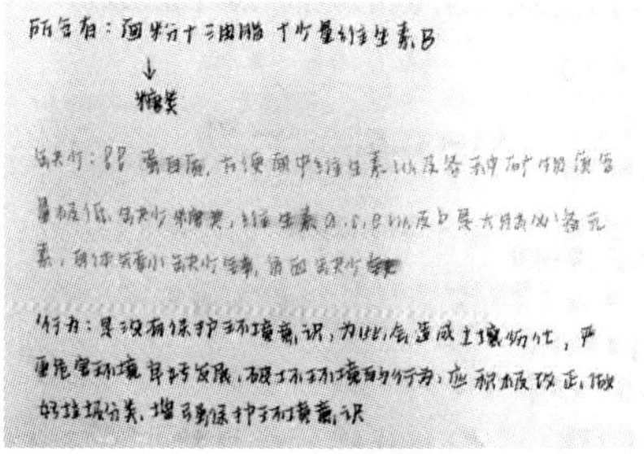

图 2-111　分析小明饮食结构（水平 2）

图2-112　分析小明饮食结构（水平2）

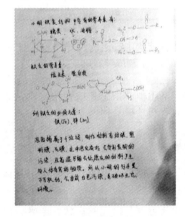

图2-113　分析小明饮食结构（水平3）

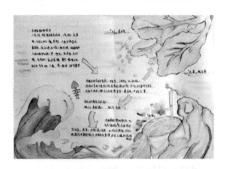

图2-114　分析小明饮食结构（水平4）

三、人教版教材《化学》九年级下册第十二单元《化学与生活》的"3发展"作业之二：基于设计的作业——自制三天合理膳食菜单

新冠肺炎疫情再次扩散蔓延，我们都要减少外出。小红家也响应号召，出去一趟至少买够三天的菜，尽量减少外出。同时，细心的小红为了家人的健康，每次出门前都要合理规划三天的食谱，让家人居家也能保证合理膳食、营养均衡。请你也为家人设计一份三天的菜单，保证每天都能营养均衡地摄入六大营养素。

（一）作业目标设计

学生在七八年级的生物课上学习过食物中的营养物质，新课标对它们的要求不高，多属于"知道""了解"层次。但该部分和人体健康关系密切，这些知识有利于丰富学生的生活常识，对学生感悟化学在改善和保护人体健康方面的重要作用有所帮助，也对培养学生对化学的热爱有很重要的意义。本作业的设计结合新冠肺炎疫情防控的形式，从实际生活出发，让学生动手设计一个三天的菜单，不仅是对课本营养素知识的巩固，更是引导学生从化学的视角关注生活，提升学生科学态度与社会责任的核心素养。

（二）作业环节设计

1. 确立挑战性的学习主题

本作业的设计主题围绕的情境素材为：新冠肺炎疫情再次扩散蔓延，我们都要减少外出。小红家也响应号召，出去一趟至少买够三天的菜，尽量减少外出。本作业由以上情境导入，紧扣能辨识食物中的营养素的课标要求，引导学生从平衡膳食的角度合理规划出三天的食谱，有计划地出门采购。

2. 确定驱动性问题设计

我们的生命活动需要的营养物质，可通过合理规划一日三餐来摄取。小红为了家人的健康，每次出门前都要合理规划三天的食谱，让家人居家也能保证合理膳食、营养均衡。如何为家人设计一份三天的菜单，保证每天都能营养均衡地摄入六大营养素？

3. 作业复杂任务设计

学生通过小组设计或者和家庭成员配合协作完成，保证每天的菜单都不重样且荤素营养搭配合理；也可从菜的色香味方面更进一步地完善方案，增强活动的趣味性和挑战性。这样可促进学生探究能力和创新能力的提升。

4. 作业成果呈现

作业以菜单的形式呈现。学生提交制定的菜单的照片，从营养素和合理膳食两个方面分析菜单。

5. 作业评价设计（见表2-99）

表2-99　《自制三天合理膳食菜单》作业表现性评价标准

表现水平	质量标准
水平1	为家人设计出一天的菜单，未指明每一餐饭中所包含的营养素，在设计的菜单中有缺失的营养素
水平2	为家人设计出一份三天的菜单，指出了每一餐饭中所包含的营养素，设计的菜单中某一天有缺失的营养素
水平3	能根据家人的饮食习惯，有针对性地为家人设计出一份三天的菜单，未指明每一餐饭中所包含的营养素，每一天的菜单中都包含有六大营养素
水平4	能根据家人的饮食习惯，有针对性地为家人设计出一份三天的菜单，并准确分析出每一餐饭中所包含的营养素，保证每一天的菜单中都包含有六大营养素且膳食合理、营养均衡

6. 部分学生作业设计（如图2-115至图2-120所示）

图2-115　自制三天合理膳食菜单1

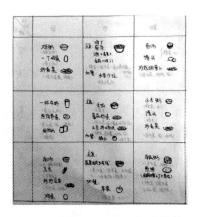

图2-116　自制三天合理膳食菜单2

图 2-117　自制三天合理膳食菜单 3

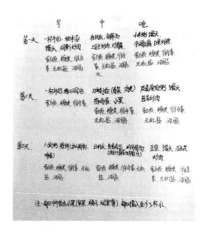

图 2-118　自制三天合理膳食菜单 4

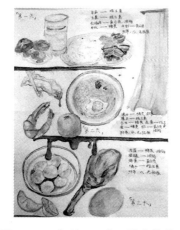

图 2-119　自制三天合理膳食菜单 5

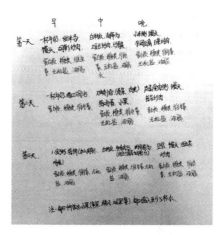

图 2-120　自制三天合理膳食菜单 6

四、人教版教材《化学》九年级下册第十二单元《化学与生活》的"3 发展"作业之三：基于项目的作业——为特定项目运动员制订饮食计划

随着人们对生活质量要求的逐步提高，体育锻炼已成为人们科学而又健康的生活方式，不同的体育锻炼项目对于锻炼者的饮食也有着不同的要求。比如竞技体操类一般要求有较强的力量、速度和良好的协调性，同时对神经系统的要求较高。运动员为完成复杂的高难度动作，经常需要控制体重、体脂水平，所以应限制油脂类食物的摄入量，使体脂和机能达到最佳水平。再比如有氧健身健美操锻炼者，机体总能量消耗大，所以在饮食中应供应充足的碳水化合

物，以增加机体糖原储备；同时也要补充优质低脂的蛋白质食物，以保证肌肉的质量和力量。请确定一种体育项目，从合理膳食的角度为特定项目的运动员制订合理的饮食计划。

（一）作业目标设计

九年级的学生已经进行过很多年的体育锻炼，且九年级面临着中招体育测试，对于体育锻炼中的运动方式有一定的认识。学生在生物课上已学过营养素和营养元素的知识，本作业的设计就是把营养素和体育锻炼方式进行跨学科的融合，使学生通过分析不同的体育锻炼项目，明确一定的运动方式，并结合运动方式分析出锻炼者的饮食需求，继而认识营养素对不同群体健康的作用。本作业希望让学生认识到在解决实际问题时，需要综合运用各学科知识，采用合适的方法和工具，以及系统规划和实施，体会化学是推动人类可持续发展的重要力量。

（二）作业环节设计

1. 确立挑战性的学习主题

本作业的设计主题围绕的情境素材为：随着人们对生活质量要求的逐步提高，体育锻炼已成为人们科学而又健康的生活方式，不同的体育锻炼项目对于锻炼者的饮食也有着不同的要求。课标要求学生在解决实际问题时，能综合运用各学科知识，采用合适的方法和工具，以及系统规划和实施；能辨识食物中的营养素和营养元素，简要说明其对人体健康的作用。这也是本单元关于营养素的核心知识，并且和体育进行跨学科的结合。

2. 驱动性问题设计

请确定一种体育项目，从合理饮食的角度为特定项目的运动员制订合理的饮食计划。

3. 作业复杂任务设计

学生通过查阅资料和小组成员共同设计完成作业。学生要先确定一种运动项目，再分析出该项目的运动方式，结合运动方式分析出锻炼者的饮食需求，并通过饮食需求制订合理的饮食计划，最后将体育锻炼和合理膳食结合在一起。

4. 作业成果呈现

学生以研究报告的形式呈现作业，结合运动方式设计合理的饮食方案。

5. 作业评价设计（见表2-100和表2-101）

表2-100　《为特定项目运动员制订饮食计划》作业编码表

评价维度		核心素养
情境	随着人们对生活质量要求的逐步提高，体育锻炼已成为人们科学而又健康的生活方式，不同的体育锻炼项目对于锻炼者的饮食也有着不同的要求	
问题	问题1：体育运动项目都有哪些，举例并说明其中几种	科学观念
	问题2：这些运动项目对运动员有怎样的要求？	科学思维
	问题3：针对特定的运动要求，如何合理规划运动员的饮食结构	科学态度
任务	任务1：确定一种合适的体育运动项目	科学观念
	任务2：请从体育运动的角度分析该运动项目对运动员的要求	科学思维
	任务3：从合理膳食的角度为特定运动员制订合理的饮食计划	科学态度

表2-101　《为特定项目运动员制订饮食计划》作业表现性评价标准

表现水平	质量标准
水平1	没有确定具体的运动项目，直接提出大众普遍的饮食需求，没有针对性地制订出合理的饮食计划
水平2	先确定了一种运动项目，直接根据运动项目分析出锻炼者的饮食需求，制订出了简单的饮食计划
水平3	先确定了一种运动项目，简单分析出了该项目的运动方式，结合运动方式总结出锻炼者的饮食需求，并通过饮食需求制订出较为合理的饮食计划
水平4	先确定了一种运动项目，能很好地分析出该项目的运动方式，结合运动方式分析出锻炼者的饮食需求，并通过饮食需求制订出非常合理的饮食计划

6. 部分学生作业设计（如图2-121和图2-122所示）

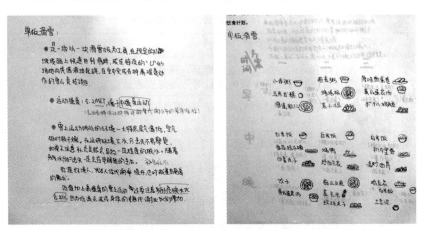

图2-121　学生作品1

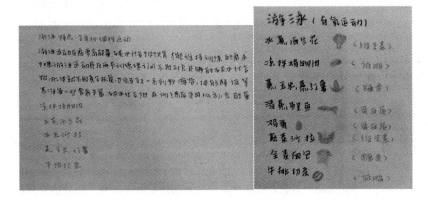

图2-122　学生作品2

第十一节 对人教版教材《生物学》七年级下册"人体生命活动的能量供给"的单元作业设计

【作者信息】崔芳 李一帆 吴永梅 李烁 郭敏①

【适用年级】七年级

一、对人教版教材《生物学》七年级下册"人体生命活动的能量供给"的常规作业设计

说明：本作业任务将人教版《生物学》七年级下册第四单元《生物圈中的人》中第二章《人体的营养》、第三章《人体的呼吸》、第四章《人体内物质的运输》的内容进行整合，紧紧围绕"人体生命活动的能量供给"这一主题，以小明同学参加2021年郑开马拉松赛的大情境为背景贯穿始终，帮助学生理解"营养物质的消化和吸收，人体的呼吸和发生在肺内的气体交换，有机物和氧气是如何在人体内运输"的相关知识。

（一）课标内容及要求

1. 人的食物来源于环境（见表2-102）

表2-102 "人的食物来源于环境"课标内容及要求

具体内容	活动建议
说出人体需要的主要营养物质	—
描述人体消化系统的组成	—
概述食物的消化和营养物质的吸收过程	探究发生在口腔内的化学消化；制作小肠壁结构的模型
设计一份营养合理的食谱	收集食物营养成分的资料，制订合理的膳食计划
关注食品安全	调查当地有关食品安全问题的实例

---

① 崔芳为郑州市郑东新区基础教育教学研究室生物学科教研员，李一帆、吴永梅、李烁、郭敏为郑州市第九十六中学教师。

2. 人体生命活动的能量供给（见表 2-103）

表 2-103   "人体生命活动的能量供给"课标内容及要求

具体内容	活动建议
描述人体血液循环系统的组成	观察血涂片； 解读血常规化验的主要数据； 模拟"血型鉴定"，有条件的学校观看血型鉴定的录像，理解血型与输血的关系
概述血液循环	观察小鱼尾鳍内血液流动的现象
描述人体呼吸系统的组成	—
概述发生在肺部及组织细胞处的气体交换过程	验证人体呼出的气体中含有较多的二氧化碳
说明能量来自细胞中有机物的氧化分解	探究几种食物热价的差异

本单元对应《义务教育生物学课程标准（2011 年版）》10 个一级主题中第 5 个一级主题"生物圈中的人"的 2 个二级主题"人的食物来源于环境""人体生命活动的能量供给"。本单元围绕"人体生命活动的能量供给"这一主题，分为三个专题，分别是"能量来源于食物中的有机物""呼吸作用释放能量需要氧气""人体内物质的运输"。

（二）教材及学情分析

1. 内容结构

本单元内容以人体的生理活动为主线来安排，让学生了解人体生理活动如何进行，以及人体有关系统基本的解剖结构，形成结构与功能相适应的生物学观点。同时，本部分内容又贯穿了人体生命活动对生物圈环境的依存、适应和影响的生物学观点。

2. 学习内容

本单元学习内容包括人教版《生物学》七年级下册第四单元《生物圈中的人》中第二章《人体的营养》、第三章《人体的呼吸》、第四章《人体内物质的运输》。

3. 重难点

（1）重点：人体需要的主要营养物质；各类营养物质的主要作用；人体消化系统的组成；食物的消化和营养物质的吸收过程；尝试设计一份营养合理的食谱；关注食品安全；呼吸道的作用；肺与外界的气体交换过程；血液的组成成分和各成分的主要功能；动脉、静脉与毛细血管的特点与功能；心脏的结构与功能；血液循环的途径；ABO血型的类型以及安全输血的原则；认同无偿献血制度，树立健康成年公民应当积极参加无偿献血的意识。

（2）难点："测定某种食物中的能量"的探究活动；食物的消化和营养物质的吸收过程；探究馒头在口腔中的变化；了解什么是合理营养；设计一份营养合理的食谱；肺与外界的气体交换过程；用显微镜观察人血的永久涂片并识别血细胞；观察小鱼尾鳍内血液流动的现象，区别动脉与静脉；观察动物（猪或羊）心脏的结构；认同无偿献血制度，树立健康成年公民应当积极参加无偿献血的意识。

4. 核心素养结合点

学生在七年级上学期已经掌握了呼吸作用的原理及过程，知道细胞通过呼吸作用为生命活动提供能量。那么人体细胞呼吸作用所需的有机物和氧气从何而来？学习本单元内容，可以让学生在这方面加深认识。

通过本单元的学习，学生可以理解有关营养物质的消化和吸收的知识，理解人体的呼吸和发生在肺内的气体交换，以及有机物和氧气是如何在人体内运输，从而为细胞生命活动提供能量的。但学生对于人体内物质的运输还没有清晰的概念，因此要帮助学生理解人体内物质的运输必须要依靠血液循环来完成，血液循环系统包括心脏、血管和血液三部分。

本单元作业以情境为载体将知识转化为素养，帮助学生理解人体结构和功能相适应的特点，理解物质与能量的关系，从而理解人的各种生命活动，形成"生命观念"这一核心素养。

（三）作业设计展示

1. 专题一：能量来源于食物中的有机物

【作业目标】

（1）能运用物质与能量观，说出人体需要的主要营养物质和各类营养物质的主要作用。

（2）能运用结构与功能观，描述人体消化系统的组成，概述食物消化和吸收的过程，阐明小肠的结构与功能相适应的特点。

（3）探究馒头在口腔中的变化。

【课前作业】

问题1：小明同学参加2021年郑开马拉松赛，他跑步时所需要的能量，主要是从哪里得到的？请结合你的生活经验，把你知道的写下来。

【课中作业】

任务1：说出人体需要的主要营养物质和各类营养物质的主要作用。

小明同学参加马拉松比赛前，早餐吃了馒头、火腿肠、鸡蛋和牛奶，这些食物中各包含哪些营养物质，各类营养物质有什么作用呢？

任务2：描述人体消化系统的组成，概述食物消化和吸收的过程，阐明小肠的结构与功能相适应的特点。

小明的早餐中各类营养物质的消化和吸收过程是怎样的？

任务3：探究馒头在口腔中的变化。

小明早餐所吃的馒头在口腔中发生了什么变化？

【课后作业】

作业1：小明同学参加马拉松比赛前吃了馒头、火腿肠、鸡蛋和牛奶。这些食物在他身体内会有什么样的经历呢？请以"食物在身体内的旅行"为题，写一篇科普小文章。

2. 专题二：呼吸作用释放能量需要氧气

【作业目标】

（1）描述人体呼吸系统的组成。

（2）概述发生在肺部及组织细胞处的气体交换过程。

（3）能运用结构与功能观，举例说出呼吸系统各器官结构与其功能相适应的特征。

【课前作业】

问题1：小明同学在参加马拉松比赛时，呼吸作用释放能量需要的氧气是怎样进入体内的？

【课中作业】

任务1：认识人体呼吸系统的组成，举例说出呼吸系统各器官结构与其功能相适应的特征。

小明在跑步时，用鼻子吸气、用嘴呼气，而不是张大嘴巴吸气和呼气，你知道其中的道理吗？

任务2：概述发生在肺部及组织细胞处的气体交换过程。

小明同学在参加马拉松比赛时，呼吸作用释放能量需要的氧气是怎样进入体内的？说一说氧气到达身体各部位的"旅程"，以及它们在"旅途"中的"遭遇"。

【课后作业】

作业1：自制改进的"模拟呼吸运动"实验装置。

3. 专题三：人体内物质的运输

【作业目标】

（1）说出血液由哪些成分组成及各种成分的功能。

（2）识别人体有哪几种血管及了解不同血管的特点与功能。

（3）能运用结构与功能观，描述心脏的结构和功能，阐明血液循环的途径。

（4）说出血型的类型及安全输血的原则。

【课前作业】

问题1：小明同学在参加马拉松比赛时，有机物和氧气在体内是如何运输的？

【课中作业】

任务1：认识血液的组成及各种成分的功能。

参加奥运会马拉松比赛的运动员为什么在比赛之前到高原训练？

任务2：识别人体有哪几种血管及了解不同血管的特点与功能。

在马拉松比赛时，有的运动员会因创伤出血，有时血液只是少量地渗出，有时是缓慢地流出暗红色的血液，最为严重的则是喷射出鲜红色的血液。为什么会有不同的出血情况呢？

任务3：描述心脏的结构和功能，阐明血液循环的途径。

小明在马拉松比赛时心跳会加快，这样可以保证心脏输出的血量能够满足机体的需要。那么，血液在体内是怎样循环流动的？

任务4：说出血型的类型及安全输血的原则。

在马拉松比赛的赛项准备中，会有医疗机构的卫生保健应急预案，其中包含急救和输血，你知道安全输血的原则是什么吗？

【课后作业】

作业1：图2-123是人体消化、呼吸、循环过程示意图，请据图回答下列问题：

（1）在消化道内，蛋白质首先在_____内被初步分解，随后进入_____被彻底分解为_____，经过过程A_____进入循环系统，随着血液运往全身各处。

（2）人体的呼吸系统由_____和_____组成。过程B表示肺与外界的气体交换，过程D表示_____与_____间的气体交换。

（3）吸气过程中，肋间肌和膈肌处于_____状态。此时，肺内气压_____（填"小于"或"大于"）外界气压。

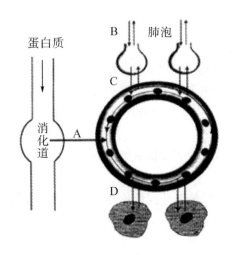

图 2-123　人体消化、呼吸、循环过程示意图

（四）教师设计单元作业属性表

专题一"能量来源于食物中的有机物"的单元作业属性表（见表 2-104）。

表 2-104　"能量来源于食物中的有机物"的单元作业属性表

课前作业			
功能指向：探测学情，探查学生"哪儿不会""会多少""会的深浅"			
问题编号	目标指向	编写说明（设计意图）	学情简述
问题1	目标1：能运用物质与能量观，说出人体需要的主要营养物质和各类营养物质的主要作用	课前作业让学生初步感知"能量"，引导学生结合生活经验思考关于能量的知识，帮助教师把握学情	学生对主要的营养物质有简单的认识，但并不全面

课中作业				
功能指向：侧重建构概念，让学生体会知识所承载的"方法、能力和学科思想"				
任务编号	目标指向	基本问题	编制说明	评价标准
任务1	目标1	小明同学参加马拉松比赛前，早餐吃了馒头、火腿肠、鸡蛋和牛奶，这些食物中各包含有哪些营养物质，各类营养物质有什么作用呢？	在真实的情境中让学生认识食物中含有哪些营养物质	优秀：能答出这些食物中含有的主要营养物质，及相应的作用 良好：能答出问题中部分营养物质，及其相应的作用 合格：能简单答出个别营养物质及其相应的作用 还需努力：不能答出其中含有的营养物质

表2-104(续)

任务2	目标2	小明的早餐中各类营养物质的消化和吸收过程是怎样的?	利用真实情境让学生认识各类营养物质的消化和吸收过程	优秀：能准确概述各类营养物质消化和吸收过程 良好：能简单描述各类营养物质的消化和吸收过程 合格：能答出部分营养物质消化和吸收的过程 还需努力：不能答出任一营养物质的消化过程
任务3	目标3	小明早餐所吃的馒头在口腔中发生了什么变化?	借助探究实验分析馒头在口腔中的变化，提升学生分析问题、解决问题及科学探究的能力	优秀：能小组合作交流，自主开展探究实验 良好：能小组合作交流，初步设计实验方案并实施 合格：能小组合作交流，能简单设计实验方案 还需努力：小组交流不充分，不能开展探究

课后作业

功能指向：诊断与发展，基于认识发展、回归社会生活、适当抽象综合

作业编号	作业题型	目标指向	编制说明	创新点	评价标准
作业1	科普小文章	目标1、2、3	通过此作业，进一步说明能量来源于食物中的有机物，而这些有机物需要从食物中通过消化系统进行消化和吸收，以备运输到身体的所有细胞中	学生将知识应用于真实情境中，考查学生分析问题、处理问题的能力。在此过程中，促进学生进一步形成生物体是统一整体的观念，理解结构与功能相适应的生物学科思想方法	优秀：过程表述清晰完整，语言流畅生动，无知识性错误 良好：过程表述完整，语言流畅，无知识性错误 合格：过程表述基本完整，存在少量知识性错误 还需努力：过程表述不全，存在较多知识性错误

专题二"呼吸作用释放能量需要氧气"的单元作业属性表（见表2-105）。

表2-105 "呼吸作用释放能量需要氧气"的单元作业属性表

课前作业			
功能指向：探测学情，探查学生"哪儿不会""会多少""会的深浅"			
问题编号	目标指向	编写说明（设计意图）	学情简述
问题1	目标1、2	课前作业让学生回顾呼吸作用，设置开放性问题，引导学生思考关于呼吸的知识，帮助教师把握学情	学生简单答出鼻、气管等呼吸道的部分组成，缺乏对呼吸系统、发生在肺内的气体交换的认识

课中作业				
功能指向：侧重建构概念，体会知识所承载的"方法、能力和学科思想"				
任务编号	目标指向	基本问题	编制说明	评价标准
任务1	目标1、3	小明在跑步时，用鼻子吸气、用嘴呼气，而不是张大嘴巴吸气和呼气，你知道其中的道理吗？	此任务通过帮助学生认识呼吸系统的组成，以及呼吸系统各器官结构与功能相适应的特征	优秀：能准确认识人体呼吸系统的组成，并举例说明各器官的功能 良好：能认识人体的呼吸系统组成，能说出个别器官的功能 合格：能说出部分人体呼吸系统的组成及功能 还需努力：完全不能准确答出呼吸系统的组成器官及其功能
任务2	目标1、2、3	小明同学在参加马拉松比赛时，呼吸作用释放能量需要的氧气是怎样进入体内的？说一说氧气到达身体各部位的"旅程"，以及它们在"旅途"中的"遭遇"	此任务通过描述氧气从外界到达支气管或肺部的过程，从而体现人体呼吸系统的组成，描述呼吸道对空气的处理；同时让学生理解肺与外界的气体交换和肺泡与血液的气体交换是怎样进行的	优秀：能准确描述氧气进入呼吸道的各部位的顺序，及发生在肺内、血液间气体交换的过程 良好：能较为完整地描述氧气进入呼吸道的各部位的顺序，及发生在肺内、血液间气体交换的过程 合格：能说出氧气进入呼吸道的各部位的顺序，基本能描述出部分发生在肺内、血液间气体交换的过程 还需努力：不能说出氧气进入呼吸道各部位的顺序，不能说出发生在肺内、血液间气体交换的过程相关知识

表2-105(续)

课后作业					
功能指向：诊断与发展，基于认识发展、回归社会生活、适当抽象综合					
作业编号	作业题型	目标指向	编制说明	创新点	评价标准
作业1	模型制作	目标1、2、3	肺与外界的气体交换过程是学生不容易理解的难点。通过学生动手制作模型，帮助学生直观感受膈肌变化与胸廓容积变化之间的关系，进一步形成结构与功能观	提升学生自主发现问题、动手解决问题的能力及实践创新能力，发展科学思维、科学探究的核心素养，形成劳动意识、探究意识、创新意识，培养学生高阶思维能力	优秀：模型制作美观，能有效模拟胸廓和膈肌的变化 良好：模型较为美观，能简单模拟胸廓和膈肌的变化 合格：模型结构完整，只能体现膈肌的变化 还需努力：模型结构不完整，不能模拟胸廓或膈肌的变化

专题三"人体内物质的运输"的单元作业属性表（见表2-106）

表2-106　"人体内物质的运输"的教师设计单元作业属性表

课前作业			
功能指向：探测学情，探查学生"哪儿不会""会多少""会的深浅"			
问题编号	目标指向	编写说明（设计意图）	学情简述
问题1	目标3	课前通过真实情境中的开放性问题，引导学生思考关于人体内物质运输的相关知识，帮助教师把握学情	学生对于呼吸作用中物质和能量的变化情况有所遗忘，仅能回答气体含量的变化

表 2-106（续）

课中作业				
功能指向：侧重建构概念，体会知识所承载的"方法、能力和学科思想"				
任务编号	目标指向	基本问题	编制说明	评价标准
任务1	目标1	参加奥运会马拉松比赛的运动员为什么在比赛之前到高原训练？	此任务通过创设情境，让学生在解决问题的同时掌握血液的组成及各种成分的功能	优秀：能准确答出问题相关的血液成分及其功能 良好：能答出问题相关的血液成分，或基本原理 合格：能答出相关血液成分，对功能描述不确切 还需努力：不能描述相关的血液成分及其功能
任务2	目标2	在马拉松比赛时，有的运动员会因创伤出血，有时血液只是少量地渗出，有时是缓慢地流出暗红色的血液，最为严重的则是喷射出鲜红色的血液。为什么会有不同的出血情况呢？	此任务通过学生熟知的真实情境下的问题，让学生对血液、血管、血型的组成及类型进行初步认知；同时通过探究"心脏的结构"，理解血液是怎样循环流动的	优秀：能依据情境，准确判断不同的血管，并说明不同血管的特点及功能 良好：能依据情境，准确判断不同的血管，简要说出不同血管的特点及功能 合格：能依据情境，判断出部分血管，说出部分血管的特点及功能 还需努力：不能依据情境判断血管，不能描述对应血管的功能
任务3	目标3	小明在马拉松比赛时心跳会加快，这样可以保证心脏输出的血量能够满足机体的需要。那么，血液在体内是怎样循环流动的？	此任务通过特定情境阐明心脏的结构、功能及血液循环的途径，同时让学生形成结构与功能相统一的观点	优秀：能完整流畅地说出血液循环的途径 良好：能完整说出血液循环的途径 合格：能说出部分血液循环的途径 还需努力：不能说出血液循环的任一环节

表2-106（续）

任务4	目标4	在马拉松比赛的赛项准备中，会有医疗机构的卫生保健应急预案，其中包含急救和输血。你知道安全输血的原则是什么吗？	此任务让学生在真实的情境中掌握血型及安全输血的相关原则	优秀：能全面答出血型的类型，灵活掌握安全输血的原则 良好：能答出血液的类型，及安全输血的原则 合格：能答出血液的类型，及部分安全输血原则 还需努力：不能区分血液的类型，不能说出安全输血原则

课后作业

功能指向：诊断与发展，基于认识发展、回归社会生活、适当抽象综合

作业编号	作业题型	目标指向	编制说明	创新点	评价标准
作业1	纸笔测验	目标1、2、3	此作业为人体新陈代谢的部分生理过程的示意图，包括食物的消化和吸收、血液循环、呼吸运动、肺泡内的气体交换、细胞中有机物的氧化分解等生理过程，综合性较强。在单元结束后进行此课后作业。此作业较好地体现了本单元横向、纵向知识间的联系，考查了学生对知识的迁移、应用能力，体现出课后作业的诊断功能	将不同的系统加以联系，巧妙设计物质在不同系统中的变化情况，既考查了知识，又考查了学生的迁移能力，体现了生物体的统一性	优秀：能准确分析题干，写出每道题的正确答案 良好：能分析题干，准确写出大部分题目的答案 合格：能简要分析题干，出错率较低 还需努力：不能分析题干，出错率较高

（五）作业完成情况统计及分析

本单元作业设计以《作业设计与实施评估表》（见表 2-107）为依据，包含作业设计意图、作业时长和实施效果等，其中实施效果重点以能力指向、认知水平和难易程度来评估。经学生反馈、实践评估，我们分析发现实施效果良好。作业达成程度：优占 87%，良占 8%，中、及格分别占 2.7%、2.2%（见图 2-124）。本单元作业设计形式多样，突出了学生自我学习的主体性，激活了学生主动参与的热情，学生学习观逐渐转变。

作业实施效果统计

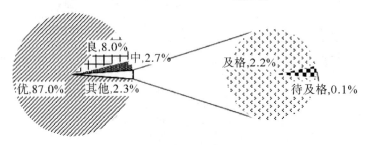

图 2-124　作业实施效果统计

表 2-107　作业设计与实施评估表（课前、课中）

项目	人教版七年级《生物学》下册	作业设计意图	作业时长	实施效果		
				能力指向	认知水平	难易程度
"人体生命活动的能量供给"单元作业	小明同学参加马拉松比赛前吃了馒头、火腿肠、鸡蛋和牛奶。这些食物在他身体内会有什么样的经历呢？请以"食物在身体内的旅行"为题，写一篇科普小文章	通过此作业，进一步说明能量来源于食物中的有机物，而这些有机物需要从食物中获取，并通过消化系统进行消化和吸收，以备运输到身体的所有细胞中。此作业让学生将知识应用于真实情境中，考查学生分析问题、处理问题的能力。在此过程中，促进学生进一步形成生物体是统一整体的观念，理解结构与功能相适应的生物学科思想方法	15分钟	与已有技能建立联系	理解水平	容易

表2-107（续）

项目	人教版七年级《生物学》下册	作业设计意图	作业时长	实施效果		
				能力指向	认知水平	难易程度
"人体生命活动的能量供给"单元作业	小明同学在参加马拉松比赛时，呼吸作用释放能量需要的氧气是怎样进入体内的？说一说氧气到达身体各部位的"旅程"，以及它们在"旅途"中的"遭遇"	此作业让学生通过描述氧气从外界到达支气管或肺部的过程，从而说出人体呼吸系统的组成，描述呼吸道对空气的处理；同时理解肺与外界的气体交换和肺泡与血液的气体交换是怎样进行的	15分钟	在原型示范和具体指导下完成操作	理解水平	适中
	自制改进的"模拟呼吸运动"实验装置，利用生活中常见的材料或固废材料制作膈肌运动模型	学生通过动手制作模型，直观感受膈肌变化与胸廓容积变化之间的关系，进一步形成结构与功能观	20分钟	独立完成操作	应用水平	适中
	画有机物和氧气运输路径示意图。请以你腿部的一个肌肉细胞为例，以示意图的形式画出有机物和氧气运输至该肌肉细胞的过程。	通过让学生画示意图，将抽象、微观的概念直观呈现出来，增加学生对知识的理解，使学生主动参与学习过程，积极思考，提高学生的生物学科核心素养	15分钟	与已有技能建立联系	应用水平	较难

二、人教版教材《生物学》七年级下册第四单元"人体生命活动的能量供给"的"3发展"作业之一：基于设计的作业

说明：本作业属性为"基于设计的作业"，教材来源为普通初中《生物学》教科书（人教版2012版），内容为七年级《生物学》下册第四单元第三章《人体的呼吸》第二节《发生在肺内的气体交换》，位于整合后"人体生命活动的能量供给"的单元中专题二"呼吸作用释放能量需要氧气"，对应的课标要求为"概述发生在肺部及组织细胞处的气体交换过程"，适合对象为七年级学生。

（一）"基于设计的作业"目标设计

1. 课标内容及要求（见表2-108）

表2-108　"人体生命活动的能量供给"的"基于设计的作业"课标内容及要求

具体内容	活动建议
概述发生在肺部及组织细胞处的气体交换过程	验证人体呼出的气体中含有较多的二氧化碳

此项作业对应《义务教育生物学课程标准（2011年版）》10个一级主题中第5个一级主题"生物圈中的人"的二级主题"人体生命活动的能量供给"，所要求达到的能力层级为理解水平中的概述。

2. 学情分析

肺与外界的气体交换涉及气体体积变化、压力等物理学知识，由于七年级学生还不具备相关物理学知识，且对引起呼吸运动的呼吸肌的分布和功能缺乏知识基础，加上呼吸运动的过程又较为复杂抽象，学生较难理解气体的吸入和呼出与肋间肌、膈肌和胸廓容积等之间的关系。

学生需要掌握的必备知识有以下几点：肺富有弹性，是呼吸系统的主要器官；胸廓的扩张和收缩，是肋骨间的肌肉和膈肌收缩和舒张的结果；当肋骨间的肌肉和膈肌收缩使得胸腔容积扩大时，肺便扩张，肺内的气体压力相应降低，于是外界气体就被吸入。当肋骨间的肌肉和膈肌舒张使得胸腔容积缩小时，肺便收缩，肺内的气体压力相应增大，于是气体就被呼出。

补充相关知识：气体总是由气压高的地方向气压低的地方流动，气体进出肺的动力是肺内和外界形成的气压差。密闭容器中的气体，容积越小，气压越大；容积越大，气压越小。

在专题二"呼吸作用释放能量需要氧气"常规作业的基础上，布置"自制改进的'模拟呼吸运动'实验装置"这一基于设计的作业，可以提升学生自主发现问题、动手解决问题的能力及实践创新能力，发展科学思维、科学探究核心素养，形成劳动意识、探究意识、创新意识，培养学生高阶思维能力。

3. 作业目标

能够准确演绎呼吸发生的原理，体现出胸廓和膈肌的变化。

（二）"基于设计的作业"环节设计

1. 确立挑战性的学习主题

教材中人体呼吸运动的演示装置只能演示膈肌收缩舒张时肺的变化，并不能演示整个胸廓的变化情况。学生通过自身体验只能浅显地看到胸廓的起伏；学生的理解往往停留在呼吸运动引起呼吸这一表面现象上；甚至有学生误认为是气体的进入和排出引起了胸廓体积的变化。由此，确定挑战性的学习主题为"自制改进的'模拟呼吸运动'实验装置"，运用生物学科和物理学科知识来解决这一问题。

2. 驱动性问题设计

师生组成团队，研究如何改进模型，力图改进后的模型达到以下几点要求：一是模型的结构要形象逼真（具备人体呼吸系统的特征），二是模型能够准确演绎呼吸发生的原理（胸廓可以运动且能与膈肌同时运动），三是取材、制作简易。因此，确定驱动性问题为：如何改进模型，使其能够准确演绎呼吸发生的原理？

3. 复杂任务设计：

（1）利用生活中的材料，取材和制作简易、明晰。

（2）结构形象逼真，具备人体呼吸系统的结构和特征。

（3）能够准确演绎出呼吸运动发生的原理，能体现出膈肌的运动状态以及肺的变化过程。

（4）在完成之后配上简单的文字说明，从科学性、创新性、局限性等方面阐述自己的作品，并表达出肺与外界发生呼吸运动的原理及过程。

4. 作业成果呈现（见表2-109）

表2-109　"基于设计的作业"成果呈现

水平	质量描述	图例展示
一	1. 模型制作不太美观 2. 不能有效模拟胸廓和膈肌的变化 3. 无法体现生物体组成结构和功能之间的关系	 图2-125　自制改进的"模拟呼吸运动"实验装置1
二	1. 模型制作简单，基本能模拟胸廓和膈肌的变化 2. 结构简单，布局一般，不够规范 3. 基本能够体现出生物体组成结构和功能之间的关系	 图2-126　自制改进的"模拟呼吸运动"实验装置2

表2-109（续）

水平	质量描述	图例展示
三	1. 模型制作美观，能模拟胸廓和膈肌的变化 2. 结构清晰，布局合理 3. 能够体现出生物体组成结构和功能之间的关系	 图2-127　自制改进的"模拟呼吸运动"实验装置3
四	1. 模型制作非常美观，能有效模拟胸廓和膈肌的变化 2. 结构清晰，布局合理 3. 完美体现出生物体组成结构和功能之间的关系 4. 有创新点，融入自己的理解	 图2-128　自制改进的"模拟呼吸运动"实验装置4

5. 作业评价设计（见表2-110）

表2-110 "基于设计的作业"编码表

类别	情境	问题	任务	核心素养	水平划分（水平一、水平二、水平三、水平四）
基于设计的作业	教材中人体呼吸运动的演示装置只能演示膈肌收缩、舒张时肺的变化，并不能演示整个胸廓的变化情况	如何改进模型使其能够准确演绎呼吸发生的原理？	1. 利用生活中的材料，取材和制作简易、明晰 2. 结构形象逼真，具备人体呼吸系统的结构和特征 3. 能够准确演绎出呼吸运动发生的原理，能体现出膈肌的运动状态以及肺的变化过程 4. 在完成之后配上简单的文字说明，从科学性、创新性、局限性等方面阐述自己的作品，并表达出肺与外界发生呼吸运动的原理及过程	科学思维科学探究	水平一：模型制作不太美观，不能有效模拟胸廓和膈肌的变化。无法体现生物体组成结构和功能之间的关系 水平二：模型制作较为美观，只能模拟膈肌的变化，不能有效模拟胸廓的变化。简单体现出生物体组成结构和功能之间的关系 水平三：模型制作较为美观，能简单模拟胸廓和膈肌的变化。体现出生物体组成结构和功能之间的关系 水平四：模型制作非常美观，能有效模拟胸廓和膈肌的变化。完美体现出生物体组成结构和功能之间的关系

三、人教版教材《生物学》七年级下册第四单元"人体生命活动的能量供给"的"3发展"作业之二：基于问题的作业

说明：本作业属性为"基于问题的作业"，教材来源为普通初中《生物学》教科书（人教版2012版），内容为七年级《生物学》下册第三章《人体的呼吸》第一节《呼吸道对空气的处理》，位于整合后"人体生命活动的能量供给"的单元中专题二"呼吸作用释放能量需要氧气"，对应的课标要求为"描述人体呼吸系统的组成"，适合对象为七年级学生。

（一）"基于问题的作业"目标设计

1. 课标内容及要求（见表2-111）

表2-111 "人体生命活动的能量供给"的"基于问题的作业"课标内容及要求

具体内容	活动建议
描述人体呼吸系统的组成	无

此项作业对应《义务教育生物学课程标准（2011 年版）》10 个一级主题中第 5 个一级主题"生物圈中的人"的二级主题"人体生命活动的能量供给"，所要求达到的能力层级为了解水平中的描述。

2. 学情分析

呼吸是学生随时都在进行的生命活动，但是，学生对呼吸的认识未必是正确的。"呼吸道的作用"是授课过程中的重点，它与日常生活联系紧密，帮助学生形成呼吸系统结构与功能是相适应的这一观念，在掌握有关知识的基础上理解保持呼吸系统的卫生是维持健康的重要条件。

完成这一作业时学生需要掌握"呼吸系统包括呼吸道和肺，其功能是从大气中摄取代谢所需要的氧气，排出代谢所产生的二氧化碳"这一重要概念。同时，学生可上网查阅相关资料、请教医生等专业人士解决此问题。

3. 作业目标

学生结合所学知识，能够列举产生呼吸道疾病的原因，并举例说出解决方案。

（二）"基于问题的作业"环节设计

1. 确立挑战性的学习主题

此项基于问题的作业，旨在结合日常生活中的问题，让学生通过多元化的思维和问题分析，运用所学的知识形成多种解决问题的策略，能够学以致用，指向学生对知识的深度理解，提升学生在真实的复杂情境中解决问题的综合能力；同时也通过此作业向学生渗透珍惜健康、珍爱生命的观念，加强学生的自我保护能力。

2. 驱动性问题设计

小明同学在冬季一跑步就咳嗽，这是什么原因造成的呢？请同学们结合本单元所学的生物学知识来帮助他解决这个问题，设计解决方案。

3. 复杂任务设计

（1）能够说出呼吸道的作用。

（2）结合生活经验，利用所学知识，能够列举产生呼吸道疾病的多种原因，并能说出相应的解决方案。

（3）能够用具有科学性、准确性的词语描述出问题产生的原因，并在解决方案中学以致用，加深对呼吸道、对空气处理的深度理解，从而珍惜健康、珍爱生命，加强自我保护。

4. 作业成果呈现（见表 2-112）

表 2-112 "基于问题的作业"成果呈现

水平	质量描述	作业展示
一	能结合本单元所学知识，设计一至两种解决方案，方案基本科学、合理，能基本解决现实生活中的问题	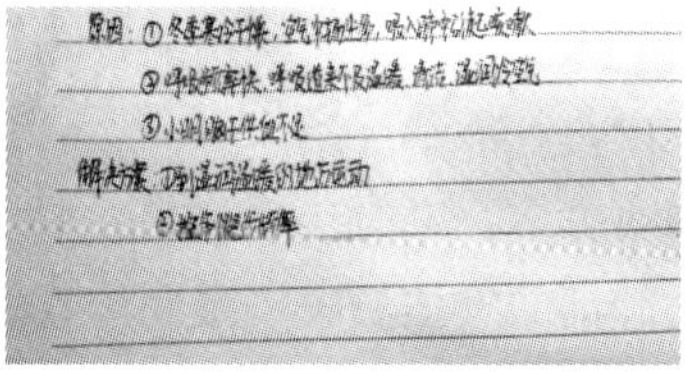 图 2-129 "基于问题的作业"成果 1
二	能结合本单元所学知识，设计三种以上解决方案，方案较为科学、合理，能解决现实生活中的问题	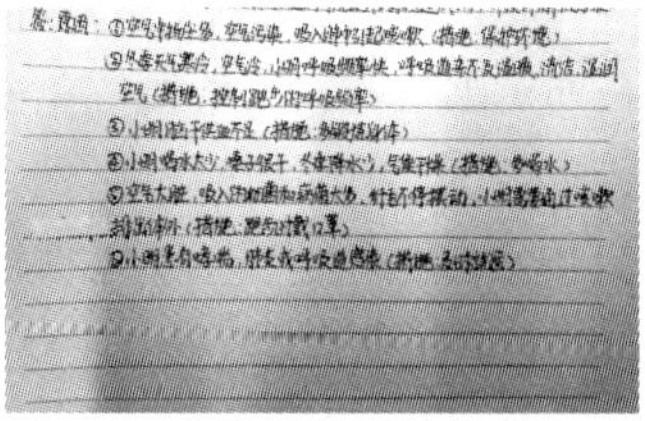 图 2-130 "基于问题的作业"成果 2
三	能结合本单元所学知识及生活经验，设计三种以上解决方案，方案非常科学、合理，有一定的可行性，能有效解决现实生活中的问题	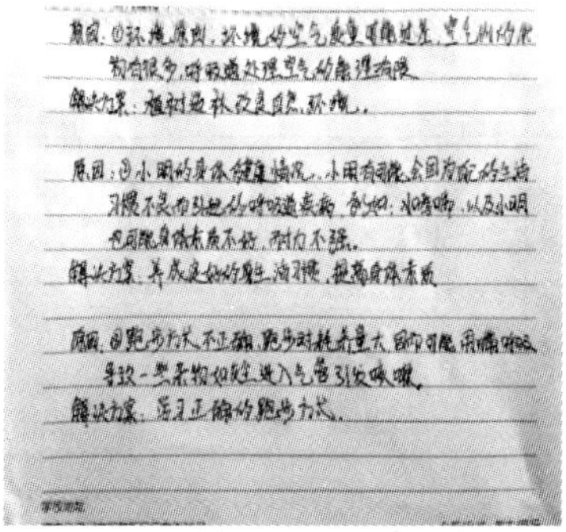 图 2-131 "基于问题的作业"成果 3
四	能结合本单元所学知识及生活经验，设计五种以上解决方案，方案非常科学、合理，可行性强，能有效解决现实生活中的问题	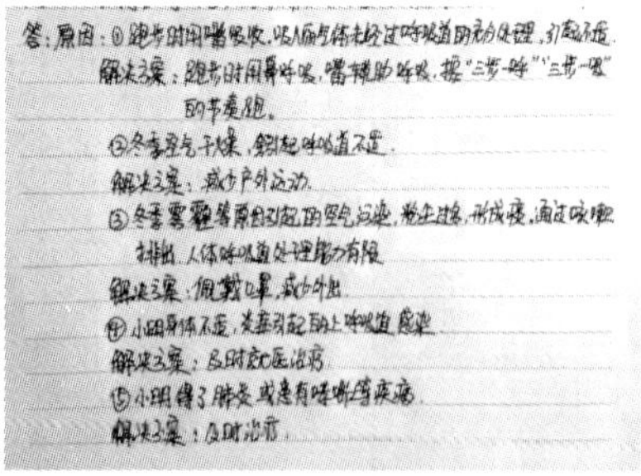 图 2-132 "基于问题的作业"成果 4

附【参考标准】

原因一：炎症引起的上呼吸道感染

解决方案：做血常规检查，如果是白细胞增多，证明体内有炎症，应遵照医嘱服用消炎药（如咽炎片、阿莫西林、蓝芩口服液）等进行治疗。另外，要多喝水，不吃刺激性、辛辣的食物，避免咽部刺激。

原因二：冷空气刺激

解决方案：平时注意保暖，避免寒凉刺激，跑步时用鼻吸气、用嘴呼气，使到达肺部的气体温暖、湿润、清洁。

原因三：支气管哮喘

解决方案：支气管哮喘是自身的免疫系统有问题，会出现哮喘发作的现象。要积极长期对因治疗，可采取抗免疫的方法。运动前服用气管扩张药以预防。

原因四：因雾霾等引起的空气污染

解决方案：尽量不跑操，多喝水，多吃富含维生素的新鲜蔬菜、水果，生活作息规律。出门后进入室内，要及时洗脸、洗手、漱口、清理鼻腔。

…………

5. 作业评价设计（见表2-113）

表2-113 "基于问题的作业"编码表

类别	情境	问题	任务	核心素养	水平划分 （水平一、水平二、水平三、水平四）
基于问题的作业	结合日常生活中发现的问题"冬天一跑步就咳嗽"来运用所学的知识形成多种解决问题的策略	小明同学在冬季一跑步就咳嗽，这是什么原因造成的呢？	1. 能够说出呼吸道的作用 2. 结合生活经验，利用所学知识，能够列举产生呼吸道疾病的多种原因，并能说出相应的解决方 3. 能够用具有科学性、准确性的词语描述出问题产生的原因，并在解决方案中学以致用，加深对呼吸道、对空气处理的深度理解，从而珍惜健康、珍爱生命，加强自我保护	科学思维 生命观念 社会责任	水平一：能结合本单元所学知识，设计一至两种解决方案，方案基本科学、合理，能基本解决现实生活中的问题 水平二：能结合本单元所学知识，设计三种以上解决方案，方案较为科学、合理，能解决现实生活中的问题 水平三：能结合本单元所学知识及生活经验，设计三种以上解决方案，方案非常科学、合理，有一定的可行性，能有效解决现实生活中的问题 水平四：能结合本单元所学知识及生活经验，设计五种以上解决方案，方案非常科学、合理，可行性强，能有效解决现实生活中的问题

四、人教版教材《生物学》七年级下册第四单元"人体生命活动的能量供给"的"3 发展"作业之三：基于项目的作业

说明：本作业属性为"基于项目的作业"，教材来源为普通初中《生物学》教科书（人教版 2012 版），内容为七年级《生物学》下册第三章《人体的呼吸》，对应的课标要求为"描述人体呼吸系统的组成、概述发生在肺部及组织细胞处的气体交换过程"，适合对象为七年级学生。

（一）"基于项目的作业"目标设计

1. 课标内容及要求（见表 2-114）

表 2-114　"人体生命活动的能量供给"的"基于项目的作业"课标内容及要求

具体内容	活动建议
描述人体呼吸系统的组成	无

2. 学情分析

"探秘人体的呼吸"学习项目源于人教版《生物学》七年级下册第三章的学习内容。本章内容蕴含呼吸系统的各器官形态结构与功能相适应的学科观点，既介绍呼吸系统的有关知识，又引导学生关注呼吸系统的健康。此外，这部分内容与物理学科中的压强，化学学科中的气体的收集方法以及常见气体 O_2、CO_2、H_2O 的检验方法相关。将这些与同一主题相关度较高的多学科学习内容进行有效融合形成学习项目，可以打破传统单一的、纵向学习知识的壁垒，引导学生将碎片化知识融会贯通，形成知识网络，提高运用知识在真实情境下解决复杂问题的能力。

3. 作业设计意图

在此作业中，学生可通过展示制作的模型，小组分享，提升表达能力和合作能力，触发他们深层次思考，发展创新思维，培养创造能力；学生可以收集资料，设计实验开展呼出气体和吸入气体成分的检验，将所学知识逐渐内化为解决实际问题的能力，发展学生科学探究、科学思维的学科核心素养。小组合作绘制"人体呼吸图"，使多学科知识与学生综合能力的发展呈现出系统化的特征。学生在解决问题的过程中建构知识网络，利用知识和模型去解决真实情境中的问题，借助项目学习，提升参与者的真实能力和素养。

4. 作业目标

通过小组合作绘制"人体呼吸图"，建构人体呼吸系统的知识网络。

（二）"基于项目的作业"环节设计

1. 确立挑战性的学习主题

此项"基于项目的作业"是在学生亲身经历的"沙尘暴天气"这一背景下，围绕一个核心概念"人体的呼吸"，帮助学生形成多角度的探索空间。

2. 驱动性问题设计

呼吸与人体的健康有着怎样的关系？

3. 复杂任务设计

（1）项目任务。

项目任务1：模型制作分享，了解呼吸原理。在基于设计的作业"自制改进的'模拟呼吸运动'实验装置"的基础上，小组分享以加深大家对呼吸原理的认识，理解大气压强与呼吸运动的关系，发展创新思维，培养创造能力。

项目任务2：设计实验，明确探究呼出气体和吸入空气成分含量的变化。通过网络资源查阅资料、设计并开展验证呼出气体和吸入气体成分变化的实验，分析实验数据，得出结论，提高科学探究能力，培养审辩式思维。

项目任务3：以小组为单位测量和计算肺活量，分析数据产生差异的原因，提高分析问题、解决问题的能力。

项目任务4：绘制人体呼吸图，写出研究报告，总结归纳项目。小组合作，根据自己对本项目学习的体会和理解绘制人体呼吸图，从本质上理解有关人体呼吸的问题。

（2）作业要求。

①能够综合运用人体呼吸系统的组成、呼吸运动的原理、气体在血液中的运输、细胞呼吸作用产生的物质变化等知识解决生活中的真实问题。

②能够综合应用网络资源查阅资料，设计并开展实验等获得必要资料；能够分析数据，对人体的呼吸形成更全面的认识。

③能够测量和计算肺活量，通过分析肺活量数据的差异，认同体育锻炼的重要性，形成珍惜健康的观念。

④绘制人体呼吸图，对人体呼吸的认识进一步系统化，从本质上理解有关人体呼吸的问题，形成研究报告。

4. 作业成果呈现（见表2-115）

表2-115 "基于项目的作业"成果呈现

水平	质量描述	图例展示
一	内容少，没有教育指向性，没有体现学科知识的关联	 图2-133 "基于项目的作业"成果1
二	内容较丰富，排版清晰，有学科知识的逻辑关系分析及学科思想方法的渗透	 图2-134 "基于项目的作业"成果2
三	内容丰富，排版清晰，能够体现出跨学科知识的关联	 图2-135 "基于项目的作业"成果3
四	内容丰富，排版清晰，不仅有学科知识的逻辑关系分析及学科思想方法的渗透，还能体现出跨学科知识的关联	 图2-136 "基于项目的作业"成果4

5. 作业评价设计（见表2-116）

表2-116　"基于项目的作业"编码表

类别	情境	问题	任务	核心素养
基于项目的作业	在学生亲身经历的"沙尘暴天气"这一背景下，围绕一个核心概念"人体的呼吸"，帮助学生形成多角度的探索空间	呼吸与人体的健康有着怎样的关系？	1. 模型制作分享，了解呼吸原理。在基于设计的作业"自制改进的'模拟呼吸运动'实验装置"的基础上，小组分享以加深大家对呼吸原理的认识，理解大气压强与呼吸运动的关系，发展创新思维，培养创造能力 2. 设计实验，明确探究呼出气体和吸入空气成分含量的变化。通过网络资源查阅资料、设计并开展验证呼出气体和吸入气体成分变化的实验，分析实验数据，得出结论，提高科学探究能力，培养审辩式思维 3. 以小组为单位开展测量和计算肺活量，分析数据产生差异的原因，提高分析问题、解决问题的能力 4. 绘制人体呼吸图，写出研究报告，总结归纳项目。小组合作，根据自己对本项目学习的体会和理解绘制人体呼吸图，从本质上理解有关人体呼吸的问题	生命观念 科学思维 科学探究 社会责任

水平界定见表2-117至表2-119。

表2-117　"基于项目的作业"模型制作水平界定

水平	质量描述
一	模型制作不太美观，不能有效模拟胸廓和膈肌的变化。无法体现生物体组成结构和功能之间的关系
二	模型制作较为美观，只能模拟膈肌的变化，不能有效模拟胸廓的变化。简单体现出生物体组成结构和功能之间的关系
三	模型制作较为美观，能简单模拟胸廓和膈肌的变化。体现出生物体组成结构和功能之间的关系
四	模型制作非常美观，能有效模拟胸廓和膈肌的变化。完美体现出生物体组成结构和功能之间的关系

表2-118　"基于项目的作业"实验数据分析水平界定

水平	质量描述
一	根据实验计划，使用简单的实验器具，按照实验操作步骤进行实验，如实记录实验数据，并分析得出结论，写出实验报告并与他人进行必要的交流
二	能熟练地使用实验器具，制订简单的实验方案，如实记录实验数据，并分析各项数据，得出合理的结论；能与他人合作开展探究活动，规范撰写实验报告，与他人交流实验所得结果和存在的问题

表2-118(续)

水平	质量描述
三	基于给定的条件，设计并实施探究实验方案，运用多种方法如实记录和分析实验结果；能主动合作，推进探究方案，并运用科学术语报告实验结果
四	能够查阅相关资料、设计并实施恰当可行的方案，运用多种方法如实记录，创造性地运用数学方法分析实验结果，并在生物学的探究过程中起组织和引领作用，运用科学术语精确阐明实验结果，善于沟通，能开展有效的合作

表 2-119　"基于项目的作业"研究报告水平界定

水平	质量描述
一	研究报告科学、合理，结论基本准确，与他人进行必要的交流
二	研究报告科学、合理、规范，结论基本准确，与他人交流实验所得结果和存在的问题
三	研究报告科学、合理、规范，结论准确，能主动与他人交流合作，并运用科学术语报告研究结果
四	能够查阅相关资料、撰写研究报告，报告科学、合理、规范，结论准确，运用科学术语精确阐明实验结果，善于沟通，能开展有效的合作

本单元作业设计以核心素养为宗旨，内容聚焦大概念，学习任务重实践，作业评价促发展。这些作业突出了学生自我学习的主体性，激活了学生主动参与的热情，学生学习观逐渐转变。

第十二节　对人教版教材《生物学》七年级上册第三单元 "绿色开花植物的一生"的单元作业设计

【作者信息】郭宁宁　任静　程靖悦　李烁　崔芳①
【适用年级】七年级

一、对人教版教材《生物学》七年级上册第三单元"绿色开花植物的一生"的常规作业设计

说明：本单元作业以人教版《生物学》七年级上册第三单元《生物圈中

---

① 郭宁宁为郑州市郑东新区外国语学校教师，任静为郑州市郑东新区永丰学校教师，程靖悦为郑州市郑东新区龙华初级中学教师，李烁为郑州市第九十六中学教师，崔芳为郑东新区基础教育教学研究室生物学科教研员。

的绿色植物》中第二章《被子植物的一生》的内容为主线进行统整，紧紧围绕"绿色开花植物的一生"这一主题，以学生在校园种植园中的真实体验为背景，帮助学生掌握绿色开花植物从种子萌发、生长到开花结果等生命周期的相关知识，构建"绿色开花植物的一生"的知识体系。

（一）课标内容及要求

1. "绿色开花植物的一生"课标内容及要求（见表2-120）

表2-120 "绿色开花植物的一生"课标内容及要求

具体内容	活动建议
描述种子萌发的条件和过程	开展"种子萌发条件"的探究活动
描述芽的发育和根的生长过程	—
概述开花和结果的过程	有条件的地方可以开展人工授粉等活动
体验一种常见植物的栽培过程	栽培一种常见植物，观察从种子到成熟植株的生长发育以及开花结果的整个过程

2. "绿色植物的生活需要水和无机盐"课标内容及要求（见表2-121）

表2-121 "绿色植物的生活需要水和无机盐"课标内容及要求

具体内容	活动建议
说明绿色植物的生活需要水和无机盐	为班级或家庭中的植物浇水、施肥

本单元对应《义务教育生物学课程标准（2011年版）》10个一级主题中第3个一级主题"生物圈中的绿色植物"的两个二级主题"绿色开花植物的一生"和"绿色植物的生活需要水和无机盐"的部分内容；"绿色开花植物的一生"这一主题，又可分为四个专题，分别是"认识种子的结构""种子的萌发""植株的生长"以及"开花和结果"。

（二）教材及学情分析

1. 内容结构

本单元内容以"绿色开花植物的一生"为主线介绍植物的生命周期，让学生了解种子生命活动的开展过程。本单元设计既注重生命周期的整体性，又对不同阶段进行阐述，帮助学生形成结构与功能相适应、生物体是一个整体的生物学观点，培养学生运用所学知识解决实际问题的能力，引导学生体验实验探究的一般过程，认识绿色植物与人类生活的关系。

2. 学习内容

本单元学习内容包括人教版《生物学》七年级上册第三单元《生物圈中的绿色植物》中第二章《被子植物的一生》及第一章第二节《种子植物》。

3. 重难点

（1）重点。

本单元学习重点包括：种子的基本结构；菜豆种子和玉米种子的相同点和不同点；种子萌发的环境条件及自身条件；用实验法探究种子萌发的环境条件；运用抽样法测定种子的发芽率；种子萌发的过程；植株的生长，包括根的生长、叶芽的发育等过程；植株的生长需要营养物质；花的基本结构；传粉和受精的过程；花与果实和种子的关系。

（2）难点。

本单元学习难点包括：菜豆种子和玉米种子的结构；在"种子萌发的环境条件"的探究活动中，对照实验的设计及实验形象的分析；根尖的结构及其发育；叶芽的结构及其发育；受精的过程及受精后子房的发育。

4. 核心素养结合点

学生在学习本单元内容前已经对生物与环境、生物体的结构层次等相关知识有所了解。对于本单元中探究种子萌发的环境条件、观察种子的基本结构、测定种子的发芽率、描述菜豆种子和玉米种子的相同点和不同点、观察花的基本结构等内容，教师通过引导学生参与探究实验等活动，进而培养学生的科学探究这一学科素养。

教学中描述种子萌发的环境条件和自身条件、种子萌发的过程、植株生长的过程、传粉受精的过程以及花与果实和种子的关系等过程指向学生生命观念的培养。

观察图表、数据等说明植物的生长需要营养物质，指向学生的科学思维的培养。

本单元的内容之间联系紧密，老师在教学中让学生通过观察植物不同阶段的结构特点，分析其功能，形成生物体机构与功能相适应的观点；同时引导学生关注生物、关注生活，强调学生的参与体验，让学生在做中学，在学习知识的同时参与种植、管理植物的实践活动，增强爱护植物的意识，提高社会责任感。

（三）作业设计展示

1. 专题一"认识种子的结构"

【作业目标】

（1）能运用结构与功能观，说出种子的基本结构。

（2）能运用比较的方法，描述菜豆种子和玉米种子的相同点和不同点。

【课前作业】

问题1：我校的种植园期待你的参与！请收集一些不同植物的种子，观察并指出它们有哪些结构。不同种子的结构有什么相同点和不同点？

【课中作业】

任务1：能运用结构与功能观，说出种子的基本结构。

通过实验观察菜豆种子和玉米种子的结构，并绘制菜豆种子和玉米种子的基本结构模式图，并标明对应结构的名称。

任务2：能运用比较的方法，描述菜豆种子和玉米种子的相同点和不同点（见表2-122）。

表2-122　菜豆种子和玉米种子的基本结构比较

异同		双子叶植物（菜豆）	单子叶植物（玉米）
相同点			
不同点	子叶		
	胚乳		
	营养		

【课后作业】

作业1：识别课前收集的种子结构，并选择其一录制种子结构讲解小视频。

2. 专题二"种子的萌发"

【作业目标】

（1）描述种子萌发的环境条件和自身条件。

（2）运用实验法探究种子萌发的环境条件。

（3）描述植物种子萌发的过程。

【课前作业】

问题1：老师决定带领同学们在学校的温室开展种植活动，你被选派为采购员去农贸市场采购种子，你会选购什么样的种子呢？种子挑选有什么注意事项？

【课中作业】

任务1：为了使之后温室播种的萌发率更高，小组合作设计探究实验"种子萌发需要具备什么条件"，并完成实验报告的相应部分。

【课后作业】

作业1：按照修改后的实验设计方案，小组成员互相配合，在划分的温室田中开始你们的实验探究吧！

作业2：完成实验报告（见表2-123）。小组间分享实验结果，交流讨论描述种子萌发的条件和过程。

表2-123 "种子的萌发"实验报告

"种子的萌发"实验报告				
班级		时间		
组别、组长		小组成员		
探究问题				
实验材料				
探究计划				
现象记录				
探究结果				
注意事项、心得体会				

3. 专题三"植株的生长"

【作业目标】

（1）描述根的生长过程和芽的发育。

（2）说明植株的生长需要营养物质。

（3）能运用结构与功能观，举例说出根尖各部分结构与其功能相适应的特点。

【课前作业】

问题1：如果我们要将上节课发芽的花生种子，移种到学校的实验田中，为了保证花生种子的正常生长，在移种的过程中，我们需要注意哪些问题？

【课中作业】

任务1：能运用结构与功能观，举例说出根尖各部分结构与其功能相适应的特点。描述根的生长过程。

（1）用肉眼直接观察幼根，找到着生在幼根上的白色"绒毛"，然后使用放大镜仔细观察根毛。

（2）使用显微镜观察根尖的永久切片，看看构成根尖的不同部位的细胞有什么特点，并尝试说出与其结构相适应的功能特征。

任务2：描述芽的发育过程。

（1）观察花生的芽和枝条，尝试分析芽和枝条的关系。

（2）利用树枝、吸管和彩纸制作模型，演示芽和枝条的关系（如图2-137至图2-139所示）。

图2-137　芽和枝条模型1　　　图2-138　芽和枝条模型2　　　图2-139　芽和枝条模型3

（3）动手解剖并用放大镜观察"梅花芽"，尝试将芽的各部分结构及其发育而成的枝条中相应的结构对应起来。

任务3：说明植株的生长需要营养物质。

提前三周设计"比较花生幼苗在蒸馏水和土壤浸出液中生长状况"的实验，制作实验记录表并跟踪观察，如实记录。课堂中，根据实验现象，说说你能得出什么结论。

【课后作业】

作业1：在花生植株的生长过程中，出现了一些黄化和锈斑状的叶片，想一想，花生植株发生病变的原因有哪些？请尝试分析，并结合本节课所学的生物知识设计解决方案。

4.专题四"开花和结果"

【作业目标】

（1）概述花的基本结构。

（2）概述传粉和受精的过程，阐明花与果实和种子的关系。

【课前作业】

问题1：许多植物的花色彩艳丽，气味芬芳，让行人禁不住驻足观赏。你想过没有，花朵那美丽的色彩和四溢的芳香，对植物本身有什么意义呢？事实上，还有不少植物的花并不具有艳丽的色彩和香味，这又是为什么呢？

【课中作业】

任务1：解剖百合花，将花的每个结构粘贴到一张A4纸上，并标注清楚各部分结构的名称（如图2-140、图2-141所示）。

图2-140　解剖百合花1

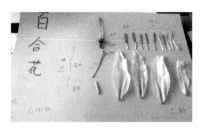

图2-141　解剖百合花2

任务2：结合植物传粉和受精的视频或图片（见图2-142、图2-143），进行配音讲解，请写出解说词。

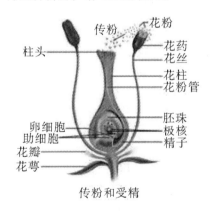

图2-142　传粉和受精1

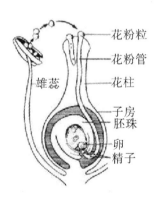

图2-143　传粉和受精2

任务3：结合本课所学知识，完成花与果实和种子的关系图解（见图2-144）。

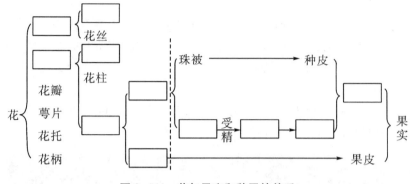

图 2-144　花与果实和种子的关系

【课后作业】

作业1：某学生在吃丑橘时发现在橘子表面有一些特殊的"结构"（见图2-145），你知道这些结构是什么吗？请你结合本课所学知识，用花与果实的关系来进行解答。

图 2-145　橘子表面的特殊"结构"

作业2：结合本章所学内容，绘制"被子植物的一生"思维导图。

（四）教师设计单元作业属性表

专题一"认识种子的结构"单元作业属性表见表2-124。

表 2-124　"认识种子的结构"单元作业属性表

课前作业			
功能指向：探测学情，探查学生"哪儿不会""会多少""会的深浅"			
问题编号	目标指向	编写说明（设计意图）	学情简述
问题1	目标1	课前作业让学生观察不同种子的结构，帮助教师了解学生对种子认知的水平，以及比较方法的运用程度	学生对种子结构仅有简单的认识，对其具体结构和功能了解并不全面

表2-124（续）

课中作业				
功能指向：侧重建构概念，体会知识所承载的"方法、能力和学科思想"				
任务编号	目标指向	基本问题	编制说明	评价标准
任务1	目标1	通过实验观察菜豆种子和玉米种子的结构，并绘制菜豆种子和玉米种子的基本结构模式图，并标明对应结构名称	通过动手实验、观察比较进行探究技能的训练，运用绘图等方式，让学生在体验中掌握新知	优秀：能解剖种子，观察、识别种子的结构，绘制的种子结构图科学、美观、规范 良好：能解剖并观察种子的结构，基本能识别种子的各个结构，绘制的种子结构图准确 合格：能解剖并观察种子的结构，绘制的种子结构图基本完整 还需努力：不能解剖并观察种子的结构
任务2	目标2	比较菜豆种子和玉米种子的基本结构，完善表格	通过列表比较，清晰梳理菜豆种子和玉米种子的相同点和不同点	优秀：能准确完成比较表格 良好：能完成比较表格，有一至两个错误 合格：能基本完成比较表格，存在部分错误 还需努力：不能完成比较表格或错误较多

表 2-124（续）

			课后作业		
功能指向：诊断与发展，基于认识发展、回归社会生活、适当抽象综合					
作业编号	作业题型	目标指向	编制说明	创新点	评价标准
作业1	讲解小视频	目标1、2	通过此作业考查学生对种子结构的掌握情况，以及运用所学知识解决实际问题的能力	学生通过对常见种子的观察比较，深入认识种子的结构，明确种子的结构与功能之间的关系，并将生物课上所学知识与生活相联系	优秀：选取的种子新颖，对结构的表述清晰完整，语言流畅生动，无知识性错误 良好：选取的种子较为典型，对结构的表述完整，语言流畅，无知识性错误 合格：对结构的表述基本完整，存在少量知识性错误 还需努力：对结构的表述不全，存在较多知识性错误

专题二"种子的萌发"单元作业属性表见表 2-125。

表 2-125　"种子的萌发"单元作业属性表

	课前作业		
功能指向：探测学情，探查学生"哪儿不会""会多少""会的深浅"			
问题编号	目标指向	编写说明（设计意图）	学情简述
问题1	目标1	课前作业创设情境，提出开放性的问题，充分联系上一节课的内容，引导学生结合生活经验思考关于种子选择的问题，帮助教师把握学情	学生有简单的认识，能说出粒大饱满的，但表达不全面，专业术语缺乏

表 2-125（续）

课中作业				
功能指向：侧重实验设计，体会实验探究所承载的"能力、合作和学科思想"				
任务编号	目标指向	基本问题	编制说明	评价标准
任务 1	目标 2	种子萌发需要满足什么条件?如何设计对照实验?	在真实的情境中，通过小组合作设计探究活动，思考种子萌发应考虑的各种条件	优秀：能考虑到种子萌发需要水、温度、空气、自身条件等，并设计出合理的探究方案 良好：能思考出种子萌发所需要的部分条件并合理设计对照实验方案 合格：能简单答出种子萌发需要的个别条件，无法设计出合理的实验方案 还需努力：不能结合生活经验说出种子萌发需要的任意条件并完成实验设计

课后作业					
功能指向：诊断与发展，基于认识探究、回归生活实践、适当抽象综合					
作业编号	作业题型	目标指向	编制说明	创新点	评价标准
作业 1	探究实验	目 1、2	通过此作业，进一步实践实验方案，观察实验现象，基于小组探究并描述种子萌发的条件	学生合作设计实验以探究问题并付诸实践，提高学生学习兴趣，培养学生的科学思维、观察力及动手能力	优秀：能按照实验设计方案正确实施实验 良好：实验进行过程中存在一定问题，但基本符合对照实验的相关要求 还需努力：实验未能按照计划实行，不符合对照实验要求

表2-125（续）

作业2	思考交流，完善总结	目 标 2、3	通过此作业，抽象综合，小组内观察记录，尝试描述种子萌发过程；不同小组间合作总结出较完整的种子萌发的环境条件和自身条件		优秀：记录的过程表述完整，语言流畅，无知识性错误；小组交流能够得到相应结论 良好：记录的过程基本完整，小组交流能够得到部分结论，无知识性错误 合格：记录的过程表述基本完整但交流总结不完整，存在知识性错误 还需努力：记录的过程简略，未能获得相关结论。实验未能按照计划实行，不能按对照实验的要求实施实验并正确观察记录

专题三："植株的生长"单元作业属性表见表2-126。

表2-126　"植株的生长"单元作业属性表

课前作业				
功能指向：探测学情，探查学生"哪儿不会""会多少""会的深浅"				
问题编号	目标指向	编写说明（设计意图）		学情简述
问题1	目标3：能运用结构与功能观，举例说出根尖各部分结构与其功能相适应的特点	课前作业让学生初步探索"根尖的功能"，引导学生结合生活经验思考关于根尖的功能，帮助教师把握学情		学生对移栽植株可能有尝试，但并不能进行科学移栽

表 2-126（续）

课中作业				
功能指向：侧重建构概念，体会知识所承载的"方法、能力和学科思想"				
任务编号	目标指向	基本问题	编制说明	评价标准
任务 1	目标 1、3	能运用结构与功能观，举例说出根尖各部分结构与其功能相适应的特点。描述根的生长过程。（1）用肉眼直接观察幼根，找到着生在幼根上的白色"绒毛"，然后使用放大镜仔细观察根毛（2）使用显微镜观察根尖的永久切片，看看构成根尖的不同部位的细胞有什么特点，并尝试说出与其结构相适应的功能特征	通过科学的观察，让学生认识根尖各区细胞的形态结构	优秀：能区分根尖各个部分细胞形态的不同，并准确分析出与其形态相适应的功能特点 良好：能区分根尖各个部分的细胞，并简单得出与其形态相适应的功能特点 合格：能答出个别区域细胞的特点，说出各区域的部分特点 还需努力：不能准确区分各细胞的异同

表2-126(续)

任务2	目标1	描述芽的发育过程。 （1）观察花生的芽和枝条，尝试分析芽和枝条的关系 （2）利用树枝、吸管和彩纸制作模型，演示芽和枝条的关系 （3）动手解剖并用放大镜观察"梅花芽"，尝试将芽的各部分结构及其发育而成的枝条中相应的结构对应起来	利用项目情境让学生认识芽的结构及芽的发育过程	优秀：能准确说出芽和枝条的关系，能正确将芽的各部分结构与枝条中的结构对应起来 良好：能说出芽和枝条的关系，将芽的各部分结构与枝条中的结构建立联系 合格：大致说出芽和枝条的关系，将芽的部分结构与枝条中的部分结构对应起来 还需努力：不能说出芽和枝条的关系，不能将芽的各部分结构与枝条中的结构对应起来
任务3	目标2	说明植株的生长需要营养物质。提前三周设计"比较花生幼苗在蒸馏水和土壤浸出液中生长状况"的实验，制作实验记录表，并跟踪观察，如实记录。课堂中，根据实验现象，说说你能得出什么结论？	借助探究实验分析营养物质对植株生长的重要作用，提升学生分析问题、解决问题及科学探究的能力	优秀：能小组合作交流，自主开展探究实验 良好：能小组合作交流，初步设计实验方案并实施 合格：能小组合作交流，能简单设计实验方案 还需努力：小组交流不充分，不能开展探究

表 2-126（续）

课后作业					
功能指向：诊断与发展，基于认识发展、回归社会生活、适当抽象综合					
作业编号	作业题型	目标指向	编制说明	创新点	评价标准
作业1	农业小科普	目标2	通过此作业，进一步说明各种营养物质或环境条件，对植株生长的作用	让学生将知识应用于真实情境中，以此考查学生分析问题、处理问题的能力。在此过程中，引导学生为后期的花生植株的培养提供理论支持	优秀：解决方案合理清晰，无知识性错误 良好：解决方案完整，无知识性错误 合格：解决方案基本完整，存在少量知识性错误 还需努力：解决方案不全，存在较多知识性错误

专题四"开花和结果"单元作业属性表见表 2-127。

表 2-127　"开花和结果"单元作业属性表

课前作业			
功能指向：探测学情，探查学生"哪儿不会""会多少""会的深浅"			
问题编号	目标指向	编写说明（设计意图）	学情简述
问题1	目标1：概述化的基本结构 目标2：概述传粉和受精的过程	课前作业引导学生留心观察，结合生活经验思考植物开花的意义，帮助教师把握学情	学生对昆虫可以帮助植物传粉有一定的认识，但对于传粉后受精进而发育成果实的过程比较模糊

表 2-127（续）

			课中作业	
功能指向：侧重建构概念，体会知识所承载的"方法、能力和学科思想"				
任务编号	目标指向	基本要求	编制说明	评价标准
任务 1	目标 1：概述花的基本结构	解剖百合花，将花的每个结构粘贴到一张 A4 纸上，并标注清楚各部分结构的名称	通过动手操作，培养学生的观察分析能力和动手实践能力，强化学生对花的基本结构的识记	优秀：粘贴整齐，结构完整，布局合理，各部分结构名称标注清晰准确 良好：粘贴结构完整，主要结构标注准确 合格：粘贴结构基本完整，标注的大部分结构名称正确，存在个别错误 还需努力：粘贴效果一般，结构不完整，标注名称有多处错误
任务 2	目标 2：概述传粉和受精的过程	结合植物传粉和受精的视频或图片，进行配音讲解，请写出解说词	创设真实情境让学生讲解植物传粉和受精的过程，强化其对知识的理解和记忆	优秀：能准确概述传粉和受精的过程 良好：能简要描述传粉和受精过程 合格：基本能说明传粉和受精过程 还需努力：不能说出传粉和受精过程
任务 3	目标 2：阐明花与果实和种子的关系	结合本课所学知识，完成花与果实和种子的关系图解	借助概念图解等形式，提升学生建构知识、提取信息、逻辑思维的能力	优秀：能准确书写出花与果实和种子的对应关系 良好：基本可以正确书写出花与果实和种子的对应关系，有两处以内错误 合格：能写出大部分对应关系，存在三处及以上错误 还需努力：不能写出花与果实和种子的对应关系，且出现多次错误

表 2-127（续）

课后作业					
功能指向：诊断与发展，基于认识发展、回归社会生活、适当抽象综合					
作业编号	作业题型	目标指向	编制说明	创新点	评价标准
作业 1	生活情境类	目标 1、2	通过此作业，让学生真正实现学以致用，将生物学知识融入日常生活中，并引导学生观察与思考	让学生将知识应用于真实情境中，以此考查学生分析问题、处理问题的能力，并让学生尝试理解结构与功能相适应的生物学科思想	优秀：能够运用所学知识，准确分析，并给出正确的解答 良好：分析基本正确，无知识性错误 合格：分析不够清晰，给出的解答存在部分错误 还需努力：不会运用所学知识进行分析
作业 2	综合运用类	目标 1、2	学生通过此作业，进行知识的梳理与整合，构建知识框架，强化知识间的联系	将思维导图融入学习中，实现知识的整合，利于学生整体把握本章所学要点	优秀：知识体系架构合理，关键词概括准确，能全面呈现主题的有关内容，体现出重要概念之间的联系，结构清晰，逻辑合理 良好：知识架构合理，重要概念之间的联系有所体现，逻辑关系基本合理 合格：基本知识架构有所呈现，但部分重要概念或知识间的联系有缺失 还需努力：知识体系架构不合理，未能体现重要概念间的联系，存在知识性错误

（五）作业完成情况统计及分析

本单元作业设计以作业设计与实施评估表为依据，包含作业设计意图、作业时长和实施效果等，其中实施效果重点以能力指向、认知水平和难易程度来评估。经学生反馈、实践评估，我们分析发现实践效果良好。作业达成程度：优占43%，良占37%，中、及格分别占13%、5%（见图2-146）。本单元作业设计形式多样，突出了学生自我学习的主体性，激活了学生主动参与的热情，学生学习观逐渐转变。作业设计与实施评估表（课后作业）见表2-128。

作业实施效果统计

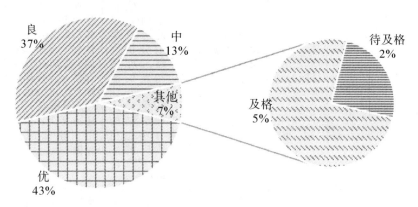

图2-146　作业实施效果统计

表2-128　作业设计与实施评估表（课后作业）

教材	人教版七年级《生物学》下册	作业设计意图	作业时长	实施效果		
				能力指向	认知水平	难易程度
"绿色开花植物的一生"单元作业	按照修改后的实验设计方案，小组成员互相配合，在划分的温室田中开始实验探究；完成实验报告。小组间分享实验结果，交流讨论并描述种子萌发的条件和过程	通过此作业，实践实验方案，观察实验现象，抽象综合：小组内观察记录，尝试描述种子萌发过程；不同小组间合作总结出较完整的种子萌发的环境条件和自身条件	5分钟（每天5分钟直至种子萌发）	科学探究、科学思维	独立操作水平	适中

二、人教版教材《生物学》七年级上册第三单元第二章"绿色开花植物的一生"的"3发展"作业之一：基于设计的作业

说明：本作业属性为"基于设计的作业"，教材来源为普通初中《生物学》教科书（人教版 2012 版），内容为七年级《生物学》上册第三单元《生物圈中的绿色植物》第二章《被子植物的一生》。对应的课标要求为"描述种子萌发的条件和过程，描述芽的发育和根的生长过程，概述开花和结果的过程，体验一种常见植物的栽培过程"。在教学中，教师要帮助学生形成"绿色开花植物的生命周期包括种子萌发、生长、开花、结果与死亡等阶段"这一重要概念，让学生通过绘制思维导图的形式，实现知识的整合与架构，强化概念间的联系，适合对象为七年级学生。

（一）"基于设计的作业"目标设计

1. 课标内容及要求（见表 2-129）

表 2-129　"绿色开花植物的一生"的"基于设计的作业"课标内容及要求

具体内容	活动建议
描述种子萌发的条件和过程	开展"种子萌发条件"的探究活动
描述芽的发育和根的生长	—
概述开花和结果的过程	有条件的地方可以开展人工授粉等活动
体验一种常见植物的栽培过程	栽培一种常见植物，观察从种子到成熟植株的生长发育以及开花结果的整个过程

此项作业对应《义务教育生物学课程标准（2011 年版）》10 个一级主题中第四个一级主题"生物圈中的绿色植物"的二级主题"绿色开花植物的一生"，所要求达到的能力层级为有了解水平中的描述，也有理解水平中的概述，还有经历（感受）水平中的体验。

2. 学情分析

通过上一章的学习，学生已经认识了绿色植物的主要类群。在绿色植物中，被子植物是种类最多、分布最广泛的类群，它们在学生的生活中也最为常见，与人类的关系也最密切。七年级学生探索知识的积极性很高，学习和运用知识的欲望也很强。本单元充分发挥学生的动手和思考能力，向学生提供观察思考、合作探究、表达交流的机会，培养学生良好的学习习惯、严谨的科学态度以及生物学科核心素养。

3. 作业目标

学生通过完成本作业，加强逻辑思维和知识建构的意识，渗透结构与功能相适应和生物体的整体性的学科思想方法。

（二）作业要求

1. 确立挑战性的学习主题

本单元要建构的大概念为"被子植物的一生"，学生在学习种子、根、芽和花的结构的基础上认识被子植物的一生，并对种子的萌发、植株的生长、开花和结果等过程有了更深入的了解。

2. 确定驱动性问题设计

3. 复杂任务设计

（1）正确呈现大概念"被子植物的一生"下的多个子概念及其关系，知识体系架构合理，核心关键词概括准确，无明显知识性错误。

（2）尽可能全面呈现该主题的有关内容，体现出概念之间的联系。

（3）结构清晰，逻辑合理，符合认知规律，体现学科特点。

（4）构图设计美观，视觉效果好，文字工整，排版清晰。

（5）有原创的文字内容、自绘图片、符号等，体现学科特色或其他特色创新。

4. 作业成果呈现（见表 2-130）

表 2-130　"绿色开花植物的一生"的"基于设计的作业"成果呈现

水平	质量描述	图例展示
一	1. 知识体系构建基本没有，关键词概括不出来 2. 内容不完整，重要知识有缺失 3. 文字书写不工整	 图 2-147　"绿色开花植物的一生"的"基于设计的作业"成果 1
二	1. 知识体系构建一般，关键词概括基本准确 2. 重要内容只呈现出一部分，逻辑一般 3. 文字较为工整	 图 2-148　"绿色开花植物的一生"的"基于设计的作业"成果 2

表2-130(续)

水平	质量描述	图例展示
三	1. 知识体系架构基本清晰，关键词概括较为准确 2. 主要内容均有体现，逻辑合理 3. 文字较为工整，排版较为清晰	 图2-149 "绿色开花植物的一生"的"基于设计的作业"成果3
四	1. 知识体系构建清晰，关键词概括准确 2. 内容全面，逻辑合理，符合认知规律，体现学科特点 3. 构图设计美观，文字工整，排版清晰	 图2-150 "绿色开花植物的一生"的"基于设计的作业"成果4

5. 作业评价设计（见表2-131）

表2-131 "绿色开花植物的一生"的"基于设计的作业"编码表

类别	情境	问题	任务	核心素养	水平划分（水平一、水平二、水平三、水平四）
基于设计的作业	围绕"绿色开花植物的一生"这一主题，以学生在校园种植园中的真实体验为情境	"离离原上草，一岁一枯荣。野火烧不尽，春风吹又生。"这是对植物生命周期的生动写照。你能把某种被子植物的一生用图解的形式表示出来吗？	1. 正确呈现大概念"被子植物的一生"下的多个子概念及其关系，知识体系架构合理，核心关键词概括准确，无明显知识性错误 2. 尽可能全面呈现该主题的有关内容，体现出概念之间的联系 3. 结构清晰，逻辑合理，符合认知规律，体现学科特点 4. 构图设计美观，视觉效果好，文字工整，排版清晰 5. 有原创的文字内容、自绘图片、符号等，体现学科特色或其他特色创新	生命观念、科学思维	水平一：知识体系构建基本没有，关键词概括不出来；内容不完整，重要知识有缺失，文字书写不工整 水平二：知识体系构建一般，关键词概括基本准确；重要内容只呈现出一部分，逻辑一般，文字较为工整 水平三：知识体系架构基本清晰，关键词概括较为准确；主要内容均有体现，逻辑合理，文字较为工整，排版较为清晰 水平四：知识体系构建清晰，关键词概括准确；内容全面，逻辑合理，符合认知规律，体现学科特点；构图设计美观，文字工整，排版清晰

三、人教版教材《生物学》七年级上册第三单元"绿色开花植物的一生"的"3发展"作业之二：基于问题的作业

说明：本作业属性为"基于问题的作业"，教材来源为普通初中《生物学》教科书（人教版2012版），内容为七年级《生物学》上册第三单元《生物圈中的绿色植物》第二章《被子植物的一生》第二节《植株的生长》，位于整合后"绿色开花植物的一生"的单元中专题三"植株的生长"，对应的课标要求为"描述芽的发育和根的生长过程"，适合对象为七年级学生。

（一）"基于问题的作业"目标设计

1. 课标内容及要求（见表2-132）

表2-132　"绿色开花植物的一生"的"基于问题的作业"课标内容及要求

具体内容	活动建议
描述芽的发育和根的生长过程	无

此项作业对应《义务教育生物学课程标准（2011年版）》10个一级主题中第4个一级主题"生物圈中的绿色植物"的一级主题"绿色开花植物的一生"，所要求达到的能力层级为了解水平中的描述。

2. 学情分析

在中国农耕文化的影响下，学生能很清晰地认识到：绿色植物的生活需要营养。但是，学生对无机盐与植物生长的相互关系认识不清。植株生长所需要的营养物质也是授课过程中的重点，与日常生活联系紧密。要帮助学生建立正确的知识脉络，在掌握有关知识的基础上理解合理施肥对农业生产的重要性。

完成这一作业时学生需要掌握"各种无机盐对植株生长的影响"。同时，学生可上网查阅相关资料、请教农林学者等专业人士解决此问题。

我们设计此项基于问题的作业，旨在结合日常生活中发现的问题，让学生通过多元化的思维和问题分析，运用所学知识形成多种解决问题的策略，能够学以致用。本作业指向学生对知识的深度理解，提升学生在真实的复杂情境中解决综合问题的能力，同时也通过跟踪观察和科学探究极大地提升他们的科学思维能力。

3. 作业目标

结合所学知识，能够列举花生植株发生病变的原因，并举例说出解决方案。

（二）"基于问题的作业"环节设计

1. 确立挑战性的学习主题

在中国农耕文化的影响下，学生能很清晰地认识到：绿色植物的生活需要营养。但是，学生对无机盐与植物生长的相互关系认识不清。确立此主题，旨在通过与日常生活联系紧密的问题，帮助学生建立正确的知识脉络，在掌握有关知识的基础上理解合理施肥对农业生产的重要性。

2. 驱动性问题设计

在花生植株的生长过程中，出现了一些黄化和锈斑状的叶片，想一想，花生植株发生病变的原因有哪些？请尝试分析，并结合本节课所学的生物知识设计解决方案。

3. 复杂任务设计

（1）能简单列出无机盐在植株生长中的作用。

（2）能够结合生活经验，利用所学知识，列举引起植株病变的多种原因，并能说出相应的解决方案。

（3）能够用具有科学性、准确性的词语描述出问题产生的原因，并在解决方案中能够学以致用，加深对无机盐作用的深度理解，从而深入理解农耕文化。

4. 作业成果呈现（见表2-133）

表2-133　"绿色开花植物的一生"的"基于问题的作业"成果呈现

水平	质量描述	作业展示
·	能结合本单元所学知识，设计一至两种解决方案，方案基本科学、合理，能基本解决现实生活中的问题	图2-151　"绿色开花植物的一生"的"基于问题的作业"成果1
二	能结合本单元所学知识，设计三种以上解决方案，方案较为科学、合理，能解决现实生活中的问题	图2-152　"绿色开花植物的一生"的"基于问题的作业"成果2

表2-133（续）

水平	质量描述	作业展示
三	能结合本单元所学知识及生活经验，设计三种以上解决方案，方案非常科学、合理，有一定的可行性，能有效解决现实生活中的问题	 图2-153　"绿色开花植物的一生"的"基于问题的作业"成果3
四	能结合本单元所学知识及生活经验，设计五种以上解决方案，方案非常科学、合理，可行性强，能有效解决现实生活中的问题	 图2-154　"绿色开花植物的一生"的"基于问题的作业"成果4

附【参考标准】

原因一：花生根腐病

发病症状：病株地上部分表现为矮小、生长不良、叶片变黄，最终全株枯萎。

解决方案：①种植之前把好种子关。做好种子的收、选、晒、藏工作。②因地制宜确定轮作方式，减少连作。③种植期间的药剂防治。

原因二：花生焦斑病

发病症状：短时间内花生叶片大量枯死，发病初期，病斑逐渐变黄、变褐，边缘常为深褐色。

解决方案：①采取适当早播、降低密度、覆盖地膜等措施。②采用专业配比的药剂进行防治。

原因三：花生网斑病

发病症状：早期花生叶片会脱落，严重影响花生产量。

解决方案：①加强田间管理，增施腐熟的有机肥。②合理适量增加磷钾肥。③及时浇水、及时中耕。

原因四：花生锈病

发病症状：初期叶片上出现针尖大小的淡黄色病斑，后扩大为淡红色突起斑。

解决方案：①播种前或收获后，清除田间及四周的杂草和农作物病残体。②前期可选用无病、包衣的种子。用65%的代森锌防治。

…………

5. 作业评价设计（见表2-134）。

表2-134　"绿色开花植物的一生"的"基于问题的作业"编码表

类别	情境	问题	任务	核心素养	水平划分（水平一、水平二、水平三、水平四）
基于问题的作业	在花生植株的生长过程中，出现了一些黄化和锈斑状的叶片	花生植株发生病变的原因有哪些？	1. 能简单列出无机盐在植株生长中的作用 2. 结合生活经验，利用所学知识，列举引起植株病变的多种原因，并能说出相应的解决方案 3. 能够用具有科学性、准确性的词语描述出问题产生的原因，并在解决方案中能够学以致用，加深对无机盐作用的深度理解，从而深入理解农耕文化	生命观念、科学思维、社会责任	水平一：能结合本单元所学知识，设计一到两种解决方案，方案基本科学、合理，能基本解决现实生活中的问题 水平二：能结合本单元所学知识，设计三种以上解决方案，方案较为科学、合理，能解决现实生活中的问题 水平三：能结合本单元所学知识及生活经验，设计三种以上解决方案，方案非常科学、合理，有一定的可行性，能有效解决现实生活中的问题 水平四：能结合本单元所学知识及生活经验，设计五种以上解决方案，方案非常科学、合理，可行性强，能有效解决现实生活中的问题

四、人教版教材《生物学》七年级上册第三单元"绿色开花植物的一生"的"3发展"作业之三：基于项目的作业

说明：本作业属性为"基于项目的作业"，教材来源为普通初中《生物学》教科书（人教版2012版），内容为七年级《生物学》上册第三单元"绿色开花植物的一生"，对应的课标要求为"描述种子萌发的条件和过程"，适合对象为七年级学生。

（一）"基于项目的作业"目标设计

1. 课标内容及要求（见表2-135）

表2-135 "绿色开花植物的一生"的"基于项目的作业"课标内容及要求

具体内容	活动建议
描述种子萌发的条件和过程	开展"种子萌发条件"的探究活动

2. 学情分析

"种子的萌发"学习项目源于人教版《生物学》七年级上册第三单元第二章《被子植物的一生》的学习内容，本章内容蕴含种子萌发需满足的环境条件和自身条件，体现了生物知识与生活实践的紧密联合。学习目标既关注学生知识的获得，又强调学生的实验设计、实验操作等能力的获得，同时体现生命观念、联系生活的情感态度教育。将这些与同一主题相关度较高的学科学习内容进行有效融合形成学习项目，把生物的学习融入日常生活情境，打破传统单一的、纵向学习知识的壁垒，引导学生将理论知识实践化，提高运用知识在真实情境下解决复杂问题的能力。

3. 作业设计意图

在完成本作业的过程中，学生可通过小组合作设计探究计划，触发深层次的思考，发展创新思维，培养创造能力；实施探究计划，观察记录，在运用知识的过程中发展解决实际问题的能力，培养科学探究、科学思维的学科核心素养；小组分享，总结体会，通过抽象概括使知识得以内化，提高交流表达等综合性能力。学生在解决问题的过程中，学科知识与学生综合能力的发展呈现出系统化的特征，学生利用小组智慧去解决真实情境中的问题，借助项目学习，提升自己真实的能力和素养。

4. 作业目标

通过设计和实施"种子的萌发"探究活动，描述种子萌发的条件和过程。

（二）"基于项目的作业"环节设计

1. 确立挑战性的学习主题

此基于项目的作业，是在学生参与温室田种植的背景下，围绕温室田播种的实践探索活动，通过与生活经验有联系的驱动性问题"种子萌发需要具备什么条件？"，帮助学生搭建多角度的探索空间。

2. 驱动性问题设计

种子萌发需要具备什么条件？

3. 复杂任务设计

（1）项目任务。

项目任务1：小组合作设计探究实验"种子萌发需要具备什么条件"，并完成实验报告的相应部分，结合生活经验，加入深层次的思考，发展创新思维，培养创造能力。

项目任务2：在温室田中实施实验并记录。知识逐渐内化，发展为解决实际问题的能力，着力于培育生命观念、科学思维、科学探究、社会责任的学科核心素养。

项目任务3：分析实验现象和数据，小组分享，得出结论。培养抽象概括、思辨、交流表达等综合性能力，学科知识呈现出系统化的特征。

（2）作业要求。

①能够按照对照实验的设计要求，设计出合理的探究计划，结合生活经验，深入思考种子萌发需要水、温度、空气等多种环境条件，且种子自身也要符合萌发的条件。

②能按照探究计划正确实施实验。在运用知识的过程中发展解决实际问题的能力。

③能够综合探究现象和各小组的结论，应用网络资源查阅资料等多种方法获得必要资料；分析数据，完善种子萌发的条件和过程的架构，形成珍惜健康的生命观念。

4. 作业成果呈现（见表2-136）

表2-136　"绿色开花植物的一生"的"基于项目的作业"成果呈现

水平	质量描述	图例展示
一	对于变量的设计不够详尽，对现象的记录不够翔实，思维存在局限性	 图2-155　"绿色开花植物的一生"的"基于项目的作业"成果1

表2-136(续)

水平	质量描述	图例展示
二	具有单一变量的设计意识,内容较简单,可操作性强,实验记录不够翔实	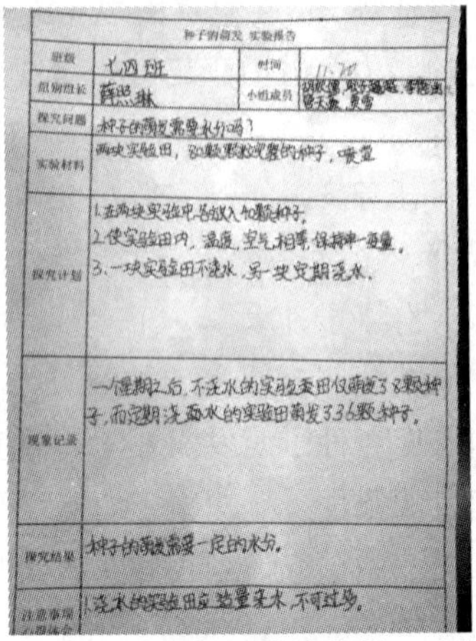 图2-156 "绿色开花植物的一生"的 "基于项目的作业"成果2
三	能按照对照实验的要求较合理地设计实验,实验记录较详细	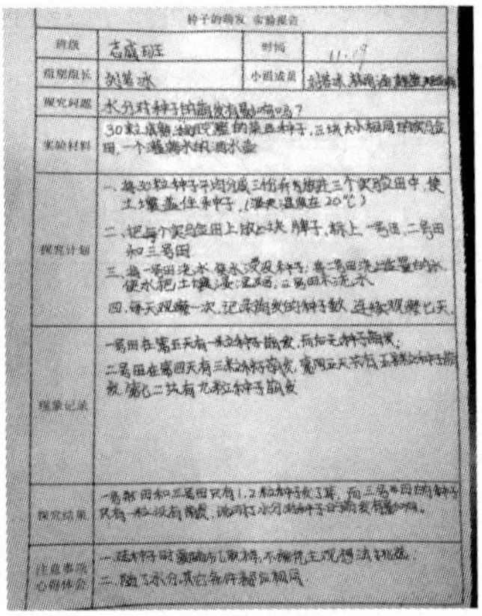 图2-157 "绿色开花植物的一生"的 "基于项目的作业"成果3

表2-136（续）

水平	质量描述	图例展示
四	对照实验设计完整，实验结果运用数学知识以发芽率的数据呈现	 图2-158　"绿色开花植物的一生"的"基于项目的作业"成果4

5. 作业评价设计（见表2-137）

表2-137　"绿色开花植物的一生"的"基于项目的作业"编码表

类别	情境	问题	任务	核心素养
基于项目的作业	在学生参与温室田种植的背景下，围绕温室田播种开展项目实践探索活动	种子萌发需要具备什么条件？	1. 小组合作设计探究实验"种子萌发需要具备什么条件"，并完成实验报告的相应部分，结合生活经验，加入深层次的思考，发展创新思维，培养创造能力 2. 在温室田中实施实验并记录。知识逐渐内化，发展解决实际问题的能力，培养生命观念、科学思维、科学探究、社会责任的学科核心素养 3. 分析实验现象和数据，小组分享，得出结论。培养抽象概括、思辨、交流表达等综合性能力，学科知识呈现出系统化的特征	生命观念、科学思维、科学探究、社会责任

水平界定见表2-138、表2-139。

表2-138　"绿色开花植物的一生"的"基于项目的作业"探究设计水平界定

水平	质量描述
一	不能根据问题设计出合理的探究计划，无法满足对照实验的要求
二	能根据问题设计简单的探究计划，基本满足对照实验的要求，但个别条件设置不够准确

表2-138(续)

水平	质量描述
三	能按照对照实验的要求较合理地设计实验，但在探究计划的描述中语言不够准确、完整
四	能按照对照实验的要求合理地设计实验，语言表达准确，情境创设完整

表2-139 "绿色开花植物的一生"的"基于项目的作业"实施
实验及分析现象水平界定

水平	质量描述
一	在温室场景中能基本按照探究计划展开实验，如实记录实验数据，并进行必要的小组间交流，得出种子萌发需要的部分条件
二	能按照探究计划熟练使用实验材料展开实验，如实记录实验数据并观察种子萌发的相关现象，分析各项数据并与其他小组合作交流，得出种子萌发需要的环境条件和自身条件
三	基于温室场景和探究计划有序展开实验探究，在初次探究报告的基础上加以延伸拓展，多条件、多角度进行探究；运用多种方法如实记录和分析实验结果；能主动合作，结论具有完整性，并运用科学术语报告实验结果，得出种子萌发需要的环境条件和自身条件，并具有初步的描述种子萌发过程的意识
四	能够查阅相关资料，主动合作，完善探究方案并开展探究；创造性地运用图像等多种方法如实记录，在小组探究过程中起到组织和引领作用；运用科学术语报告实验结果，得出种子萌发需要的环境条件和自身条件；描述种子萌发过程

　　本单元作业设计以核心素养为宗旨，内容聚焦"一颗种子的生命史诗"，学习任务重实践，作业评价促发展。本单元作业发扬学生的科学思维、科学探究精神，激活了学生主动参与的热情，学生学习观逐渐转变。

第三章　基于真实情境的"3发展"作业案例

第一节　创意制作——科技与美的结合

【作者信息】杨鸣　李永强　翟永阳　崔芳　闫丽丽　刘婷　蔺萍萍①
【适用年级】八年级

一、作业设计意图

学生学习物理知识，主要是在参与生活、劳动和社会实践的过程中，在与大自然的接触中用心去观察事物，用脑去分析事物，进而总结出经验，丰富感性认识。然而，一方面，现在的初中教育在中考指挥棒的导向下，相对偏重理论知识学习，学生在学校的几乎所有时间都是在课堂上听老师讲，走出去参加户外活动、实践活动的时间几乎没有了，学生失去了学习物理的最宝贵环节：感知生活。长此以往，学生的感性认识将大受束缚，创新能力将大受制约。另一方面，随着科技的发展，网络时代的到来，人们的生活、学习方式都在发生着巨大的变化，日益丰富的电视节目、丰富多彩的网络游戏深深地吸引着广大初中生的注意力，剥夺了他们许多宝贵的时间，造成他们没有时间、精力去感知生活，获得大量的感性材料，这样一来，他们学习物理的重要素材就被这些东西所吞噬了。该基于设计的作业，价值就在于创造一个趣学物理的条件，引导学生在制作与设计中快乐学习，将学习融入生活中。本作业将物理、化学、

---

①　杨鸣为郑州市郑东新区基础教育教学研究室负责人，李永强为郑州市第八十六中学校长，翟永阳为郑州市第八十六中学教师，崔芳为郑州市郑东新区基础教育教学研究室生物学科教研员，闫丽丽为郑州市第八十六中学教师，刘婷为郑州市第八十六中学教师，蔺萍萍为广州大学附属中学南沙实验学校教师。

美术三科融为一体，是真实情境下的基于设计的作业，由学生设计方案、动手实验、调查成本和做出成品、感受化学变化。本作业能提高学生的综合素质，发展的学生创造力。

二、课标要求和评价目标

（一）课标要求

1. 物理课程标准

（1）电流产生的四要素：电源、导线、开关、用电器。

（2）制作创意吸尘器：

①流体压强中流速大的地方压强小。

②通电线圈在磁场中受力转动。

（3）制作可控台灯：

①水银开关通过上抬与下垂造成电路的断开和闭合。

②发光二极管具有单向导电性。

（4）制作空气动力船：

①牛顿第三定律：两个物体之间的作用力和反作用力在同一条直线上，大小相等，方向相反。

②浮力的大小与物体排开液体的体积有关。

过程及成品都以图片、视频的形式记录，配有文字。具体见过程性材料。

2. 化学课程标准

在活动过程中，学生通过观察发现，灯泡在发光发热过程中，电能转化为内能属于物理变化，但是灯泡的灯丝发生的不仅有物理变化还有新物质的生成，其中涉及的氧化还原反应属于化学变化。

（1）物理变化：没有生成其他物质的变化。

（2）化学变化：生成其他物质的变化。

3. 美术课程标准

在活动过程中，学生在作品的外观上不断进行改进和绘画，达到美观的效果。

（二）评价目标

（1）基于设计的作业小组成员以集体合作的方式参与各个器件的设计与绘制活动，尝试了用各种工具、材料进行制作，丰富视觉、触觉和审美经验，发展美术实践能力。

（2）基于设计的作业小组成员在制作和改进器件的外观中体验美术活动

的乐趣，获得对美术学习的持久兴趣；激发创造精神，陶冶高尚的审美情操，完善人格。

（3）卡纸、油彩、彩线、彩笔的多重配合和效果叠加，让器件的外观更加富有层次感。

三、评价任务及评价量表

（一）评价任务

（1）学生通过收集材料，确定方案开始制作。基于设计的作业小组成员，采用自己生活中搜集到的各种小材料着手进行制作。

（2）学生分组进行研讨，提出问题，经过对制作方案的不断改进最终制作出效果很好的实验器件。在此基础上，基于设计的作业小组对器件外观进行设计与重构。

（3）经过发现问题、设计方案、小组讨论、改进方案、实施操作、美化外观等步骤，一个月后学生们完成了自己制作的器件，并应用到实践中。

（二）评价量规（见表 3-1 至表 3-3）

表 3-1　合作评价量规

小组合作（每项 10 分）	非常棒（10~9）	良好（8~7）	一般（6~5）	还需努力（4~0）	总分
在小组中我可以做很多事情					
我完成了小组分配给我的任务					
我接受别人的想法					
我能清楚地表达我的想法					
我鼓励我们小组的成员					
别人讲话时我倾听					
我努力解决问题					

表 3-2　第＿＿＿＿＿＿组优秀组员评价表

组局	一得分	二得分	三得分	四得分	五得分

表3-2(续)

组员	一得分	二得分	三得分	四得分	五得分
优秀组员					

其中，器件设计过程占40%，方案撰写占30%，以任务驱动进行的表现性评价占30%。

表 3-3　器件设计评价量规

实验过程	评价指标		评价方式
	评价侧重点	评价要素	
设计讨论过程	会选、会调、会测、会读、会记	1. 器件设计的基本知识 会描述相关实验步骤，区分实验仪器的用途	实验基本知识由实验小组组长评价和小组成员互评相结合
制作展示过程	熟练连接、测量；知道减小误差的方法 实验中进行合理的多次测量 准确计算测量结果	2. 实施实验的素养 选择实验仪器，安装实验器材，进行实验；明确所要记录的对象和物理量；正确地进行观察和读数；描述、记录所观察到的现象或过程及数据 3. 分析和论证实验的素养 发现有意义的关系，得出结论；发现实验中的问题，提出疑问或改进建议 4. 写出实验报告 主要包括：实验原理、实验步骤、实验记录表格和实验结论 5. 实验素养 预习习惯、观察习惯、操作规范、如实记录、整理实验器材等	实验过程由实验小组成员依据具体分工进行评价 实验报告由实验教师评价 实验素养由实验小组成员依据具体分工进行评价

四、研究内容和方法

（一）研究内容

（1）创意吸尘器。生活中普通的吸尘器大而笨重，很难清除窗户缝隙以及地板间隙的灰尘；而天花板又太高，除尘很难进行，市场上现在也很难找到合适的小型吸尘器。为解决此问题，八、九年级部分学生组成了基于设计的作业小组，展开思维风暴，运用所学物理知识设计并制作出合适的吸尘器。

（2）可控亮灭的小台灯。学生在学习了电路知识后对家里的台灯如何工作产生了很大的兴趣。基于设计的作业小组的同学，先是找到了几个破旧台灯进行拆卸，后认真研究其中的工作原理，并决定自行设计一盏节能台灯。确定想法后小组成员分工合作，搜集材料并查阅相关书籍，在老师的帮助下，用水银珠作为开关制作出属于自己的小台灯。

（3）空气动力船。在制作吸尘器的同时，基于设计的作业小组成员发现，电动机不同的转向对风力有不同的吸引，既然可以做出吸尘器，也可以做出吹风机和小风扇。小组中有几个同学特别喜欢舰船模型，提议用小型电动机制作出，于是基于设计的作业小组进行了头脑风暴，设计图纸，选择材料，克服遇到的重重难题，利用电动机和牛顿第三定律的知识成功做出以空气为推动力的船，并取名"空气动力船"。

（二）研究方法

三个不同的基于设计的作业，虽然各有侧重点，但是都反映了电学知识。作业小组在完成作业过程中都用到了电学电路知识，完成作业的整个过程运用到了调查问卷法、理想模型法、分析归纳法、观察法、转换法。这三个作业采用的研究方式为以学生为主体，由学生自行设计与改进；以教师为辅，协助提供材料与书籍。学生们在主动学习研究中得到了价值感与成就感，培养了独立学习的能力。

五、课时计划和分工

（一）课时计划（见表 3-4）

表 3-4　课时计划

时间	地点	内容
9 月 1 日	物理实验室	制作创意吸尘器 1
9 月 15 日	物理实验室	制作创意吸尘器 2
10 月 13 日	物理实验室	制作创意吸尘器 3
10 月 27 日	物理实验室	制作可控台灯 1
11 月 17 日	物理实验室	制作可控台灯 2
12 月 1 日	物理实验室	制作可控台灯 3
3 月 1 日	物理实验室	制作空气动力船 1
4 月 5 日	物理实验室	制作空气动力船 2
5 月 3 日	物理实验室	制作空气动力船 3

表3-4(续)

时间	地点	内容
6月7日	物理实验室	完成研究初稿
9月6日	物理实验室	完成研究报告

（二）团队分工

我们针对基于设计的作业的学习目标及评价任务，进行了分组，如表3-5所示。

表3-5　团队分工

	姓名	性别	年龄	年级	作业分工	备注
小组成员	王怡博	男	14	八年级	活动记录	活动积极性强，认真、有创新
	张佳鑫	女	14	八年级	活动组织	
	王博涵	男	14	八年级	作业实施	
	吴芷菁	女	14	八年级	活动组织	
	贾壮壮	男	14	八年级	作业实施	
	秦玉龙	男	14	八年级	活动记录	

每个组内都有不同特长的学生，由学生自由选择，充分发挥自己的特长。

六、实施过程

具体过程如下：

研究活动一：制作创意吸尘器（9月1日—10月27日）

9月1日，研究小组成立，确定研究方向，在物理电学的大范围内动员小组成员积极观察生活，发现生活中的一系列和电有关的现象，并发现其中隐藏的问题，利用所学知识进行解决或改进。

9月5日，王博涵同学在打扫班级卫生时发现窗户缝里总有一些无法清除掉的小型垃圾，黑板下侧凹槽也总是布满粉笔灰，天花板太高也无法清除上面粘连的灰尘，这对班级形象以及同学健康都不利。虽然市面上有各种大型的吸尘器但是对于这些小灰尘却束手无策。

9月15日王博涵同学特意研究了吸尘器的原理，决定想办法自制一个小型的吸尘器来解决掉这些灰尘。他通过研究发现，吸尘器虽然制作复杂，但是核心却是电动机和螺旋桨，而他们又已经学习了相关物理知识，于是研究小组第一个研究作业"创意吸尘器"就诞生了。在此期间小组成员要不断搜集吸尘器的有关制作知识，经过小组间讨论和教师指导进行一系列改进。

10月13日，小组经过仔细探讨制作出的吸尘器已经足够达到当初设计的目的，能吸走很多大吸尘器无法到达的地方的灰尘，这一阶段由小组中另外几名同学开始在外观上进行改进和绘画，力求达到美观的效果。

一个月的制作创意吸尘器的过程中，学生正确实验、创意无限、认真记录、及时感受和体验。

研究活动二：制作可控台灯（10月27日—12月1日）

10月27日，社团课上研究小组中的贾同学提出，大家回家用到最多的电器就是台灯，一个台灯会伴随大家写完作业，所以研究小组决定研究台灯的工作原理，并设计制作出一个可控制亮灭的台灯。首先由小组成员设计原理图并搜集原料。

10月30日，小组成员最终采取了奶茶杯作为底座，做出一个发光的奶茶杯台灯。在吸管里暗藏了一个发光二极管，而这个发光二极管之所以能由吸管的弯直来控制亮或灭，是因为它里面连接了一个很小的水银珠开关，后面再连接电池就可以了。虽然原理简单，但是对于刚接触电路知识的中学生来说，要真正做出来还是很难的，但是再大的困难也挡不住学生要自己动手研究的好奇心。在学生的自学和辅导教师的指导下，学生试着串联电池，剥除合适的导线，连接发光二极管和水银珠开关，并最终把线路暗藏在吸管里面，连同电池一起放进奶茶杯里，这样一个神奇的会控制发光的小台灯就由同学们自己制作完成了。

12月1日，社团课上，经过仔细探讨制作出的小台灯已经足够达到，当初设计的目的，能够控制亮灭，当按下吸管的时候灯亮，当抬起吸管的时候灯又灭了。这一阶段由小组中另外几名同学开始在外观上进行改进和绘画，力求达到美观的效果。

研究活动三：制作空气动力船（3月1日—5月3日）

3月1日，研究小组成员在制作吸尘器的同时，发现电动机不同的转向对风力有不同的吸引，既然可以做出吸尘器，也可以做出吹风机和小风扇。小组中有几个同学特别喜欢舰船模型，提议用小型电动机制作出舰船模型。于是研究小组进行头脑风暴，设计图纸，选择材料，克服遇到的重重难题，利用电动机和牛顿第三定律的知识成功做出以空气为推动力的船，并取名"空气动力船"。这一阶段主要是设计模型，查阅相关资料，并不断改进图纸。

4月30日，研究小组成员经过仔细探讨制作出的空气动力船已经足够达到当初设计的目的，能在水中自由航行。这一阶段由小组中另外几名同学开始在外观上进行改进和绘画，力求达到美观的效果。

研究活动四：总结电学原理在生活中的创意应用（12月1日）

12月1日社团课上，研究学习小组成员总结电学的原理及其在生活中的应用。小组成员通过分析演示实验、制作吸尘器的实例，能正确举例说出电在生活中的应用；通过课外调查、小组讨论和交流，能有效地设计出美观的器件外表，并能运用适当的方法实施。课上，小组成员总结了前段时间创意吸尘器的制作经验。

研究活动五：美术授课：设计创意器件（3月1日）

2016年3月1日社团课上，我们邀请了美术老师蔺萍萍讲解如何设计美观的物品，让同学们在物理原理的基础上能有效地应用在生活器件上，实现实用和美观的双重效果。

研究活动六：整理研究过程材料（4月5日—6月7日）

4月5日社团课上，小组成员将整个研究活动中的文字、照片、视频进行了整理；课下在老师的帮助下剪切、合成相关视频，制成微课，例如：制作创意吸尘器，制作空气动力船。小组成员总结活动及时写成新闻，在校报、校微信公众号平台上发表。

研究活动七：完成研究报告（6月7日—9月6日）

6月7日，小组成员已开始着手制作研究报告了。暑假期间，同学们进一步收集资料、整理过程性材料、总结研究结果及结论。9月6日研究报告基本完成。

作业一：制作创意吸尘器（一）

第一阶段，通过收集材料，作业小组确定方案，开始制作创意吸尘器。作业小组采用的是空脉动饮料瓶、纱布、电池、小型电动机以及风扇叶片等在自己生活中搜集到的各种小材料，以此为基础着手进行制作（见图3-1至图3-4）。

图 3-1 制作创意吸尘器 1

图 3-2 制作创意吸尘器 2

图 3-3　制作创意吸尘器 3

图 3-4　制作创意吸尘器 4

作业一：制作创意吸尘器（二）

第二阶段，经过对制作方案的不断改进，作业小组最终制作出效果很好的微型吸尘器。在此基础上作业小组开始着手对吸尘器外观进行设计与重构，有的小组进行了描画和涂色，有的小组进行了彩线绕制和装饰，纷纷做出了各具特色的吸尘器（见图 3-5 至图 3-8）。

图 3-5　完善创意吸尘器 1

图 3-6　完善创意吸尘器 2

图 3-7 完善创意吸尘器 3

图 3-8 完善创意吸尘器 4

作业一：制作创意吸尘器（三）

经过发现问题、设计方案、小组讨论、改进方案、实施操作、美化外观等步骤，一个月后学生们做出了自己设计的吸尘器，并把教室内的各个角落用自己制作的吸尘器打扫了一遍。在打扫教室、家里和实验室的过程中用到自己亲手制作的吸尘器，学生感到收获颇丰（见图 3-9 至图 3-12）。

图 3-9 美化创意吸尘器 1

图 3-10 美化创意吸尘器 2

图 3-11　美化创意吸尘器 3　　　　　　图 3-12　美化创意吸尘器 4

作业二：制作可控台灯

作业小组成员学会了连接电路的一般方法，并尝试自己改进台灯，经过不断的选材、改进、制作，最终通过一个水银珠开关实现了台灯的可控性（见图 3-13 至图 3-16）。

图 3-13　制作可控台灯 1　　　　　　图 3-14　制作可控台灯 2

图 3-15　展示可控台灯 1　　　　　　图 3-16　展示可控台灯 2

<h2>作业三：制作空气动力船（一）</h2>

第一阶段，作业小组成员看到市场上的一些动力船模型，很想自己动手设计一款动力船。根据以往学习到的电学和力学知识，研究小组开始着手设计并制作属于自己的动力船（见图 3-17 至图 3-20）。

图 3-17　制作空气动力船 1

图 3-18　制作空气动力船 2

图 3-19　制作空气动力船 3

图 3-20　制作空气动力船 4

作业三：制作空气动力船（二）

第二阶段，作业小组成员采用两节 5 号电池作为电源、小马达作为电动机、两个空矿泉水瓶作为船身、风扇叶片作为螺旋桨，并依靠电磁理论和牛顿第三定律，以风的反作用力为动力，制作出了动力船模型（见图 3-21 至图 3-24）。

图 3-21　完善空气动力船 1

图 3-22　完善空气动力船 2

图 3-23　完善空气动力船 3

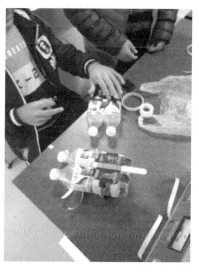

图 3-24　完善空气动力船 4

作业三：制作空气动力船（三）

　　第三阶段，经过发现问题、设计方案、小组讨论、改进方案、实施操作、美化外观等步骤，一个月后学生们做出了自己设计的空气动力船，并一起去湖边放飞空气动力船，在整个过程中学生感到收获颇丰（见图3-25至图3-28）。

图3-25　展示空气动力船1

图3-26　展示空气动力船2

图3-27　展示空气动力船3

图3-28　展示空气动力船4

七、研究结论

（一）物理方面

电流的产生四要素：电源、导线、开关、用电器。

1. 制作创意吸尘器

结论：（1）流体压强中流速大的地方压强小。

（2）通电线圈在磁场中受力转动。

2. 制作可控台灯

结论：（1）水银开关通过上抬与下垂造成电路的断开和闭合。

（2）发光二极管具有单向导电性。

3. 制作空气动力船

结论：（1）牛顿第三定律：两个物体之间的作用力和反作用力在同一条直线上，大小相等，方向相反。

（2）浮力的大小与物体排开液体的体积有关。

基于设计的作业过程及成品都以图片、视频的形式记录，配有文字。具体见过程性材料。

（二）化学方面

在活动过程中，学生通过观察发现，灯泡在发光发热过程中，电能转化为内能属于物理变化，但是灯泡的灯丝发生的不仅有物理变化而且有新物质的生成，其中涉及的氧化还原反应属于化学变化。

结论：（1）物理变化：没有生成其他物质的变化。

（2）化学变化：生成其他物质的变化。

（三）美术方面

在活动过程中，作业小组在器件的外观上不断进行改进和绘画，达到美观的效果。

结论：（1）研究小组成员以集体合作的方式参与各个器件的设计与绘制活动，尝试了用各种工具、材料进行制作，丰富视觉、触觉和审美经验，发展美术实践能力。

（2）研究小组成员在制作和改进器件的外观中体验美术活动的乐趣，获得对美术学习的持久兴趣；激发创造精神，陶冶高尚的审美情操，完善人格。

（3）卡纸、油彩、彩线、彩笔的多重配合和效果叠加，让器件的外观更加富有层次感。

八、作业展示

成果展示一：郑州市道德课堂检查组参观物理社团并与研究小组交流讨论

——考察基于设计的作业《创意制作——科技与美的结合》进展情况

2021 年 9 月 13 日在七中学区曾雷鸣校长的带领下，郑州市道德课堂检查组来到郑州市第八十六中学参观交流（见图 3-29）。

检查组参观了学校的物理社团，当看到创意制作的作业开展报告时进行了亲切的指导并提出意见。检查组对该研究性活动的开展予以肯定和支持。

图 3-29　郑州市道德课堂检查组深入物理社团

成果展示二：郑州市回民中学、九十六中学学区共同体社团展示

——基于设计的作业《创意制作——科技与美的结合》作为"3 发展"作业参展

2021 年 12 月 10 日，郑东新区召开年度课程博览会。在为期一天的课程博览会和共同体社团展示上，郑州市第八十六中学通过翔实丰富的资料，充分展示了学校基于设计的作业所实现的阶段性成果（见图 3-30、图 3-31）。

图 3-30　参加"3 发展"作业展览 1

图 3-31　参加"3 发展"作业展览 2

本基于设计的作业《创意制作——科技与美的结合》在众多社团研究中脱颖而出。本作业秉承"在做中学"的教育理念，通过作业设计培养学生的观察能力、设计能力、实践能力和动手能力。面对郑东新区教育发展的新形势，基于设计的作业研究小组成员将以求真的态度、创新的精神、改革的勇气，继续进行研究，全面深化课堂改革，提升教育教学质量，促进学生全面发展。

九、作业反思

（一）尚待解决的问题

本作业是从初中电学、化学、美学几个方面出发综合学生的能力进行整合创造的探究，但是初中学生毕竟知识有限，对生活的理解以及资源的利用都有一定的问题。特别是许多学生对于生活中问题的改进缺少具有针对性、实用性的想法，通过这个研究如何快速提升学生的生活与知识的结合是一个尚待解决的问题。

（二）进一步研究的计划

让学生拟定自己的课外研究计划，研究的时间、方式，材料搜集的渠道、加工、处理等都放手让学生自己去做，老师只负责帮助他们在研究时克服遇到的困难。在一切准备充分之后，教师组织学生利用一节课的时间进行探究、交流。

第二节　废物变变变

【作者信息】　郑冬芳　陈莉　王艳珍[1]
【适用年级】　四至六年级

一、作业设计意图

生活中的废旧物品太多，给生活带来了很多困扰和不便，再加上同学们在五年级下学期已经学习过"变废为宝"的科学知识，同时每个同学家中或多或少都有废旧物品可以收集和利用，以及班内每组成员都对废旧物品再次利用的知识很感兴趣，并且有部分成员的爸爸妈妈有处理和利用废旧物品的生活经验，这样可以帮助无经验的同学们处理和利用废旧物品。所以我们就把真实情境下的基于设计的作业定为"废物变变变"。本作业主要研究废旧物品如何处理，如何再次利用，才能实现它的新价值和对环境的保护。

二、课标要求及评价目标

（一）课标要求

本次作业在数学课标方面的要求如下：

（1）能估测一些物体的长度，并进行测量。

（2）经历简单的数据收集和整理过程，了解调查、测量等收集数据的简单方法，并能用自己的方式（文字、图画、表格等）呈现整理数据的结果。

（3）通过对数据的简单分析，体会数据的表达与交流的作用，感受数据蕴含的信息。

（4）在实际情境中理解比及按比例分配的含义，并能解决简单的问题。

（5）通过观察、操作，认识长方体、正方体、圆柱和圆锥，认识长方体、正方体和圆柱的展开图。

（6）认识条形统计图、扇形统计图、折线统计图；能用条形统计图、折线统计图直观、有效地表示数据。

（7）经历有目的、有设计、有步骤、有合作的实践活动。

---

①　郑冬芳为郑州市郑东新区永昌小学校长，陈莉为郑州市郑东新区基础教育教学研究室教研员，王艳珍为郑东新区通泰路小学教师。

本次作业在科学课标方面的要求如下：

（1）了解人类的生活和生产需要从自然界获取资源，同时会产生废弃物，有些垃圾可以回收利用。

（2）了解人类的生活和生产可能造成对环境的破坏，具有参与环境保护活动的意识，愿意采取行动保护环境，节约资源。

（3）了解物质的基本性质和基本运动形式，认识物体的运动、力的作用、能量的基本知识、能量的不同形式及其相互转换。

本次作业在美术课标方面的要求如下：

（1）运用对比与和谐、对称与均衡、节奏与韵律等组合原理，了解一些简单的创意、设计方法和媒材的加工方法，进行设计和装饰，美化身边的环境。

（2）结合学校和社区的活动，以美术与科学课程和其他课程的知识、技能相结合的方式，进行策划、制作、表演与展示，体会美术与环境及传统文化的关系。

（二）研究目标

（1）通过对废旧物品进行调查和分类，知道废旧物品的种类和一些处理废旧物品的方法。

（2）通过网上查找和分析有关废物利用的资料，掌握一些废旧物品再次利用的方法和技巧，同时能把这些方法灵活运用到废旧物品的改造和加工之中，最终创造出废旧物品的新价值，从而提高动手操作能力、观察能力、小组合作能力以及灵活运用数学知识解决生活问题的能力，同时逐步养成严谨求实和勇于探索的科学精神。

（3）能够独立撰写物品的说明书以及灵活运用物品拍卖流程对物品进行拍卖，从而增强对废旧物品进行改造和加工的决心。

三、评价任务及评价量表

（一）评价任务

（1）通过观察学生的个人调查记录单和小组调查报告，从而检测目标（1）的达成情况。

（2）通过分析学生第一次和第二次作品设计方案，学生制作成品和讨论智慧币兑换的收获，从而检测目标（2）的达成情况。

（3）通过撰写"新物品"的说明书和对"新物品"的拍卖，从而检测目标（3）的达成情况。

（二）评价量规（见表3-6至表3-8）

表3-6　第一阶段"废物大调查"的评价量规

评价指标	评价等级			评价结果			
	优秀（9~10）	良好（5~8）	待提高（1~4）	自我评价	同学评价	家长评价	老师评价
雅言雅行	1. 语言规范，表达清晰 2. 发言举手，积极主动与同伴分享自己的见解	1. 语言较规范，表达较清晰 2. 发言举手，能与同伴分享自己的见解	1. 语言不规范，表达不清晰 2. 不举手就发言，不愿意与同伴分享自己的成果				
调查记录单	1. 内容丰富，排版清晰 2. 处理废旧物品的方法多样化 3. 能够正确计算相关数据	1. 内容丰富，排版一般 2. 处理废旧物品的方法多样化 3. 能较准确地计算相关数据	1. 内容单一 2. 处理废旧物品的方法单一 3. 不能准确计算相关数据				
调查报告	1. 能够清晰列举出本小组废旧物品的种类 2. 能够清晰列出处理废旧物品的方法 3. 画图美观，数据正确	1. 能够列举出本小组废旧物品的种类 2. 基本能够列出处理废旧物品的方法 3. 画图一般，数据正确	1. 不能正确列举本小组废旧物品的种类 2. 只能列出一种处理废旧废品的方法 3. 画图不美观，数据不正确				
获取信息的能力	能够通过多种途径获取信息	只能通过网络和本小组成员的经验获取信息	只能通过本小组成员的经验获取信息				

这次基于设计的作业，通过自我评价我得到（　　）分，同学评价我得到（　　）分，老师评价我得到（　　）分，家长评价我得到（　　）分，共计（　　）分。评价等级为（　　）级

我的收获：

表 3-7 第二阶段"我给废物换新颜"的评价量规

评价指标	评价等级			评价结果			
	优秀（9~10）	良好（5~8）	待提高（1~4）	自我评价	同学评价	家长评价	老师评价
作品设计方案	1. 设计意图明确 2. 所用物品都是废旧物品 3. 分工合理，设计的步骤可操作性强 4. 图纸设计美观，数据正确	1. 设计意图较明确 2. 所用物品大部分是废旧物品 3. 分工不是很合理，设计的步骤操作性一般 4. 图纸设计一般，数据正确	1. 没有设计意图 2. 所用物品少部分是废旧物品 3. 分工不合理，设计的步骤操作性不强 4. 图纸设计不美观，数据不正确				
制作作品	1. 作品实用性强 2. 成员能守时，并能准确根据组长分工进行合理操作	1. 作品实用性一般 2. 成员能守时，但是不能听从组长的合理分工	1. 作品不具有实用性 2. 成员不守时，同时也不服从组长调配				
这次基于设计的作业，通过自我评价我得到（　　　）分，同学评价我得到（　　　）分，老师评价我得到（　　　）分，家长评价我得到（　　　）分，共计（　　　）分。评价等级为（　　　）级							
我的收获：							

表 3-8 第二阶段"废物拍卖"的评价量规

评价指标	评价等级			评价结果			
	优秀（9~10）	良好（5~8）	待提高（1~4）	自我评价	同学评价	家长评价	老师评价
产品说明书	1. 撰写的产品说明书清晰明了，实用性强 2. 说明书设计美观，简洁大方	1. 撰写的产品说明书用途基本明确，实用性较强 2. 说明书设计得较简洁	1. 不能独立撰写产品说明书 2. 说明书设计得不简洁				

表3-8(续)

评价指标	评价等级			评价结果			
	优秀（9~10）	良好（5~8）	待提高（1~4）	自我评价	同学评价	家长评价	老师评价
"新物品"拍卖	1. 废物拍卖流程熟练 2. 介绍"新物品"的价值时表达清晰	1. 废物拍卖流程基本可以 2. 对"新物品"的价值的介绍不熟练	1. 废物拍卖流程不熟练 2. 对"新物品"的价值不熟悉				
这次基于设计的作业，通过自我评价我得到（　　）分，同学评价我得到（　　）分，老师评价我得到（　　）分，家长评价我得到（　　）分，共计（　　）分。评价等级为（　　）级							
我的收获：							

四、实施方案

（一）研究内容和方法

（1）问卷调查，并对调查结果进行针对性分析。（采用调查研究法）

（2）对每位同学家庭的废旧物品进行调查，了解废旧物品的种类和数量，同时对自己的行动进行多方面的评价。（采用行动研究法）

（3）利用废旧物品进行手工制作，了解此次手工制作的材料、设计理念、功用，重点撰写设计方案和产品说明书，同时对自己的行动进行多方面评价，促进我们长久性学习。（采用资料查找法、观察研究法、个案研究法）

（4）展示作品和作品制作的过程性照片。

（5）将改造后的新物品进行拍卖。

（6）交流和反思废旧物品的调查和制作方法，同时拍成视频。

（二）课时计划和团队分工（见表3-9）

表3-9　课时计划和团队分工

时间和课时	研究的主题	具体任务或分工	负责人
2017年9月3日—9月10日（2课时）	废物大调查	制定问卷调查以及数据分析	曹志
		制定实施方案	王静
		召开准备会并对本班同学家庭的废旧物品进行实地调查	李佳琦
		对收集到的废旧物品进行分类并撰写调查报告	肖飒
		撰写"废物大调查"的总结性报告和反思	董佳旺、张笑媛
2017年9月11日—10月21日（3课时）	我给废物换新颜	撰写制作物品的设计方案	曹志
		撰写"我给废物换新颜"的总结性报告和反思	王静
2017年10月22日—10月25日（1课时）	"废物拍卖"	制定"废物拍卖"规则	李佳琦
		撰写"废物拍卖"的总结和反思	肖飒
2017年10月26日—10月30日（2课时）	"废物变变变"的交流与反思	整理"废物变变变"的过程性资料	董佳旺
		撰写"废物变变变"的研究报告	张笑媛

（三）实施流程（见图3-32）

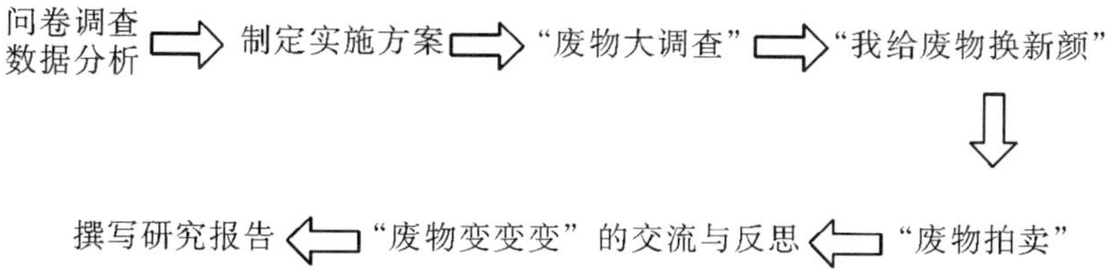

问卷调查数据分析 ⇒ 制定实施方案 ⇒ "废物大调查" ⇒ "我给废物换新颜"

撰写研究报告 ⇐ "废物变变变"的交流与反思 ⇐ "废物拍卖"

图3-32　"废物变变变"的实施流程

五、实施过程

（一）第一阶段的主题是"废物大调查"

时间：2017年9月3日—2017年9月10日

1. 问卷调查，并对调查结果进行针对性分析

为了了解我们班同学对常见废旧物品的了解情况，我们几个小组长拟制了这份调查问卷，同时对六四班和六五班的 50 名学生进行了现场问卷调查，调查数据见表 3-10。

表 3-10　垃圾分类问卷调查数据

序号	题目	选项	数据
1	请问你家里处理垃圾的方式是	A. 随意丢弃	35
		B. 分类处理	15
2	关于废旧物品再次利用你知道吗？	A. 知道，并利用过	15
		B. 只是知道，从没有利用过	28
		C. 不知道	7
3	关于废旧瓶子你会怎么处理？	A. 随意丢弃	29
		B. 卖掉	17
		C. 变成有用的物品再次利用	4
4	有没有听说将垃圾分类装入分类箱的措施？	A. 了解一点	20
		B. 听说过	18
		C. 不知道	12
5	如果你家附近有垃圾箱功能分类，你是否愿意将自家的垃圾分类投入分类箱？	A. 愿意	18
		B. 基本愿意	22
		C. 费事，不管它	10
6	你周围的人的环境保护意识如何？	A. 一定要保护环境	35
		B. 看情况	14
		C. 不管我的事	1

对照上述数据明显能看出：①30%的学生家庭对待废旧物品采用分类处理的方式，大部分家庭都是随意丢弃废旧物品；②30%的学生知道废旧物品并进行了再次利用，大部分学生家庭只是知道废旧物品可以利用，可是从来没有利用过；③8%的学生把废旧瓶子进行了再次利用，58%的学生把废旧瓶子随意丢弃了；④40%的学生对垃圾分类装入分类箱的措施了解一点，而不知道的学生占了24%；⑤36%的学生愿意将自家的垃圾分类投入，另有44%的学生愿意，但是却没有行动；⑥70%的学生都认为一定要保护环境，可是却没有实际

的行动。以上数据分析更加说明我们做的这次基于设计的作业"废物变变变"非常有意义。

2. 9月3日召开"废物变变变"的准备会并开始调查

（1）自由叙述所见到的废旧物品的名称。

（2）对所列举的废旧物品进行分类，并叙述哪些废旧物品能够再次利用。

（3）讨论如何利用这些废旧物品。

（4）分组。

（5）选组长。

（6）组长分工。

（7）写调查记录。

3. 9月3日—9月5日认真调查自己家里的废旧物品并记录

9月10日同学们根据大家调查的情况进行汇报，并在小组内汇集各自的废旧物品种类以及处理方法，最后撰写第一阶段的总结性报告。

（二）第二阶段的主题是"我给废物换新颜"

时间：2017年9月11日—10月21日

1. 9月10日召开"废物变变变"的第一阶段的总结会和第二阶段的准备会

（1）自由叙述自己所收集的废旧物品的名称。

（2）小组合作完成本组的调查报告。

（3）欣赏网上查找的利用废旧物品制作的精美作品。

（4）讨论准备利用手中的废旧物品制作什么物品。

（5）每个小组确定自己的作品以及需要用到的材料。

（6）分工。组长根据自己小组成员手中有的废旧物品进行合理分工。

（7）约定制作时间和地点。

2. 9月11日—10月8日利用手中废旧物品做成有价值的新物品

（1）撰写设计方案。

（2）小组合作利用本组成员手中有的废旧物品开始创新制作新物品。

（3）10月8日根据大家制作的情况进行汇报，并提出修改意见。

3. 10月9日—10月21日根据修改意见再次改进自己的作品

（1）撰写新的设计方案和作品说明书，使得作品能够真正用到生活中，实现该作品的价值。

（2）10月21日根据新作品的制作情况进行展示汇报，并撰写第二阶段的总结报告。

（三）第三阶段的主题是"废物拍卖"

时间：2017 年 10 月 22 日—2017 年 10 月 25 日

10 月 25 日进行"废物拍卖"。

（1）耿明阳同学宣读拍卖规则。

（2）小组作品自定起始价。

（3）26 件作品，随机抽号决定出现的先后顺序。

（4）开始拍卖。

（5）每次获宝者说说自己的获宝感言。

（四）第四阶段的主题是"'废物变变变'的交流与反思"

时间：2017 年 10 月 26 日—10 月 30 日

（1）整理"废物变变变"的过程性资料。

（2）对"废物变变变"进行经验交流与反思，同时畅谈收获。

（3）撰写"废物变变变"的研究报告。

六、数据分析所得出的结论

（1）通过对六四班和六五班每位学生的家庭一天所产生的废旧物品的种类和数量的数据统计得出：

①废旧物品的种类大致 7 种，分别是废纸类、塑料类、玻璃类、金属类、布料类、电池类、剩饭剩菜类。

②104 名学生所代表的 104 个家庭一天之内所产生的废旧物品数量达到了 2 445 件，平均下来一个家庭一天所产生的废旧物品数量为 2 445÷104≈24 件。如果按照这个数量计算下去，中国目前有 34 837 万个家庭，所产生的废旧物品数量可以达到 24×34 837 万＝836 088 万件。这么多的废旧物品如果我们不分类处理的话，会给我们的大地带来多么大的负担呀，同时也会给我们的环境带来伤害。所以垃圾分类，我们从今天做起，请用行动捍卫我们的地球，请用行动把废旧物品充分利用起来，为节约资源、保护环境做出一份贡献。

（2）通过积分和智慧币的兑换规则，得出每位同学第一阶段所得智慧币的个数大约是 3 枚，在第二阶段所得智慧币的个数大约是 5 枚，每位同学共计获得 8 枚左右的智慧币。通过这样多角度的评价，促进学生主动性学习。

七、"废物变变变"精品作业展示和精品作业制作流程（见图3-33）

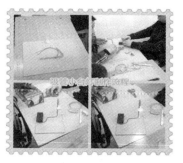

图 3-33　"废物变变变"的精品作业展示和制作流程

八、研究结论

（1）学生们通过利用统计图统计家中的废旧物品种类和数量后得出：废旧物品的种类大致 7 种，分别是废纸类、塑料类、玻璃类、金属类、布料类、电池类、剩饭剩菜类。

（2）学生们通过在网上查找利用废旧物品制作的精致物品的图片，了解了利用废旧物品制作精致物品的方法以及废旧物品产生的新价值。

（3）学生们通过制作小钱包、布娃娃等基于设计的作业，体验了生活中的针线活以及感受到父母的不易。

（4）学生们通过利用小电机、小灯泡、吸管、纸板、塑料瓶、电线等这些废旧物品，再加上有关电的科学知识制作出小台灯、"乘风破浪号"电动船，初步了解了电学方面的基础知识和电能转化为机械能的知识，同时逐步养成不怕困难反复试验动手操作的好习惯。

（5）学生们通过利用废旧物品动手制作新物品和查找资料，发现只要坚持对废旧物品分类，再加上灵巧的双手和小组成员的合作，所有可回收的废旧物品都可以实现再次利用，从而实现资源的节约和环境的保护。

（6）学生们通过网上查找有关剩饭剩菜和利用大容器再次熔铸新物品的资料，汇集成一本剪贴的册子，扩大变废为宝的知识的视野，同时提高收集信息和处理信息的能力。

（7）由于刚开始学生们没有对制作进行具体分工，造成工作效率太低，于是学生们后来增加具体分工这一步骤。这个事情给学生们一个警示：做任何事情都需要精心设计，同时也需要认真做事，只有用心做事，才能收获满满。

（8）通过本次的调查与制作，学生们发现小组合作起来做事比较好，既完成了任务，又增进了小组成员的感情，同时也提高了学生们小组合作的能力和解决问题的能力。

（9）增进了亲子之间的亲情。在这次基于设计的作业中，学生家长们给学生们带来了很多帮助，学生们感觉到父母知道的内容比他们多，他们从心里对家长们产生了敬佩之心和感恩之情。

（10）数学用处大。在整个研究过程中，学生们发现在调查自己家中的废旧物品种类和数量的时候，用到了条形统计图，此图非常清晰地解决小组的废旧物品种类和数量的统计问题；同时在画设计图的时候，学生们用到了比例尺，根据小船的实际长度和比例尺的数据，就可以把实际小船画到图纸上了。最后根据智慧币的兑换规则，学生们利用比例的知识解决了所得智慧币的枚数问题。

九、研究反思

本次基于设计的作业，我们预计 1 个月就可以结束，可最后真正实施下来就变成了长达 2 个月之久，为什么时间会延长以及有些小组制作的物品没有多大使用价值呢，还有就是如何设计监督措施才能让大家自觉遵守以下规则呢？①对垃圾自觉分类。②对能够循环利用的物品一定要再次利用，而不是随意丢弃。以上反馈的内容应该和以下问题有关：

（1）我班同学大部分没有直接对废旧物品进行分类和再次利用的经验，再加上六年级学业负担过重，所以在制作过程中由于没有过多时间讨论交流，造成想法不统一，再加上制作地点的不易确定，学生们便总是不能高效完成设想好的作品。

（2）六年级的学生虽然是小学阶段的高段学生，但是毕竟所学知识有限，眼界也有限，特别是在电力学和机械学方面的知识比较欠缺，造成想让某些物品动起来的时候，它们却不动。比如：想让自己的小汽车动起来，可是不知道如何运用电能或机械能使得小汽车运动起来，这样就减弱了学生继续制作的欲望。

（3）垃圾分类不分类没有任何监督措施，所以人们就很随意。

面对以上问题，我们准备进一步实施以下方法：

（1）每一个小组设计一份完善的完成"废物变变变"的时间表，保证制作过程顺利进行，这样就避免了因为分工不明确或制作地点不确定而浪费时间，从而提高制作效率。

（2）在制作之前给同学们讲解一些电能和机械能之间转化的知识以及电线安全衔接的知识。

（3）制定鼓励性政策，只要是对垃圾进行分类并循环利用废旧物品的家庭，学生就可以获得积分，每个月根据积分的多少评选出文明家庭进行表彰，建立文明行为档案。

十、评价反思

针对本次基于设计的作业，我们设定了两个阶段的评价和一次利用评价积分兑换的智慧币枚数购买物品的拍卖会，通过这样多角度评价方式激发学生们学习的热情和增进学生们学习的持久力。下面我们一起看一看，小小评价表给学生们带来的活力吧。

1. 家长对本次基于设计的作业的评价

通过本次基于设计的作业，我发现孩子对待生活中的物品不再随意丢弃，而是先分类，再处理，有时候还会创造出很有新意的物品，比如：利用纸盒给他的小弟弟做小汽车，孩子变得更加细心了。希望以后多组织这样的基于设计的作业。

2. 指导教师——王老师对此次基于设计的作业的评价

通过本次基于设计的作业，我发现学生的思考力和团队精神对于做好一件事情非常重要。比如：一个易拉罐，在有些人眼中就是垃圾，可是有些有智慧的人们会认为它是一个宝，不仅可以直接卖钱，经过稍微加工还可以变成美丽的工艺品或创意品，这就是不同的思考角度给不同的人带来的不同财富。另外我发现小组配合默契的，愿意和别人分享自己想法的团队，做起事情来比较容易成功，并且效率也高。比如：曹志小组做的"乘风破浪号"电动船，首先是曹志有一个想做能动的船的想法，然后他们小组四个成员就开始讨论计划，并逐步实施，同时在实施的过程中不断反思与改进，最后的成果就呈现在大家面前了。不难发现这个小组的成员配合默契，还有就是成员之间愿意主动分享自己的想法，有问题大家一起想办法解决，在做中反思，在反思中前进。这就是一次典型的小组合作。

另外这次作业也给我们敲响了警钟，就是不要成为只有想法没有行动的巨人，一定要脚踏实地用心做事，有想法就要付出行动进行验证。我们不怕不成功，大不了再重头来过。我们这次基于设计的作业"废物变变变"，倡议大家，废物利用一定要从我做起，垃圾分类天天做，爱护环境人人有责。

第三节　转化的美味——制作发酵食品

【作者信息】杨鸣　李永强　崔芳　朱慧娜　王杰　方晓晓[1]
【适用年级】八年级

一、作业设计意图

我们在讲到《生物学》八年级上册中《人类对细菌和真菌的利用》时发现：发酵技术已渗透到生活中的方方面面，但很少有学生知道其中的发酵原理，更少有学生自己动手去制作发酵食品。我们在课上讲过了理论知识后，想让学生探究发酵食品的奥秘，感受发酵中转化的美味。

理想的智育，应该让课堂充满活力、情趣与智慧，让课程具有丰富性、回归性、关联性和严密性，使学生真正成为教学活动的主人。我校鼓励学生围绕跨学科的真实情境下的基于问题的作业开展活动。本作业将生物、数学、化学三科融为一体，由学生设计方案、动手实验、品尝体验、调查成本和成品价格、计算差价、感受化学变化，提高了学生的综合素质，全面推进素质教育，让学生体验自然与生命的真实，培养学生个性特长，增强学生的责任心，发展学生创造美的能力，充分发挥学生自我教育、自我管理、自我服务的积极性。

（一）现实依据

八年级学生在生物课上已掌握了发酵原理，有制作发酵食品的热情，制作发酵食品的原料、条件、时间，学校都可以满足；计算发酵食品制作成本、成品的价格差所涉及的数学知识较为简单，八年级学生都能完成，学生也乐意在

---

[1]　杨鸣为郑州市郑东新区基础教育教学研究室负责人，李永强为郑州市第八十六中学校长，崔芳为郑州市郑东新区基础教育教学研究室生物学科教研员，朱慧娜为郑州市第八十六中学教师，王杰为郑州市郑东新区天府初级中学副校长，方晓晓为郑州市第八十六中学教师。

活动中进行成本计算；八年级学生还没有学习化学，但我们可在社团课上聘请化学老师做简单的知识补充。

（二）理论依据

《生物学》八年级上册中有《人类对细菌和真菌的利用》一课，课中第一个学习目标为：通过分析演示实验、制作发酵食品的实例，能正确举例说出发酵技术在食品制作中的作用。课上学生掌握了发酵原理，但很少自己去制作发酵食品。课上打好了理论基础，学生就可以在课下探究发酵食品制作中的奥秘，感受发酵中转化的美味。

二、课标要求和评价目标

（一）课标要求

1. 生物课标

（1）生物课标要求（见表3-11）。

表3-11　日常生活中的生物技术课标要求

具体内容	活动建议
举例说出发酵技术在食品制作中的作用	练习制作面酱或酸奶等发酵食品

（2）生物学习目标：通过分析演示实验、制作发酵食品的实例，能正确举例说出发酵技术在食品制作中的作用，尝试制作葡萄酒、酸奶、馒头等发酵食品。

2. 数学课标

（1）数学课标要求。数与式，有理数：能运用有理数的运算解决简单的问题。

（2）数学学习目标：通过运用有理数的运算，概述发酵食品制作成本、成品的价格差。

3. 化学课标

（1）化学课标要求。物质的化学变化，化学变化的基本特征：认识化学变化的基本特征，理解现象和本质的联系。

（2）化学学习目标：通过制作发酵食品，初步体验发酵食品中蕴含的物质转化过程，认同发酵技术属于化学变化。

分类目标：

制作葡萄酒：①通过教师讲解、阅读，能说出制作葡萄酒的原理。②通过教师讲解示范、查阅资料，能概述制作葡萄酒的过程，尝试分小组制作葡萄酒。③计算成本与成品之间的差价。

制作酸奶：①通过教师讲解、阅读，能说出制作酸奶的原理。②通过教师讲解示范、查阅资料，能概述制作酸奶的过程，尝试分小组制作酸奶。③计算成本与成品之间的差价。

制作馒头：①通过教师讲解、阅读，能说出制作馒头的原理。②通过教师讲解示范、查阅资料，能概述制作馒头的过程，尝试分小组制作馒头。③计算成本与成品之间的差价。

总结发酵技术的原理及在生活中的应用：通过分析演示实验、制作发酵食品的实例，能正确举例说出发酵技术在食品制作中的作用

（二）评价目标

（1）通过收集资料、调查分析等活动，了解学生通过实践性作业的完成，是否提高了学习兴趣。

（2）通过提出问题，设计解决路径，并能通过小组合作完成自己的基于问题的作业方案，培养学生的创新思维能力、表达理解能力以及团队合作能力。

（3）通过整理资料，撰写研究报告，培养学生探究精神、团结合作精神以及自我反思的习惯，能够和他人分享快乐。

三、评价任务及评价量表

（一）评价任务

（1）学生设计调查问卷，实地采访，分析数据，了解学生通过基于问题的作业的完成，是否提高学习兴趣，检测目标（1）的达成情况。

（2）学生分组进行研讨，提出问题，撰写方案，设计最佳解决路径，检测目标（2）的达成情况。

（3）学生撰写研究报告，进行交流展示，检测目标（3）的达成情况。

（二）评价量规

基于问题的作业兴趣调查表1

（问卷采取不记名式，请你认真填写。）

1. 参加基于问题的作业前你对生物的学习兴趣（　　　）

　　A. 非常喜欢　　　　　　　　B. 喜欢

　　C. 还行　　　　　　　　　　D. 不喜欢

2. 参加基于问题的作业后你对生物的学习兴趣（　　　）

　　A. 非常喜欢　　　　　　　　B. 喜欢

　　C. 还行　　　　　　　　　　D. 不喜欢

3. 对基于问题的作业的一切活动在整体上的满意程度（　　）

  A. 非常满意   B. 满意

  C. 还行   D. 不满意

4. 基于问题的作业组织过的活动，以前是否在家做过（　　）

  A. 经常做   B. 偶尔做

  C. 从来不做

5. 基于问题的作业组织过后，是否在家做过（　　）

  A. 经常做   B. 偶尔做

  C. 从来不做

6. 您对参与基于问题的作业的态度是（　　）

  A. 非常热衷   B. 比较热衷

  C. 感兴趣，参不参与无所谓   D. 比较厌烦

7. 你更希望基于问题的作业组织哪些内部活动？（请填写详细!）

调查时间：　　年　　月

评价量规、优秀组员得分、作业成果展示评价等见表3-12至表3-16。

表 3-12   小组合作评价量规

小组合作（每项10分）	非常棒 （10~9）	良好 （8~7）	一般 （6~5）	还需努力 （4~0）	总分
在小组中我可以做很多事情					
我完成了小组分配给我的任务					
我接受别人的想法					
我能清楚地表达我的想法					
我鼓励我们小组的成员					
别人讲话时我倾听					
我努力解决问题					

表 3-13   第_____组优秀组员

组员	一得分	二得分	三得分	四得分	五得分

表3-13(续)

组员	一得分	二得分	三得分	四得分	五得分
优秀组员					

表 3-14　成果展示 1——制作葡萄酒统计表

评价指标	评价等级			评价结果		
	优秀（9~10）	良好（5~8）	待提高（1~4）	自我评价	同学互评	教师评价
设计内容	设计合理	设计较合理	设计不太合理			
制作内容	制作有针对性，具体可行	制作具体可行	制作不太可行			
成品效果	葡萄酒色正、味美	葡萄酒成功	葡萄酒不太成功			
这次基于问题的作业，通过自我评价我得到（　　）分，同学评价我得到（　　）分，老师评价我得到（　　）分，共计（　　）分。评价等级为（　　）级						
我的收获：						

表 3-15　成果展示 2——制作酸奶统计表

评价指标	评价等级			评价结果		
	优秀（9~10）	良好（5~8）	待提高（1~4）	自我评价	同学互评	教师评价
设计内容	设计合理	设计较合理	设计不太合理			
制作内容	制作有针对性，具体可行	制作具体可行	制作不太可行			
成品效果	酸奶色正、味美	酸奶成功	酸奶不太成功			
这次基于问题的作业，通过自我评价我得到（　　）分，同学评价我得到（　　）分，老师评价我得到（　　）分，共计（　　）分。评价等级为（　　）级						
我的收获：						

表 3-16　成果展示 3——制作馒头统计表

评价指标	评价等级			评价结果		
	优秀（9~10）	良好（5~8）	待提高（1~4）	自我评价	同学互评	教师评价
设计内容	设计合理	设计较合理	设计不太合理			
制作内容	制作有针对性，具体可行	制作具体可行	制作不太可行			
成品效果	馒头色正、味美	馒头成功	馒头不太成功			
这次基于问题的作业，通过自我评价我得到（　　）分，同学评价我得到（　　）分，老师评价我得到（　　）分，共计（　　）分。评价等级为（　　）级						
我的收获：						

四、研究内容和过程

（一）研究内容

（1）制作葡萄酒。

掌握制作葡萄酒的方法；尝试制作葡萄酒；品尝葡萄和葡萄酒，思考其中的变化；调查制作葡萄酒的成本及成品的价格，计算中间的差价。

（2）制作酸奶。

掌握制作酸奶的方法；尝试制作酸奶；品尝纯牛奶和酸奶，思考其中的变化；调查制作酸奶的成本及成品的价格，计算中间的差价。

（3）制作馒头。

掌握制作馒头的方法；尝试制作馒头；品尝死面饼和馒头，思考其中的变化；调查制作馒头的成本及成品的价格，计算中间的差价。

（4）总结发酵技术的原理及其在生活中的应用。

（二）研究过程

（1）制作葡萄酒。

作业小组成员学会制作葡萄酒的一般方法，明白酵母菌将葡萄糖转化为酒精的原理，并尝试自己制作葡萄酒。经过买葡萄、洗葡萄、晾葡萄、挤葡萄、密封发酵、过滤葡萄皮、二次发酵等步骤，一个月后学生们品尝到了自己制作的葡萄酒，并把捞出的葡萄皮制成了无添加剂的果脯。

（2）制作酸奶。

作业小组成员学会制作酸奶的一般方法，明白乳酸菌使乳糖变为乳酸的原理，并尝试自己制作酸奶，经过消毒、装纯牛奶、接种酸奶或乳酸菌、加白砂糖、密封发酵等步骤，第二天学生们品尝到了自己制作的酸奶，甘甜可口。

（3）制作馒头。

作业小组成员学会了制作馒头的一般方法，明白酵母菌在发酵的过程中会使葡萄糖产生大量的二氧化碳，从而使馒头松软可口。社团分小组尝试自己制作馒头，经过和面、发酵、揉馒头、蒸馒头等步骤，两个小时后学生们品尝到了自己制作的馒头。为加以对比，作业小组成员蒸一个死面饼，品尝死面饼和馒头，思考其中的变化。

（4）总结发酵技术的原理及其在生活中的应用。

作业小组成员总结发酵技术的原理及其在生活中的应用。作业小组成员通过分析演示实验、制作发酵食品的实例，正确举例说出发酵技术在食品制作中的作用。

（5）作业小组成员通过计算，概述发酵食品制作成本与成品的价格差。（数学学科）

（6）作业小组成员通过制作发酵食品、品尝发酵食品的原料及成品、听化学教师讲解化学变化与物理变化的区别，学生发现原料与成品的样子、味道都有所不同，初步体验发酵食品中蕴含的物质转化过程，认同发酵技术属于化学变化。（化学学科）

五、课时计划和分工

（一）课时计划（见表3-17）

表3-17　课时计划

时间	地点	内容
2015年9月1日	八一班教室	发酵技术：葡萄酒的制作1
2015年9月15日	生物实验室	发酵技术：葡萄酒的制作2
2015年10月13日	生物实验室	发酵技术：制作酸奶
2015年10月27日	生物实验室	发酵技术：葡萄酒的制作3
2015年11月17日	学校食堂	发酵技术：制作馒头
2015年12月1日	八一教室	发酵技术：总结发酵的原理及应用

表3-17(续)

时间	地点	内容
2016 年 3 月 1 日	八一教室	化学授课：化学变化与物理变化
2016 年 4 月 5 日	生物实验室	整理研究过程材料
2016 年 5 月 3 日	生物实验室	计算制作成本与成品之间的差价
2016 年 6 月 7 日	生物实验室	成形研究初稿
2016 年 9 月 6 日	生物实验室	完成研究报告

（二）团队分工（见表3-18）

表 3-18　团队分工

	姓名	性别	年龄	年级	项目分工	备注
小组成员	朱蓝希	女	14	八年级	组织	活动积极性高，认真、有创新
	王骁潼	女	14	八年级	记录	
	张靖源	女	14	八年级	物品采集	
	陈涵	女	14	八年级	实施	
	卢子昂	男	14	八年级	实施	
	陈子桢	男	14	八年级	实施	
	姓名	学科	职称	分工		备注
辅导教师	杨鸣	英语	高级	作业整体指导		专业、负责
	崔芳	生物	高级	方案指导		
	李永强	历史	高级	场地支持、方案指导		
	朱慧娜	生物	中一	作业设计指导		
	王杰	化学	高级	作业设计指导		
	方晓晓	生物	中二	作业设计指导		

六、实施过程

学生完成作业的具体过程如下：

作业一：制作葡萄酒（2015 年 9 月 1 日—2015 年 10 月 27 日）

2015 年 9 月 1 日社团课上，作业小组成员学会了制作葡萄酒的一般方法，明白了酵母菌将葡萄糖转化为酒精的原理。

9月6日，小组成员利用周末买来新鲜的葡萄，尝试自己制作葡萄酒。9月6日下午，同学们到校洗葡萄、晾葡萄，同学们做得很认真，在把葡萄洗干净的同时保留了葡萄皮上的天然酵母，并把洗好的葡萄放在吸水纸上晾干；同时，小组成员还将装葡萄的器皿清洗干净，倒置晾干。9月8日社团课上，小组成员挤葡萄、铺冰糖（葡萄与冰糖比例5∶1），挤好葡萄后进行密封发酵。9月15日，经过一周的发酵已经可以过滤葡萄皮了，社团课上小组成员过滤了葡萄皮，小组成员把过滤后的汁液密封好进行二次发酵，把捞出的葡萄皮制成了无添加剂的果脯。9月22日社团课上，学生品尝到了制作的果脯。10月27日社团课上，学生们在一个多月后品尝到了自己制作的葡萄酒，在与同学、家人分享葡萄酒与果脯的同时，学生感到收获颇丰，增强了学习生物的兴趣。

在一个月的制作葡萄酒的过程中，学生正确实验、保证卫生、认真记录、及时感受、体验。

作业二：制作酸奶（2015年10月13日—2015年10月14日）

2015年10月13日社团课上，作业小组成员学会了制作酸奶的一般方法，明白乳酸菌使乳糖变为乳酸的原理，并尝试自己制作酸奶。首先小组成员用开水对制酸奶装置进行了消毒，然后装入纯牛奶，选择自己喜欢的酸奶（没有灭活的）或乳酸菌接种，接着加白砂糖、搅拌，最后密封并放入35度左右的恒温装置中发酵。10月14日，即第二天，学生们品尝到了自己制作的酸奶，还有同学加入果粒、果酱。酸奶吃起来甘甜可口，就像超市中买的价格较高的"大果粒"，并与同学、家人分享酸奶，学生再次感到收获颇丰，增强了学习生物的兴趣。

作业三：制作馒头（2015年11月17日）

2015年11月17日社团课上，作业小组成员学会了制作馒头的一般方法，明白酵母菌在发酵的过程中会使葡萄糖产生大量的二氧化碳，从而使馒头松软可口。小组成员尝试自己制作馒头，经过和面、发酵、揉馒头、蒸馒头等步骤，两个小时后学生们品尝到了自己制作的馒头，有些同学加入了豆沙、红枣、葡萄干等制成了豆沙包、花卷等，在与同学、家人分享馒头的同时，学生感到收获颇丰。同时小组成员还做了一个没有加酵母菌发酵的"死面饼"加以对比，感受发酵给食品带来的变化。

作业四：总结发酵技术的原理及其在生活中的应用（2015年12月1日）

2015年12月1日社团课上，作业小组成员总结发酵技术的原理及其在生活中的应用。作业小组成员通过分析演示实验、制作发酵食品的实例，能正确举例说出发酵技术在食品制作中的作用；通过课外调查、小组讨论和交流，能准确说明食品腐败的原因，并能运用适当的方法保存食品。课上，小组成员总结了前段时间发酵食品的制作。

作业五：化学授课——化学变化与物理变化（2016年3月1日）

2016年3月1日社团课上，我们邀请了九年级化学科目的王杰老师讲解化学变化与物理变化的区别。通过制作发酵食品、品尝发酵食品的原料及成品、听化学教师讲解化学变化与物理变化的区别，学生发现原料与成品的样子、味道都有所不同，初步体验发酵食品中蕴含的物质转化过程，认同发酵技术属于化学变化。

作业六：整理研究过程材料（2016年4月5日—2016年6月7日）

2016年4月5日社团课上，小组成员将整个研究活动中的文字、照片、视频进行了整理。课下在老师的帮助下剪切、合成相关视频，制成微课，例如：制作葡萄酒、制作酸奶。小组成员总结活动并及时写成新闻，在校报、校微信公众号平台上发表。

作业七：计算发酵食品制作成本与成品的价格差（2016年5月3日）

2016年5月3日社团课上，小组成员计算了几种发酵食品制作成本与成品的价格差。通过计算，小组成员发现发酵食品制作成本、成品的价格差不少，自己动手制作发酵食品更健康、更物美价廉。

作业八：完成研究报告（2016年6月7日—2016年9月6日）

2016年6月7日，小组成员开始着手制作研究报告，假期，同学们进一步收集资料、整理过程性材料、总结研究结果及结论。9月6日研究报告基本完成。

七、研究结论

作业小组在研究过程中，进行了深度学习，取得了较为显著的成效，促进学生学习方式发生了根本转变，引导学生关注社会、经济、科技和生活中的问题，培养了学生的创新精神和实践能力，具体结论如下：

（一）生物方面

发酵：利用微生物生产产品的过程。

1. 制作葡萄酒

原理：葡萄糖 $\xrightarrow{\text{酵母菌}}$ 酒精+二氧化碳

2. 制作酸奶

原理：乳糖 $\xrightarrow{\text{乳酸菌}}$ 乳酸

3. 制作馒头

原理：葡萄糖 $\xrightarrow{\text{酵母菌}}$ 酒精+二氧化碳

过程及成品都以图片、视频的形式记录，配有文字。具体见过程性材料。

制作葡萄酒过程见图 3-34 至图 3-47，制作酸奶过程见图 3-48 至图 3-53，制作馒头过程见图 3-54 至图 3-73。

（二）数学方面

在活动过程中，学生通过计算发现，如果我们掌握制作发酵食品的方法，自己制作的发酵食品是无任何添加剂的纯手工制品，物美价廉。

1. 制作葡萄酒

自酿葡萄酒一般是一斤（1斤=0.5千克）葡萄出 7 两（1两=0.05千克）酒左右，20 斤葡萄能够酿 14 斤葡萄酒。

成本（14斤葡萄酒）= 60（葡萄 3 元/斤）+25（冰糖 5 元/斤）

= 85（元）

超市中较便宜的葡萄酒也要 15 元/斤，14 斤要 210 元。

优点：性价比高，无添加剂。

2. 制作酸奶

基本一包纯奶制作一包酸奶。

成本（6包酸奶量）= 12（纯奶 2 元/包）+2.5（花花牛酸奶 2.5 元/包）+5（草莓 5 元/斤）= 19.5（元）

超市中一盒大果粒至少要 7 元，6 盒至少 42 元。

优点：果粒随意加，无添加剂。

3. 制作馒头

一斤面可以做 1.4 斤馒头。

成本（1.4斤馒头）= 3.8（面粉 3.8 元/斤）+0.5（酵母粉 0.5 元/斤）= 4.3（元）

超市中的成品馒头 250 克要 4 元，1.4 斤为 700 克，要 11.2 元。

优点：纯手工，无添加剂。

（三）化学方面

在活动过程中，通过品尝，学生发现原料与成品的样子、味道都有所不同，可见发酵过程是一种化学变化而非物理变化。

1. 制作葡萄酒

原理：葡萄糖 $\xrightarrow{\text{酵母菌}}$ 酒精+二氧化碳

2. 制作酸奶

原理：乳糖 $\xrightarrow{\text{乳酸菌}}$ 乳酸

3. 制作馒头

原理：葡萄糖 $\xrightarrow{\text{酵母菌}}$ 酒精+二氧化碳

4. 定义

（1）物理变化：没有生成其他物质的变化。

（2）化学变化：生成其他物质的变化。

5. 小结

由上可知制作发酵食品的过程都属于化学变化。

八、作业成果

作业一：制作葡萄酒（一）

第一天，同学们提前将葡萄和葡萄酒罐清洗干净、放在吸水纸上晾干。第三天社团活动时，同学们完成做葡萄酒的第二步挤葡萄，小组成员之间分工合作，整个过程都在大家的欢声笑语中顺利进行（见图3-34至图3-36）。

图 3-34　制作葡萄酒1　　　图 3-35　制作葡萄酒2　　　图 3-36　制作葡萄酒3

作业一：制作葡萄酒（二）

经过密封发酵、过滤葡萄皮、二次发酵等步骤，三周后葡萄酒的颜色已经发生了改变，再等一周就能品尝了（见图3-37至图3-41）。

图 3-37　制作葡萄酒 4

图 3-38　制作葡萄酒 5

图 3-39　制作葡萄酒 6

图 3-40　制作葡萄酒 7

图 3-41　制作葡萄酒 8

作业一：制作葡萄酒（三）

经过买葡萄、洗葡萄、晾葡萄、挤葡萄、密封发酵、过滤葡萄皮、二次发酵等步骤，一个月后学生们品尝到了自己制作的葡萄酒，并把捞出的葡萄皮制成了无添加剂的果脯。在与同学、家人分享葡萄酒与果脯的同时，学生感到收获颇丰（见图 3-42 至图 3-47）。

图 3-42　制作葡萄酒 9

图 3-43　制作葡萄酒 10

图 3-44　制作葡萄酒 11

图 3-45　制作葡萄酒 12

图 3-46　制作葡萄酒 13

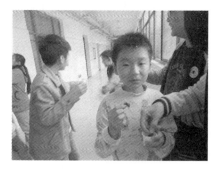

图 3-47　制作葡萄酒 14

作业小组成员学会了制作酸奶的一般方法，并尝试自己制作酸奶，经过消毒、装纯牛奶、接种酸奶或乳酸菌、加白砂糖、密封发酵等步骤，第二天学生们品尝到了自己制作的酸奶，甘甜可口。在与同学、家人分享酸奶的同时，学生再次感到收获颇丰，增强了学习生物的兴趣（见图3-48至图3-53）。

图 3-48　制作酸奶 1

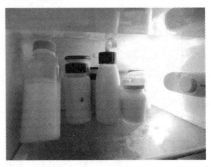

图 3-49　制作酸奶 2

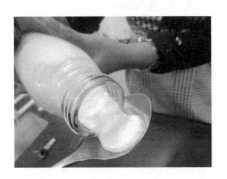

图 3-50　制作酸奶 3

图 3-51　制作酸奶 4

图 3-52　制作酸奶 5

图 3-53　制作酸奶 6

作业三：制作馒头（一）

绝大多数同学都是第一次蒸馒头，大家从和面开始学起，在欢声笑语中干得很起劲。和好面后，将面放入保温箱中，静等发酵（见图3-54至图3-60）。

图 3-54　制作馒头 1

图 3-55　制作馒头 2

图 3-56　制作馒头 3

图 3-57　制作馒头 4

图 3-58　制作馒头 5

图 3-59　制作馒头 6

图 3-60　制作馒头 7

作业三：制作馒头（二）

面发好后，同学们开始揉面、做馒头，有些同学加入了豆沙、红枣、葡萄干等制成了豆沙包、花卷等，像模像样，就等上笼蒸了（见图 3-61 至图 3-67）。

图 3-61　制作馒头 8

图 3-62　制作馒头 9

图 3-63　制作馒头 10

图 3-64　制作馒头 11

图 3-65　制作馒头 12

图 3-66　制作馒头 13

图 3-67　制作馒头 14

作业三：制作馒头（三）

　　半个小时后同学们品尝到了自己制作的馒头，在与同学、家人分享馒头的同时，大家感到收获颇丰（见图 3-68 至图 3-73）。

图 3-68　制作馒头 15

图 3-69　制作馒头 16

图 3-70　制作馒头 17

图 3-71　制作馒头 18

图 3-72　制作馒头 19

图 3-73　制作馒头 20

九、反思

(一) 尚待解决的问题

本作业是从宏观着手进行的，"发酵食品制作过程中微观世界是什么样的呢？物质在发酵前后发生了什么变化呢？发酵过程中涉及的微生物长什么样子？在发酵过程中数量发生了改变吗？"这一系列问题受实验条件、学生知识、操作时间等因素的限制，目前在我们学校还没有办法开展，是尚待解决的问题。

(二) 进一步开展的计划

（1）本作业小组成员上高中后，如果其条件允许进一步开展项目研究，可以进一步追踪。

（2）努力发展我校实验条件，在时机成熟时，开展相关内容的研究。

第四节　夏季暴雨小区防汛应急的实践研究

【作者信息】张思琪　刘庆华　苏萌　刘歌　张瑞雪①
【适用年级】三至六年级

一、作业设计意图

2021 年 7 月 17 日至 23 日，河南省遭遇历史罕见特大暴雨，发生严重洪涝灾害，特别是 7 月 20 日郑州市遭受重大人员伤亡和财产损失。灾害共造成河南省 150 个县（市、区）1 478.6 万人受灾，因灾死亡失踪 398 人，其中郑州市 380 人、占全省的 95.5%；直接经济损失 1 200.6 亿元，其中郑州市 409 亿元、占全省的 34.1%。"7·20"特大暴雨，造成郑州、新乡等多地发生了严重洪涝地质灾害。面对突如其来的自然灾难，如何提高我们的防灾减灾意识？如何为防洪防汛工作做一些力所能及的事情？如何居家应对停水停电等情况？

结合学校要求和频繁的河南夏季暴雨，我们确定了本次真实情境下的基于问题的作业主题"夏季暴雨小区防汛应急的实践研究"，旨在引导小学生提高防灾减灾意识，掌握暴雨洪涝地质灾害的应对措施。

二、课标要求和评价目标

（一）课标要求

1. 语文课程标准

（1）阅读课标依据。

①默读有一定的速度，默读一般读物每分钟不少于 300 字。学习浏览，扩大知识面，根据需要搜集信息。

②阅读说明性文章，能抓住要点，了解文章的基本说明方法。阅读简单的非连续性文本，能从图文等组合材料中找出有价值的信息。

（2）综合性学习课标依据。

①为解决与学习和生活相关的问题，利用图书馆、网络等信息渠道获取资料，尝试写简单的研究报告。

---

① 张思琪、刘庆华、苏萌为郑州市郑东新区聚源路小学教师，刘歌、张瑞雪为郑州市郑东新区基础教育教学研究室教研员。

②策划简单的校园活动和社会活动，对所策划的主题进行讨论和分析，学写活动计划和活动总结。

③对自己身边的、大家共同关注的问题，或电视、电影中的故事和形象，组织讨论、专题演讲，学习辨别是非、善恶、美丑。

（3）口语交际课标依据。

①与人交流能尊重和理解对方。

②乐于参与讨论，敢于发表自己的意见。

2. 英语课程标准

（1）注重素质教育，充分体现语言学习对学生发展的价值。

（2）英语学习应做到人文性和工具性并重，使学生在英语学习过程中既能够发展综合语言运用能力，又能够学会如何学习，养成良好的意志品质和合作意识，学习如何处理人与人、人与社会、人与自然的基本关系。

（3）强调学习过程，体现语言学习的实践性和应用性。

（4）语言学习的实践性，主张学生在语境中体验真实语言，并在此基础上学习和运用语言。

（5）开发课程资源，丰富和拓展英语学习的渠道。因地制宜，创造性地利用和开发现实生活中鲜活的英语学习资源，学以致用。

3. 美术课程标准

（1）根据不同媒材的特点，结合自己的创作意图，灵活运用所学的方法创作若干美术作品。

（2）从形态与功能的关系，认识设计和工艺的造型、色彩、媒材。运用对比与和谐、对称与均衡、节奏与韵律等形式原理以及各种材料、制作方法来设计和装饰各种图形与物品，改善环境与生活，并与他人交流设计意图。

4. 品德与社会课程标准

（1）情感、态度、价值观。

爱亲敬长，养成文明礼貌、诚实守信、有爱宽容、热爱集体、团结合作、有责任心的品质。

（2）能力与方法。

①养成安全、健康、环保的良好生活和行为习惯。

②学会清楚地表达自己的感受和见解，倾听他人的意见，体会他人的心情和需要，与他人平等地交流与合作，积极参与集体生活。

③初步掌握收集、整理和运用信息的能力，能够选用恰当的工具和方法分析、说明问题。

（3）知识。

初步了解生产、消费活动与人们生活的关系，知道科学技术对生产和生活的重要影响。

5. 数学课程标准

（1）图形与几何。

通过观察、操作认识图形的特征，能结合实例测量并简单计算物体的周长、面积、体积，能解决实际问题，初步建立空间观念。

（2）统计与概率。

收集、整理和描述数据，包括简单抽样、整理调查数据、绘制统计图表等；处理数据，包括计算平均数等，从数据中图区信息并进行简单的推断。

（二）评价目标

（1）通过收集资料、调查分析河南"7·20"特大暴雨形成的原因及造成的不良影响，学习相关气象知识，让学生培养获取信息、处理信息的能力及口语交际能力和综合学习的能力；

（2）通过提出如何抗灾，设计解决方案，学会居家做好防护自救的方法，并能通过小组合作完成自己的研究方案，让学生培养创新思维能力、表达理解能力以及团队合作能力；

（3）通过动手实践自制并使用防水挡板、沙袋等，让学生培养运用英语以及将科学知识联系实际生活解决问题的能力。

三、评价任务及评价量表

（一）评价任务

（1）学生查阅资料、设计调查问卷、实地采访，分析河南"7·20"特大暴雨形成的原因及造成的不良影响，学习相关气象知识，检测目标（1）的达成情况。

（2）学生分组进行研讨，提出问题，设计解决方案，学会居家做好防护自救的方法，检测目标（2）的达成情况。

（3）通过动手实践自制并使用防水挡板、沙袋等，学生撰写研究报告，进行交流展示，检测目标（3）的达成情况。

（二）评价量规（见表3-19至表3-23）

表3-19　小组合作评价量规

小组合作（每项10分）	非常棒（10~9）	良好（8~7）	一般（6~5）	还需努力（4~0）	总分
在小组中我可以做很多事情					
我完成了小组分配给我的任务					
我接受别人的想法					
我能清楚地表达我的想法					
我鼓励我们小组的成员					
别人讲话时我倾听					
我努力解决问题					

表3-20　第_____组优秀组员

组员	一得分	二得分	三得分	四得分	五得分
优秀组员					

表3-21　采访记录评价量规

评价指标	评价等级			评价结果		
	优秀（9~10）	良好（5~8）	待提高（1~4）	自我评价	同学互评	教师评价
问题的提出	能够根据研究主题，系统性地、有针对性地提出有意义的问题	能够提出与研究主题有关的问题	能够提出与研究主题比较有关联的问题			
表达	思路非常清晰，语言清楚明白	思路较清晰，语言表达清楚明白	思路较清晰，语言表达较清楚明白			

评价指标	评价等级			评价结果		
	优秀（9~10）	良好（5~8）	待提高（1~4）	自我评价	同学互评	教师评价
社交礼仪	能够根据场合使用礼貌用语，态度大方自然，行动得体	能够根据场合简单问好，态度较自然大方，举止较得体	没有礼貌用语			
团队合作	分工明确，相互协作，很好地沟通交流，能提供创新的想法	有基本的分工，有沟通交流	分工不够明确，沟通少			
方案效果	能够根据研究目标，团队合作制定采访方案，提出采访问题，顺利实施采访，并做出采访总结，采访结果能够很好地辅助研究主题	能够根据研究目标，团队合作制定采访方案，提出采访问题，顺利实施采访，并做出采访总结，采访结果能够较好地辅助研究主题	能够根据研究目标，团队合作制定采访方案，提出采访问题，顺利实施采访，并做出采访总结			

这次基于问题的作业，通过自我评价我得到（　　）分，同学评价我得到（　　）分，老师评价我得到（　　）分，共计（　　）分。评价等级为（　　）级。

我的收获：

表 3-22　实地演练评价量规

评价指标	评价等级			评价结果		
	优秀（9~10）	良好（5~8）	待提高（1~4）	自我评价	同学互评	教师评价
活动目标、方案、内容的提出	能够根据研究主题，确定实地演练的目标、活动方案、活动内容，活动目标、活动方案、活动内容设计合理，贴合实际，有可行性	能够根据研究主题，确定实地演练的目标、活动方案、活动内容，活动目标、活动方案、活动内容设计较合理，贴合实际，较有可行性	能够根据研究主题，确定实地演练的目标、活动方案、活动内容			

表3-22(续)

评价指标	评价等级			评价结果		
	优秀（9~10）	良好（5~8）	待提高（1~4）	自我评价	同学互评	教师评价
活动准备	能够根据活动方案准备相应的工具，工具准备全面、齐备	能够根据活动方案准备相应的工具，工具较全面、齐备	能够根据活动方案准备相应的工具			
活动的实施	能够根据活动目标、活动方案，按照活动实施方案有步骤、有条理地进行实地演练，并能及时解决演练过程中出现的问题	能够根据活动目标、活动方案，按照活动实施方案有步骤、有条理地进行实地演练，并能较好地解决演练过程中出现的问题	能够根据活动目标、活动方案，按照活动实施方案有步骤、有条理地进行实地演练			
团队合作	分工明确，相互协作，能很好地沟通交流，能提供创新的想法	有基本的分工，有沟通交流	分工不够明确，沟通少			
方案效果	能够根据研究目标，制定活动目标、活动方案，能够团队合作有步骤、有条理地进行实地演练，并进行总结，实地演练结果能够很好地辅助研究主题	能够根据研究目标，制定活动目标、活动方案，能够团队合作有步骤、有条理地进行实地演练，并进行总结，实地演练结果能够较好地辅助研究主题	能够根据研究目标，制定活动目标、活动方案，能够团队合作有步骤、有条理地进行实地演练			

这次基于问题的作业，通过自我评价我得到（　　）分，同学评价我得到（　　）分，老师评价我得到（　　）分，共计（　　）分。评价等级为（　　）级

我的收获：

表 3-23　整体评价量规

评分标准				评价结果			
评价内容		优秀（A）	良好（B）	需努力（C）	自我评价	小组评价	老师评价	家长评价

评价内容		优秀（A）	良好（B）	需努力（C）	自我评价	小组评价	老师评价	家长评价
行动探究	资料收集	学习主题明确，能根据主题研究的要求，围绕主题准确地搜集资料，并完整地注明资料出处	学习主题较明确，能根据主题研究的要求，围绕主题搜集资料，并能注明资料出处	学习主题不够明确，搜集资料的范围不明确，对注明资料出处的工作不够重视				
	资料的加工	能从自己对主题的认识，通过自己的思考对收集的资料进行认真的研究、分析和整理	能从自己对主题的认识来对所收集的资料进行初步的研究、分析和整理	虽然有收集的资料，但缺少对资料的研究、分析和整理				
	自己的见解	学习过程中有自己的见解，思路清晰，并经过自己的分析得出结论且层次清楚	学习过程中有一些自己的见解，思路较清晰	学习过程中没有自己的见解，只是简单的复制				
	团队合作	在学习的过程中积极与同学合作，配合密切，小组讨论积极，有成效	在学习的过程中能与同学合作，小组讨论也能发言	在学习的过程中基本上没有与同学合作，小组讨论发言不积极				
师生互动		在学习过程中，能根据老师的指导进行研究，主动提出自己的想法，和老师交流，师生互动频繁	在学习过程中，能根据老师的指导进行研究，能和老师交流	在学习过程中，只能根据老师的指导进行研究				
学科融合		在研究的过程中，获得三门以上学科的知识，能将三门以上学科进行融合	在研究的过程中，获得相关学科的知识，基本能将相关学科进行融合	在研究的过程中，获得相关学科的知识				
创新思维		在学习中有自己的见解，思路清晰，并经过自己的分析得出结论，具有一定的创新思维并将研究成果进行创新	在学习中有一些自己的见解，思路较清晰，具有一定的创新思维	学习中没有自己的见解，只是简单的复制				

四、研究内容和方法

（一）研究内容

（1）开展夏季防汛知识的问卷调查，研究小学生对暴雨及防汛知识的掌握情况。

（2）研究河南夏季暴雨形成的原因，学习相关气象知识。

（3）研究学习暴雨可能形成的不良影响，提高防汛意识。

（4）研究学习如何居家做好防护自救。

（5）研究学习如何自制并使用防水挡板、沙袋等防汛物资保护地下车库及低洼地区的安全。

（二）研究方法

与本"真实情境下基于问题的作业"的研究目标、研究内容、研究过程相适应，学生在完成作业过程中总体上以行动研究法为主，辅以文献研究法、调查研究法、经验总结法。

（1）文献研究法：通过查阅书籍、网络等资源，获取暴雨形成及影响等方面的知识，对文献资料进行鉴别、分析与整理，在此基础上筛选与本次基于问题的作业联系紧密且可靠的资料，厘清研究思路，为进一步学习奠定坚实的理论基础。

（2）问卷调查法：通过开展夏季防汛知识的问卷调查，研究学生对暴雨及防汛知识的掌握情况。

（3）行动研究法：通过在小区里开展防汛应急的实践演练活动，学习防水挡板、沙袋等防汛物资的使用方法，保护地下车库及低洼地区的安全。

（4）经验总结法：根据实践所提供的过程性经验材料，结合理论基础，认真总结，归纳出合理使用手机的策略，为进一步研究和经验推广打好基础。

五、课时计划和分工

（一）课时计划（见表 3-24）

知识范畴：A（语言），B（数学、科学、技术、工程和信息），C（历史与社会科学），D（积极身体活动的健康生活方式）。

参与人员：a（个体），b（群体），c（其他关联人员）。

表 3-24　课时计划

任务	相关参与人员	教学活动	课时分配	学科范畴
问题的提出	abc	实际问题分享	1	ACD
现状调查	abc	调查分析、数据汇报	2	ABD
分工	ab	成立小组，明确分工	1	AC
解决方案	abc	小组讨论，撰写报告	1	ABCD

表3-24(续)

任务	相关参与人员	教学活动	课时分配	学科范畴
手抄报	ab	搜集资料	2	ABD
		制作手抄报		
		汇报交流		
实地采访	abc	制定采访提纲	2	ACD
		实地采访		
		采访总结		
学习使用沙袋	abc	做好准备	2	ABD
		测量、使用沙袋		
制作防水挡板	abc	准备工具	3	ABD
		实地制作		
		总结改进		
自制使用指示牌	abc	设计指示牌	3	ABD
		制作指示牌		
		实地摆放		
汇报	abc	汇报	1	ABD

（二）团队分工

我们针对"基于问题的作业"的目标及评价任务，进行了分组（见表3-25）。

表3-25　团队分工

组别	成员	任务
第一组	何子琪、张怡雯、刘家宁	查阅、收集相关资料，记录、整理、汇总活动资料
第二组	张艺展、毛柏涵、乔禾	实地测量、演练，采访相关人员，收集数据

每个组内都有不同特长的学生，由学生自由选择，充分发挥自己的特长。

（三）实施流程（见图 3-74）

现状调查 ➡ 提出问题 ➡ 解决方案 ➡ 汇报总结

图 3-74　作业实施流程

六、实施过程

（一）现状调查

1. 查阅资料，做好准备

在前期研究调查中，小组成员使用不同的浏览器、网站、App（应用程序）软件等去查阅、下载、收集、整理所需要的资料。

2. 设计并开展问卷调查

按照研究方案，我们计划在五年级开展问卷调查，主要调查以下几个问题：你是否了解防汛知识，是否知道暴雨预警信号的等级，发生城市内涝应该如何求救，在家应该如何采取防护自救措施等。我们通过发放问卷，收集问卷（见图 3-75 和图 3-76），统计数据并分析，研究小学生对暴雨防汛知识的掌握情况，然后进行下一步的研究。

图 3-75　开展调查问卷

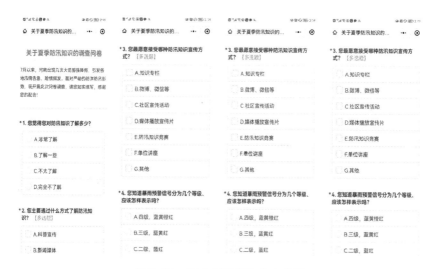

图 3-76　调查问卷具体内容截图

3. 资料整合，分析数据

本次问卷调查主要调查我校五年级学生对防汛知识的掌握情况，参与本次问卷调查的学生共有 768 人，现将问卷调查结果具体分析如下：

（1）对防汛知识的了解程度和了解途径：在第一题即对防汛知识的了解程度的调查中，15.91% 的同学认为自己非常了解，79.55% 的同学认为自己了解一些，4.54% 的同学认为自己不太了解，没有人认为自己完全不了解。在第二题即对防汛知识的了解途径的调查中，86.36% 和 84.09% 的同学分别通过科普宣传和新闻媒体了解到了相关的防汛知识，45.45% 的同学通过亲朋好友和专题活动了解防汛知识，22.73% 的同学通过防汛培训来了解防汛知识，其中，有 4.55% 的同学没有主动了解过防汛知识。从以上的问卷调查中，我们可以知道，大部分同学都了解一些防汛知识，但是，不够系统，不够全面。所以，防汛知识的宣传还有必要进一步的加强。防汛知识的获得途径占比较大的是科普宣传和新闻媒体，我们还需要丰富防汛知识的传播方式和途径，以孩子喜闻乐见的形式，加强对防汛知识的宣传。

（2）在具体的防汛知识调查中，79.55% 的同学知道暴雨预警分为四个等级，分别是蓝黄橙红。15.91% 的同学知道洪水的类型主要有：暴雨洪水、融雪洪水和冰凌洪水。由此可见，生活中常用的防汛知识同学们掌握得较好，但是稍微专业一些的知识，能够掌握的同学就比较少了。

（3）在对遇到暴雨我们应该注意的事项和应该如何应对的调查中，68.18% 的同学知道积水的地下车库存在安全隐患，84.09% 的同学知道可能漏电的路灯、高压线等存在安全隐患，75%的同学知道积水深度不明的下穿隧道存在安全隐患，56.82%的同学认为自己能够避开这些危险。在降雨天气遇到险情，同学们都知道可以通过拨打当地防汛电话、110、119等电话，来回挥动颜色鲜艳的衣服、大声疾呼等方式来向外界发出紧急求救信号。在遇到被洪水围困的人群时，95.45%的同学选择立刻报警，第一时间联系救援人员。90.91%以上的同学知道在暴雨期间，居家应对的措施包括：准备手电筒、充电宝，以防停电；准备充足的食物；及时了解暴雨情况。

通过这项调查，我们发现大部分同学知道在暴雨天气情况下应做好哪些应对措施，知道遇到险情后，应该如何求救。但是，对于如何避开室外可能存在的安全隐患，没有信心。所以，如何避开可能漏水的设施、积水深度不明的下穿隧道等存在安全隐患的地点，还需要进一步的指导。

（二）提出问题

通过前期查阅资料、分析调查问卷的数据，同学们了解了夏季暴雨的一些相关知识，提出了相关问题，比如：河南暴雨形成的原因及暴雨等级，暴雨可能形成的不良影响有哪些？面对暴雨天气，如何居家做好防护自救？我们如何自制并使用防水挡板、沙袋等防汛物资保护地下车库及低洼地区的安全？

（三）设计路径

学生们经过探讨，决定从两个方面去设计路径。一方面是通过查找资料、观看视频、交流学习等方式，学习河南夏季暴雨形成的相关气象知识，学习暴雨可能造成的不良影响，及时总结经验教训，提高防灾减灾意识，并汇报研究成果。另一方面通过实地演练，了解面对不同程度的暴雨，如何居家做好防护自救，掌握基本的防汛自救知识和技能；了解如何自制并使用防水挡板、沙袋等防汛物资，防止低洼地区的单元入户门和地下车库行人通道进水，保护好自己及家人的人身安全。

【设计路径一：理论学习】

1. 研究学习河南暴雨形成的具体原因

（1）目标：了解河南暴雨形成的具体原因。

（2）实施过程如图3-77所示。（评价量规见表3-19）

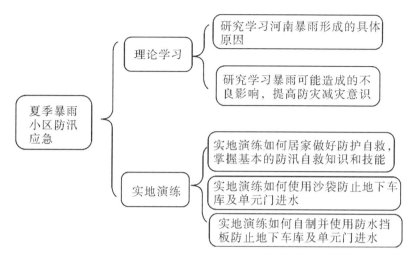

图 3-77　实施过程

第一组成员通过查找资料、观看视频、交流学习等方式，学习河南夏季暴雨形成的相关气象知识，并汇报研究成果。2021 年河南省发生的"7·20"特大暴雨，百年不遇，国家气象局给出了解释：受一千千米外的台风"烟花"和副热带高压气流的影响，大量的水汽通过偏东风源源不断从海上输送到陆地，再加上河南省太行山区、伏牛山区特殊地形对偏东气流起到抬升辐合效应，在河南地区凝结成雨，造成该地域长时间强降雨，进而引发了大面积洪涝灾害。

（3）收获：

①学生学会了使用不同浏览器查阅、收集资料。

②了解了河南暴雨形成的具体原因，学习了相关气象知识。

③通过手抄报、小组汇报等形式展示（见图 3-78、图 3-79），提高了绘画能力和语言表达能力。

图 3-78　学生正在完成防汛方面的手抄报

图 3-79　作业小组成员完成的防汛手抄报

2. 研究学习暴雨可能造成的不良影响，提高防灾减灾意识

（1）目标：学习暴雨可能造成的不良影响，提高防灾减灾意识。

（2）实施过程：（评价量规见表 3-20）

①通过查阅资料，学习暴雨划分等级。

②通过观看新闻、图片，总结"7·20"特大暴雨造成的不良影响。

③小组汇报交流，提高防灾减灾意识。

（3）收获和感受：

①查阅了很多关于气象、暴雨等方面的知识，拓展了知识面。

②了解了"7·20"特大暴雨给人们工作、生活造成的不良影响。

③学生在团队的合作中取得进步，提高了团队合作能力。

④学生在合作过程中表达能力得到了锻炼和提高。

【设计路径二：实地演练】

1. 如何居家做好防护自救，掌握基本的防汛自救知识和技能

（1）目的：

面对暴雨，通过实地演练，帮助人们做好居家防汛自救，掌握防汛自救知识和技能。

（2）实施过程：

①查阅资料，观看视频，了解居家防汛的基本知识。

②实地演练并做好总结，掌握基本的防汛技能。

③小组总结实地演练的结果，进行总结汇报。（评价量规见表 3-21）

（3）收获：

通过前期对河南暴雨形成原因和不良影响的研究学习，我们应该提高防汛意识，掌握基本的防汛自救知识和技能。通过查资料、观看视频、实地演练，将居家防汛应急措施总结如下：

①检查房屋，如果是危旧房屋或处于地势低洼的地方，应及时转移。

②收到暴雨预警后，及时准备充电宝、充电台灯、蜡烛、手电筒、纯净水、食物等必要物品，以应对暴雨导致的停水停电情况。

③室外积水漫入室内时，应立即切断电源，防止积水导电伤人。

④非必要不外出，必须外出需在积水中行走时，应远离路灯、高压线，避免触电，远离围墙、建筑物，要注意观察，防止跌入窨井或坑、洞中。

2. 实地演练如何使用沙袋

（1）目的。

通过采访、调查研究，我们发现小区车库、地下室、低洼地区的单元入户门最容易受到暴雨的影响。如何做好以上区域的防水措施，第二组成员进行了实地勘察及演练（如图3-80至图3-82所示）。

（2）实施过程：（评价量规见表3-20、表3-21）

①测量小区车库入口的宽度为6米，5千克标准防汛沙袋的长度为70厘米。小组成员计算发现，沙袋横向铺满一层宽度为6米的入口，至少需要9个沙袋，铺满两层需要18个。

②根据前期计算结果，学生动手实践，把沙袋横向铺在车库门口。

③小组总结交流，汇报演练结果及收获。

（3）收获：

①通过动手测量、实践，提高了学生的综合实践能力。

②学会了如何使用沙袋防止地下车库进水。

③提高了学生数学计算、学以致用的能力。

图3-80　小组成员就如何做好车库防水采访物业人员

图 3-81　小组成员正在测量沙袋的长度和宽度并做好记录

图 3-82　小组成员正在演练使用沙袋防汛

3. 实地演练如何自制并使用自制挡板

（1）目的：

通过调查研究，我们发现小区车库、地下室、低洼地区的单元入户门最容易受到暴雨的影响。关于如何做好以上区域的防水措施，第二组成员进行了实地勘察及演练。

（2）实施过程：（评价量规见表 3-22）

小组成员演练如何使用自制防水挡板防止低洼地区的单元入户门和地下车库行人通道进水（如图 3-83 所示）。

①测量单元入户门和地下车库行人通道宽度，然后根据尺寸选择家中方便拆卸的塑料板、木板、小黑板、PVC（聚氯乙烯）板等，通过计算，自制拼接防水挡板。

②在演练过程中，我们发现以上材料虽然方便搬运和使用，但是没有支撑点容易倾倒，因此需要辅助使用一些较重的物品如大桶纯净水、凳子等作为支撑。

③另外，拼接成的防水挡板会存在一定的缝隙，可以配合使用沙袋、塑料袋、雨衣等防止渗水，提高防水效果。

④在小区低洼地区和窨井盖附近，及时放置指示牌，提醒居民绕行。

（3）收获：

①通过动手测量、实践，提高了学生的综合实践能力和创新能力。

②学会了根据尺寸制作防水挡板，学会了如何使用防水挡板，防止地下车库及行人通道进水。

③提高了学生计算、绘画及灵活应变的能力。

图 3-83　测量单元门入口的宽度并实地演练自制防水挡板

七、研究结论

学生通过对过程性资料的整合和小组合作探究，归纳自己通过实践取得的成果，并形成研究报告《夏季暴雨小区防汛应急的实践研究》。

2021 年 7 月 17 日至 23 日，河南省遭遇历史罕见特大暴雨，发生了严重洪涝灾害，特别是 7 月 20 日郑州市遭受重大人员伤亡和财产损失。灾害共造成河南省 150 个县（市、区）1 478.6 万人受灾，因灾死亡失踪 398 人，其中郑州市 380 人、占全省的 95.5%；直接经济损失 1 200.6 亿元，其中郑州市 409 亿元、占全省的 34.1%。"7·20"特大暴雨，造成郑州、新乡等多地发生了严重洪涝地质灾害。面对突如其来的自然灾难，如何提高我们的防灾减灾意识？如何为防洪防汛工作做一些力所能及的事情？如何居家应对停水停电等情况？

围绕以上问题，我们进行了一系列的调查、分析、实践，现将活动总结如下：

（1）开展夏季防汛知识的问卷调查，研究小学生对暴雨及防汛知识的掌握情况。按照研究方案，我们在五年级开展问卷调查，主要调查以下几个问题：你是否了解防汛知识，是否知道暴雨预警信号的等级，发生城市内涝应该如何求救，在家应该如何采取防护自救措施等。通过发放问卷，收集问卷，统计数据并分析，研究小学生对暴雨防汛知识的掌握情况，然后进行下一步的研究。

（2）研究河南夏季暴雨形成的原因，学习相关气象知识。河南为什么会出现夏季暴雨？有没有特定的气候原因和地形原因？暴雨等级如何划定？面对暴雨，如何应对？这些都是我们需要研究明白的问题。我们将按照研究计划，查阅有关暴雨形成原因的文字资料和视频资源，并定期汇报总结。在这个研究阶段，我们学会了使用浏览器、手机 App 等去查阅、下载、收集、整理所需要的资料，并能够按照计划做好记录。

（3）研究学习暴雨可能形成的不良影响，提高防汛意识。暴雨可能会引发洪涝灾害，涉及工农业生产、交通、通信、建筑设施、城市运行、民众日常生活、生态环境等各方面。小组成员通过查阅文字、视频资料、小组汇报交流，对暴雨可能形成的不良影响有了直观的认识，为下一步的研究提供了理论基础。

（4）研究学习如何居家做好防护自救。通过前期的学习，我们对河南暴雨形成原因和可能造成的地质灾害有了直观的认识。接下来，小组成员通过查阅资料、观看视频、实地演练、制作手抄报、分析经验等多种方式，学习如何居家进行防护自救。

（5）研究学习如何使用自制防水挡板、沙袋等防汛物资保护地下车库及低洼地区的安全。小组成员对容易进水的地下车库、单元入户门、地下室等地点进行测量，实地演练使用沙袋、防水挡板等物资保护小区低洼地区的安全，并引导学生在低洼地区制作指示牌，提醒居民绕行，避免危险。

八、作业展示（如图 3-84 至图 3-87 所示）

图 3-84　小组成员完成的防汛知识手抄报

图 3-85　小组成员实地演练使用沙袋防汛

图 3-86　小组成员自制防水挡板并演练

图 3-87　动手制作低洼地区指示牌

九、作业反思

这是一次真实情境下基于问题的作业，也是一次真正的学习，学生们从生活中发现学习的真实性，老师从教学中发现教学真实的重要性，这才是真正的教学相长。反思、总结可以为今后的学习做好积累。

我们的收获：

（一）知识面得到拓展

在整个研究过程中，我们综合运用了科学、数学、美术、英语等各学科的知识解决问题，比如：在了解河南暴雨形成原因的活动中，运用了科学与地理知识进行相关论证分析，并直观形象地模拟了台风"烟花"和副热带高压气流对这次降雨的影响，这比在教室里上几节科学课印象深刻得多。在实地演练沙袋和自制防水挡板的过程中，我们还学习了地下车库设计、防水原理等知识；在制作低洼地区指示牌过程中，创新地使用了美术知识和英语知识。

（二）掌握了一定的防汛知识和技能，防灾减灾意识和解决问题的能力有了较大提高

通过查阅资料、观看视频、实地演练等，我们学习了很多关于防汛应急的知识和技能。比如：收到暴雨预警后，及时准备充电宝、充电台灯、蜡烛、手电筒、纯净水、食物等必要物品，以应对暴雨导致的停水停电情况；如果室外积水漫进屋内，需要及时切断电源，防止触电伤人；在积水中行走时，远离路灯、高压线，避免触电，注意观察水流，防止不慎跌入窨井或坑、洞中；等等。通过实地演练，我们还学会了沙袋和自制防水挡板的使用方法，能够利用家中方便拆卸的塑料板、木板、PVC板制作简易防水挡板。

（三）学习能力和综合素养得到很大提高

首先，我们学会了使用不同浏览器在万方、超星图书馆、百度文库等查询、收集、下载、整理资料；通过问卷调查的设计、回收、统计，我们学会了

分析数据、制作表格。其次，我们能够结合车库的宽度快速计算出使用沙袋的数量，学会了如何结合实际使用沙袋，还主动向物业人员了解车库防水的其他措施，社会责任感得到提升。最后，我们能够快速组装简易防水挡板，创新性地使用了雨衣、塑料袋挡住防水挡板的缝隙，创新思维能力得到提高。在制作低洼地区指示牌过程中，我们能够综合运用美术知识和英语知识，不仅完成了任务，还提高了居民审美能力。可以说在整个活动过程中，真正做到了学以致用。

（四）合作能力得到发展

在研究过程中，虽然我们分为两个小组，任务分工不同，但是，两个小组能始终保持密切联系、资源共享，合作能力得到进一步的提高，合作精神得到发扬。不仅如此，我们在遇到困难时能够相互帮助，鼓励彼此采取不同的策略去解决问题，最终完成了研究任务。

反思不足：

经过几个月的研究学习，在大家的积极努力下，研究任务基本完成。回顾整个研究过程，还有几点遗憾和不足：

（1）理论知识还需进一步提高。由于我们是第一次做基于问题的作业，研究理论水平还有较大欠缺，可借鉴的资料和经验比较少。在研究实施过程中，部分实践资料收集、整理不够完整，研究结果的呈现还不够充实、有力和全面，这些有待于在今后的实践中进一步探索和完善。

（2）个性化差异还需进一步关注。研究初期，我们六名成员自由结合分为两个学习小组。后来发现，两位特别擅长查阅并整理资料的同学分到了一组，而另外两位动手能力较强的同学分到了一组，导致在分组进行活动时，每个组都有欠缺的方面，要么资料收集整理得不够全面，要么实际操作效率较低，这也是以后需要改进的方面。

（3）宣传范围还需进一步扩大。由于研究过程大部分集中在暑假，校内宣传做得还不够好。接下来，我们计划在班级和小区进一步宣传防灾减灾和防汛应急方面的知识，引导学生及家长学习相关防汛应急技能，继续查找抗洪救灾方面的资料，及时向学生普及，力争提高每个学生及家庭的防汛意识和自我保护能力。

展望与思考：

提高人们对自然灾害的防范意识、防控与自救能力，不是一朝一夕就能完成的。我们会继续以班会、专题培训、宣传进社区等形式，从学生视角，宣传防灾减灾知识，提高人们应对暴雨等自然灾害的能力。

第五节　校园噪声调查及应对措施的项目学习

【作者信息】 刘庆庆　杨秀花　丁小亚[①]

【适用年级】 八年级

一、作业设计意图

我们所生活的环境中有许许多多的声音，有些声音能让人心旷神怡，而有些声音会使人心烦气躁。尤其对于正在校园专心听课的孩子们，噪声更会影响他们的学习效果。

我校位于祭城美食一条街，南、西、东三面紧邻三条主干道，周围商铺林立，人员与车流量比较大。学校周围店铺播放的音乐声、宣传声等严重影响了我们听课学习和午休，甚至很多时候根本听不清老师讲的内容，噪声已经严重影响到我们正常的课堂学习及成长。噪声是怎么来的？怎么减少噪声干扰呢？李慧婷和郎雯景向老师请教，老师简单做了讲解并建议李慧婷组织基于项目的作业探究校园噪声的来源及降低噪声的应对措施。

于是我们对全校学生发放《影响我们学习和午休的声音》的调查问卷，经过分析，76%的学生认为校园外噪声是主要影响因素，那么该如何解决呢？因此我们成立基于项目的作业小组，对此项目进行调查研究。

二、课标要求和评价目标

（一）课程标准

物理学科：课程标准下的物理学科应该与现实结合、与生活接轨。物理学许多知识都可以在生活中找到原型，因此引导学生形成终身探索的物理学科思维，有助于学生发展科学实践能力。在声学章节里，课程标准做出明确的活动建议：例如声音的传播，学会用物理知识来描述生活中的声音现象，帮助学生揭示物理知识规律。

地理学科：根据初中地理课程标准要求，课程内容紧密联系生活实际，通过引导学生随时捕捉生活中有用的地理事物和地理现象，自主地学习身边的地理问题，激发学生对地理学习的兴趣，增强学生认识生活、适应生活等方面的

[①] 刘庆庆、杨秀花、丁小亚为郑州市第九十三中学教师。

能力。在地图章节中，课程标准提出明确的活动建议：开展运用地图、动手制作活动。例如设计校园绿化平面图，制作校园绿化模型，实现二维到三维空间的转换，促进学生知识迁移。

生物学科：生物课程标准要求学生获得有关生物圈中的绿色植物、生物与环境等方面的基础知识。通过活动培养学生热爱大自然，理解人与自然和谐发展的意义，提高环境保护意识。在绿色植物对生物圈的重大作用的章节中，课程标准提出明确的活动建议：实地调查绿色植物的特性，认识植物的生长发育规律。例如开展校园内绿化设计，能够帮助学生更好地识别、控制、改造和利用植物。

（二）评价目标

（1）作业小组成员通过问卷调查、实地测量校园不同教学楼层分贝值，走访学校周围居民和调查我校周边的环境状况，调查分析噪声来源，总结并制作手抄报进行展示，进而培养学生分析问题、实践操作的能力。

（2）作业小组成员通过借助搜索资料，实地考察和小组讨论等方式，制定针对校内和校外的初步防噪措施，随后咨询学校领导和环保工作人员，讨论得出有效、可实施的措施，充分发挥学生的积极性，从而培养学生信息提取的能力。

（3）在校外，作业小组成员通过走访商铺引来社会的关注和配合。校内通过全校开展一期班会课引起师生的重视，并回家进行宣传；寻求学校领导的支持和配合；通过调查校园绿化现状、查阅资料和实地考察熊儿河绿化植被等方式，结合不同植物生长特性对降音防噪的影响，李颜、郎雯景设计校内降音防噪绿化带平面图。这充分发挥了学生的积极性，做到课本知识迁移。

（4）作业小组成员在校内对不同教学楼层分贝值进行再次检测和记录，对比数据，梳理成果。我们印刷并发放宣传单页以引起社会的关注。岳琳茜、姚诗爽利用pvc材料合作制作校内降音防噪绿化带立体模型，小组长李慧婷、郎雯景对校内降音防噪绿化带的模型进行解说。这可以培养学生的综合思维，发展学生的个性，帮助学生建构知识体系。

三、评价任务及评价量规

（一）评价任务

（1）针对校园噪声问题，小组成员分工定点测量校园不同教学楼层的分贝值，做好数据记录；对学校周围的居民进行走访，调查记录他们对噪声的感受；调查我校周边的环境状况；在小组长的带领下，成员们总结出学校噪声的主要来源并制作手抄报进行汇报。检测目标（1）的达成情况。

（2）小组成员通过网络、书籍查阅和实地考察等方式，结合以上调查，讨论影响分贝值的因素，制定校内和校外的初步防噪措施；咨询学校领导和环保人员；讨论得出有效、可实施的措施。检测目标（2）的达成情况。

（3）小组成员完成走访商铺、印刷并发放宣传单页、召开一期班会课等措施；小组成员通过实地调查校园绿化、实地考察熊儿河绿化植被等方式，结合不同植物生长特性对降音防噪的影响，设计校内降音防噪绿化带平面图。检测目标（3）的达成情况。

（4）小组成员在校内对分贝值进行再次检测和记录，对比数据，梳理成果，制作 ppt 展示交流；合作制作校园降音防噪绿化立体模型，对校园降音防噪绿化立体模型进行展示。检测目标（4）的达成情况。

（二）评价量规

1. 团队合作（见表3-26）

表 3-26　团队合作评价量规

评价指标	评价等级			评价结果		
	优秀（9~10）	良好（5~8）	待提高（1~4）	自我评价	组内评价	教师评价
参加活动积极性	每次活动都准时参加，并积极出谋划策，积极组织	每次活动都能准时参加	偶尔参加，参加活动不太积极			
团队协作	1. 团队认真商讨任务，根据每个成员的能力进行分工 2. 团队定时交流完成情况，汇报进度与困难，创造性地完成任务	1. 团队有明确分工，能互相帮助及时完成任务 2. 团队讨论问题时，能积极发言，进行有效的交流	1. 团队分工不明确，任务完成差 2. 团队讨论问题时，不积极，只有个别人发言			
这次基于项目的作业，通过自我评价我得到（　　）分，同学评价我得到（　　）分，老师评价我得到（　　）分，共计（　　）分。评价等级为（　　）级						

2. 任务一：调查噪声来源（见表3-27）

表3-27　调查噪声来源评价量规

评价指标	评价等级			评价结果		
	优秀（9~10）	良好（5~8）	待提高（1~4）	自我评价	组内评价	教师评价
成立小组，成员测量校园内不同教学楼层的噪声	小组成员主动讨论，熟练正确运用噪声测量仪很好地完成任务	小组成员不能熟练运用噪声测量仪，成员之间没有很好的合作交流	小组成员不会运用噪声测量仪，在活动中不知所措			
走访学校周围居民，调查校园周边环境	1. 走访前，小组内积极讨论，并合理设计走访居民的具体问题 2. 走访时，小组内能积极配合，有详细的分工，边走访边记录	1. 走访前，小组内较积极地讨论，走访居民的具体问题设置比较混乱 2. 走访时，小组内较积极地配合，没有分工，记录比较乱	1. 走访前，小组内未能积极讨论，也没有设计走访居民的具体问题 2. 走访时，小组内没有积极配合，没有分工，也没有记录			
对校园噪声问题进行讨论，物理老师进行原理指导	1. 能够积极主动搜索查阅资料，有效找出噪声分类的知识，并配合融洽 2. 小组讨论时，气氛活跃，讨论热烈，思维清晰 3. 物理老师讲解时能认真聆听，并能主动发现问题，积极询问老师	1. 较主动地搜索查阅资料，找出噪声分类的知识，但不能说明其来源，配合较融洽 2. 小组讨论时，气氛较活跃，讨论较热烈，思维较清晰 3. 物理老师讲解时能较认真地聆听，并较主动发现问题	1. 被动搜索查阅资料，搜索不到噪声分类的知识，配合较不融洽 2. 小组讨论时，气氛相对沽跃，讨论相对热烈，思维相对清晰 3. 在物理老师指导下能发现问题，提出疑问			

表3-27(续)

评价指标	评价等级			评价结果		
	优秀（9~10）	良好（5~8）	待提高（1~4）	自我评价	组内评价	教师评价
分析和统计调查内容，整理并制作手抄报	1. 思路清晰，问题设置与结果分析相吻合，语言表达流利并明晰 2. 手抄报制作精美	1. 思路较清晰，问题设置与结果分析较吻合，语言表达较流利 2. 手抄报制作较精美	1. 基本没有思路，问题设置与结果分析较吻合，语言表达不流利 2. 手抄报制作一般			
这次基于项目的作业，通过自我评价我得到（　　　）分，组内评价我得到（　　　）分，老师评价我得到（　　　）分，共计（　　　）分。评价等级为（　　　）级						
我的收获：						

3. 任务二：制定防噪措施（见表3-28）

表3-28　制定防噪措施评价量规

评价指标	评价等级			评价结果		
	优秀（9~10）	良好（5~8）	待提高（1~4）	自我评价	组内评价	教师评价
组内讨论噪声分类并制定措施	1. 小组成员讨论积极，积极配合，每个成员都参与其中 2. 制定的措施条理清晰，并完全符合调查的问题 3. 操作性强	1. 小组成员讨论较积极，配合较积极，成员参与率较高 2. 制定的措施条理较清晰，并比较符合调查的问题 3. 操作性比较强	1. 小组成员讨论有些积极，配合有些积极，成员参与率较低 2. 制定的措施条理较混乱，且不符合调查的问题 3. 操作性不强，没有实践性			

表3-28(续)

评价指标	评价等级			评价结果		
	优秀（9~10）	良好（5~8）	待提高（1~4）	自我评价	组内评价	教师评价
咨询学校领导及环保工作人员，讨论最终措施	1. 小组成员能够主动找到学校领导谈话，能主动给环保局领导打电话沟通交流 2. 能够准确流利地表达出谈话主题及咨询的问题，语言表达能力强 3. 与学校领导谈话及向环保局咨询时，条理清晰，能主动思考问题，逻辑性强	1. 小组成员能较主动地找到学校领导谈话，能较主动地给环保局领导打电话沟通交流 2. 能够比较准确流利地表达出谈话主题及咨询的问题，语言表达能力较强 3. 与学校领导谈话及向环保局咨询时，条理较清晰，能比较主动思考问题，逻辑性较强	1. 小组成员在老师指导下找到学校领导谈话，能在老师指导下给环保局领导打电话沟通交流 2. 能够比较准确流利地表达出谈话主题及咨询的主要问题，语言表达能力较好 3. 与学校领导谈话及向环保局咨询时，条理较混乱，能较主动地思考问题，逻辑性较强			
这次基于项目的作业，通过自我评价我得到（　　　）分，组内评价我得到（　　　）分，老师评价我得到（　　　）分，共计（　　　）分。评价等级为（　　　）级						
我的收获：						

4. 任务三：实施防噪措施（见表3-29）

表3-29 实施防噪措施评价量规

评价指标	评价等级			评价结果		
	优秀（9~10）	良好（5~8）	待提高（1~4）	自我评价	组内评价	教师评价
走访校园周围商铺、宣传减少噪声的方法	1. 能积极主动与学校周围商铺、路过的行人及交管部门人员沟通 2. 能够灵活运用word的基本功能：插入形状、文字设置、整体布局等，设计精美宣传页 3. 在与他人沟通时能流利表达自己的愿望，并能够认真聆听	1. 较积极主动地与学校周围商铺、路过的行人及交管部门人员沟通 2. 能够较灵活地运用word的基本功能：插入形状、文字设置、整体布局等，设计宣传页 3. 在与他人沟通时能较流利地表达自己的愿望，并能够较认真地聆听	1. 在老师指导下能与学校周围商铺、路过的行人及交管部门人员沟通 2. 在老师指导下能运用word的基本功能：插入形状、文字设置、整体布局等，设计宣传页 3. 在与他人沟通时能较流利地表达自己的愿望，并能够较认真地聆听			

表3-29（续）

评价指标	评价等级			评价结果		
	优秀（9~10）	良好（5~8）	待提高（1~4）	自我评价	组内评价	教师评价
小组合作设计出校园内的绿化带平面图	1. 能够熟练运用网络查阅不同植物的生长特性，及对于减少噪声的作用 2. 能够非常清楚地知道学校的长、宽、面积、形状以及学校建筑物的方向等 3. 能够灵活运用 word 的基本功能：插入形状、文字设置、整体布局等 4. 能够灵活运用数学中的投影知识制作平面图 5. 制作的平面图符合学校实际，并具备一定的参考价值	1. 能够较熟练地运用网络查阅不同植物的生长特性，及对丁减少噪声的作用 2. 能够较清楚地知道学校的长、宽、面积、形状以及学校建筑物的方向等 3. 能够较灵活地运用 word 的基本功能：插入形状、文字设置、整体布局等 4. 能够较灵活运用数学中的投影知识制作平面图 5. 制作的平面图较符合学校实际，并具备一定的参考价值	1. 在老师指导下，能够运用网络查阅不同植物的生长特性，及对于减少噪声的作用 2. 在老师指导下能够知道学校的长、宽、面积、形状以及学校建筑物的方向等 3. 在老师指导下能够运用 word 的基本功能：插入形状、文字设置、整休布局等 4. 在老师指导下能够运用数学中的投影知识制作平面图 5. 制作的平面图勉强符合学校实际，并具备一定的参考价值			

表3-29(续)

评价指标	评价等级			评价结果		
	优秀（9~10）	良好（5~8）	待提高（1~4）	自我评价	组内评价	教师评价
咨询学校领导，寻求支持与配合	1. 小组成员能够主动找到学校领导谈话，能主动给环保局领导打电话沟通交流 2. 能够准确流利地表达出谈话主题及咨询的问题，语言表达能力强 3. 与领导谈话时，条理清晰，能主动思考问题，逻辑性强	1. 小组成员能较主动地找到学校领导谈话，能较主动地给环保局领导打电话沟通交流 2. 能够比较准确流利地表达出谈话主题及咨询的问题，语言表达能力较强 3. 与领导谈话时，条理较清晰，能比较主动地思考问题，逻辑性较强	1. 小组成员在老师指导下找到学校领导谈话，能在老师指导下与环保局领导打电话沟通交流 2. 在老师指导下能够比较准确流利地表达出谈话主题及咨询的主要问题，语言表达能力较好 3. 与领导谈话时，条理较混乱，能较主动思考问题，逻辑性较强			

这次基于项目的作业，通过自我评价我得到（　　　）分，组内评价我得到（　　　）分，老师评价我得到（　　　）分，共计（　　　）分。评价等级为（　　　）级

我的收获：

5. 任务四：防噪成果展示（见表 3-30）

表 3-30　防噪成果展示评价量规

评价指标	评价等级			评价结果		
	优秀（9~10）	良好（5~8）	待提高（1~4）	自我评价	组内评价	教师评价
比较不同位置测量的分贝值，并制作课件分享	1. 能够准确测量出不同位置的分贝值，并做出对比表 2. 能够准确分析出分贝值差异，并能够条理清晰地分析表达出原因 3. 小组能够积极合作，共同制作出精美课件进行分享	1. 能够较准确地测量出不同位置的分贝值，并做出对比表 2. 能够较准确地分析出分贝值差异，并能够较条理清晰地分析表达出原因 3. 小组能够较积极地合作，共同制作出较精美的课件进行分享	1. 在老师指导下能够测量出不同位置的分贝值，并做出对比表 2. 在老师指导下能够分析出分贝值差异，并能够较条理清晰地分析表达出原因 3. 在老师指导下小组能够共同制作出精美课件进行分享			
制作校内绿化带模型	1. 建筑物方向、比例正确，平面图、立面图设计合理 2. 纸板切割、拼接精细 3. 模型表面装饰精细、美观 4. 模型设计新颖、有艺术品位，采用节能环保设计	1. 建筑物方向、比例较正确，平面图、立面图设计较合理 2. 纸板切割、拼接较精细 3. 模型表面装饰较精细、较美观 4. 模型设计符合常规，采用节能环保设计	1. 建筑物方向、比例不太正确，平面图、立面图设计不太合理 2. 纸板切割、拼接粗糙 3. 模型表面装饰粗糙，不美观 4. 模型设计没有新意，没有采用节能环保设计			

这次基于项目的作业，通过自我评价我得到（　　）分，组内评价我得到（　　）分，老师评价我得到（　　）分，共计（　　）分。评价等级为（　　）级

我的收获：

四、研究内容和方法

（一）研究内容

1. 调查噪声来源

学生在校上课时受到了噪声的影响，对全校学生进行问卷调查，发现噪声已影响到学生的身体和心理健康。于是同学们成立了项目学习作业小组，小组成员在老师的指导下，小组成员分工定点测量校园不同教学楼层的分贝值，完成记录表；走访学校周围的居民，调查我校周边的环境，并做好记录；在小组长的带领下，成员们总结出学校噪声的来源途径主要受以下因素影响：店铺和车辆的喇叭声音强弱；距离声源的远近；声音传播过程中的隔离物等因素。小组整理主要噪声来源，并制作手抄报展示交流。

2. 制定防噪措施

基于以上的分析，小组长带领组员们通过网络搜索、查阅书籍资料等方式，分别制定出初步的校内和校外防噪措施；在老师的指导下，咨询学校领导教室窗户中空玻璃及校园绿化的改造，咨询环保局工作人员降音防噪的科学方法有哪些。学生通过以上调查，讨论得出最终有效、可实施的措施。

3. 实施防噪措施

学生在老师指导下，通过走访附近商铺，沟通并协商防噪；通过印刷《噪声的危害》宣传单页，引起行人对噪声影响学校的关注；在校内开展一期以降低噪声为主题的班会课，课后由学生把宣传单页带回家对家庭成员做好宣传。小组成员通过调查校园绿化现状、实地考察熊儿河绿化植被等方式，结合不同植物生长特性对降音防噪的影响，设计出校园降音防噪绿化平面图。

4. 防噪成果展示

学生在老师指导下，在各监测点对噪声进行再次检测并记录数据，对前后数据进行对比，梳理成果，并制作 ppt 展示交流；利用 pvc 材料合作制作校园降音防噪绿化立体模型，小组长对校园降音防噪绿化立体模型进行展示。

（二）研究方法

（1）问卷调查法：制作、发放调查问卷，整理并分析相关材料，以此掌握校内噪声现状。

（2）行动研究法：通过设计和组织基于项目学习的相关活动，在实践中验证、完善、总结、反思，把研究和实践紧密结合。

（3）实验总结法：借助具体的"校园噪声调查及应对措施的项目学习研究"的作业，探索并总结出适合我校的项目学习作业经验。

（4）跨学科研究法：依据物理、地理、生物等学科的课程标准，进行学科整合，开展对我校周边噪声污染的综合研究。

五、课时计划和团队分工

（一）课时计划（见表3-31）

表3-31　课时计划

模块名称	指导老师	课时顺序	课题名称	活动内容
模块一	地理老师 生物老师 物理老师	第一课时	初识噪声	成立小组。在老师指导下，小组成员分工定点测校园不同教学楼层的分贝值，做好记录，分析影响分贝值高低的因素
		第二课时	调查周围的噪声	走访学校周围的居民，调查我校周边环境等，完成走访记录
		第三课时	声音的传播原理	对校园噪声问题进行讨论，在物理老师指导下，小组成员对声音的传播原理进行详细分析
		第四课时	调查噪声的来源	分析和统计调查内容、走访记录反映的噪声来源，总结出噪声的来源，整理并制作手抄报
模块二	地理老师 生物老师 物理老师	第五课时	防噪之我见	通过查阅资料，结合以上的调查，小组讨论制定出校外和校内初步的防噪措施
		第六课时	专家支妙招	通过咨询领导和环保局工作人员等，讨论得出最终有效、可实施的措施
模块三	地理老师 生物老师 物理老师	第七课时	对噪声源说不	通过校外走访商铺和发放宣传单页、校内开班会课、家庭宣传等方式，寻求社会配合
		第八课时	绿化巧妙用	通过调查校园绿化现状和实地考察熊儿河绿化等形式，合作设计校园绿化平面图
		第九课时	合力防噪	通过咨询领导，寻求领导的支持和配合
模块四	地理老师 生物老师 物理老师	第十课时	验证成果	通过在各监测点对分贝值进行再次检测和记录，对比前后数据，梳理成果，制作ppt展示交流
		第十一课时	绿化模型展示会	通过小组合作，制作校园降音防噪绿化立体模型并展示交流，构建未来绿色校园

（二）团队分工

我们针对作业目标及评价任务，进行分组（见表3-32）。

表3-32　团队分工

组别	成员	任务
第一组	李慧婷、林诺妍、金一伊	搜集资料
第二组	刘晓冰、冯源、孙梦缘	记录数据
第三组	李颜、郎雯景、张佳慧	方案设计
第四组	岳琳茜、姚诗爽	撰写研究报告

（三）实施流程图（见图3-88）

图3-88　作业实施流程图

六、实施过程

1. 调查噪声来源

（1）成立项目学习小组。学习小组分为不同的小分队，分别在8：00、10：00、13：00、17：00共四个时间段在教学楼第二、三、四层，每层楼设3个等距为10米的监测位置，测量并记录分贝值（见图3-89）。

图3-89　教学楼测分贝值

（2）在小组长的带领下，组员利用周末对学校周围居民和校园周边环境进行调查（见图3-90）。

图 3-90　调查校园周边环境

（3）组员分享对噪声的认识；接着查阅资料，搜索噪声来源，之后对校园噪声问题进行讨论，物理老师进行原理指导（见图3-91）。

图 3-91　学习噪声的知识

（4）组员对调查内容进行分析和统计，总结噪声来源，制作手抄报展示（见图 3-92）。

图 3-92　总结噪声来源并制作手抄报

2. 制定防噪措施

（1）小组成员通过以上的活动调查，开始讨论，发现距离声源远近、店铺的喇叭声音强弱、声音传播过程中有无隔离物等，都是影响分贝值高低的因素。最后各小组组员分别对讨论出的校内和校外防噪措施进行分享（见图3-93）。

图 3-93　讨论校内和校外防噪措施

（2）在教师指导下，小组成员就制订的相关措施咨询校领导（见图3-94），打电话咨询环保局的工作人员等（见图3-95），最终讨论出最有效、实用的措施。

图 3-94　咨询校领导

图 3-95　电话咨询环保局的工作人员

3. 实施防噪措施

（1）校外防噪措施的实施。

①组织小组成员走访附近经常用喇叭宣传招揽顾客的商铺：如校园东侧的果味飘香水果超市、校园大门口对面的爱便利超市等商铺。组员就噪声的测值、城市功能区噪声分贝标准、学业的重要性等方面与店铺负责人进行合理的沟通。最终商铺负责人愿意降低喇叭的音量；或者改为文字宣传，门口悬挂小黑板，或者利用LED（发光二极管）闪屏对产品进行默声推广；或者参考学校的课间时间，选择固定的时间段进行宣传（见图3-96）。

图3-96　与店铺负责人进行合理的沟通

②组织小组成员制定出降低噪声的宣传单页，在学校的支持下印刷出来，发放给周围行人。班主任开展一期以降低噪声为主题的班会课，课后由学生把宣传单页带回家对家庭成员做好宣传，以便引起社会的关注，寻求社会配合（见图3-97）。

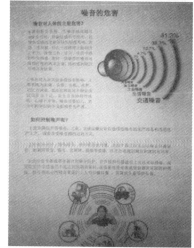

图 3-97　开主题班会、发宣传单

（2）校内防噪措施的实施。

①作业小组成员，通过借助网络查阅绿化带设计原理；测量校园，实地调查校园绿化现状和考察附近的熊儿河绿化植物的构造（见图 3-98、图 3-99），小组合作设计出校园绿化带平面图（见图 3-100）。

图 3-98　校园绿化植物现状调查

图 3-99　熊儿河绿化植物调查

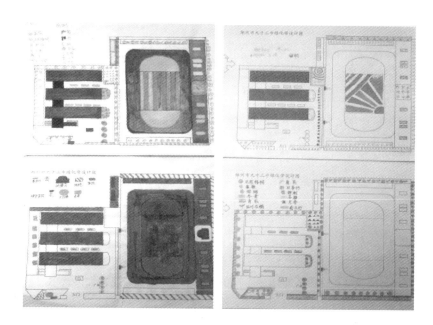

图 3-100　校园绿化设计平面图

②小组成员请示学校领导是否能考虑置换现有玻璃为中空玻璃、采购较密实的窗帘阻隔噪声（见图 3-101）。

图 3-101　请示学校领导是否能置换玻璃等以阻隔噪声

4. 防噪成果展示

（1）小组成员一周内在各监测点分时间段对噪声进行检测并记录数据，对数据进行对比，梳理防噪效果明显的措施，并制作 ppt 进行展示交流（见图 3-102）。

前后两次测得分贝值对比表

图 3-102　数据分析、梳理措施、交流展示

（2）小组成员合作制作校内防噪绿化带模型并进行展示分享（见图 3-103）。

图 3-103　制作校内防噪绿化带模型并进行展示

七、研究结论

（1）本作业基于学生生活情境中遇到的疑惑，让学生根据兴趣爱好开展项目学习，学生既能积极参与，又大大地提高了学习效率。本次项目学习全程由学生发起问题，分小组进行探讨研究，团体合作查阅相关资料，找到解决问题的方法，充分发挥教师的主导作用和学生的主体作用以及小组之间的团结协作精神。

（2）在走访校园周围居民及咨询校领导、环保工作人员等过程中，学生积极主动与他们沟通交流，提高了小组成员们的语言表达能力，锻炼了他们的逻辑思维能力，培养了学生们解决实际问题的能力。

（3）在测量校园不同位置噪声分的贝值时，学生不仅学会了测噪声仪器的使用方法，也锻炼了计算能力及分析问题的逻辑思维能力，有利于形成严谨的科学思维模式。

（4）在调查学校绿化带植物生长情况时，小组成员们学习了不同植物的生长特点及不同植物对防噪的作用，开阔了视野，延伸了课堂知识，激发了学习生物学科的兴趣。

（5）学生在经过实地探究、完成校园平面图设计及模型制作的过程中，逐步培养了发现问题、解决问题的能力。本次项目学习给予了学生充分发挥的空间，使学生将学校内学习到的知识转化为实际生活中解决问题的能力。

（6）学生通过分组合作进行的剪裁设计，加上漂亮的美术线条勾画，从而设计出最终校园绿化带模型。此次活动发挥了学生的团队合作精神，让学生为学校的建设献计献策，从而培养学生任何时候都为学校着想的爱校精神。

八、作业展示（见图3-104）

图3-104 作业展示

九、作业反思

（1）在绘制学校平面图的过程中，学生测量时不能正确地读取数值，测量学校的长、宽存在一定的误差，绘制的平面图不是特别精确。

（2）在采访过程中，部分成员语言表达能力欠佳，导致采访过程不是很流畅，采访目的不够清晰。

（3）在学生展示过程中，由于摄像条件有限，对部分展示环节进行了录像，但还有一些展示没有进行摄像。

（4）由于准备建模的材料有限，所以在裁剪各种样式的时候材料很受限制，再加上美术涂料也比较简陋，因此最终的建模略显粗糙。

（5）在搜索查阅相关资料总结归纳校园防噪的方法时，有个别小组成员对计算机的运用不是很熟练，因此出现了效率很低的现象。另外个别成员不能很好地参与小组的活动，这说明在小组活动前做好小组内成员职责分工是非常有必要的。

（6）在设计校园防噪绿化带平面图的过程中，学生筛选合适的植物并且合理地设计出校园防噪绿化带平面图比较困难，学生需要对大量植物的生长特点进行调查并筛选。这对于初中的学生来说工程量比较繁杂，因此绘制平面图的时间消耗比较长。

第六节 一起帮垃圾找家

【作者信息】刘炜 潘萍 孙艳娟①
【适用年级】一至六年级

一、作业设计意图

学期末，三年级的同学在学校的倡导下，开始认真学习郑州市颁布的垃圾分类方案。他们在小区里发现家庭垃圾乱扔乱投放现象很严重。经过调查和讨论，同学们发现，大家在家里也不进行垃圾分类，把垃圾一股脑地扔进小区的垃圾桶里，这严重加大了环卫工人的垃圾分类工作量。

最后他们将这一发现告诉老师，师生一起讨论。经过头脑风暴，最后的结论是通过在家自制家庭分类垃圾桶、摄录垃圾分类倡议宣言、创编垃圾分类儿歌、整理垃圾分类数据等多种方式，倡导大家一起在家进行垃圾分类。经过思维碰撞后，大家提出共同研究的主题为"一起帮垃圾找家"。

二、课标要求和评价目标

（一）课程标准

1. 语义学科

具备良好的语言表达能力，能用口头表达或图文表达、写作等方式表达自己的见闻。能就感兴趣的内容提出问题，结合课内外阅读的资料共同讨论。

2. 数学学科

能够理解身边有关数字的信息，会用数（合适的量纲）描述现实生活中的简单现象。

3. 科学学科

通过对设计和技术相关知识的学习，初步掌握综合知识和设计的技能；能

---

① 刘炜为郑州市郑东新区康宁小学校长，潘萍、孙艳娟为郑州市郑东新区康宁小学教师。

够运用一些简单工具制造产品或解决实际问题。

4. 信息技术学科

能掌握多种获得信息的方法，选择并熟练操作有用的工具，熟悉操作、熟练使用，能自主处理声音、动画、影像等多媒体信息。

（二）评价目标

（1）学生通过搜集资料、调查采访、实地考察等方式了解垃圾分类的原因、现状，提出生活垃圾分类存在的问题并找到垃圾分类的有效方法，培养获取信息、处理信息的能力及口语交际能力。

（2）学生通过小组合作、准备材料，制作成品并实施创意展示，尝试对家庭的生活垃圾进行分类和宣传，培养创新思维能力、表达理解能力以及团队合作能力。

（3）学生对成品和宣传展示进行评价，归纳总结在实际生活中运用知识解决垃圾分类问题的方式，培养探究精神、团结合作精神以及自我反思的习惯，能够和他人分享快乐。

三、评价任务及评价量表

（一）评价任务

（1）学生分组搜集资料、调查采访、实地考察，之后进行数据分析并提出问题。

（2）学生分组进行研讨，针对问题设计有效方案然后实施，并展示交流。

（3）学生依据量规对成品和宣传展示进行评价。

（二）评价量规（见表3-33至表3-37）

表3-33　儿歌创编评价量规

维度	等级		
	优秀 ☆☆☆	良好 ☆☆	合格 ☆
语言	完整、简洁；顺口悦耳、口语化、具有音乐性	比较完整、简洁；较为顺口、悦耳、口语化较明显、具有音乐性	不完整、不够简洁；不顺口悦耳、口语化不够明显、不具音乐性
内容	贴近儿童生活、率真自然、浅显易懂	较能贴近儿童生活、率真自然、较为浅显易懂	不能贴近儿童生活、不够率真自然、浅显易懂

表3-33（续）

维度	等级		
	优秀 ☆☆☆	良好 ☆☆	合格 ☆
形式	新颖别致、构思巧妙、生动形象、富有情趣	较为新颖别致、构思较为巧妙、比较生动形象、富有情趣	不够新颖别致、构思不巧妙、不够生动形象、缺乏情趣

表 3-34　制作分类表、知识库评价量规

维度	等级		
	优秀 ☆☆☆	良好 ☆☆	合格 ☆
分类原则	明确具体、可操作性强	较为明确具体、可操作	不够明确具体、不可操作
图示	正确、规范、一目了然	较为正确、规范、一目了然	不正确、不规范、不能一目了然
分类知识库	内容准确，充分体现生活垃圾分类的知识性、趣味性	内容较为准确，较能体现垃圾分类的知识性、趣味性	内容不准确，不能体现垃圾分类的知识性、趣味性

表 3-35　话剧展示评价量规

维度	等级		
	优秀 ☆☆☆	良好 ☆☆	合格 ☆
创意	新颖、独特，具有启发性、示范性	比较新颖，有一定示范性	不够新颖，不够有示范性
台词	语言清晰流畅，感染力强	语言基本清晰流畅，感染力不强	语言不够清晰流畅，缺乏感染力
内容	真实反映现实生活	较能真实反映现实生活	不能真实反映现实生活
表演	大方、投入、自然真实，观众反响好，认可度高	流畅完整，观众反响一般	生硬不自然，观众不太认可

表 3-36　制作垃圾桶评价量规

维度	等级		
	优秀 ☆☆☆	良好 ☆☆	合格 ☆
审美性	造型美观，色彩搭配鲜明，有吸引力	造型比较美观，色彩适度	造型大方
实用性	耐用、轻便、灵活	较耐用、较轻便、较灵活	能够正常使用
创新性	新奇独特，有突出变化	有一定变化	有变化
功能性	功能齐全，分类细致	功能较齐全、分类较细致	有初步分类的功能

表 3-37　提建议评价量规

维度	等级		
	优秀 ☆☆☆	良好 ☆☆	合格 ☆
内容	全面具体、精准有效	较全面具体，有效	不够全面具体
可行性	强	中等	弱
方式	得当、有说服力	较得当，有一定说服力	不太得当，缺乏说服力

四、研究内容和方法

（一）研究内容

（1）学生分组搜集资料、调查采访、实地考察，之后进行数据分析并提出问题。

（2）学生分组进行研讨，针对问题设计有效方案然后实施，并展示交流。

（3）学生依据量规对成品和宣传展示进行评价。

（二）研究方法

与本"基于真实情境的项目学习作业"的研究目标、研究内容、研究过程相适应，研究方法总体上以行动研究法为主，辅以文献研究法、调查研究法、经验总结法。

（1）问卷调查法：在本作业的开展过程中，学生将设置调查问卷，了解家庭垃圾分类现状并且征集问题解决的方法。

（2）文献法：学生通过查阅真实性学习的相关文献资料，了解项目作业的重要性及项目学习的方法，通过查阅资料掌握国内外垃圾分类的相关信息，及时进行调整，提高研究效益。

（3）行动研究法：学生选取两个小区做观察、调查采访，六个家庭进行家庭垃圾分类实践，自主学习、合作探究，提出问题、解决问题，锻炼动手能力和实践操作能力以及创新能力。

（4）经验总结法：学生通过此项基于真实情境的项目学习作业，总结出"干净、快速、准确"分类投放家庭垃圾的方法，在实践中总结经验、反思成长。

五、课时计划和分工

（一）课时计划（见表3-38）

知识范畴：A（语言），B（数学、科学、技术、工程和信息），C（历史与社会科学），D（视觉艺术类），E（表演艺术类），F（积极身体活动的健康生活方式）。

表3-38　课时计划

参与人员：a（个体），b（群体），c（其他关联人员）。

任务	相关参与人员	教学活动	课时分配	学科范畴
问题的提出	abc	问题分享	1	A F
现状调查	abc	调查分析、数据汇报	2	ABF
明辨	ab	辩论会	1	ACF
解决方案	abc	小组讨论，撰写报告	1	ABF
采访调查	abc	编写调查表	4	ABCEF
		编写采访稿		
		寻找采访对象		
		采访调查数据分析		
垃圾分类宣传剧	abc	写一篇关于垃圾分类的剧本	4	ACDEF
		改写剧本		
		排练		
		汇报		

表3-38(续)

任务	相关参与人员	教学活动	课时分配	学科范畴
垃圾分类宣传手册	abc	产品设计	2	ABD
		手册制作		
垃圾分类表	abc	搜集数据	3	ABDF
		设计图表		
		汇报		
分类垃圾桶制作	abc	产品调查	4	ABDF
		产品设计		
		材料与预算		
		产品发布会		
项目汇报	abc	汇报	1	ABDEF

（二）团队分工

我们针对项目学习目标及评价任务，进行分组（见表3-39）。

表3-39 团队分工

组别	成员	任务
第一组	李雨宸、吴雨宸、刘高靖琦、李帅文	调查问卷
第二组	张严月、邵亦熙、李帅文、周劭涵	数据整理
第三组	张浩南、张家赫、何雨涵、宋一心	方案设计
第四组	彭志靖、李若铱	撰写研究报告

每个组内都有不同特长的学生，由学生自由选择工作任务，充分发挥自己的特长。

（三）实施流程（见图3-105）

图3-105 实施流程

六、实施过程

（一）现状调查

发现痛点问题后，学生们决定先去了解人们在家进行垃圾分类的现状。

1. 掌握方法，设计问卷

通过阅读调查问卷文本，学生们在课堂上总结出调查问卷设计时的要求，设计调查问卷要有明确的主题、结构合理、逻辑性强、通俗易懂，而且还要便于资料的校验、整理和统计。掌握了设计方法，学生们通过小组合作，设计出家庭垃圾分类调查问卷（见图3-106）。

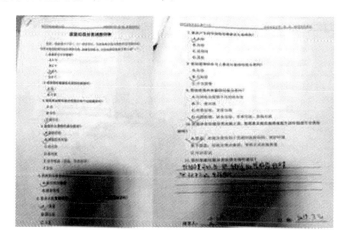

图3-106　调查问卷

2. 走出校园，实地调查（见图3-107、图3-108）

图3-107　学生在校外进行问卷调查和采访

图 3-108　师生走进垃圾分类示范小区，实地考察学习

3. 搜集资料，分析数据，制作分类表

调查小组的同学将调查数据进行汇总，利用思维导图制作垃圾分类图表（见图 3-109、图 3-110）。

图 3-109　学生手绘数据图　　　　图 3-110　李雨宸利用电脑数据表

4. 资料整合，分析数据

调查小组的同学将调查数据进行汇总，分别利用手绘图与问卷星效果图展示数据调查成果（见图 3-111）。

第8题 您对垃圾分类的看法是？　　[多选题]

选项	比例
帮助建设文明城市，非常支持	82.35%
帮助降低垃圾处理成本，非常支持	47.06%
分类成本高，实施麻烦，不太支持	11.76%
撤桶并点、限时投放造成垃圾分类不便，不支持	11.76%
湿垃圾破袋过于恶心，不支持	5.88%
随大流，觉得分不分类都无所谓	5.88%
其他	0%

第12题 垃圾投放点值守情况。　　[矩阵量表题]
该矩阵题平均分：2.86

题目\选项	一直无人	偶尔有人	总有1人	差有多人	平均分
垃圾投放点有保洁员或志愿者值守	0(0%)	5(29.41%)	8(47.06%)	4(23.53%)	2.94
垃圾投放点有值守人员进行分类指导	0(0%)	8(47.06%)	5(29.41%)	4(23.53%)	2.76
垃圾投放点值守人员服务态度较好	0(0%)	6(35.29%)	7(41.18%)	4(23.53%)	2.88

图 3-111　数据调查成果

根据数据及调查资料汇总，调查小组发现有以下问题：①大部分居民都知道垃圾分类，但是对具体怎么分类了解得不是很清楚；②多数人只知道有可回收和不可回收两种分类，不知道还有有害垃圾和厨余垃圾；③大部分家庭都有很多垃圾桶，但是都没有进行分类；④多数居民建议尽快落实垃圾分类政策，让我们的生活更环保、更美好，但很多小区垃圾分类桶作用不明显，只是摆设，没有按种类摆放分类垃圾桶。小区垃圾分类管理不到位，管理机制不健全，管理人员不明确。

（二）提出问题

孩子们通过调查采访，了解了垃圾分类的现状。接着他们搜索资料，在老师的带领下实地考察学习，在老师的指导下展开了头脑风暴（见图3-112）。

图 3-112 师生调查资料、实地考察

学生们以小组为单位梳理了人们在垃圾分类和投放时急需解决的问题：①怎样加强宣传引导？②怎样开展住宅小区垃圾分类排查。③怎样建立可实施的管理机制。这是学生们要研究的内容。

（三）设计路径

同学们通过上网查找资料、实地采访勘察、小组讨论等方式总结出解决问题的对策，有以下几种：①自制家庭分类垃圾桶；②制作生活垃圾分类表、整理生活垃圾分类数据库；③创编垃圾分类儿歌、口诀；④写垃圾分类实践日记；⑤制作家庭垃圾分类指导书；⑥编制家庭垃圾分类小程序。

【设计路径一：我是小小发明家】

1. 目的

通过设计制作，把知识运用到实践中，设计实用美观的分类垃圾桶。

2. 实施过程

（1）收集和垃圾分类有关的方案、文件等资料，在了解调查问卷的基础上，完成策划方案。

（2）小组讨论想法，画出创意。

（3）制作家庭分类垃圾桶（见图 3-113）。

（4）利用家庭分类垃圾桶设计摆放位置，投入实践，合理利用分类垃圾桶。

首先把双面胶贴到奶粉桶上。

然后把卡纸粘在奶粉桶上，剪掉多余的卡纸，利用桶盖画圆并剪掉然后贴在桶的底部，搜集、打印垃圾分类标识并贴在桶上。

漂亮的垃圾桶就做好了！

图 3-113　学生自制垃圾分类桶

3. 收获和感受

（1）了解了家庭垃圾分类的重要性。

（2）学会了小组合作的重要性，在合作中进步。

（3）对家庭分类垃圾桶的设计使用有了进一步的认识。

【设计路径二：我是数据工作者】

1. 目的

制作并展示图画式和表格式家庭垃圾分类图表以及垃圾分类数据库（见图 3-114）。

图 3-114　学生搜集整理数据

2. 实施过程

（1）上网收集垃圾分类的资料；

（2）实地考察每个家庭的垃圾种类；

（3）搜集整理；

（4）绘制家庭垃圾分类表（见图 3-115）；

（5）制作垃圾分类数据库。

图 3-115　制作垃圾分类表

3. 收获

学生通过调研、搜集资料、小组合作、教师指导等方式制作了生活垃圾分类表，明晰垃圾分类办法，并能将这些垃圾分类表推广使用。

【设计路径三：我是小编剧】

1. 目的

通过编写垃圾分类儿歌，拍视频唱儿歌做宣传。

2. 实施过程

（1）创编儿歌和绘制读本（见图 3-116）。

图 3-116　《一起帮垃圾找家》读本

（2）录制垃圾分类倡议视频（见图 3-117）。

图 3-117　录制垃圾分类倡议视频

3. 收获

通过查阅资料、借鉴学习创编垃圾分类儿歌、口诀，并在同伴间推广传唱，通过公众号发布垃圾分类儿歌、倡议视频，让更多的人了解垃圾分类，增强垃圾分类意识。

【路径四：集合成果，推广宣传】

1. 目的

通过编写读本，发放读本，开发微信小程序，推广学习成果，推广家庭垃圾分类的方法。

2. 实施过程

（1）四个小组合作编写了《一起帮垃圾找家——家庭垃圾分类读本》（读本目录见图3-118）。

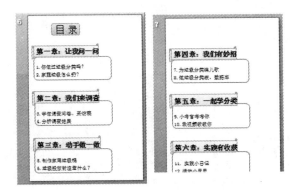

图3-118　《一起帮垃圾找家》目录

（2）与专业人员合作，创编出垃圾分类知识小游戏——《绿色小能手》微信小程序（见图3-119）。

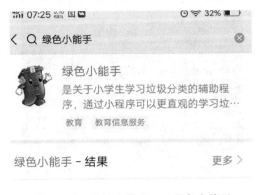

图3-119　微信小程序——绿色小能手

3. 收获和感受

通过小组合作、自主创编等方式制作家庭垃圾分类指导书并撰写论文，倡导并推广，学生将学到的理论知识和现实生活中的实际问题紧密结合，亲身参与学习，积极体验全过程。

七、研究结论

基于真实情境的项目学习作业给学生们带来了很大的创新空间和实践机会，转变学生们对学习和生活缺少独立思考的现象和一些依赖观念，改变学生们"死读书"的学习方式，创造另一种学习的风气，营造更优的学习环境。具体表现在以下几个方面：

（1）通过搜集资料、问卷调查、采访、观察等方式了解社区垃圾分类情况，并找到家庭垃圾分类的有效方法；

（2）通过小组合作、对比学习等方式，自制家庭分类垃圾桶，增强垃圾分类意识，尝试对家庭生活垃圾进行分类；

（3）通过调研、搜集资料、小组合作、教师指导等方式制作生活垃圾分类表，明晰垃圾分类办法；

（4）通过查阅资料、借鉴学习创编垃圾分类儿歌、口诀，并在同伴间推广传唱；

（5）通过小组合作、自主创编等方式制作家庭垃圾分类指导书并撰写论文，倡导并推广，学生将学到的理论知识和现实生活中的实际问题紧密结合，亲身参与学习，积极体验全过程。

八、作业展示（见图 3-120、图 3-121）

图 3-120　学生自制的分类垃圾桶

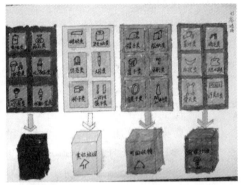

图 3-121　学生制作的分类表

九、项目反思

在研究的过程中，我们不仅收获了知识，更收获了情意能力。基于真实情境的项目作业是一项庞大的工程，单凭一人之力是无论如何也无法完成的。这时候学生们需要的是合作，是整个团队，是大家共同的努力。在这次项目作业中，学生们也看到了合作的巨大力量。虽然，最终作业呈现的只是几项简单的结果；但是，学生们在最后解决了很多问题。

（1）学生们把搜集到的问卷资料在组内进行讨论，得出问卷结果，将调查研究结果写进书里，让更多的人了解垃圾分类的现状及问题，使更多的人明白垃圾分类的重要性和紧迫性。

（2）把制作家庭垃圾桶、分类表、唱垃圾分类儿歌、讲解垃圾投放注意事项等做成宣传视频，唤起其他同学学习垃圾分类知识的兴趣，促进其垃圾分类投放习惯的养成。

（3）与专业人士合作，把搜集的垃圾分类数据库和垃圾分类知识库利用起来，做成《绿色小能手》微信小程序，方便更多的人学习垃圾分类知识。

（4）垃圾分类宣传视频、家庭垃圾分类读本以及垃圾分类小游戏受到了各界人士的一致好评，期望引领大家一起投身到垃圾分类实践中去。

反思不足：

回首整个作业完成过程，有待于提高的地方有以下两方面：①收集数据的方向可以选取更多的角度。②解决方案还要在下一阶段更深入的实施。

展望与思考：

随着家庭垃圾数量的逐年增加，项目小组的学生将持续关注家庭垃圾种类增加问题，宣传垃圾分类知识，倡议文明投放家庭垃圾。同时，学生们将进一步完善家庭垃圾分类读本以及垃圾分类知识小游戏的内容，向有关部门申报垃圾分类知识小游戏的发明专利。进一步的研究计划如下：

（1）走访各个小区，咨询相关人士，调查对于家庭垃圾分类还有哪些切实可行的方法并加以借鉴。确保家庭垃圾能够干净、快速、准确地被分类投放。

（2）下一阶段，扩大项目作业范围，在刘老师的指导下组成学习共同体，结合家长的力量，实现家校合作。

（3）学生们将延续"一起给垃圾找家"的项目学习形态，从与学生密切相关的真实的问题出发，寻找新的主题。

第七节 我的手机我做主

【作者信息】张志刚 郑冬芳 党会云 杨婧婧 徐明珠 姜楠 阎瑜①
【适用年级】六年级

一、作业设计意图

六年级刚开学，某校六年级一班的某同学由于过度依赖手机，长时间用手机与同学聊天、看玄幻小说，导致学习成绩下降。更加严重的是其父母制止他玩手机，导致他对父母心生不满，不愿意亲近父母。十一假期的最后一天，家长发现他的作业一字未写，只顾着躺在沙发上玩手机，情急之下，拿起他的手机摔到地上，并训斥他说："再玩手机，你就走吧！"于是，他不顾父母的担忧，在第二天中午吃过饭后，收拾了简单的行李就离家出走了。老师、同学、家长以各种方式寻找他，地铁口、地下道、邻近小区都找遍了，郑州这么大，孩子究竟去哪里了？家长心急如焚。截至当天晚上十一点，孩子自己回到小区里，闹剧才结束，这个闹剧的缘由就是手机。

事情发生后，很多家长表示孩子玩手机的问题已成为他们的困扰。在班主任的组织下，师生一起开队会，用思维导图的方式，探讨对手机的认识。学生们发散思维，畅谈手机：手机真的有魔法？抢走了原来的我们，抢走了爸爸和妈妈？经过思维碰撞，大家提出了一个共同研究的主题："我的手机我做主。"

---

① 张志刚为郑东新区通泰路小学校长，郑冬芳为郑东新区永昌小学校长，党会云为郑东新区普惠路小学副校长，杨婧婧为郑东新区通泰路小学教务主任，徐明珠、姜楠、阎瑜为郑东新区通泰路小学教师。

二、课标要求和评价目标

(一) 课标要求

1. 语文课程标准

（1）阅读课标依据。

①默读有一定的速度，默读一般读物每分钟不少于 300 字。学习浏览，扩大知识面，根据需要搜集信息。

②阅读说明性文章，能抓住要点，了解文章的基本说明方法。阅读简单的非连续性文本，能从图文等组合材料中找出有价值的信息。

（2）习作课标依据。

①懂得写作是为了自我表达和与人交流。

②能写简单的纪实作文和想象作文，内容具体，感情真实。能根据内容表达的需要，分段表述。学写常见应用文。

③修改自己的习作，并主动与他人交换修改，做到语句通顺，行款正确，书写规范、整洁。根据表达需要，正确使用常用的标点符号。

（3）综合性学习课标依据。

①为解决与学习和生活相关的问题，利用图书馆、网络等信息渠道获取资料，尝试写简单的研究报告。

②策划简单的校园活动和社会活动，对所策划的主题进行讨论和分析，学写活动计划和活动总结。

③对自己身边的、大家共同关注的问题，或电视、电影中的故事和形象，组织讨论、专题演讲，学习辨别是非、善恶、美丑。

（4）口语交际课标依据。

①与人交流能尊重和理解对方。

②乐于参与讨论，敢于发表自己的意见。

③表达有条理，语气、语调适当。

④能根据对象和场合，稍做准备，做简单的发言。

2. 音乐课程标准

（1）保持对音乐的兴趣，培养艺术想象力和创造力。

（2）积极引导学生进行音乐实践活动。

在教学中，要积极引导学生参与聆听、演唱、演奏、编创以及综合性艺术表演等活动，不断积累音乐实践经验，并有效利用教科书、音响音像及网络资源等，培养学生乐于思考、勤于实践的意识和习惯，有效提升学生的音乐实践能力。

（3）在音乐艺术的集体表演形式和实践过程中，能够与他人分享交流、密切合作，不断增强集体意识和协调能力。

（4）通过以音乐为主线的艺术实践，渗透和运用其他艺术表演形式和相关学科的知识，更好地理解音乐的意义及其人类艺术活动中的特殊表现形式和独特的价值。

（5）观赏戏剧和舞蹈，初步认识音乐在其中的作用。选用合适的背景音乐，为儿歌、童话故事或诗朗诵配乐。

3. 美术课程标准

（1）根据不同的媒材的特点，结合自己的创作意图，灵活运用所学的方法创作若干美术作品。

（2）从形态与功能的关系，认识设计和工艺的造型、色彩、媒材。运用对比与和谐、对称与均衡、节奏与韵律等形式原理以及各种材料、制作方法设计和装饰各种图形与物品，改善环境与生活，并与他人交流设计意图。

4. 品德与社会课程标准

（1）情感、态度、价值观。

爱亲敬长，养成文明礼貌、诚实守信、友爱宽容、热爱集体、团结合作、有责任心的品质。

（2）能力与方法。

①养成安全、健康、环保的良好生活和行为习惯。

②学会清楚地表达自己的感受和见解，倾听他人的意见，体会他人的心情和需要，与他人平等地交流与合作，积极参与集体生活。

③初步掌握收集、整理和运用信息的能力，能够选用恰当的工具和方法分析、说明问题。

（3）知识。

初步了解生产、消费活动与人们生活的关系，知道科学技术对生产和生活的重要影响。

5. 数学课程标准

通过观察、操作认识立体图形的特征，能结合实例测量并简单计算物体的周长、面积、体积，能解决实际问题，初步建立空间观念。

（二）评价目标

（1）学生通过收集资料、调查分析等活动，了解人们使用手机的现状，培养获取信息、处理信息的能力及口语交际能力；

（2）学生通过提出问题，设计解决路径，并能通过小组合作完成自己的研究方案，培养创新思维能力、表达理解能力以及团队合作能力；

（3）学生通过整理资料，撰写研究报告，培养探究精神、团结合作精神以及自我反思的习惯，能够和他人分享快乐。

三、评价任务及评价量表

（一）评价任务

（1）学生设计调查问卷，实地采访，分析数据，了解人们使用手机的现状，检测目标（1）的达成情况。

（2）学生分组进行研讨，提出问题，撰写方案，设计最佳解决路径，检测目标（2）的达成情况。

（3）学生撰写研究报告，进行交流展示，检测目标（3）的达成情况。

（二）评价量规（见表 3-40 至表 3-48）

表 3-40　合作评价量规

小组合作（每项 10 分）	非常棒（10~9）	良好（8~7）	一般（6~5）	还需努力（4~0）	总分
在小组中我可以做很多事情					
我完成了小组分配给我的任务					
我接受别人的想法					
我能清楚地表达我的想法					
我鼓励我们小组的成员					
别人讲话时我倾听					
我努力解决问题					

表 3-41　第_____组优秀组员

组员	一得分	二得分	三得分	四得分	五得分
优秀组员					

表 3-42　辩论会量规

评价指标	评价等级			评价结果		
	优秀（9~10）	良好（5~8）	待提高（1~4）	自我评价	同学互评	教师评价
审题	对所持立场能从逻辑、理论、事实等多层次和多角度理解，论据充足，推理关系是否明晰，对本方的难点具有有效的处理方法	对所持立场能从逻辑、理论、事实等多层次、多角度理解，论据充足，推理关系明晰，对本方的难点具有有效的处理方法	对所持立场不能从逻辑、理论、事实等多层次、多角度理解，论据不充足，推理关系不明晰，对本方的难点没有有效的处理方法			
论证	论证有说服力，论据充分，推理过程合乎逻辑，事实引用得当、真实	论证较有说服力，论据充分，推理过程合乎逻辑，事实引用较得当、较真实	论证没有说服力，论据不充分，推理没有逻辑，事实引用不得当、不真实			
辩驳	提问能抓住对方要害，问题简单明了。在规定时间内能恰当提问，能正面回答对方的问题，能给人以有理有据的感觉	提问较能抓住对方要害，问题简单明了。在规定时间内能较好地提问，能较好地回答对方的问题，较能给人以有理有据的感觉	提问不能抓住对方要害，问题阐述不清晰，在规定的时间内没有完成提问，没有回答对方的问题，不能给人以有理有据的感觉			
配合	有团队精神，相互支持，论辩衔接紧密。问答形成一个有机整体，给对方一个有力打击	有团队精神，较能相互支持，论辩衔接较紧密。问答形成一个有机整体	没有团队精神，相互没有支持，论辩之间没有衔接，问答没有形成一个有机整体			
辩风	所用语言和辩论风格讲究文明礼貌。没有对对方辩友和网友进行人身攻击	所用语言和辩论风格讲究文明礼貌	对对方辩友没有礼貌，进行人身攻击			

表3-42(续)

评价指标	评价等级			评价结果		
	优秀（9~10）	良好（5~8）	待提高（1~4）	自我评价	同学互评	教师评价
这次项目作业，通过自我评价我得到（　　）分，同学互评我得到（　　）分，老师评价我得到（　　）分，共计（　　）分。评价等级为（　　）级						
我的收获：						

成果展示评价量规（见表 3-43 至表 3-48）。

表 3-43　成果展示 1——使用手机现状统计评价量规

评价指标	评价等级			评价结果		
	优秀（9~10）	良好（5~8）	待提高（1~4）	自我评价	同学互评	教师评价
分析内容	分析全面具体、建议合理	分析到位，提出 1 条建议	只做分析，没有建议			
建议内容	有很多建议，并且建议很有针对性，具体可行	有一些建议，可以试试	有一到两条建议，不太符合实际			
声音	声音洪亮、表达清晰、富有感情	声音洪亮，能够表达自己	声音不太洪亮，不能够表达自己			
这次项目作业，通过自我评价我得到（　　）分，同学互评我得到（　　）分，老师评价我得到（　　）分，共计（　　）分。评价等级为（　　）级						
我的收获：						

表 3-44　成果展示 2——儿童剧《放下手机，陪陪我》台词评价量规

评价指标	评价等级			评价结果		
	优秀（9~10）	良好（5~8）	待提高（1~4）	自我评价	同学互评	教师评价
编写创意（编剧）	有完整且丰富的故事情节，有冲突，富有创意	剧本完整，故事情节丰富	剧本比较完整，有故事情节			

表3-44（续）

评价指标	评价等级			评价结果		
	优秀（9~10）	良好（5~8）	待提高（1~4）	自我评价	同学互评	教师评价
台词	语言清晰流畅，有感情，有感染力，符合人物特点	非常熟练，语言流畅，语速适当	基本熟悉，语速适当			
配乐	选择合适并且能表现情节的轻音乐	能选择合适的音乐配乐	没有为儿童剧选择音乐			
舞台效果	舞台调度灵活恰当，服装符合人物特点，道具准备充分	舞台调度适当，服装尚可，准备了道具	没有展现舞台调度，服装不到位，有基本的道具			
团队合作	分工明确，相互协作，很好地沟通交流，能提供创新的想法	有基本的分工，有沟通交流	分工不够明确，沟通少			
方案效果	每个人都有很强的感染力，观众反响非常好，认可表演，起到了宣传合理使用手机的作用	每个人都完整地完成表演，观众认可，有一定宣传作用	表演效果一般，观众反响平平，没有起到宣传的作用			

这次项目作业，通过自我评价我得到（　　）分，同学互评我得到（　　）分，老师评价我得到（　　）分，共计（　　）分。评价等级为（　　）级

我的收获：

表3-45 成果展示3——雅慧手机护照评价量规

评价指标	评价等级			评价结果		
	优秀（9~10）	良好（5~8）	待提高（1~4）	自我评价	同学互评	教师评价
设计思路	条理清晰，有创意，能够有效解决问题	条理清晰，能够较好解决问题	思路混乱，不能有效解决问题			

表3-45(续)

评价 指标	评价等级			评价结果		
	优秀（9~10）	良好（5~8）	待提高（1~4）	自我 评价	同学 互评	教师 评价
插 图 设计	有教育意义， 色彩搭配合理， 位置放置美观	有教育意义， 插图有配色	插图没有任何 教育指向			
内 容 设计	内容丰富，排 版清晰，每项 内容的教育指 向性都明确， 对人们合理使 用手机有督促 与评价的作用	内容较为丰富， 排版清晰，体 现督促和评价	内容少，没有 教育指向性， 没有体现评价			
实施与 评价	能够使用手机 护照定期评价， 并能推广与家 人一起使用	能够定期使用 手机护照定期 评价	没有使用手机 护照定期评价			
这次项目作业，通过自我评价我得到（　　）分，同学互评我得到（　　）分，老师评价我得到（　　）分，共计（　　）分。评价等级为（　　）级						
我的收获：						

表3-46　成果展示4——App方案设计评价量规

评价 指标	评价等级			评价结果		
	优秀（9~10）	良好（5~8）	待提高（1~4）	自我 评价	同学 互评	教师 评价
收集资 料，了 解App	条理清晰，有 创意，能够有 效解决问题	条理清晰，能 够较好解决 问题	思路混乱，不 能有效解决 问题			
定制需 求方案	有创新意识， 功能全面有效， 设计新颖大方	功能比较全面， 设计合理	功能单一，设 计感不强			
与开发 工程师 沟通	设问有针对性， 认真倾听，交 流中有自己的 独特见解，有 互动	设计问题简单， 认真倾听，理 解别人的意图	设问主题模糊， 交流有障碍， 不太能理解			

表3-46（续）

评价指标	评价等级			评价结果		
	优秀（9~10）	良好（5~8）	待提高（1~4）	自我评价	同学互评	教师评价
整合设计方案	方案清晰明确，色彩搭配美观，功能全面合理，界面布局有创新	方案清晰明确，色彩舒适，功能比较全面，界面布局合理	方案不明确，色彩不协调，功能不全面，界面比较乱			

这次项目作业，通过自我评价我得到（　　）分，同学互评我得到（　　）分，老师评价我得到（　　）分，共计（　　）分。评价等级为（　　）级

我的收获：

表 3-47　成果展示 5——偶戏《新三只小猪》台词配音评价量规

评价指标	评价等级			评价结果		
	优秀（9~10）	良好（5~8）	待提高（1~4）	自我评价	同学互评	教师评价
纸偶制作	制作精细，配色和谐，并能表现人物特点	制作完整，配色和谐	基本制作出纸偶			
剧本创作	完整且丰富的故事情节，有冲突，富有创意	剧本完整，故事情节丰富	剧本比较完整，有故事情节			
配音	语言清晰流畅，语速适当，符合人物性格，有感染力	语言清晰流畅，语速适当，基本表现人物特点	基本完成人物配音，语速适当			
配乐	选择合适并且能表现情节的轻音乐	能选择合适的音乐配乐	没有为偶戏选择音乐			
团队合作	分工明确，相互协作，很好地沟通交流，能提供创新的想法	有基本的分工，有沟通交流	分工不够明确，沟通少			

表3-47(续)

评价指标	评价等级			评价结果		
	优秀（9~10）	良好（5~8）	待提高（1~4）	自我评价	同学互评	教师评价
方案效果	每个人都有很强的感染力，观众反响非常好，认可了表演，起到了宣传合理使用手机的作用	每个人都完整地完成表演，观众认可，有一定宣传作用	表演效果一般，观众反响平平，没有起到宣传作用			
这次项目作业，通过自我评价我得到（ ）分，同学互评我得到（ ）分，老师评价我得到（ ）分，共计（ ）分。评价等级为（ ）级						
我的收获：						

表3-48 成果展示6——手机"养机场"评价量规

评价指标	评价等级			评价结果		
	优秀（9~10）	良好（5~8）	待提高（1~4）	自我评价	同学互评	教师评价
产品方案	改进方案合理，实现目标	改进方案合理，基本实现目标	改进方案不合理，不能实现目标			
学科基础知识和能力	1. 到不同的场所进行角色体验，在手机"养机场"设计中深入调查，充分考虑到用户需求 2. 在制作产品过程中，能正确使用三门以上学科知识解决问题 3. 汇报交流中综合了事实、经验与研究支持自己的设计，并展示了对手机"养机场"的深度理解	1. 在手机"养机场"设计中深入调查，发现用户的需求 2. 在制作产品中，能正确使用两门以上学科知识解决实际问题 3. 汇报交流中综合了事实、经验支持自己的设计，并展示了对手机"养机场"的一般理解	1. 在手机"养机场"设计中没有深入调查，或考虑到用户需求 2. 在制作产品中，只运用了一门学科知识解决实际问题 3. 汇报交流中没有综合事实、经验支持自己的设计，没有展示对手机"养机场"的理解			

表3-48（续）

评价指标	评价等级			评价结果		
	优秀（9~10）	良好（5~8）	待提高（1~4）	自我评价	同学互评	教师评价
产品效果	1. 产品针对用户，实用性强 2. 产品造型美观，色彩和谐 3. 产品创新性强	1. 产品针对用户，实用性一般 2. 产品造型合理，色彩平衡 3. 产品创新性一般	1. 产品对用户无实用性 2. 产品造型普通，色彩杂乱 3. 产品无创新性			
这次项目作业，通过自我评价我得到（　　）分，同学互评我得到（　　）分，老师评价我得到（　　）分，共计（　　）分。评价等级为（　　）级						
我的收获：						

四、研究内容和方法

（一）研究内容

（1）搜集到有关手机利与弊的资料。

（2）对人们使用手机存在的问题的探究。

（3）对如何合理使用手机的路径的探寻。

（4）对"我的手机我做主"这一基于真实情境的项目学习作业评价体系的探究。

（二）研究方法

与本基于真实情境的项目学习作业的研究目标、研究内容、研究过程相适应，总体上以行动研究法为主，辅以文献研究法、调查研究法、经验总结法。

（1）文献研究法。围绕本主题的研究内容，通过查阅书籍、网络等资源，获取大量有关手机方面的知识，对文献资料进行鉴别、分析与整理，在此基础上筛选与本次作业联系紧密且可靠的资料，厘清研究思路，为进一步学习奠定坚实的理论基础。

（2）调查研究法。①通过家长调查问卷及学生调查问卷对在校学生和家长的手机使用情况进行分析。②通过小记者采访手机店店主、路人、医务人员、大学教师，对其他人群使用手机的情况进行分析。基于数据，发现手机给社会带来的影响。

（3）行动研究法。行动研究法贯穿整个研究过程，根据研究目标进行实践，边实践、边探索、边完善、边总结。

（4）经验总结法。根据实践所提供的过程性经验材料，结合理论基础，认真总结，归纳出合理使用手机的策略，为进一步研究和经验推广打好基础。

五、课时计划和分工（见表3-49）

（一）课时计划

知识范畴：A（语言），B（数学、科学、技术、工程和信息），C（历史与社会科学），D（视觉艺术类），E（表演艺术类），F（积极身体活动的健康生活方式）。

参与人员：a（个体），b（群体），c（其他关联人员）。

表3-49　课时计划

任务	相关参与人员	教学活动	课时分配	学科范畴
问题的提出	abc	班级问题分享	1	A F
现状调查	abc	调查分析、数据汇报	2	ABF
明辨	ab	辩论会	1	ACF
解决方案	abc	小组讨论，撰写报告	1	ABF
偶戏	abc	编写剧本	4	ACDEF
		制作纸偶		
		排练剧本		
		汇报演出		
儿童剧	abc	写一篇关于手机的作文	4	ACDEF
		改写剧本		
		排练		
		汇报		
手机征信手册	abc	产品设计	2	ABD
		手册制作		
设计 App	abc	社会调查	3	ABDF
		设计图纸		
		汇报		

表3-49(续)

任务	相关参与人员	教学活动	课时分配	学科范畴
"养机场"制作	abc	产品调查	4	ABDF
		产品设计		
		材料与预算		
		产品发布会		
项目汇报	abc	汇报	1	ABDEF

（二）团队分工

我们针对基于真实情境的项目学习作业目标及评价任务，进行了分组（见表3-50）。

表3-50　项目学习作业分工

组别	成员	任务
第一组	阴雨声、马浩毅、郑开心、冯诗涵	调查问卷
第二组	杨婷婷、刘佳雨、孙千惠、干玫涵、芦晴晴	数据整理
第二组	曹耕川、王佳悦、康远航、潘世卿	方案设计
第四组	张灿钰、王露颖	撰写研究报告

每个组内都有不同特长的学生，由学生自由选择任务，充分发挥自己的特长。

（三）实施流程（见图3-122）

图3-122　项目学习作业实施流程

六、实施过程

（一）现状调查

发现痛点问题后，学生们决定先去了解人们使用手机的现状。

1. 阅读文本，设计问卷（评价量规见表3-43）

没有调查就没有发言权，学生们静静地在教室阅读大量的有关调查问卷的资料。在这个过程中，教师只是给予学生大量的文本资料，但是真正与文本交流的是学生们，学生们在阅读中，习得设计调查问卷的方法，紧接着自己设计本次学习的调查问卷。最后，学生们填写调查问卷（见图3-123）。

图 3-123　学生们正在填写调查问卷

2. 走出校园，进行社会调查（见图 3-124、图 3-125）

图 3-124　学生们进行校外问卷调查

图 3-125　学生采访郑州市人民医院医生

3. 资料整合，分析数据

调查小组的同学将调查数据进行汇总，分别利用手绘图与问卷星效果图展示数据调查成果（见图 3-126 至图 3-128）。

图 3-126　学生手绘数据图　　　　图 3-127　潘世卿在全班汇报数据

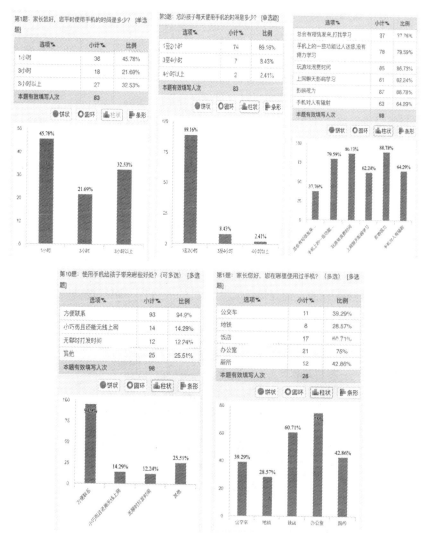

图 3-128　项目学习作业调查问卷成果

根据数据及调查资料汇总，学生们总结使用手机的利与弊：

（1）使用手机的有利方面：①与以前同学多交流，可以保持原有的友谊；与现在同学多交流，可以增进友谊；遇到疑难问题时，可以用手机进行讨论。②利用手机的拍摄功能，可以随时拍下一些有意义、有价值的东西。③手机里面的闹钟装置，可以随时使用。④手机有通话记录功能，方便查阅。

（2）使用手机的弊端：①玩手机游戏，影响休息，贻误学业。②影响身体健康，导致视力下降。③影响家庭关系，父母因玩手机，减少了陪伴孩子的时间。④影响校园治安。

（二）提出问题

孩子们通过调查采访，了解了人们使用手机的现状，总结了手机的利和弊。于是，他们想展开一场辩论会。

1. 与老师一起设计辩论会量规（见表3-42）。

开展辩论会前，学生们想了解如何才能很好地参与到辩论会中，他们邀请老师加入一起设计量规，最后分别确定从审题、论证、辩驳、配合、辩风五个方面来评价整个辩论过程。在辩论赛这个表现任务的驱动下，学生们激情饱满，积极准备辩论会（见图3-129）。

2. 开展辩论赛

学生们在评价量规的推动下，以"手机的利大还是弊大"为主题，积极完成表现性任务。辩论会赛场上，两方学生经过唇枪舌剑，不分胜负。在争论中同学们发现，手机弊大于利，但是我们要用辩证的眼光来看问题，手机的弊端并不是它本身就有的，而是因为使用手机的人存在一定问题。

图3-129 辩论会动员中

3. 驱动问题的产生

学生们以小组为单位梳理人们在使用手机时存在的问题：①使用手机的时间过长。②使用手机的场合不恰当。那么如何帮助这些人合理使用手机呢？这是学生们要研究的内容。

（三）设计路径

学生们经过探讨，决定从两个方面去设计路径（见图3-130）。一方面是通过行动呼吁大家合理使用手机，他们在此方案中，设计了儿童剧和偶戏两个剧种的展演，分别从家庭中的亲子关系与沉迷于游戏的青少年两个角度，呼吁人们合理使用手机。另一方面通过制作工具，帮助身边的人们控制使用手机的时间，使其不在不恰当的场合使用手机。他们分别针对在校学生设计了雅慧手册，针对不同人群设计了手机"养机场"。

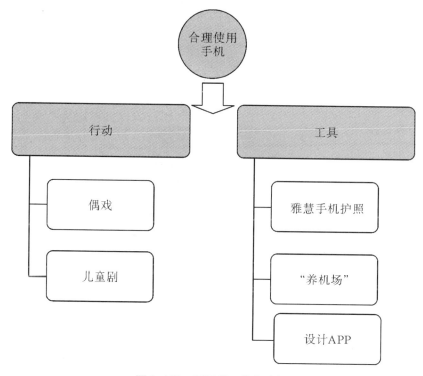

图 3-130 项目学习作业路径

【设计路径一：用行动呼吁】

【方案一 编写偶戏】（量规见表 3-47）

1. 目的

科学使用 App，让手机服务于我们的生活，让我们的生活更高效，方便快捷，发挥手机的优势。

2. 实施过程

（1）小组讨论想法，改编童话故事。

（2）阅读童话故事和改编范例。

（3）编剧：阅读编写剧本的有关知识。

（4）道具制作：小组合作制作纸偶和背景（见图 3-131）。

（5）排演：小组合作，在班级、年级中演出（见图 3-132）。

图 3-131　制作纸偶!

图 3-132　排练展演

3. 收获和感受：

（1）学生们了解了偶戏以及偶戏的制作；阅读了很多童话改编的范例，体会到背景音乐的重要性。

（2）学生们学会了小组合作的重要性，明白要在合作中进步。

（3）学生们对手机 App 有了进一步的认识，可以向更多的人宣传合理使用手机。

【方案二：儿童剧编排】（量规见表 3-44）

儿童剧《请放下手机陪陪我》，呼吁爸爸妈妈工作之余放下手机，和孩子共度亲子时光，好好陪伴孩子。

1. 目标

呼吁父母放下手机多陪伴孩子，让家庭更和谐，给孩子做榜样。

2. 实施过程

（1）用作文的形式提供创意。

（2）根据作文小组讨论编写创意桥段。

（3）编写剧本：阅读编写剧本的有关知识。

（4）选演员并进行台词排练（见图 3-133）。

（5）展演：在班级、学校、家长会、社区演出（见图 3-134）。

3. 收获和感受

（1）学生们阅读了很多剧本的范例，学会了编剧和写规范的剧本。

（2）学生们了解了从编剧到舞台表演的过程，在戏剧训练的过程中掌握了一些舞台语言艺术的方法，感受到了音乐在其中的作用。

（3）孩子们在团队的合作中取得进步。

（4）父母们意识到放下手机，要更好地陪伴孩子们。

图 3-133　正在编排儿童剧　　　图 3-134　《放下手机，陪陪我》展演

【设计路径二：制作工具】

【方案一：雅慧手机护照的制作】（评价量规见表 3-45）

1. 目的

如何帮助人们合理使用手机呢？学生们想到了学校的雅慧护照，每个同学每天只要有做得好的闪光点，就能得到一枚奖章，雅慧护照就是规范同学们行为的宝典。学生们想到也可以做一个关于规范大家使用手机的护照，作为同学们使用手机的好伴侣，《雅慧手机护照》便产生了。

2. 实施过程

（1）设计《雅慧手机护照》草图（见图 3-135）。

（2）搜集数据，制作手绘数据图，警示同学们保护视力。

（3）写倡议书，编入《雅慧手机护照》中。

（4）装饰《雅慧手机护照》。

（5）出版发行。

3. 收获

作业小组成员能够在此次活动中解决如何帮助身边的同学控制自己使用手机的时间的问题，让同学们都能从自己做起，规范自己的行为，在使用手机的时候有时间观念。

在此过程中，学生通过阅读大量倡议书，学习写倡议书的方法，在读与写方面得到了提升；通过做数据图、分析数据来警示使用手册的同学们，要控制使用手机的时间。这提升了作业小组成员搜集资料的能力与分析问题的能力。

在设计草图与装饰《雅慧手机护照》的过程中，学生学会了运用所学的美术知识创作自己的作品，用对比与和谐、对称与均衡、节奏与韵律等形式原理以及各种材料、制作方法设计和装饰各种图形与物品，改善环境与生活，并与他人交流设计意图，美术能力与口语交际能力都有了提升。

图 3-135　作业小组成员设计的封面

【方案二：App "时间管家" 方案】（评价量规见表 3-46）

1. 目标

为了解决人们在生活中无法合理使用手机，尤其是对手机使用时间的控制力比较差的问题，作业小组开展了 App 智能监控的方案。这款 "时间管家" 能监控手机各种软件的使用时间以及记录手机每日使用时间长度，也可以通过预留手机号，在超出时间后向父母发出报警短信的功能来督促孩子更合理地使用手机。当然孩子也可以和父母约定一起设定时间，互相监督，形成更公平和谐地使用手机的环境。

2. 过程

（1）市场调查——现有的 App 功能。

（2）用户群定位：父母和孩子。

（3）进行第一次的草稿设计。

（4）初稿交流，小组补充建议（见图 3-136）。

（5）基本功能确定（常用软件监控，用时监控，超时短信提醒，超时个性屏保）。

（6）App 界面方案设计。

（7）通过国家 863 软件园求助工程师。

（8）再次确定 App "时间管家" 界面方案。

（9）制定产品代码外包预算。

（10）产品成型。

图 3-136　同学们在小组中讨论

3. 收获

作业小组成员为解决合理使用手机的问题，利用网络、手机的 App 商店以及各种信息渠道获取资料，尝试写出用简单的 App 控制手机相应功能方面的研究报告。学生学习策划采访活动，对所策划的采访活动内容以及提问内容进行讨论和分析，能独立写出活动计划和活动总结。对自己身边的、大家共同关注的问题组织讨论，研究方案，在完成基于真实情境的项目学习作业中学习辨别是非、善恶、美丑。

在此过程中学生们乐于参与讨论，敢于发表自己的意见，锻炼了表达能力，在语言表达方面能做到有条理。学生们在采访的过程中也能根据对象和场合，稍做准备，做简单的发言。

在美术方面，学生们从形态与功能的关系，运用对比与和谐、对称与均衡、节奏与韵律等形式原理设计 App 的图标和界面装饰（见图 3-137）。作品和交流场景等见图 3-138 至图 3-140。

图 3-137　设计界面

图 3-138　我们的作品

图 3-139　和软件设计师交流 App 设计

图 3-140　在软件园标志处合影

【方案三：设计"养机场"】（评价量规见表 3-48）

1. 目的

为人们设计不同场合的手机收纳装置，让人们能更加人性化地管理手机的使用。

2. 方案实施过程

（1）"养机场"的认识及市场调查。

（2）产品设计流程方案制定。

（3）产品设计图。

（4）材料与预算。

（5）"养机场"产品制作。

（6）产品改进与发布会。

3. 收获和感受

通过搜集资料、实地调研、设计模型，制作"养机场"。

通过设计制作的过程感受多学科与日常生活的紧密联系，体会学科特点。

利用文字、绘图、模型、实物等表达自己的创意与构想。

在小组合作中拥有了合作意识、锻炼了表达能力，培养了自己多学科的核心素养。展示与讨论、汇报等如图 3-141 至图 3-146 所示。

图 3-141　学生展示自己的设计　　图 3-142　用乐高展示创意

图 3-143　正在研讨改进措施

图 3-144　具有清洁与充电功能的"养机场"　图 3-145　学生设计的会议室"养机场"

图 3-146　交流汇报

七、研究结论

学生通过对资料的整合，通过小组合作探究，整理过程性资料，归纳自己通过实践取得的成果，形成了研究报告《例谈合理使用手机的策略》。

例谈合理使用手机的策略

开学以来我们班面临着手机带来的一些困扰，有一位同学因为熬夜玩手机，第二天早上精神恍惚，不能专心听讲；还有几个同学因玩手机不写作业；除此之外，班里有同学私自建立微信群和QQ群，谈论不利于学习的话题。如何合理使用手机，让手机成为我们真正的帮手，是急需解决的问题，围绕这个问题，通过一系列的实验与研究，我们总结了一些如何合理使用手机的策略。

策略一：征信手册的制作

这是对个人使用手机行为的约束。学校给每个孩子发雅慧护照，上面记录孩子的行为表现，雅慧教育落实得不错。现在孩子们想到了给每个手机配上护照，约束自己使用手机，再和学校的雅慧教育结合。这样一来，评价不再是评价，而是目标。

通过这个实践活动，大家了解到长时间使用手机的危害，明白了只有大家从小事做起、从自己做起才能合理地使用手机，做一个好家长、好学生、好员工。

策略二：儿童剧演出

儿童剧主要讲了爸爸妈妈因为玩手机没有时间陪伴我们，我们利用纸、笔写一封关于呼唤爸爸妈妈回到身边的"寻人启事"：

亲爱的爸爸妈妈：你们在哪里，宇宙之大，难道你们去了手机星球吗？那里是不是只有手机？请带着你们的时间快回来吧，我们在家等着你们回来，等着你们一起做饭、打球、看书、旅行，我相信这些都比手机更有意义！让爸爸妈妈经过时，能够看到寻人启事，放下手机陪陪我们。

通过这个实践活动，爸爸妈妈意识到自己的错误，知道自己在玩手机的时候，孩子心里的感受；知道了没有爸爸妈妈，我们心里是多么孤独。最后我们给爸爸妈妈讲了手机对身体的危害。之后，爸爸、妈妈开始陪伴我们了，而且和我们一起用手机学习、看书。

策略三：偶戏《三只小猪》展演

学生编排偶戏《三只小猪》，目的是告诉大家，我们要用手机做有意义的事情，不要沉迷于玩手机游戏。偶戏排好后还要在本校及邻近学校进行展演。

策略四：设计创新型 App 方案

首先大家查阅资料，研究 App 图标设计要点；然后大家一起讨论自己想要的 App，并进行汇报交流；最后用绘图的方式，将设计的新型 App 画出来，并在旁边写上功能。

我们在设计的过程中，了解到手机有好多用途，并利用其设计了新的 App，例如：康怡茹设计的"时间小助手"是一个合理安排时间的 App，它会在特定时间，自动提醒你不再玩手机；还有同学设计了"地铁管家"，能够在家就知道地铁上的人数和达到时间。总之，它不仅是用来玩游戏的工具，还可以干很多事情。接下来我们将要走进软件公司和叔叔阿姨深入交流，希望他们能设计一款我们喜欢的手机 App。

策略五："养机场"的制作

在调查中我们发现手机无处不在，为了减少大家使用手机的时间，我们根据用户需要，设计了在家庭、学校、办公楼、会议室等地放置手机并能够帮助用户管理手机的工具——"养机场"。

通过近一个月的实践，我们了解到手机对于生活有利有弊，我们要远离它给生活带来的弊端，充分利用手机做有意义的事情。在这个过程中我们学习到了许多知识，提高了各方面的能力。例如在走出校门采访的过程中，我们学会了与人交流；在整理数据的过程中，我们又学会了利用数学的知识解决问题、处理信息；在撰写解决方案的时候，我们齐心协力，碰撞思维，还用上了科学课学习的撰写实验报告的方法，发现各学科的知识真是触类旁通呀！基于真实情境的项目学习作业，是快乐的作业，快乐的学习！

八、作业成果展示（见图 3-147 至图 3-150）

图 3-147　项目学习作业成果 1

图 3-148　项目学习作业成果 2

图 3-149　项目学习作业成果 3

图 3-150　项目学习作业成果 4

九、项目反思

这是一次基于真实情境的项目学习作业，也是一次真正的学习。学生们从生活中发现学习的真实性，老师从教学中发现教学真实的重要性，这才是真正的教学相长，反思、总结可以为今后的学习进行积累。

我们的收获：

（1）从生活中选取主题，让学生从生活中发现问题，并发现问题解决的急迫性。这样的问题提高了学生学习的积极性和兴趣，这个时候老师的指导非常重要。这确切地说是老师和学生共同确定主题。

（2）前期的调查采访、数据分析、图表制作紧扣主题，即人们对手机的使用到底有怎样的数据呈现。这个过程开始是单一方向的，但随着调查分析的深入，老师必须给予学生全方位的调查角度，这样更容易发现问题。在这个过程中，学生的口语交际能力提高了，并能够运用数学的统计知识处理信息。

（3）针对数据呈现的现状，学生们提出问题，并针对这些问题撰写成文字进行汇报。在这个过程中孩子们能够根据资料有条理、有根据地反思，最后进行全班汇报，学生们的语言表达能力和写作能力都得到提升。

（4）在解决问题的过程中，每个小组通过讨论，从数据显示出的问题中选取一个角度进行探究，并撰写方案，学生们的创新思维能力就是在这个过程中得到提升的。到底手机该如何科学合理地使用，解决问题的路径可以是多向的，这就和开始的多个调查角度联系起来了。最后学生撰写解决方案，并付诸实践，短短时间每个小组都得到了研究的结论。孩子们用自己的方式，例如儿童剧、偶戏把方案的内容展示出来，他们的表达理解能力以及社会实践能力都得到相应的提升。

（5）在总结汇报的过程中，学生通过小组合作探究，整理过程性资料，归纳自己通过实践取得的成果，并以论文汇报的形式在班级上呈现。本次研究论文，由学生自己执笔，教师做相应指导，归纳前期的研究成果。学生在这个过程中养成了自我反思的习惯，并能够与同伴团结协作，与他人分享快乐。

反思不足：

回首整个学习过程，有待于提高的地方有以下两方面：①收集数据的方向可以选取更多的角度。②解决方案还要在下一阶段更深入地实施。

展望与思考：

让每个人合理使用手机，不是短短二十天就能实现的，也许需要我们在整个人生中去实践它。例如我们设计的新型 App，是否能在不久的将来，由我们班的设计者来开发？让手机成为人类的朋友，我的手机我做主，将是陪伴一生的"基于真实情境的项目学习作业"。

第八节　我爱我家

【作者信息】 孟晓莉 巨小孩 王文娟①
【适用年级】 三至六年级

一、作业设计意图

中华民族的传统家庭美德铭记在中国人的心中，是支撑中华民族生生不息、薪火相传的重要精神力量。无论时代如何变化，社会如何发展，对一个社会来说，家庭的生活依托、社会功能、文明作用都是不可替代的。家庭和睦则社会安定，家庭幸福则社会祥和，家庭文明则社会文明。

2016 年 12 月 12 日，第一届全国文明家庭表彰大会在北京举行。大会上，习近平总书记指出："中华民族历来重视家庭。""要努力使千千万万个家庭成为国家发展、民族进步、社会和谐的重要基点，成为人们梦想启航的地方。要动员社会各界广泛参与家庭文明建设，推动形成爱国爱家、相亲相爱、向上向善、共建共享的社会主义家庭文明新风尚。"

打破学科间的边界，聚焦发展昆丽河小学师生"五大品质——雅气质、宽胸怀、勤阅读、善思考、乐生活"，创造性地再造"基于真实情境的我爱我家项目学习作业"。从这样的作业设计出发，多维度发展学生学科素养以及人文素养，培养"学识渊博、品行雅正"的昆丽河人。基于以上所述，我们决定改变以往的教学方式，以一种学生较为熟悉的生活场景为切入点，让学生亲力亲为，从自己的角度去探索、发现，进而感知家背后所蕴含的丰富学科知识，增强家庭责任感。在整个完成作业任务的过程中渗透家国情怀。

二、课标要求和评价目标

（一）课程标准
1. 语文学科
对周围事物有好奇心，热心参加校园、社区活动。能就感兴趣的内容提出

---

① 孟晓莉为郑州市郑东新区昆丽河小学校长，巨小孩为郑州市郑东新区昆丽河小学副校长，王文娟为郑州市郑东新区昆丽河小学教师。

问题，结合课内外阅读共同讨论。具备良好的语言表达能力，能用口头或图文等方式表达自己的见闻。

2. 数学学科

能够理解身边有关数字的信息，会用数（合适的量纲）描述现实生活中的简单现象。发展数感。在教师的指导下，能对简单的调查数据归类。能进行数学计算。会思考问题，能表达自己的想法；在讨论问题过程中，能够初步辨别结论的共同点和不同点。

在他人帮助下，体验克服数学活动中的困难的过程。了解数学可以描述生活中的一些现象，感受数学与生活的密切联系。

3. 美术学科

了解设计与工艺的知识、意义与价值，知道设计与工艺的基本程序，学会设计创意与工艺制作的基本方法，逐步形成关注身边事物、善于发现问题和解决问题的智慧。

感受各种材料的特性，根据意图选择物品，合理使用工具和方法，进行初步的设计和制作活动，体验设计、制作的过程，发展创新意识和创造能力。

4. 科学学科

获得分析问题和解决问题的一些基本方法，知道同一问题可以有不同的解决方法。体验与他人合作交流、解决问题的过程。

培养学生的创新意识，激发学生的学习兴趣，培养学生独立思考的习惯，鼓励学生大胆质疑并提出自己的观点、看法，为学生自主学习营造宽松的学习环境。增强学生的动手能力。

（二）研究目标

（1）通过对家、小区、家乡等的探索调查，学生体会自己所生活的地区背后所蕴含的各种知识，关心自己生活的环境，做自己生活的小主人。体会知识在生活中的实际用途，并能用较为准确的语言表达出自己对家的新认识。

（2）通过网络、实地调研、查看并搜集有关家、社区、家乡的资料，且能将调研来的资料用较为流畅的语言表达和梳理出来，以此来提高学生的搜集整理、提取有效信息、语言表达等的综合能力。

（3）在整个学习过程中，力求让每位学生都能在动手中体会到乐趣。如：为家人制作一份特殊的礼物——润唇膏等，激趣的同时，锻炼其动手能力。

（4）学生能够运用所学的知识，采用不同的方式来表达和呈现心目中的想法，如：制作未来的家的模型、最美全家福等。

三、评价任务及评价量表

（一）评价任务

（1）事先分好小组，每个小组领取不同的任务，完成对家的了解程度的调查。

（2）学生分组进行调研，搜集并筛选资料，递交个人调查记录单和小组调查报告；能用准确、有条理的语言表述信息，以此来检测目标（2）的达成。

（3）学生能积极参与制作过程，并能制作出较为理想的成品，检测目标（3）的达成。

（4）学生能够采用丰富多样的方式来呈现最终学习成果，如板报、绘画、动手制作的模型等，检测目标（4）的达成。

（二）评价量表

鉴于我校开展的基于真实情境的项目学习作业是由一个大项目统领的四个子项目，接下来，我们以"我的家"这一子项目展开介绍它的评价量规（见表3-51至表3-54）。

表3-51　第一阶段分组搜集资料阶段

评价指标	评价等级			评价结果			
	优秀（9~10）	良好（5~8）	待提高（1~4）	自我评价	同学评价	家长评价	老师评价
雅言雅行	1. 语言规范，表达流畅清晰 2. 主动举手发言，很好地与同伴分享自己的见解 3. 善于倾听，乐于思考	1. 语言较规范，表达较清晰 2. 发言举手、与同伴分享自己的见解较主动 3. 能够做到倾听其他同学发言	1. 语言不规范，表达不清晰 2 不举手就发言，不愿意与同伴分享自己的成果 3. 不能很好地倾听其他同学的发言				
调查记录单	1. 内容丰富，书写清晰 2. 能较好地出示调查到的家庭精彩故事	1. 内容丰富，排版一般 2. 能够出示调查到的家庭精彩故事	1. 内容单一 2. 未进行调查或调查的故事不符合要求				

表3-51（续）

评价指标	评价等级			评价结果			
	优秀（9~10）	良好（5~8）	待提高（1~4）	自我评价	同学评价	家长评价	老师评价
获取信息的能力	能够通过多种途径获取有关家的字理、家风家训故事、诗歌、名言等信息	只能通过网络和本小组成员的经验获取有关家的字理、家风家训故事、诗歌、名言等信息	没有搜集到较为有效的信息（如：跟主题不相关的资料等）				
这次项目作业，通过自我评价我得到（　　　）分，同学评价我得到（　　　）分，家长评价我得到（　　　）分，老师评价我得到（　　　）分，共计（　　　）分。评价等级为（　　　）级							
我的收获和反思：							

表 3-52　第二阶段资料反馈阶段

评价指标	评价等级			评价结果			
	优秀（9~10）	良好（5~8）	待提高（1~4）	自我评价	同学评价	家长评价	老师评价
雅言雅行	1. 语言规范，表达流畅清晰、准确、有条理 2. 主动举手发言，很好地与同伴分享自己的见解 3. 善于倾听，乐于思考	1. 语言较规范，表达较清晰 2. 发言举手，与同伴分享自己的见解较主动 3. 能够做到倾听其他同学发言	1. 语言不规范，表达不清晰 2 不举手就发言，不愿意与同伴分享自己的成果 3. 不能很好地倾听其他同学的发言				
调查记录单	1. 调查的内容丰富、详尽 2. 能够较好地出示调查到的有关家的信息	1. 调查内容丰富 2. 能够出示调查到的社区信息	1. 调查内容单一 2. 未进行调查或调查的信息有误				

表3-52(续)

评价指标	评价等级			评价结果			
	优秀（9~10）	良好（5~8）	待提高（1~4）	自我评价	同学评价	家长评价	老师评价
筛选信息的能力	筛选出的信息较为翔实、准确，能够很好地体现出家的背后所包含的丰富的知识和内容	筛选出的信息准确，没有错误，能够体现出家的背后所包含的部分知识	筛选出的信息不够准确，内容不够翔实，不能很好地体现出家的背后所包含的知识				

这次项目作业，通过自我评价我得到（　　　）分，同学评价我得到（　　　）分，家长评价我得到（　　　）分，老师评价我得到（　　　）分，共计（　　　）分。评价等级为（　　　）级

我的收获和反思：

表 3-53　第三阶段动手制作阶段

评价指标	评价等级			评价结果			
	优秀（9~10）	良好（5~8）	待提高（1~4）	自我评价	同学评价	家长评价	老师评价
动手能力	能够较好地完成模型的制作，既美观又坚固实验操作准确无误，能够对实验现象进行解释	能够完成模型的制作实验操作在教师的带领下可以完成。对实验现象不能很好地解释	不能够完成模型的制作实验操作不能很好地进行，不理解实验的原理				

表3-53(续)

评价指标	评价等级			评价结果			
	优秀（9~10）	良好（5~8）	待提高（1~4）	自我评价	同学评价	家长评价	老师评价
团队合作能力	能够在团队中协商，确认任务和目标，进行合理的分工与合作，创造性地完成任务；积极主动地帮助团队解决问题，鼓励团队成员一起创造思考，分享观点	能够在团队中进行有效沟通，进行分工与合作，按时完成任务；愿意帮助团队解决问题，愿意积极分享自己的想法	团队中没有进行分工，任务无法按时完成。在团队讨论中，不积极分享自己的想法				
家的模型建构	"未来的家"模型的布局合理，有自己的想法和创新。能够对其设计进行完整的解说	"未来的家"布局比较合理，创新度不够，仅仅是对原有的家的模式的模仿	对整体布局没有自己的构想				
这次项目作业，通过自我评价我得到（　　）分，同学评价我得到（　　）分，家长评价我得到（　　）分，老师评价我得到（　　）分，共计（　　）分。评价等级为（　　）级							
我的收获和反思：							

表 3-54　第四阶段成果展示阶段

评价指标	评价等级			评价结果			
	优秀（9~10）	良好（5~8）	待提高（1~4）	自我评价	同学评价	家长评价	老师评价
成果展示	1. 能够用优美、多样的方式来展示自己所生活的家 2. 撰写的调查报告内容详尽、清晰 3. 能创造性地采用不同的方式来展示成果	1. 能够展示自己所生活的家 2. 撰写的调查报告合格 3. 展示方式单一，有一定创新性	1. 未能展示自己生活的家 2. 未撰写调查报告或调查报告书写不合格 3. 展示方式缺乏创新性				
这次项目作业，通过自我评价我得到（　　）分，同学评价我得到（　　）分，家长评价我得到（　　）分，老师评价我得到（　　）分，共计（　　）分。评价等级为（　　）级							
我的收获和反思：							

四、实施方案

（一）研究内容和方法

（1）问卷调查，并对调查结果进行针对性分析。（采用调查研究法）

（2）学生根据自己的方案采用各种不同的方法进行专题研究性学习，同时对自己的行动进行多方面的评价。（采用行动研究法）

（3）利用身边的物品进行手工制作，了解此次手工制作的材料、设计理念、功用，重点撰写设计方案和说明书，同时对自己的行动进行多方面评价，促进长久性学习。（采用资料查找法、观察研究法、个案研究法）

（4）展示作品和作品制作过程的过程性照片。

（5）交流和反思调查和制作方法，同时拍成视频。

课时安排及分工见表 3-55。

表 3-55　课时安排及分工

时间和课时	研究的主题	具体的任务或分工	负责人
2017 年 9 月 12 日— 9 月 29 日 （10 课时）	我的家	年级各中队分小组制定项目学习作业计划	王洁
		活动实施，各小组根据项目学习作业方案分阶段在老师的指导下开展活动	宋超
		年级项目学习作业展示阶段	吴翔
		年级项目学习作业评价总结阶段	王洁、宋超、吴翔
2017 年 10 月 9 日— 10 月 13 日 （6 课时）	我的社区	以小组为单位对社区进行调查，收集必需的信息	陈梅
		筛选和整理资料，小组内交流信息，资源共享，查漏补缺	朱瑞杰、田凤琳
		各小组整理活动成果	陈嫒、易明月
		活动成果展示、汇报	王秀梅、陈梅
2017 年 10 月 15 日— 10 月 27 日 （6 课时）	我的家乡	以小组为单位查找有关家乡的各项资料，收集有关家乡的信息	桂林
		筛选和整理资料，小组内交流信息，资源共享，查漏补缺	高佳佳
		各小组整理活动成果	李贵娟、吴桂玲
		活动成果展示、汇报	慎向玉、江河

（二）实施流程图（见图 3-151）

由于我校进行的是三个平行项目，接下来我们以其中之一的三年级“我的家”为例来展开具体说明。

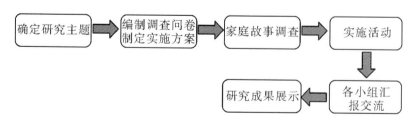

图 3-151　项目作业实施流程

五、实施过程

（一）实施第一阶段是"确定研究的主题"

实施时间：2017 年 9 月 12 日—2017 年 9 月 29 日。

实施内容：年级各中队分小组制定项目学习作业计划。

通过基于学生兴趣的调查问卷，本年级根据学校"我爱我家"项目学习作业总方案确定以下研究子项目："家的字理""我家的精彩故事""我家的变化""我是家庭小主人""最美全家福""未来的家"等。由学生根据自己确定的专题，自主设计项目作业活动方案，并在小组、班级或年级相互交流，教师做适当的指导。要求设计的作业方案需要包括具体内容、涉及的相关活动、开展形式、安排实施进程，作业最终呈现形式等。

（二）实施第二阶段是"实施活动"

实施时间：2017 年 10 月 9 日—2017 年 10 月 13 日。

实施内容：各小组根据项目学习作业方案分阶段开展活动。

研究项目确定后，学生根据自己的兴趣、爱好以及自己最想探究的问题自行寻找合作伙伴，组成研究小组。小组内民主选举出信任的领导组长，给小组冠名，设定小组口号，进行团结合作精神的培养。

学生根据自己的方案采用各种不同的方法进行专题研究性学习。对确定的具体内容、设计活动、开展形式、安排实施进程逐步展开，如在家扮演一次父母的角色，当一次家，为父母做一件事，撰写家庭精彩故事，撰写家务劳动的体会等。

年级组经过研讨，拟将各班活动分四组进行，分别是：

一组：采访组。

通过问卷、采访形式调查了解自己的家庭成员之间的辈分关系，学习制作简单的家谱树。

二组：调查组。

通过调查家庭精彩故事，体会父母对自己的关爱，知道父母的辛劳以及为子女付出的爱，收集家长们的意见。

三组：行动组。

通过帮父母做一些力所能及的家务事，和爸爸妈妈交换角色，当一天家庭小主人，来表达对父母的爱，并写一写自己的感受，完成手抄报。

四组：资料组。

搜集有关家的字理、家风家训故事、诗歌、名言等，并以画图、送小贺卡等形式回报父母的爱。

（三）实施第三阶段是"作业成果展示"

实施时间：2017 年 10 月 16 日—2017 年 10 月 20 日。

实施内容：年级项目学习作业成果展示。

年级作业成果展示由小组组长带领，各组完成评议表，以及手抄报的编排、相片的冲洗、展板的制作。

年级最终展示以"最美全家福"和"未来的家"模型为主；同时会挑选较为精美的手抄报以串联的方式呈现，展区中采用家里的真实模型，分为几个不同的区域，如：家中的布局构造区、家中的成员故事区、家中的全家福区、家背后包含的科学知识调查区、未来的家模型展示区、我为家人制作的特殊礼物区等。分为不同的区域来进行学生作成果的展示，既能够呼应作业的主题，又能梳理和体现整个过程的实施。

（四）实施第四阶段是"作业评价总结"

实施时间：2017 年 10 月 23 日—2017 年 10 月 27 日。

实施内容：年级项目学习作业成果评价总结。

学习任务结束后，教师带领学生对整个过程中的亮点和不足进行总结、反思、深化延伸，逐步培养学生善于反思和总结的意识。

针对整个过程中的亮点对学生进行肯定，一定要具体到细节处，如：在表达自己家的家庭故事时，没有出现明显不符的描述。这样不仅可以培养学生严谨、认真的态度，还能够使学生体会到"马大哈"风格不可取。

针对过程中的不足，教师要在具体实施过程中，及时给予一定的反馈，及时纠偏。在活动结束后，教师要再次提醒和告知学生。这样，学生才能在以后的生活中，纠正自己的错误。

六、作业成果展示（见图 3-152 至图 3-156）

图 3-152　最美全家福

图 3-153　学生制作的未来的家模型 1

图 3-154　学生制作的未来的家模型 2

图 3-155　我来写一写我的爸爸、我的妈妈

图 3-156　瞧，我心目中未来的家

七、研究结论

（1）学生通过问卷、采访等形式调查了解了中国传统文化中，对不同的长辈及亲属应当如何称呼。

（2）学生通过制作家谱树，知道了如何制作家谱及家谱的含义。

（3）学生通过调查家庭精彩故事，体会到了父母对自己的关爱，知道了父母的辛劳以及为子女付出的爱，培养了感恩的态度。

（4）学生通过为父母做一些力所能及的家务事，和爸爸妈妈交换角色，当一天家庭小主人，来表达对父母的爱，并写下了自己的感受。

（5）学生通过搜集有关家的字理、家风家训故事、诗歌、名言等，并采用不同的形式，如画图、送小贺卡等回报父母的爱，增强了家庭责任感。

（6）学生通过数学上画统计图的方式，统计家中的不同年代的家用电器数量，知道了原来在爷爷奶奶那个年代，家用电器几乎没有。学生体会到今天的生活是多么的幸福，应当倍加珍惜。

（7）通过为爸爸妈妈做家务、制作小贺卡等活动，学生体会到，表达爱的方式可以有很多种。

（8）学生通过自由想象他心目中未来的家的样子，一方面锻炼了发散思维，另一方面培养了家庭责任感。

（9）通过本次活动，我们发现孩子的想象力真的很棒，在真正执行自己感兴趣的小任务时，能始终保持浓厚的兴趣，这完全契合了我们开展本活动的初衷。我们可以明显地看到，孩子的表达能力、动手能力及解决问题的能力都在逐渐提升。我想这是我们这个活动最大的收获。

八、研究反思

初探"基于真实情境的项目学习作业"，真是雾里看花，不知其所以然。因此，在开展活动前，老师们先集中研讨了项目学习的相关内涵，"项目学习"是一种学习者自主能动的学习方法。以合作的方式参与到提出问题、解决问题、收获学习成果的体验中，加深对所学知识的理解，同时扩散收集信息及应用的能力，提高交流协作、解决问题的能力。"项目学习"注重的是教学方式的改变和学习方式的改变。在学校的引领下，我们开展了一系列的活动，厘清了原本杂乱的思绪。在本次基于真实情境的项目学习作业的设计之旅中，我们对项目学习作业有了新的认识和思考，简单总结如下：

（一）真正实现小组合作、发展每个学生的个性

活动开始，我们首先设计了基于学生兴趣的调查问卷，收集整理学生最感兴趣的问题，设计任务。然后我们鼓励学生选择自己喜欢的合作伙伴组成合作小组，并让他们在小组内选择最想研究的任务。在小组成员分配工作时，让学生根据自己的特长选择自己在小组里承担的任务，给学生个性的发展创造了空间。这样做，使小组成员之间有了惺惺相惜的感觉，团队精神大大增强，为活动的有效进行打下了坚实的基础。

活动中，我们关注每个学生的表现，尽可能地给学生主动探究的机会，让他们按自己的意愿去调查，按自己的想法去多方面地搜集资料，引导他们在完

成分内工作的前提下也去帮助、协助别人开展调查研究，使学生在活动中不再是坐享其成，尽可能使每个学生都获得积极体验和丰富的经验。

（二）整合教材，关注联系

"整合"已经成为当前全面深化课程改革、落实立德树人、培育核心素养的重要途径。它既包括学科与学科之间的整合，也包括学科内的整合。"整合"的目的是实现教师教学方式、学生学习方式的根本性变革。关注学生终身发展的内在需要、着眼于学生个性的全面发展，是课程整合的根本价值追求。整合让课程更适应学生的发展，让教学更焕发老师的个性。本基于真实情境的项目学习作业，我们初步尝试了各学科之间的整合，在平时的各科教学中，根据教学内容适时渗透"我爱我家"的主题。在实践中，我们关注课堂与新材料的整合，根据教学内容联系生活实际，重新设计教学情境，大大提升了教学效率。

（三）学习变得"有意思"

活动开始初期，当我们把这些关于"家"的项目作业分给各小组完成时，孩子们很兴奋，家长和孩子都纷纷反映，这样的作业比平时的写练习题、背诵默写、写读书感悟等有意思多了。家长也很支持孩子们去完成这些项目作业，孩子们在完成作业的过程中体会到了一种成就感，这是我们之前的常规作业所不能企及的。拿破仑说过："好奇心是换取胜利的子弹。"有了好奇心，孩子们的兴趣更加浓厚，从而能坚持学习。这种形式的作业，在开阔学生视野的同时，创新了作业形式，学生由被动完成作业变为主动、有创新性地完成作业，这一转变，令我们欣喜。

（四）注重探究式学习方式，培养学生多种能力

在让学生进行实践活动的过程中，我们的出发点是让学生走进生活、切实地进行调查研究，强调搜集、整理资料的能力。孩子们在研究的过程中不断提出问题，通过自己的思考、求助、与别人讨论等方式解决问题，这样的探究对孩子的发展是十分有利的，这些实践活动确实让孩子们在实践能力上有所突破。他们不但能从书本上、网上找到一些资料，还学会了从别人那里获得一些有用的资料。我们欣喜地看到，孩子们正在他们自己的研究中变得善于思考。

我们对基于真实情境的项目学习作业的研究还处于摸索阶段，活动中还存在着内容不够全面、课程整合不够深入、各小组的配合欠缺指导等问题。在今后的工作中，我们将不断学习、不断尝试，让学生真正在真实的情境中通过形式多样的活动学会探究、合作、思考、创新，学会解决问题，在"项目"中享受学习。

九、评价反思

在整个完成作业的过程中，评价不是单个事件，而应当是贯穿于学习的整个过程中的，融入过程的、持续性评价可以使学生以多种方式展示他们学到的知识。教师在表现性评价中，旁听小组讨论、观察学生参与活动、提出各种问题，通过这些在学习过程中持续的过程性评价，来调整教学设计，及时给予每组学生反馈。

通过评价来促进学习真正的发生，接下来，我们一起来看看参与者对该学习活动的真实感受吧。

（一）家长评价

这种学习方式对孩子来说是前所未有的，他们可以真正地根据自己内心的想法去进行调查、研究、学习，孩子的兴趣很浓厚。孩子通过自主地探索朝夕相处的爸爸妈妈和温暖的家之后发现，原来，早已习以为常的家背后竟蕴含着如此多的知识。这个学习活动在增长孩子知识的同时，也增进了我们的亲子关系，真的很不错。

（二）指导教师评价

在完成该活动的过程中，教师应起到引导、辅助的作用；在学习结束后，应及时对学生的调查情况给予反馈，及时整理相关的资料及报告。在各小队报告汇报完毕后，老师及时进行指导，提高小组合作的效率。

在整个任务实施的过程中，仍存在一些问题，如：部分学生在小组中发言不积极，参与程度较低，还需教师的指导。如何更好地提高学生的参与率，这是值得后续思考的一个问题。

最后，我们希望在今后的活动中，各位老师能够更多地从学生的实际情况出发，做好指导工作，使所有学生在项目学习过程中都能有所收获。

基于真实情境的项目学习作业，是对传统填鸭式教学下机械练习的一种有力反击，是教育未来发展的一种必然趋势。

开展"基于真实情境的项目学习作业"活动，是一个从"0到1"的过程，"多一把衡量的尺子，就会多出一批好学生"。只要教师愿意按照更好的教育理念来全面、综合地评价学生，我们的教育就会更有生机，我们的学生就会发展得更好。

第九节　小楼梯　大行动

【作者信息】刘炜 陈瑞华 林丛①
【适用年级】三至六年级

一、作业设计意图

学校是人口密集的公共场所，是意外事故最容易发生的地方。特别是在教学楼的楼梯间更容易发生意外，进而发生踩踏事故，造成人员伤亡。为了保证全体师生的安全，确保师生上下楼梯能有秩序地进行，楼梯间安全问题应得到每个学校的大力关注。

我校2012年建校，目前有26个教学班，1 200多名在校生。随着学校的发展，学生数量越来越多。本学期初，三年级的同学在值周时发现以下三个问题：①学校楼梯较窄，在日常上下课人流高峰期，大家上下楼梯时非常容易发生推挤、碰撞。②部分学生的行为习惯较差，在楼梯间打闹造成拥堵。③学生数量较多，各个楼梯通道人流分配不均，个别楼梯所对应的班级过多，拥堵严重。针对以上楼梯间拥堵问题，三年级同学提出了"小楼梯 大行动"的研究主题。

二、课标要求和评价目标

（一）课标要求

1. 语文课程标准

具备良好的语言表达能力，能用口头表达或图文表达、写作等方式表达自己的见闻。能就感兴趣的内容提出问题，结合课内外阅读共同讨论。与人交流能尊重和理解对方。乐于参与讨论，敢于发表自己的意见。表达有条理，语气、语调适当。

能根据对象和场合，稍做准备，做简单的发言。

2. 音乐课程标准

保持对音乐的兴趣，培养艺术想象力和创造力。通过以音乐为主线的艺术

---

① 刘炜为郑州市郑东新区康宁小学校长，陈瑞华为郑州市郑东新区康宁小学副校长，林丛为郑州市郑东新区康宁小学教师。

实践，渗透和运用其他艺术表演形式和相关学科的知识，更好地理解音乐的意义及在人类艺术活动中的特殊表现形式和独特的价值。

3. 美术课程标准

根据不同媒材的特点，结合自己的创作意图，灵活运用所学的方法创作若干美术作品。从形态与功能的关系，认识设计和工艺所涉及的造型、色彩、媒材。运用对比与和谐、对称与均衡、节奏与韵律等形式原理以及各种材料、制作方法设计和装饰各种图形与物品，改善环境与生活，并与他人交流设计意图。

4. 品德与社会课程标准

养成文明礼貌、诚实守信、有爱宽容、热爱集体、团结合作、有责任心的品质；养成安全、健康、环保的良好生活和行为习惯；掌握收集、整理和运用信息的能力，能够选用恰当的工具和方法分析、说明问题。

5. 数学课程标准

通过观察、操作认识立体图形的特征，能结合实例测量并简单计算物体的周长、面积，能解决实际问题，初步建立空间观念。

6. 信息技术课程标准

能掌握多种获得信息的方法，能熟练操作计算机，能自主处理声音、动画、影像等多媒体信息。

（二）评价目标

（1）通过收集资料、实地考察、调查分析等活动，了解楼梯间拥堵的原因，培养学生获取信息、处理信息的能力及口语交际能力；

（2）通过发现楼梯间拥堵的问题，探寻解决楼梯间拥堵的方法，培养学生的创新思维能力、表达理解能力以及团队合作能力；

（3）通过亲身参与、积极体验、合作探究、创新分享，使学生的良好的思维品质、合作意识、应用意识、创新意识、实践精神和提出问题、解决问题的能力得到培养，从而得到的全面发展。

三、评价任务及评价量表

（一）评价任务

（1）学生设计调查问卷，实地考察，搜集资料，了解楼梯间拥堵的原因及现状，检测目标（1）的达成情况。

（2）学生分组进行研讨，提出问题，撰写方案，探寻问题解决的各种方法，检测目标（2）的达成情况。

（3）学生通过实践研究，交流展示，检测目标（3）的达成情况。

（二）评价量表

表现性评价是指对学生在实际完成某项任务或一系列任务时所表现出的在理解与技能方面的成就的评定，也指对学生在具体的教学过程中，所表现出的学习态度、努力程度以及问题解决能力等一些测验所无法反映的深层学习指标的评定。表现性评价属于质性评价的范畴。表现性评价比较适合于评定学生应用知识的能力，对学科之间内容整合的能力以及决策、交流、合作等能力。有实施也要有评价，在项目实施的过程中，我们主要采取表现性评价，贯穿过程性评价和终结性评价，在评价中促进更真实的学习。见表 3-56 和表 3-57。

表 3-56　过程性评价量表

环节	评价标准			评价结果			
	优秀（A）	良好（B）	需努力（C）	自评	互评	师评	家长评
第一阶段：深入情境调查成因，头脑风暴寻求策略							
调查	能通过实地考察、搜集资料、小组合作了解楼梯间的拥堵情况	基本能通过实地考察、搜集资料了解楼梯间的拥堵情况	基本能通过实地考察、搜集资料了解楼梯间的拥堵情况，小组无交流				
答疑	能采取一定的策略寻求突破口，进行楼梯间拥堵问题的解决	基本能寻求突破口进行楼梯间拥堵问题的解决	不知道采取什么方式解决问题				
优化	能根据方案有效实施，并能将有效方案进行优化	基本能根据方案进行有效实施	不能根据方案进行有效实施				
这次项目作业，通过自我评价我得到（　　）分，同学评价我得到（　　）分，老师评价我得到（　　）分，共计（　　）分。评价等级为（　　）级							
我的收获：							

表 3-56（续）

	第二阶段：多次探究定子课题，团结协作进行项目学习					
提出问题，调查成因	1. 能通过搜集资料、实地考察了解关于楼梯间文明礼仪的知识；能运用自己的方式将资料进行规整 2. 能通过问卷调查分析楼梯间拥堵的原因，并用自己的方式清晰表达 3. 小组成员能相互交流、合作，配合默契	1. 基本能通过搜集资料、实地考察了解关于楼梯间文明礼仪的知识；能将资料进行简单规整 2. 基本能通过问卷调查分析楼梯间拥堵的原因，能简单表达 3. 小组成员能相互交流、合作	1. 基本能通过搜集资料、实地考察了解关于楼梯间文明礼仪的知识 2. 基本能通过问卷调查分析楼梯间拥堵的原因 3. 较少和小组成员交流、合作			
分组讨论，制定方案	1. 能在小组讨论中找到解决楼梯间拥堵的方法 2. 小组合作寻求解决问题的最优策略并能制定完善的实施方案	1. 基本能在小组讨论中找到解决楼梯间拥堵的方法 2. 小组合作基本能制定完善的实施方案	1. 找到解决楼梯间拥堵的方法，未进行小组合作 2. 基本能制定实施方案			
团结协作进行项目学习	1. 能根据活动方案有序地进行活动 2. 能在活动中创造性地解决问题 3. 同伴互助，集思广益	1. 能根据活动方案进行活动 2. 能在活动中主动地解决问题 3. 基本能做到同伴互助，集思广益	1. 能根据活动方案在教师的指导下进行活动 2. 能在活动中解决问题 3. 基本能做到同伴互助，集思广益			

表3-56(续)

八仙过海	1. 能将自己在研究过程中的经验、反思、感受用文字准确表述出来 2. 能在公众场合将自己的设计思路清晰表达出来 3. 能清楚表述出在整个项目学习中的收获	1. 基本能将自己在研究过程中的经验、反思、感受用文字表述出来 2. 能大致将自己的设计思路清晰表达出来 3. 能表述出在整个项目学习中的收获	1. 能将自己在研究过程中的经验、反思、感受大概表述出来 2. 说不清自己的设计思路 3. 在整个项目学习中的收获较少			
各显神通	1. 具有创造性思维，能利用现代化工具进行二次创作 2. 能向同伴表述出自己的想法，交流合作	1. 基本具有创造性思维，基本能利用现代化工具进行二次创作 2. 基本能向同伴表述出自己的想法，寻求合作	1. 不具有创造性思维 2. 不能向同伴表述出自己的想法			

这次项目作业，通过自我评价我得到（   ）分，同学评价我得到（   ）分，老师评价我得到（   ）分，共计（   ）分。评价等级为（   ）级

我的收获：

第三阶段：成果展示、评价交流、总结反思						
后记	1. 能将在项目学习中的经验和大家一起分享 2. 能指出项目学习过程中出现的问题，并找到补救方法 3. 小组合作，能将研究成果进行推广 4. 思路清晰，明确下一步的研究方向	1. 基本能将在项目学习中的经验和大家一起分享 2. 能指出项目学习过程中出现的问题，没有找到补救方法 3. 小组合作，基本能将研究成果进行推广 4. 明确下一步的研究方向	1. 基本能将在项目学习中的经验和大家一起分享 2. 能指出项目学习过程中出现的问题，没有找到补救方法 3. 不知道下一步的研究方向			

这次项目作业，通过自我评价我得到（   ）分，同学评价我得到（   ）分，老师评价我得到（   ）分，共计（   ）分。评价等级为（   ）级

我的收获：

表 3-57 　总结性评价量表

评价内容		评分标准			评价结果			
		优秀（A）	良好（B）	需努力（C）	自我评价	小组评价	老师评价	家长评价
主动探究	资料收集	学习主题明确，能根据主题研究的要求，围绕主题准确地搜集资料，并完整地注明资料出处	学习主题较明确，能根据主题研究的要求，围绕主题搜集资料，并能注明资料出处	学习主题不够明确，搜集资料的范围不明确，对注明资料出处的工作不够重视				
	资料的加工	能从自己对主题的认识，通过自己的思考对收集的资料进行认真的研究、分析和整理	能从自己对主题的认识角度对所收集的资料进行初步的研究、分析和整理	虽然有收集的资料，但缺少对资料的研究、分析和整理				
	自己的见解	学习过程中有自己的见解，思路清晰，并经过自己的分析得出结论且层次清楚	学习过程中有一些自己的见解，思路较清晰	学习过程中没有自己的见解，只是简单的复制				
团队合作		在学习的过程中积极与同学合作，配合密切，小组讨论积极，有成效	在学习的过程中能与同学合作，小组讨论也能发言	在学习的过程中基本上没有与同学合作，小组讨论发言不积极				
师生互动		在学习过程中，能根据老师的指导进行研究，主动提出自己的想法，和老师交流，师生互动频繁	在学习过程中，能根据老师的指导进行研究，能和老师交流	在学习过程中，只能根据老师的指导进行研究				

表3-57(续)

评分标准				评价结果			
评价内容	优秀（A）	良好（B）	需努力（C）	自我评价	小组评价	老师评价	家长评价
学科融合	在研究的过程中，获得三门以上学科的知识，能将三门以上学科的知识进行融合	在研究的过程中，获得相关学科的知识，基本能将相关学科的知识进行融合	在研究的过程中，获得相关学科的知识				
创新思维	在学习中有自己的见解，思路清晰，并经过自己的分析得出结论，具有一定的创新思维并将研究成果进行创新	在学习中有一些自己的见解，思路较清晰。具有一定的创新思维	学习中没有自己的见解，只是简单的复制				

四、研究内容和方法

（一）研究内容

（1）"楼梯间拥堵"原因调查：查阅资料及现场观察，了解楼梯间拥堵的原因，制定活动方案。

（2）"寻求策略"：通过网络、书籍，向世界各地"寻求解决策略"。

（3）"头脑风暴"：在实地勘察、查阅资料、设计实验的基础上，写小学生行为规范倡议书、举办楼梯间文明礼仪活动、设计"上下楼梯向右行"提醒器等，解决此问题。

（4）"成果展示"：成果包括项目研究心得、"上下楼梯向右行"提醒器的设计方案、项目研究报告的撰写、项目组交流、作品展示等，在成果展示中培养学生的语言表达能力、动手能力、合作交流能力、创新思维能力及解决问题能力。

（二）研究方法

（1）文献资料法。围绕楼梯间拥堵问题，通过查阅书籍、网络等资源，获取大量文明礼仪、习惯养成、人工智能的知识，对文献资料进行鉴别、分析与整理，为进一步学习奠定坚实的理论基础。

（2）调查研究法。①对楼梯间拥堵的调查问卷进行分析。②通过小记者采访学生、教师等的结果对楼梯间拥堵的原因进行分析。③通过实地考察了解我校楼梯拥堵的现状。

（3）行动研究法。行动研究法贯穿整个研究过程，根据研究目标进行实践，边实践、边探索、边完善、边总结。

（4）经验总结法。结合理论基础，根据实践所提供的过程性经验材料，总结出解决楼梯间拥堵问题的方法，为进一步研究和经验推广打好基础。

五、课时计划和分工

（一）课时计划（见表3-58）

表3-58　课时计划

时间安排	研究主题	具体任务分工	负责人
2017年3月15日—4月10日	楼梯间拥堵问题	确定本学期的研究大主题，确定各组研究子课题	林丛
2017年4月15日—5月10日	我是小小策划师	指导学生开展活动	秦华、周婷
	我是安全小卫士	指导学生开展活动	林丛
	我是小小设计师	指导学生开展活动	郭艳红、李静华
	我是小小发明家	指导学生开展活动	邓娟、王蔓蔓
	楼梯安全我能行	指导学生开展活动	李丹阳、吴超
2017年5月10日—5月15日	成果交流展示	指导学生交流汇报及反思	全体参与教师

（二）团队建设

1. 教师团队

项目总负责人：陈瑞华。

项目实施教师：林丛。

各小组指导教师：三年级各科教师（秦华、周婷、邓娟、王蔓蔓、李丹阳、吴超、郭艳红、李静华）。

2. 学生团队

三年级部分学生：在全员参与的前提下，分成五个小组，负责重点工作。

第一小组组长：王子一。

第二小组组长：史涵博。

第三小组组长：张知薇。

第四小组组长：史世成。

第五小组组长：郭菁。

（三）实施流程（见图 3-157）

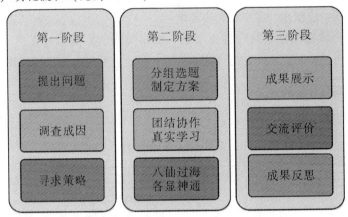

第一阶段	第二阶段	第三阶段
提出问题	分组选题 制定方案	成果展示
调查成因	团结协作 真实学习	交流评价
寻求策略	八仙过海 各显神通	成果反思

图 3-157　实施流程

六、实施过程

（一）第一阶段：深入情境调查成因，头脑风暴寻求策略

本学期初，三年级的同学在值周时发现上下课高峰期学校楼梯间拥堵现象严重（见图 3-158）。林老师鼓励学生深入研究，并建议可以将"小楼梯　大行动"解决楼梯间拥堵问题作为本学期研究主题。

图 3-158　发现问题——楼梯间拥堵

首先，林老师指导学生通过问卷调查的方式调查问题的原因（见图3-159），调查发现拥堵有以下三个原因：①学校楼梯较窄，在日常上下课人流高峰期，上下楼梯时非常容易发生推挤、碰撞。②部分学生的行为习惯较差，在楼梯间打闹造成拥堵。③学生数量较多，各个楼梯通道人流分配不均，个别楼梯对应的班级过多，拥堵严重。

接着，根据楼梯间拥堵问题的原因，在林老师的指导下，同学们通过采访大队辅导员（见图3-160、图3-161），以及上网查找资料并小组讨论等方式总结出解决问题的对策，有以下几种：①分流，合理地安排每个楼梯所对应的班级；②每个楼梯设置安全员；③文明礼仪习惯的养成——提醒器制作；④策划安全讲座；⑤制作楼梯安全提示标语或者是广告。

康宁小学楼梯拥堵问题调查问卷

亲爱的同学们：

你好！本学期我们开展基于真实情境的项目作业——"小楼梯 大行动"，为了了解楼梯拥堵的原因和寻求解决策略，现特拟定了一份调查问卷，请配合我们的调查，谢谢您。

（ ）1、你觉得我们学校楼梯间有拥堵现象么？

A 没有　　B 有　　C 不知道

（ ）2、你认为我们学校楼梯间拥堵么？

A 没有　　B 听说过　　C 非常了解

（ ）3、你认为我们学校哪个时间段最容易发生楼梯间拥堵情况？

A 下课　　B 上下学　　C 学校集会

（ ）4、上下楼梯时要靠哪边行走？

A 左　　B 右　　C 不清楚

（ ）5、你碰到过在楼梯间打闹的现象么？

A 没有　　B 碰到过　　C 参与过

（ ）6、你碰到过有同学抓着扶手往下滑的现象么？

A 没有　　B 碰到过　　C 参与过

（ ）7、你碰到过在楼梯间搞恶作剧给同学们造成危害的现象么？

A 没有　　B 碰到过　　C 参与过

（ ）8、你自己参与过哪些不遵守楼梯间文明礼仪的现象？

A 楼梯间打闹　　B 恶作剧　　C 奔跑

（ ）9、你所知道的楼梯间文明礼仪是从哪里学习到的？

A 学校　　B 家庭　　C 网络

（ ）10、你希望杜绝楼梯间不文明现象么？

A 不希望　　B 希望　　C 无所谓

11、你认为楼梯间拥堵的原因有哪些？

图3-159　问卷调查

图3-160　采访大队长

图3-161　采访大队辅导员

（二）第二阶段：多次探究定子课题，团结协作真实学习

根据解决楼梯间拥堵问题的策略和三年级师生的共同讨论，我们确定了本学期真实学习的研究子课题："我是小小设计师——设计上下楼分流图""我是安全小卫士""我是小小发明家——上下楼梯向右行点赞灯""我是小小策划师——楼梯间文明礼仪专题教育讲座""楼梯安全我能行"。

（1）在研究的子课题确定后，学生根据自己的兴趣、爱好以及自己最想探究的问题，自由结合组成研究小组。小组内民主选举出小组长，给小组取名，设定自己的口号，培养团结合作精神（见图3-162、图3-163）。

图3-162　分组活动

图 3-163　小组长竞选

（2）每个小组根据活动主题制定活动方案，学生根据自己的方案在指导老师的指导下，采用不同的学习方法进行专题研究性学习。例如："我是安全小卫士"主要是体验式的学习方法，"我是小小发明家"和"我是小小策划师"主要通过设计制作的学习方法让学生把知识运用到实践中（见图 3-164）。

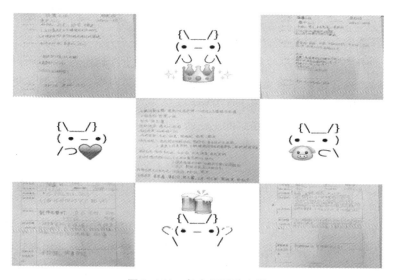

图 3-164　各小组活动方案

（3）每个小组的活动过程如下：

①我是安全小卫士。

活动小组的学生在老师的指导下，首先上网收集了关于楼梯间文明礼仪、楼梯间拥堵的危害、踩踏事件的资料，接着实地观察学校楼梯拥堵情况，了解最拥堵的楼梯、最拥堵的时间段、拥堵的原因。通过和大队部大队长联系完成了体验方案，进行体验，小组成员写体验日记（见图3-165）。

"我是安全小卫士"小组主要以实践体验为主，同学们在通过搜集资料掌握了楼梯间文明礼仪的知识后，担任楼梯管理员的角色，每天在固定的地点值日，制止楼梯间的打闹同学，提醒大家上下楼梯向右行。小组成员在体验中活动，在体验中积累新的知识（见图3-166）。

图3-165　体验日记　　　　图3-166　"我是安全小卫士"实践体验

②我是小小发明家——上楼梯向下右行感应器。

本小组在活动过程中收集楼梯间文明礼仪、上下楼梯向右行感应器制作原理的资料，接着访问创客老师，设计制作上下楼梯向右行感应器（见图3-167、图3-168、图3-169、图3-170）。

在"我是小小发明家"小组的主题研究中，学生的创造性思维得到激发，动手操作能力得到提升，实践能力和创新能力得到培养。小组成员利用信息技术、创客等相关知识，向信息老师、科学老师请教，制作出楼梯安全提醒器、点赞灯，在楼梯间实践应用，不断改进。在此过程中，学生的动手能力、实践能力、创新能力得到提升。

上下楼梯提醒器的工作原理：小组成员通过编程和模型设计完成人工智能上下楼梯管理系统，如果上下楼梯的同学遵守上下楼梯向右行的规则并且没有在楼梯间打闹，那么提醒器会出现笑脸，并且提出表扬；如果上下楼梯的同学没有遵守规则则会出现哭脸，并进行提醒。

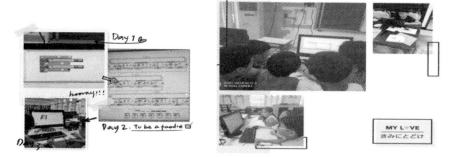

图 3-167　提醒器编程原理　　　　　图 3-168　提醒器编程过程

图 3-169　上下楼梯提醒器模型制作

图 3-170　上下楼梯提醒器

③我是小小策划师——策划楼梯安全文明礼仪安全讲座。

"我是小小策划师"小组主要通过设计制作，让学生把知识运用到实践中。小组成员首先收集关于教育讲座的一般流程、楼梯间文明礼仪、楼梯间拥堵的危害、踩踏事件的资料，在各年级进行问卷调查，了解同学们对教育专题讲座的需求；接着在指导老师的帮助下根据收集的资料和问卷调查结果设计策划案；最后利用班队会实践举办讲座，到各班进行宣讲。学生在策划楼梯间安全教育讲座的过程中学习了文明礼仪知识，培养了文明爱校的责任心，通过成功开展安全教育讲座，体验成功的喜悦，也对其他同学进行了楼梯间文明礼仪知识的普及（见图 3-171、图 3-172）。

图 3-171　设计策划案

图 3-172　安全教育讲座

④我是小小设计师——设计上下楼梯分流图。

"我是小小设计师——设计上下楼梯分流图"小组，首先上网收集郑州市其他学校设计的学生分流图，以及关于楼梯间文明礼仪、楼梯间拥堵的危害、踩踏事件的资料；接着实地考察我校现在的楼梯分布和各班所处的位置，目前集会时各班所走路线；然后访问我校专业教师，思考根据我校目前的状况如何分流能缓解楼梯间拥堵；最后画出分流图，和学校3D打印社团联系，学习3D打印技术并制作立体分流图（见图3-173）。

图3-173　上下楼梯分流图制作过程

⑤楼梯安全我能行。

"楼梯安全我能行"小组，首先上网收集关于楼梯安全文明礼仪和文明标语、楼梯安全儿歌和倡议书、踩踏事件的相关资料；接着访问大队部辅导员，了解采取哪些措施可避免学生在楼梯间追逐打闹；然后制作楼梯间文明礼仪宣传标语、宣传PPT、宣传视频等资料；最后和大队部联系张贴宣传资料（见图3-174）。

图3-174 "楼梯安全我能行"小组活动过程

（三）第三阶段：成果展示、评价交流、总结反思

活动进行到了第三阶段，各小组整理活动成果，制订展示方案。在成果汇报课上，五个小组各显神通，展示了本组的最优成果："我是小小安全员"组展示了他们组思维导图式的活动方案和采访录音；"我是小小发明家"组展示了他们制作的上下楼梯向右行提醒器；"我是小小设计师"组展示了他们组的分流图和分流方案；"我是小小策划师"组展示了楼梯间安全教育讲座视频和PPT；"楼梯安全我能行"展示了楼梯间文明礼仪宣传片和儿歌。

在整个活动中我们的评价方式是日常观察即时评价和成果展示评价相结合，评价的主体是学生、组长、教师等多元主体。

学习任务结束后，教师带领学生对整个过程的亮点和不足进行了反思总结，逐步培养学生善于反思和总结的意识。

七、研究报告

学生通过问卷调查、搜集资料、小组合作、讨论交流等方式，分析楼梯间拥堵问题，探寻了解决办法并进行实践检验，最后形成《小楼梯 大行动》研究报告。

《小楼梯 大行动》研究报告

开学初,我们几位同学发现学校的楼梯较窄,每次上下楼梯时拥堵比较严重,于是向老师反映。老师鼓励同学们继续去发现,同学们在值周时发现,每逢入校、放学、集会时楼梯间会发生拥堵现象及不文明行为。为了使学校的上下楼秩序更加井然,使全校学生意识到楼梯安全的重要性,在老师的指导下,我们成立了研究小组,进行"小楼梯 大行动"的主题研究。研究小组决定从楼梯间文明习惯的养成及制作安全提醒器入手来解决问题,从而使全校同学掌握楼梯间文明礼仪的知识,培养上下楼梯向右行、不打闹的文明行为和楼梯间行走的好习惯,有效避免校园安全事故的发生。

在研究的过程中,我们通过问卷调查、搜集资料、小组合作、讨论交流等方式,分析问题并发现了解决楼梯间拥堵问题的有效途径:①学生认识到上下楼梯靠右行的重要性;②设计学校大型集会上下楼梯分流图,有效解决拥堵及安全问题;③录制上下楼梯安全教育视频,制作上下楼梯行为宣传 PPT;④设计制作上下楼梯靠右行提醒器。

本次活动分为三个阶段:

第一阶段,我们对我校楼梯间拥堵问题的原因进行了分析:①学校楼梯较窄,在日常上下课人流高峰期,上下楼梯时非常容易发生推挤、碰撞。②部分学生的行为习惯较差,在楼梯间打闹造成拥堵。③学生数量较多,各个楼梯通道人流分配不均,个别楼梯所对应的班级过多,拥堵严重。我们通过以上原因初探解决方法,并把这些解决方法转化为具有可操作性的活动主题,形成主题意识。第二阶段,我们通过主题活动亲自参加实践,在活动中学会制定小组活动方案,学会合作。我们在活动中,体验楼梯安全员的辛苦,搜集和设计楼梯间文明礼仪标语、手抄报、儿歌等,设计创作上下楼梯向右行提醒器和 3D 分流图,在实践中掌握科学研究的方法。第三阶段:成果展示阶段,我们能整理收集到的资料,选择合适的方式展示解决楼梯间拥堵的方法,例如,楼梯间文明礼仪手抄报、标语、视频、照片、儿歌等;现场展示 3D 打印的分流图和上下楼梯向右行提醒器等,呼吁大家了解楼梯间的文明礼仪并养成上下楼梯向右行的习惯。我们对活动的三个阶段进行总结,各个组写活动总结,每人写反思。

本次活动的开展,不仅锻炼了我们的收集、整合、创作能力,还扩大了我们的视野,提高了分析问题、解决问题的能力。我们掌握了楼梯间文明礼仪的知识,认识到按秩序上下楼的重要性,逐渐养成了楼梯间有序上下的好习惯。我们在活动中逐渐完善自我、成长自我。

八、成果作业展示

本次作业成果可分为几大类：

资料类：手抄报（见图3-175）、文明标语（见图3-176）。

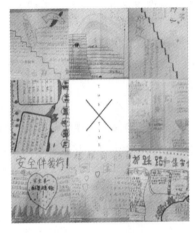

图3-175 手抄报

图3-176 标语

视频类：采访视频、楼梯间安全教育讲座视频、楼梯间文明礼仪宣传片、PPT。

实物类：上下楼梯向右行提醒器（见图3-177）、分流图（见图3-178）。

图3-177 上下楼梯提醒器

图3-178 下楼分流立体图

表演类：上下楼梯儿歌

上下楼梯儿歌

我上楼，靠右走，你下楼，靠右走；

我招手，问你好，你微笑，点点头；

不停留，不拉手，不拥挤，不打闹；

有秩序，碰不着，讲礼貌，好同学。

九、项目反思

（一）收获

（1）学生通过收集资料、问卷调查、访问等方式，了解到楼梯间拥堵问题的原因及产生的影响，并且找到缓解楼梯间拥堵的方法。

（2）学生通过小组合作、对比分析、教师指导等方式，实施各方案，并找到适合自己的方案进行深入研究。

（3）学生通过亲自调研、查阅文献、收集资料、分析研究、撰写论文等过程，将学到的理论知识和现实生活中的实际问题紧密结合，亲身参与学习、积极体验过程、小组合作探究、创新成果分享等。

（二）经验交流、研究推广

（1）学生把收集到的资料在组内进行整理，制成研究手册，将调查研究学习到的知识展示给身边的人，各小组制作的手抄报张贴到班级文化外墙。

（2）把制作的上下楼梯文明礼仪宣传视频，利用全校升旗的时机，结合大队部的习惯养成教育在全校播放，唤起周围其他同学的兴趣。

（3）学生把制作的上下楼梯文明标语张贴到各个楼梯间，促进全校学生楼梯间文明礼仪的养成，并激起更多的同学加入项目学习。

（4）在指导老师的指导下，学生制作的上下学分流路线图和各班队形的研究方案成功地被大队部和体育组采纳，并运用到实践中，切实地解决了我校上下学高峰期楼梯间的拥堵问题。方法被采纳，激发了学生研究的热情和继续探索的信心。

（5）学生制作的上下楼梯向右行提醒器受到了创客专家的一致好评，期望能作为一项发明成果运用到实践中来。

（三）评价反馈

1. 学生对本次活动的评价

通过本次活动，觉得自己在团结协作方面有了很大的提高，感受到了更多的学习的快乐，在解决每一个问题时的成就感很高，真正地体会了主动学习。

2. 家长对本次活动的评价

通过本次活动，孩子变得更懂事，更有大局意识，并能合理进行规划，更细心了，每次出去更注意文明礼仪了。孩子的创新能力以及综合素质都得到了提高。

3. 学校对本次活动的评价

教务处：通过本次活动，发现孩子们的合作意识特别强，小组长合理进行分工，每位小组成员按要求完成任务，并能提出好的建议和看法；孩子们能将自己的创意用创客精神体现出来，这样的创新意识值得肯定。

学生工作部：孩子们的调查分析能力在本次活动中有所体现，能自己合作设计问卷；调查后小组进行分析，能够大胆地设计采访问题，联系有关部门进行采访，展现了很好的学习能力。同时，孩子们能利用各个资源找到解决问题的方法并结合实际实施，能力得到体现。

班主任老师：孩子们能将自己在活动中的感受记录下来，这样的方式对于语文学习来说非常重要，希望孩子们在本次活动后能爱上写作。

（四）反思

（1）项目学习主张多学科融合，需要各科指导教师共同努力，如果沟通协调管理不到位，会影响学生的学习效果。针对这一问题，我们采取进一步措施：每个小组制作一份时间安排表，保证每个环节有序按时完成。

（2）家长和学生由于受社会传统教育和教育宣传的影响，仍觉得考分最重要，活动开展意识不强。有的学生对应完成的任务不主动，不及时，质量不高，准备不够。学校和教师必然要承受社会，尤其是家长的压力。

（3）由于所学知识及眼界有限，学生在创新方面稍有欠缺，特别是在3D打印方面，没有进行系统的学习，制作的模型不太完美，缺乏想象力。以后学生要进行创新方面的熏陶，多学习，多思考，使自己更富有创造力。

（4）真实的学习的综合性较强，评价标准因各科的差异而不同，在评价过程中我们感到操作较困难。

（五）展望

通过两个月的项目学习，学生的行为习惯、文明礼仪水平有了明显提高，参与项目学习的学生明显感到学习的乐趣，比以往能更主动地学习。我们将延续《小楼梯　大行动》的项目研究形态，将项目学习范围进行扩大，使教师和学生对项目学习有更深入的认识。各年级根据学生年龄特点，在年级组长的带领下组成学习共同体，在教师、学生的思维碰撞中确定项目主题，根据主题制定研究计划，深入开展项目学习，在各年级的项目学习中促进多学科的融合，从而促进深度学习。

第十节　一蚕一丝，"一带一路"

【作者信息】海瑞昌　金喜增　李志军[①]
【适用年级】八年级

一、作业设计意图

我校开展的"一蚕一丝，'一带一路'"基于真实情境的项目学习作业，源于我校学生近年来对于养蚕普遍具有较高的积极性。关于桑蚕文化的起源和发展，学生在七年级历史课上就学习了嫘祖养蚕缫丝的故事、丝绸之路的开辟以及我国丝织业的发展等内容。近年来，我国提出的"一带一路"倡议，已为全世界所普遍关注，许多国家已经参与进来。因此有必要对生物与历史、历史与时政进行一次跨学科的整合，全面系统地阐述桑蚕文化的起源、历史发展以及今后对我国经济、文化、社会的影响。我们期待通过开展基于真实情境的项目学习作业活动，促进学生的自我管理、合作探究、问题求解和获取隐性知识等能力不断提高，促进学生应用信息技术收集整理资料的能力、综合分析能力以及写作能力不断提升，促进学生团队协作意识不断增强，从而促进学生学习能力的可持续发展。

此外，开发基于真实情境的项目学习作业也是提高教师专业素质的一个重要途径和方法。我们的团队成员都是一线骨干教师，不仅精通教育教学理论，而且极富创新精神。基于真实情境的项目学习作业的开发及学习活动的开展为我们的才智提供了用武之地，激发了我们的创造力和价值感，促使我们进一步研究课程理论与教育教学方法。

二、课标要求和评价目标

（一）课程标准

生物学科：面向全体学生，倡导探究性学习，力图改变学生的学习方式，引导学生主动参与、勤于动手、积极思考，逐步培养学生分析和解决问题的能力和获取新知识的能力等。在动物的生殖和发育部分，具体内容要求为"举例说出昆虫的生殖和发育过程"，活动建议为"饲养家蚕或其他昆虫"。

历史学科：活动建议为观察丝绸之路的图片和绘画作品，以及相关诗作，

---

① 海瑞昌、金喜增、李志军为郑州市第九十三中学教师。

想象商旅的艰辛，从而使学生认识丝绸之路在中外交流中的作用。

信息技术学科：学生学会利用信息技术工具收集和处理信息，以支持学习、探究和解决日常生活问题，从而树立与终身学习和现代社会生活相适应的信息意识，形成积极的信息技术学习态度，养成健康负责的信息技术使用习惯。

（二）评价目标

（1）通过参观考察嫘祖故里，讲述嫘祖的故事，辩证地理解我国悠久的桑蚕文化历史，提高自我管理能力和团队协作意识。

（2）通过饲养春蚕、制作蚕标本的活动，培养学生的合作探究精神，提高问题求解能力和获取隐性知识的能力。

（3）通过搜集我国古代丝绸制品的纹样资料，整理不同丝织品的概念、特点、用途，制作丝织手工艺品等活动，提升学生的信息技术素养，提高学生的综合分析能力和动手创作能力。

（4）通过比较丝绸之路与"一带一路"的异同，搜集"一带一路"上的明珠，绘制线路图，撰写《我的中国梦之"一带一路"》小论文等活动，提高学生的思辨能力、团队合作能力和写作能力。

三、评价任务及评价量规

（一）评价任务

（1）学生参观考察嫘祖故里、撰写嫘祖故事报告、讲述嫘祖故事，检测目标（1）的达成情况。

（2）学生总结蚕的生长发育情况、分享养蚕过程、制作手抄报、撰写观察日记、制作标本，检测目标（2）的达成情况。

（3）学生收集古代丝织品纹样情况、整理并区分不同丝织品的特点、制作丝织品手工作品，检测目标（3）的达成情况。

（4）学生分析比较"丝绸之路与'一带一路'的异同"，撰写《我的中国梦之"一带一路"》小论文，绘制路线图，检测目标（4）的达成。

（二）评价量规

1. 团队合作量规（见表3-59）

表3-59　团队合作量规

评价指标	评价等级			评价结果		
	优秀（9~10）	良好（5~8）	待提高（1~4）	自我评价	同学互评	教师评价
参加活动的积极性	每次活动都准时参加，并积极出谋划策，积极组织	每次活动都能准时参加	有时参加，有时有事不参加			
团队协作	1. 团队认真商讨任务，根据每个成员的能力进行分工 2. 团队定时交流完成情况，汇报进度与困难，群策群力，创造性地完成任务	1. 团队有明确分工，能相互帮助，及时完成任务 2. 团队讨论问题时，能积极发言，进行有效的交流	1. 团队分工不明确，任务完成较差 2. 团队讨论问题时不积极，只有个别人发言			
通过自我评价我得到（　　）分，同学互评我得到（　　）分，教师评价我得到（　　）分，共计（　　）分。评价等级为（　　）级						
我的收获：						

2. 任务一量规（见表3-60）

表3-60 任务一量规

评价指标	评价等级			评价结果		
	优秀（9~10）	良好（5~8）	待提高（1~4）	自我评价	同学互评	教师评价
书 写 能力	1. 书写内容完整，语言流畅优美，逻辑性强 2. 结合语文老师的建议对搜集的内容进行整理，使用了恰当的修辞手法 3. 书写规范，字迹工整，书写内容500字以上 4. 能依据教材知识和考察记录，结合网上信息，书写真实的嫘祖故事并表达对祖国文化的憧憬和热爱，能够根据嫘祖活动进行文学小创作	1. 书写内容完整，语言基本流畅，语句有逻辑 2. 对搜集的内容进行创造性加工整理，使用了较多的修辞手法 3. 字体工整、没有错别字，书写内容400字以上 4. 根据教材和考察的信息，整理出真实的嫘祖故事	1. 书写内容不完整，语言不流畅，有逻辑错误 2. 照搬搜集的内容，基本不用修辞手法 3. 字体潦草、有错别字，书写内容200~300字 4. 根据网上搜集的片面的嫘祖的史实书写嫘祖故事			

表3-60(续)

评价指标	评价等级			评价结果		
	优秀（9~10）	良好（5~8）	待提高（1~4）	自我评价	同学互评	教师评价
语言交流、表达能力	1. 普通话优美流畅 2. 交流时注意力集中，大方、有礼貌，能接受别人的想法，并与团队成员积极探讨，形成集体观点 3. 能够运用多媒体进行交流，并能用丰富的语言和肢体动作感染听众，使他们沉浸于这种表达和交流中	1. 普通话标准 2. 交流时自信大方，注意力集中，能倾听别人的想法，主动交流自己的意见，并与别人探讨 3. 交流中，会脱稿讲述自己的内容，能够注意到听众的状态	1. 不能运用普通话交流 2. 交流时不自信，注意力不集中，不主动交流自己的意见，不能接受别人的想法，只关注自己的想法 3. 交流中，只会朗读稿子的内容，没有顾及听者的感受			

通过自我评价我得到（   ）分，同学互评我得到（   ）分，教师评价我得到（   ）分，共计（   ）分。评价等级为（   ）级

我的收获：

3. 任务二量规（见表3-61）

表3-61　任务二量规

评价指标	评价等级			评价结果		
	优秀（9~10）	良好（5~8）	待提高（1~4）	自我评价	同学互评	教师评价
观察能力	能够捕捉到春蚕发育的过程，并拍摄清晰度较高、画质较稳定的视频和春蚕成长过程的图片	能够拍摄清晰度略低、画质不太稳定的春蚕发育过程的视频和春蚕成长过程的图片	未能够拍摄清晰度较高、画质较稳定的春蚕发育过程的视频和春蚕成长过程的图片			

表3-61（续）

评价 指标	评价等级			评价结果		
	优秀（9~10）	良好（5~8）	待提高（1~4）	自我 评价	同学 互评	教师 评价
日记、手抄报的完成情况	1. 能够每周按时认真完成一篇质量较高的观察日记，书写规范，字迹工整 2. 小组合作，能够完成2~3篇质量较高的关于"春蚕"的手抄报作品	1. 能够每周按时完成一篇观察日记，但质量一般 2. 小组合作，能够完成1~2篇质量较高的手抄报作品	1. 每周未能按时完成一篇质量较高的观察日记且字迹潦草 2. 未能小组合作完成1篇质量较高的手抄报作品			
动手制作水晶蚕标本	能够制作出较透亮的水晶蚕标本，位置适中，具有色彩或装饰创意	基本能够制作出较透亮的水晶蚕标本，位置适中，色彩单一	制作出的水晶蚕标本较浑浊、不透亮，标本位置偏向一侧或者裸露			
通过自我评价我得到（　）分，同学互评我得到（　）分，教师评价我得到（　）分，共计（　）分。评价等级为（　）级						
我的收获：						

4. 任务三量规（见表3-62）

表3-62　任务三量规

评价 指标	评价等级			评价结果		
	优秀（9~10）	良好（5~8）	待提高（1~4）	自我 评价	同学 互评	教师 评价
动手制作丝织品	制作的丝织品精美、省料、有创意，有4个种类	制作的丝织品美观，用料适中，有2~3个种类	制作的丝织品粗糙，不美观，用料过多，只有一个种类			

表3-62（续）

评价指标	评价等级			评价结果		
	优秀（9~10）	良好（5~8）	待提高（1~4）	自我评价	同学互评	教师评价
搜集整理信息的能力和知识准备	1. 能够把搜集的丝织品图片和文字重新归类整理，使信息更有条理，便于理解 2. 搜集的丝织品图片清晰、大小适中，图片的使用经过精心挑选。充分考虑到丝织品的典型性，丝织品的种类齐全，并进行对比分析。在教师的指导下制作出 PPT 文件 3. 能依据要求搜集整理出完整的丝绸种类的信息，并能提出建设性的建议 4. 对丝绸之路上的明珠的知识的展示，图文并茂进行归类整理 5. 通过电视、报纸、网络多途径搜集"一带一路"的信息，并跟团队成员分享交流，总结出"一带一路"的知识 6. 竞赛知识准备充分，能完全答出竞赛试题	1. 能够把搜集的丝织品图片和文字信息整理完整，每个图片都有清晰、准确的解释 2. 搜集整理的丝织品图片清晰，图片的信息量充足 3. 搜集整理了本时期丝织品的典型代表，并同其他丝织品进行对比分析 4. 认真搜集整理了丝绸之路上的明珠信息，知识真实完整 5. 通过电视、报纸、网络搜集整理"一带一路"的信息，知识丰富可靠完整 6. 认真准备竞赛知识，能答出 90% 以上的题目	1. 搜集整理的丝织品信息，有的没有图片只有文字或有图片而没有文字解读 2. 搜集整理的丝织品图片不清晰，或搜集的图片过少 3. 没有搜集整理出具有典型代表的丝织品的信息 4. 搜集整理丝绸之路上的明珠的知识，信息不全面，有的信息过时 5. 搜集整理的"一带一路"的信息不完整，只是观看一些新闻视频 6. 没有认真准备竞赛知识，很多题目不会答			

表3-62(续)

评价指标	评价等级			评价结果		
	优秀（9~10）	良好（5~8）	待提高（1~4）	自我评价	同学互评	教师评价
通过自我评价我得到（　　　）分，同学互评我得到（　　　）分，教师评价我得到 （　　　）分，共计（　　　）分。评价等级为（　　　）级						
我的收获：						

5. 任务四量规（见表3-63）

表3-63　任务四量规

评价指标	评价等级			评价结果		
	优秀（9~10）	良好（5~8）	待提高（1~4）	自我评价	同学互评	教师评价
撰写论文	1. 书写内容完整，语言流畅优美，逻辑性强 2. 论点明确、论据充分、论证过程翔实、结论清晰 3. 书写规范，字迹工整，书写内容1 000字以上	1. 书写内容完整，语言基本流畅，语句有逻辑 2. 论点基本明确、论据较为充分、论证过程较为翔实、结论比较清晰 3. 字体工整、没有错别字，书写内容 800字以上	1. 书写内容不完整，语言不流畅，有逻辑错误 2. 论点不明确、论据不充分、论证过程不翔实、结论不清晰 3. 字体潦草、有错别字，书写内容 300~500 字			
动手绘制地图	1. 地图的比例经过精心设计测量 2. 颜色运用合理，突出了地形特点 3. 路线画的完整，线条均匀，标准地标识出路线的方向 4. 城市位置标注准确，图上有图例说明	1. 跟原地图的比例基本协调 2. 颜色对比明显，色彩多样 3. 路线画得完整，线条均匀，标注了路线的方向 4. 城市位置标注准确，图上无图例说明	1. 跟原地图的比例不协调 2. 颜色对比不明显或者比较单调 3. 路线画得不完整，线条不均匀，没有标注路线的方向 4. 城市位置标注不准确，图上无图例说明			

表3-63（续）

评价指标	评价等级			评价结果		
	优秀（9~10）	良好（5~8）	待提高（1~4）	自我评价	同学互评	教师评价
通过自我评价我得到（　　　）分，同学评价我得到（　　　）分，教师评价我得到（　　　）分，共计（　　　）分。评价等级为（　　　）级						
我的收获：						

四、实施方案

（一）研究内容

（1）知识探索篇——追溯桑蚕文化的起源：参观嫘祖故里，了解桑蚕文化的起源；撰写、讲述嫘祖的故事，交流桑蚕文化的由来。

（2）亲身实践篇——我来养蚕：了解春蚕的食性、发育方式和饲养方法；亲自饲养春蚕，理解蚕的一生的形态变化；撰写观察日记、制作海报或手抄报；制作精美的动植物标本。

（3）交流展示篇——丝绸文化与发展历史：讲述"丝"字的由来及与丝有关的汉字文化，搜集并讲述不同历史时期的丝绸种类、概念、特点和用途等，制作心仪的丝绸手工艺品。

（4）和谐未来篇——我们与桑蚕共发展：绘制丝绸之路和海上丝绸之路的线路图，比较分析丝绸之路与"一带一路"的异同，讲述丝绸之路的起源和发展，搜集"一带一路"上的旅游胜地和名胜古迹，开展《我的中国梦之"一带一路"》征文比赛。

（二）研究方法

（1）行动研究法：积极设计并开展基于项目的学习活动，边实践，边检验，边总结，边完善，把研究与实践紧密地结合起来。

（2）经验总结法：以具体的"一蚕一丝，'一带一路'"基于真实情境的项目学习作业为依据，试着总结出适合我校的基于真实情境的项目学习作业方法或教学经验。

（3）对比研究法：对比和分析活动前后，学生的高阶能力是否有提高。

（三）课时计划和团队分工

课时计划见表3-64。

表 3-64　课时计划

时间	地点	内容
知识探索篇：追溯桑蚕文化的起源		
2017 年 3 月 4 日	荥阳环翠峪	参观嫘祖的故乡
2017 年 3 月 10 日	生物实验室	撰写考察报告，交流桑蚕文化的由来
亲身实践篇：我来养蚕		
2017 年 3 月 17 日	熊耳河畔	辨认周边环境中的桑树
2017 年 3 月 24 日	生物实验室	绘制周边环境中桑树的分布位置图
2017 年 3 月 31 日—5 月 28 日	生物实验室	亲身实践，饲养春蚕
2017 年 4 月 7 日	生物实验室	美丽的叶脉书签制作
2017 年 4 月 16 日—5 月 19 日	生物实验室	水晶昆虫标本的制作
2017 年 5 月 26 日	生物实验室	抽丝剥茧实验
交流展示篇：丝绸文化与发展历史		
2017 年 6 月 2 日	多媒体教室	"丝"字由来及有关的汉字文化
2017 年 6 月 9 日	多媒体教室	我国不同历史时期的丝绸制品
2017 年 6 月 16 日—6 月 23 日	多媒体教室	丝绸文化知识搜集荟萃
2017 年 9 月 8 日	美术教室	丝绸手工艺品的制作
和谐未来篇：我们与桑蚕共发展		
2017 年 9 月 15 日	多媒体教室	丝绸之路及丝绸之路上的明珠
2017 年 9 月 22 日	美术教室	绘制丝绸之路和"一带一路"线路图
2017 年 9 月 29 日	多媒体教室	"一带一路"与古丝绸之路的异同
2017 年 9 月 30 日	多媒体教室	《我的中国梦之"一带一路"》征文

具体分工：

（1）海瑞昌负责基于真实情境的项目学习作业方案的设计、学科间整合的协调、学习活动的组织开展、过程性资料的收集、指导学生养蚕及制作标本、指导学生撰写研究报告等工作；

（2）金喜增负责基于真实情境的项目学习作业方案具体历史内容的设计、学习活动的组织和开展、过程性资料的整理、学生作品及评价工作的设计和开展等工作；

（3）李志军负责学生信息技术使用方面的指导、学生学习活动的组织开展以及视频、图片等资料编纂的技术支持。

（四）实施流程（见图3-179）

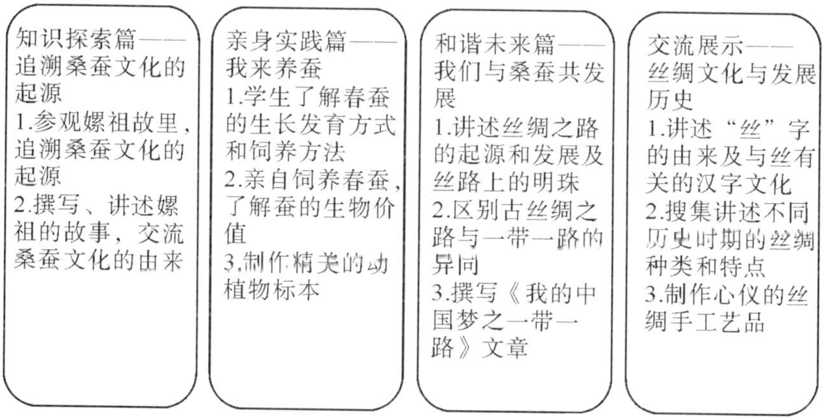

图3-179　实施流程

五、实施过程

参观嫘祖故里，祭拜嫘祖庙，追溯我国桑蚕文化的起源，有利于学生自我管理能力和团队协作意识的培养和提高。饲养春蚕，制作不同时期的蚕标本，记录抓拍春蚕不同发育时期的特点，有利于学生合作探究意识、问题求解能力和获取隐性知识的能力的提高。搜集整理不同丝织品的概念、特点、用途等知识，有利于学生信息技术能力的提升，以及综合分析和评价整合能力的提高；制作特色丝织手工艺品，有利于学生动手创作能力的提升。通过比较丝绸之路与"一带一路"，分析二者在时代背景、地域范围、实施目的等方面的区别，搜集"一带一路"上的旅游胜地和名胜古迹，有利于学生对资料的综合分析整理归纳能力的提高。绘制路线图和撰写《我的中国梦之"一带一路"》，有利于学生团队合作意识和写作能力的培养。

（一）知识探索篇——追溯桑蚕文化的起源

我国是世界上最早养蚕缫丝的国家，早在黄帝时期，黄帝的元妃嫘祖，曾在荥阳环翠峪养蚕织丝，她教人养蚕制衣，被奉为人文女祖。至今，在荥阳的环翠峪景区内依旧设有嫘祖圣母祠、圣母池等景点。基于真实情境的项目学习作业活动伊始，我们有幸来到这里祭拜这位中华民族共同的人文女祖，追溯桑蚕文化的起源（见图3-180、图3-181）。

图3-180　项目学习成员
在嫘祖圣母祠前合影

图3-181　项目学习成员在圣母池前合影

在追溯我国桑蚕文化的起源的实践活动中，我们的团队成员互助互爱，听从统一指挥和安排，充分展现了成员们较高的自我管理能力和团队协作意识，顺利地完成本次实地考察学习任务，并写出和分享了本次考察体会（见图3-182）。

（a）　　　　　　　　　　　　　　（b）

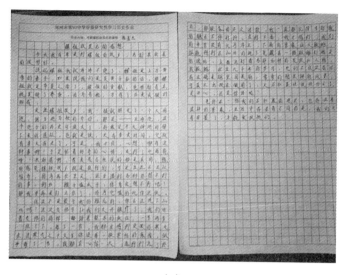

(c)

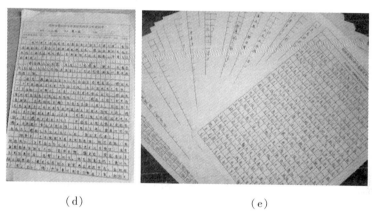

(d)　　　　　　　　　　　(e)

图3-182　项目学习成员购买的书籍、分享的情境及撰写的学习体会

（二）亲身实践篇——我们来养蚕

活动1：了解桑科植物的特点，辨认周边环境中的桑树

每年的三月初三前后，蚕宝宝陆陆续续地孵化出来，这个时期的桑树也刚刚长出了嫩叶。我们把刚刚孵化不久的幼蚕分发给学生。为了使蚕宝宝的生长发育有充足的食物来源，我们特意开展了一次了解桑科植物的特点活动，让学生们学习辨认周边环境中的桑树（见图3-183）。

（a）　　　　　　　　　　　（b）

（c）　　　　　　　　　　　（d）

图 3-183　海瑞昌老师带领学生指认桑树并分发幼蚕

活动 2：亲身实践，饲养春蚕

学生在饲养过程中，不断地记录抓拍不同时期蚕宝宝的形态变化，遇到问题，经常利用信息技术和网络资源寻找问题的答案。我们还定期举行春蚕养殖交流会，便于学生们交流讨论，或者直接在我们建立的"蚕宝宝"QQ 群中交流讨论。形式多样的交流方法有助于提高学生们的问题求解能力和获取隐性知识的能力。此外，学生们还用"观察日记""手抄报""制作标本"等方式展现春蚕的一生。

（1）图 3-184 是我们交流讨论的图片。

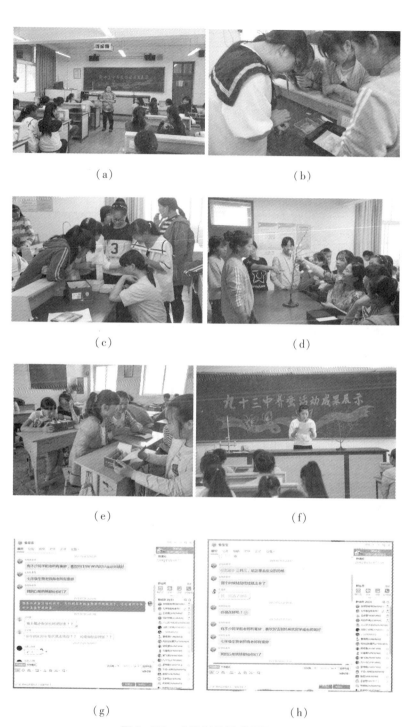

（a）　　　　　　　　　（b）

（c）　　　　　　　　　（d）

（e）　　　　　　　　　（f）

（g）　　　　　　　　　（h）

图3-184　交流讨论及成果展示

（2）图 3-185 是学生拍摄到的各个时期的春蚕图片。

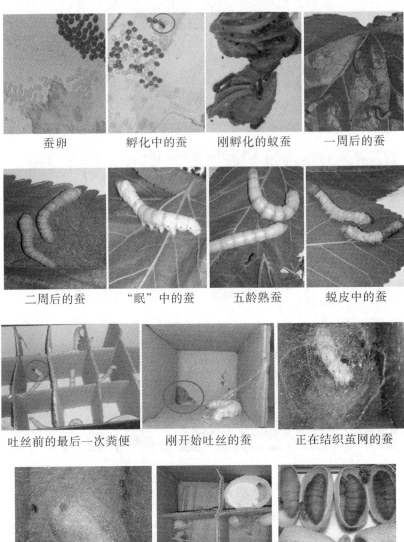

| 蚕卵 | 孵化中的蚕 | 刚孵化的蚁蚕 | 一周后的蚕 |

| 二周后的蚕 | "眠"中的蚕 | 五龄熟蚕 | 蜕皮中的蚕 |

吐丝前的最后一次粪便　　　刚开始吐丝的蚕　　　正在结织茧网的蚕

初步结成茧层的蚕　　　　　蚕茧　　　　　　　蚕蛹

羽化中的蚕蛾

正在交尾的蛾

正在产卵的蛾

图3-185　学生拍摄到的各个时期的春蚕图片

活动3：我们还把蚕做成了水晶包埋标本，这将有利于学弟学妹们以后的学习（见图3-186）。

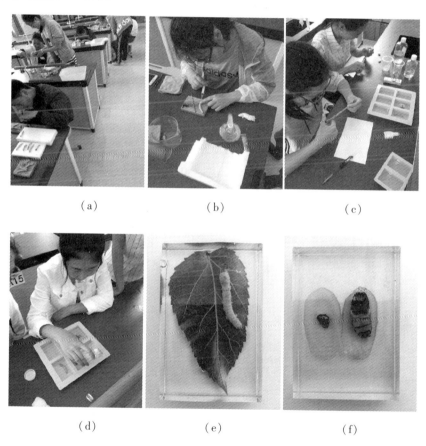

（a）　　　　　　　　（b）　　　　　　　　（c）

（d）　　　　　　　　（e）　　　　　　　　（f）

（g） （h）

（i） （j）

图 3-186　项目组成员制作的蚕标本

项目组成员在"养蚕"实践过程中，遇到很多问题，诸如"什么叫蚕的眠性？""蚕是如何呼吸的？""熟蚕的身体具有哪些特征？""蚕会蜕五次皮，为什么只观察到四次呢？"等。学生们通过自己的努力，对这些问题不断探讨，获取了很多课本中没有的隐性知识。图 3-187 是他们写出的部分问题的答案。

> 1. 春蚕的生殖方式属于有性生殖还是无性生殖？蚕的一生要经过哪几个发育时期？像这样的发育过程称为什么发育？请写出变态发育的概念。（6分）
>
> 有性生殖　卵、幼虫、蛹、成虫
>
> 也会变态发育　在受精卵发育成新个体的过程中，幼体有成体在形态结构和生活习性差异很大，这种发育过程称为变态发育

（a）

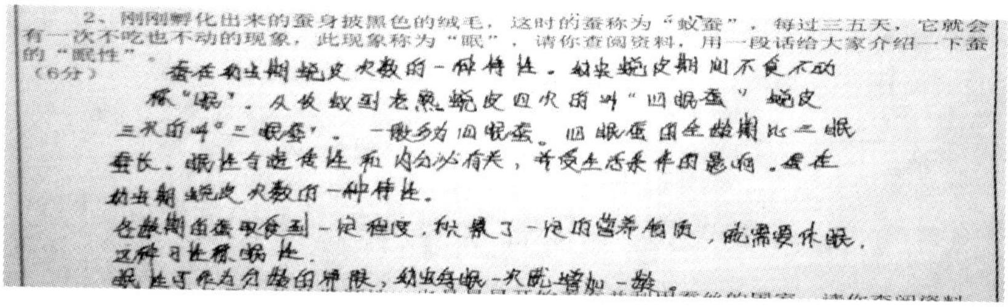

2、刚刚孵化出来的蚕身披黑色的绒毛，这时的蚕称为"蚁蚕"。每过三五天，它就会有一次不吃也不动的现象，此现象称为"眠"。请你查阅资料，用一段话给大家介绍一下蚕的"眠性"。（6分）

蚕在幼虫期蜕皮次数的一种特性。幼虫蜕皮期间不食不动称"眠"。从蚁蚕到老熟蜕皮四次的叫"四眠蚕"，蜕皮三次的叫"三眠蚕"。一般多为四眠蚕。四眠蚕因在幼虫期比三眠蚕生长。眠性含遗传性和内分必有关，并受生活条件因影响。是在幼虫期蜕皮次数的一种特性。

在生长期蚕摄取食到一定程度，积累了一定的营养物质，就需要休眠。

眠性作为自身的升眠，幼虫每眠一次既增加一般

(b)

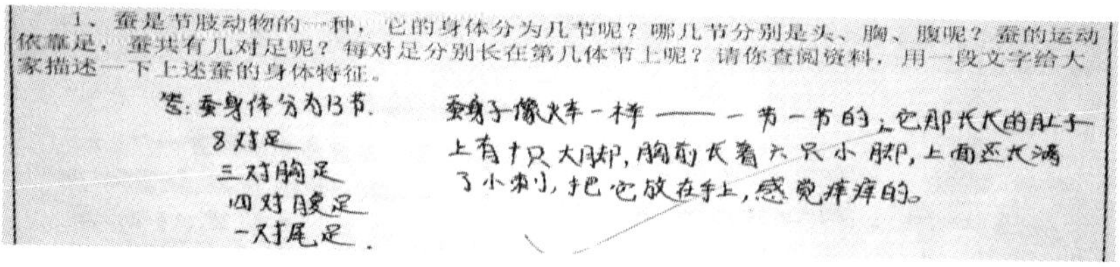

1、蚕是节肢动物的一种，它的身体分为几节呢？哪几节分别是头、胸、腹呢？蚕的运动依靠足，蚕共有几对足呢？每对是分别长在第几体节上呢？请你查阅资料，用一段文字给大家描述一下上述蚕的身体特征。

答：蚕身体分为13节。

8对足

三对胸足

四对腹足

一对尾足

蚕身子像火车一样——一节一节的，它那长长的肚子上有十只大脚，胸前长着六只小脚，上面还长满了小刺，把它放在手上，感觉痒痒的。

(c)

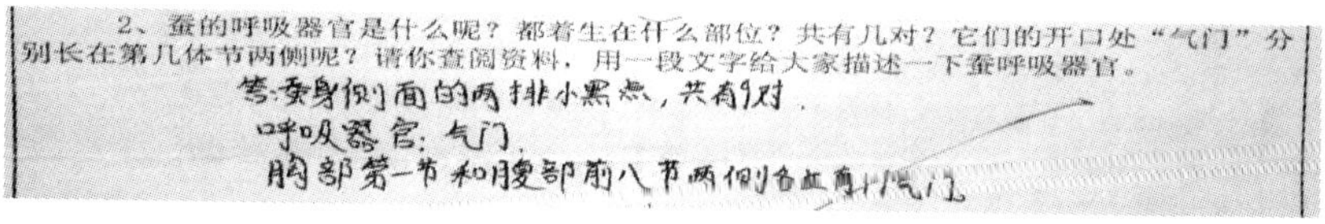

2、蚕的呼吸器官是什么呢？都着生在什么部位？共有几对？它们的开口处"气门"分别长在第几体节两侧呢？请你查阅资料，用一段文字给大家描述一下蚕呼吸器官。

答：蚕身侧面的两排小黑点，共有9对。

呼吸器官：气门

胸部第一节和腹部前八节两侧各有一对气门。

(d)

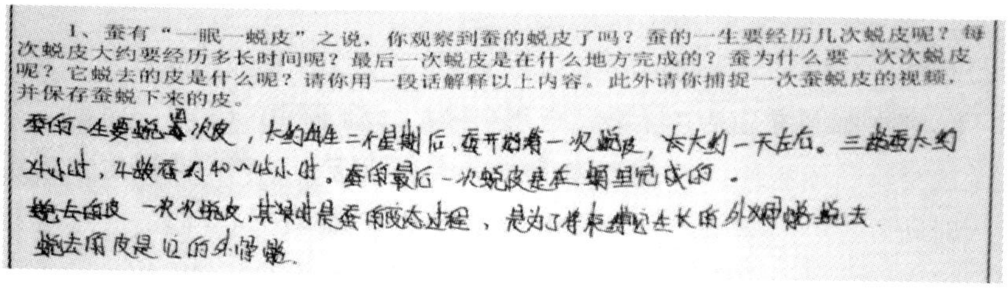

1、蚕有"一眠一蜕皮"之说，你观察到蚕的蜕皮了吗？蚕的一生要经历几次蜕皮呢？每次蜕皮大约要经历多长时间呢？最后一次蜕皮是在什么地方完成的？蚕为什么要一次次蜕皮呢？它蜕去的皮是什么呢？请你用一段话解释以上内容。此外请你捕捉一次蚕蜕皮的视频，并保存蚕蜕下来的皮。

蚕的一生要蜕皮四次，大的幼虫在一个星期后，蚕开始有一次蜕皮，长大约一天左右。三眠蚕大约2小时，4眠蚕约为八个小时。蚕的最后一次蜕皮是在茧里完成的。

蜕去的皮一次次蜕皮，其实就是蚕的成长过程，是为了将植物进生长的外皮脱蜕去

蜕去的皮是旧的不得用

(e)

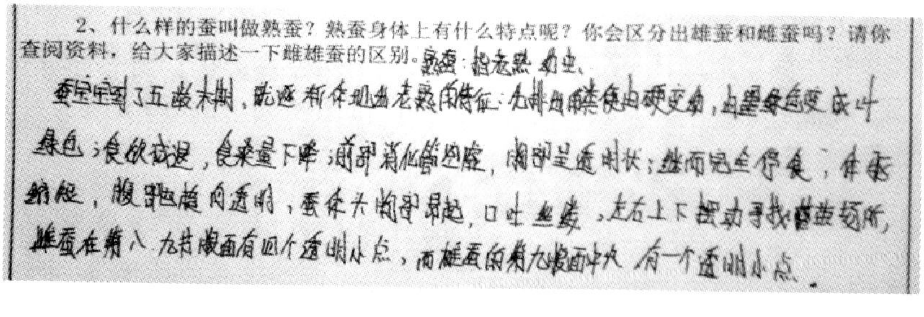

2、什么样的蚕叫做熟蚕？熟蚕身体上有什么特点呢？你会区分出雄蚕和雌蚕吗？请你查阅资料，给大家描述一下雌雄蚕的区别。熟蚕：将去思的幼虫、

蚕宝宝吃了五眠末期，既进入有些熟的的特征；九排自腰使由硬变软，占星身体变成浅青绿色；食欲衰退，食桑量下降；前部消化管空虚，胸部透明状；继而完全停食；体透明些，腹部越自透明，蚕体头胸昂起，口吐丝液，左右上下摆动寻找蚕结茧。

雌蚕在第八、九节腹面有四个透明小点，而雄蚕的第九节腹面有大有一个透明小点。

(f)

图3-187　项目组成员深入学习的一些关于蚕的隐性知识

项目组中个别优秀成员还利用学校唯一的一台电子秤，对蚕的生长速度与体重的变换进行了精准的测量和记录（见图3-188）。

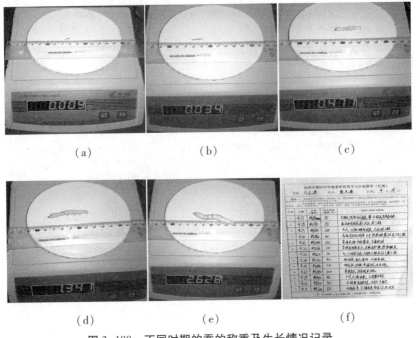

(a)　　　　　　　　(b)　　　　　　　　(c)

(d)　　　　　　　　(e)　　　　　　　　(f)

图3-188　不同时期的蚕的称重及生长情况记录

经过测量和记录，他们发现蚕的生长过程中变化最明显的要数它的身长和体重了。刚刚出生的蚕宝宝身长只有几毫米，体重不足0.01克，而到了五龄的蚕宝宝身长已经达到了7~8厘米，体重也达到近3克。在幼蚕生长的这二十几天时间里，可以看出体重增长了300~500倍。经过同学们的实际观察与测量，证实网上所说的熟蚕体重可达蚁蚕重量的1万倍左右的说法是有点夸张的。但幼蚕的生长速度也是令我们非常惊讶的，经过粗略计算，我们可以看出，蚕宝宝每天大约要长3~4毫米，体重也以每天100多毫克的速度在增长。可以说生长中的蚕宝宝真是每天一个样！

图3-189是学生们养蚕实践的部分手抄报和观察日记作品展示。

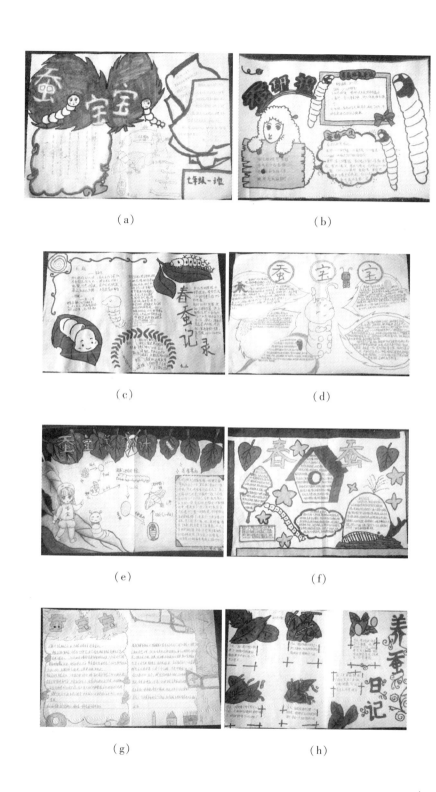

（a）

（b）

（c）

（d）

（e）

（f）

（g）

（h）

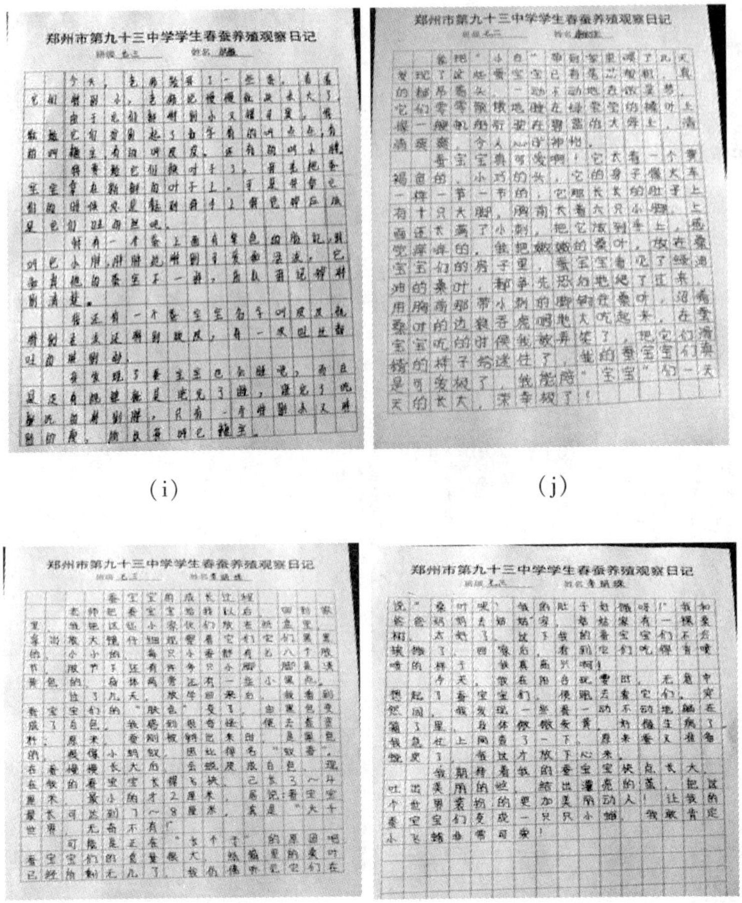

(i)　(j)

(k)　(l)

图 3-189　项目学习成员绘制的手抄报和观察日记图片

（三）交流展示篇——丝绸文化与发展历史

活动 1：中国是丝绸文化的发源地。从古至今，勤劳伟大的中国人民创造出很多珍贵华丽的丝织品，如绫、罗、绸、缎、绢等，后来又创造出纺、绡、绮、纱、锦、绉、绒、缂丝、绨、葛、呢等，可以说它们在组织结构、分类特点、外观、用途方面是各不相同的。作业小组成员通过深入学习，归纳总结了十几种不同丝织品的主要分类特征（如图 3-190 所示）。

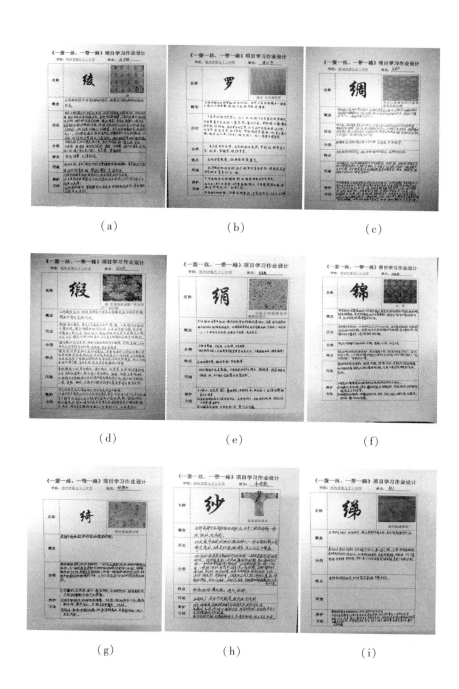

（a）　　　　　　　　　　（b）　　　　　　　　　　（c）

（d）　　　　　　　　　　（e）　　　　　　　　　　（f）

（g）　　　　　　　　　　（h）　　　　　　　　　　（i）

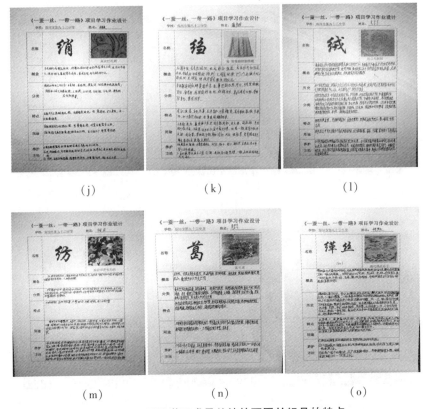

（j）　　　　　　　　　　（k）　　　　　　　　　　（l）

（m）　　　　　　　　　　（n）　　　　　　　　　　（o）

图3-190　项目学习成员总结的不同丝织品的特点

　　我国的丝绸文化博大精深，汉字中就有很多与丝有关，它们也都带有"纟"旁。如"给"字，相足也，本义是衣食丰足、充裕，也就是说本来是指衣服多，而衣服是丝绸做的，所以用绞丝旁；又如"练"字，原意是白色的绢，因为丝要经过反复地练，练得白了，软了才能织绢，所以后来便把反复操作的过程叫"练"。图3-191是我们搜集的与"丝"有关的中国汉字及说文解字现象图片。

（a）　　　　　　　　　　　　　　　　　（b）

图（c）的汉字手写作业单

图（d）的汉字手写作业单

（c）　　　　　　　　　　　（d）

图3-191　作业小组成员开展的与丝有关的汉字文化活动

活动2：我国丝绸发展的历史源远流长，最早可追溯到春秋战国时期，之后历朝历代也都有一些典型的代表作品被发现。图3-192至图3-199是我们项目组成员分享的他们查阅并收集到的一些古代丝绸制品资料。

（a）　　　　　　　　　（b）

图3-192　学生介绍自己　　　图3-193　战国代表性纹饰龙凤
　　　　　收集的资料　　　　　　　　　　虎纹绣和龙凤帛画

图 3-194　西汉时期的
素纱襌衣，世界上
最轻（49克）
最早的印花织物

图 3-195　唐朝时期真
身菩萨的绛红
罗地蹙金绣衣物
上衣、下裳

图 3-196　北宋时期的
灵鹫纹锦袍

图 3-197　复制的明代万历
皇帝朱翊钧的龙袍

图 3-198　康熙皇帝钦赐固伦荣宪
公主的黄缎珍珠团龙袍服

（a）

（b）　　　　　（c）

（d）

图 3-199　（明）凤冠：明代定陵出土的凤冠共四件，
分别为三龙二凤冠、九龙九凤冠、十二龙九凤冠和六龙三凤冠

马王堆汉墓中出土的丝织品尤其多。其中绣品大多以单色的绢、纱、绮、罗等丝绸为地，使用多色丝线绣制而成，代表了我国汉初刺绣的最高水平。如按纹样划分有：信期绣、长寿绣、乘云绣、茱萸纹绣、云纹绣、贴羽绣、桃花纹绣等。

马王堆汉墓出土的丝织品包括目前我们所了解的汉代丝织品的绝大部分品种。按组织结构的不同，这些丝绸织物有平纹类织物、暗花织物、起绒织物以及纹锦类织物等，其中有很多品种均为第一次发现，如：著名的素纱禅衣薄如蝉翼、轻柔如雾，是典型的平纹类绢织物。图3-200至图3-207是马王堆汉墓中出土的一些保存较好的丝绸制品。

图3-200　一号墓出土——烟色
菱纹罗地信期绣

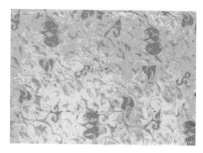

图3-201　一号墓出土——黄色
绮地乘云绣局部

图3-202　一号墓出土——绢地
茱萸纹绣局部

图3-203　一号墓出土——树纹
铺绒绣局部

图 3-204 一号墓出土——菱纹
绮局部

图 3-205 一号墓出土——朱红
菱纹罗局部

图 3-206 一号墓出土——起绒
锦局部

图 3-207 一号墓出土——黄色
对鸟菱纹绮局部

（1）平纹地上起暗花的丝织品在汉代称为绮。马王堆汉墓中出土的绮类织物主要有菱纹绮和对鸟菱纹绮两种：菱纹绮是以粗细线条结合而组成的几何图案，其织纹为在一个大菱形的两侧各附加一个不完整的较小的菱形；对鸟菱纹绮是以不规则的菱形组成四方连续的图案，在菱形中对称地分布鸟与植物花草的图案，风格独特，结构严谨而又不失生动活泼。

（2）绞经织物主要是罗，一号墓出土单幅的罗10幅，颜色主要有朱红色、香色、烟色等，图案全为菱纹。出土的衣物中，有6件棉袍、1件夹袍以罗为面料，由此可见，罗应该为当时十分时尚的服装面料。

（3）绒圈锦是我国迄今发现的最早的起绒织物。墓中大量绒圈锦的出土说明汉初的起绒织造技术已经相当成熟了。绒圈锦是以多色经线和单色纬丝交织的，以环状绒圈呈现出图案纹样，具有立体效果，而且具有厚实耐磨的性质。

（4）编纂类织物主要是绦，绦是装饰衣物用的一种丝织窄带。马王堆汉墓出土的绦以"千金绦"最为出色，因其绦上织有篆书"千金"二字得名（见图3-208）。

图 3-208　千金绦

活动3：在归纳不同丝织品的种类、特点后，学生开始动手创作自己喜闻乐见的丝织作品。

（1）学生用丝线制作了传统的粽子（见图3-209）。

（a）　　　　　　　（b）　　　　　　　（c）

（d）　　　　　　　　　　（e）

图 3-209　作业小组成员制作传统丝线粽子

（2）学生用绸布制作中国传统的团扇（见图3-210）。

图 3-210　作业小组成员专心制作团扇

（3）我们还组织学生在美术老师的指导下制作了传统的中国结（见图3-211）。

（a）　　　　　　　　　　　（b）

（c）　　　　　　　　　　　（d）

图3-211　作业小组成员专心制作中国结

　　经过本阶段的基于真实情境的项目学习作业，学生的信息技术应用能力，资料的分析整合、综合评价能力都有很大提升。制作特色丝织手工艺品，提高了学生对丝织物的兴趣爱好，同时也培养了他们的动手创作能力。部分手工丝织品展示如图3-212所示。

图 3-212　作业小组成员制作的部分手工丝织品展示

（四）和谐未来篇——我们与桑蚕共发展

活动 1：为了让学生对丝绸之路与"一带一路"有更深刻、更全面的了解，我们将丝绸之路与"一带一路"的主要知识编制成习题，组织学生集体学习（见图 3-213）。

图 3-213　作业小组成员集体学习"一带一路"知识及知识问卷

活动 2：学生用绢布手绘丝绸之路和海上丝绸之路的路线图（见图 3-

214），深入学习"古丝绸之路"与"一带一路"的分布和范围。

（a）　　　　　　　　　　　（b）

（c）　　　　　　　　　　　（d）

（e）　　　　　　　　　　　（f）

图3-214　金喜增老师指导作业小组成员
绘制丝绸之路和海上丝绸之路的路线图

　　活动3：学生从时代背景、地域范围、实施目的、交流方式以及影响等方面，分析比较了丝绸之路与"一带一路"的异同，并分工合作，将丝绸之路上的名胜古迹，进行收集整理，形成了图文并茂的"丝绸之路"成果（见图3-215）。

（a）   （b）

图3-215　丝绸之路与"一带一路"的区别及丝绸之路上名胜古迹的作业展示

活动4：图3-216、图3-217所示是我们进行的"我的中国梦之'一带一路'"征文活动和诗歌比赛，活动中进行了交流，个别学生还有自己的诗歌创作。

图3-216　关于"我的中国梦之'一带一路'"诗歌和征文活动

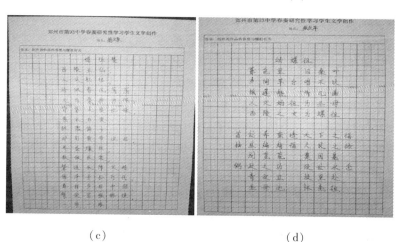

（a）   （b）

（c）   （d）

（e）   （f）

图3-217　作业小组成员的诗歌和文章展示

本阶段，作业小组成员通过学习丝绸之路与"一带一路"的有关知识，深入了解了我国提出的"一带一路"倡议。绘制丝绸之路和海上丝绸之路线路图，比较分析丝绸之路与"一带一路"的异同，搜集"一带一路"上的明珠，撰写征文《我的中国梦之"一带一路"》等活动，有利于学生的综合分析能力、团队合作能力和写作能力的提高。通过本阶段的基于真实情境的项目学习作业，学生们都感觉自己收获颇丰。

六、研究结论

（1）参观嫘祖故里、祭拜嫘祖庙，使学生实地考察了我国桑蚕文化的起源，有利于培养学生的自我管理能力和团队协作意识。

（2）亲自饲养春蚕，提高了学生对生物学科的学习兴趣。在养蚕的过程中解决"如何收蚁、饲喂、抓拍并解释现象"等问题，进一步提高了学生的问题求解能力和获取隐性知识的能力。

（3）撰写观察日记，对生长过程进行描述、记录，提高了学生对知识的收集、整理和归纳能力。

（4）收集古代发掘的丝制品纹饰、种类，不同丝织品的特点及"一带一路"上的明珠城市的知识，提高了学生应用计算机等信息工具的能力。

（5）制作蚕标本、团扇、丝粽子、中国结和绘制丝绸之路与"一带一路"线路图都需要小组成员的团队协作，这些活动有利于学生团队合作能力的培养。

（6）在完成撰写嫘祖故事、蚕的成长日记，以及参与"我的中国梦之'一带一路'"诗歌征文活动后，学生的写作创作能力得到培养和提升。

（7）通过本次基于真实情境的项目学习作业，我们初步尝试了一次跨学科整合，对于学科间知识的融合具有积极的意义，有效地促进了学生发展核心素养的提升。

七、研究反思

（1）受条件限制，有一些实地考察无法组织。如：参观杭州丝绸博物馆，参观重要朝代出土的丝织品。

（2）在春蚕养殖过程中，由于拍摄条件的限制，很多图片和视频都是用手机完成的，而非专业的相机或器材。这给后期的编辑裁剪工作造成了很大困难，做出的视频质量也不尽如人意。

（3）由于项目资金有限，关于春蚕水晶标本的制作，学生未能全部亲身体验，做出自己满意的作品。

（4）学生的学习任务重，有时候完成任务的速度较慢，常常出现项目作业上交不及时的现象，需要学校和班主任的大力配合才能更加顺利地开展活动。

（5）关于丝绸的纹样、种类等知识，学生搜集的资料很多是网上信息，资料来源较单一，学生未能进行实地的参观考察。因此，部分内容对于学生来说略显枯燥。

（6）由于第一次开展基于真实情境的项目学习作业，很多环节考虑得不细致、不全面，还有很多地方需要补充完善，还有一些环节没有开展落实，如进行全校的展示和答辩活动等。

后　记

　　承载着梦想与情怀、辛勤和汗水，由郑东新区教育人持续探索十年、历时一年编写的《"1基础+3发展"作业体系创新研究与实践》一书终于与读者见面了。本书呈现了郑东新区作业建设从顶层设计到一线实践、从问题解决到成果凝练、从培育典型到区域推进的变革足迹和蓬勃生机。书中列举了郑东新区部分学科最有代表性的"1基础+3发展"作业设计案例，具有普适性、示范性与可操作性。基于真实情境的"3发展"作业，展现出丰富多彩的跨学科学习方式，能促进学生对知识的深度理解，提升学生的实践和创新能力，将学生引向深度学习，落实核心素养发展目标。

　　本书的编写得到了众多学校和老师的积极支持，得到了教育界朋友的鼎力相助。其中，陈莉老师负责理论部分及小学各学科基础性作业的培训、撰写、审核等工作，李珍老师负责中学各学科基础性作业的培训、撰写、审核等工作，崔芳老师负责发展性作业的培训、撰写、审核等工作。在此，向这些学校和老师致以衷心的感谢！

　　"雄关漫道真如铁，而今迈步从头越。"回顾过去，感慨万千；展望未来，任重道远。我们将不断前行，踔厉奋发向未来。

一、落实立德树人根本任务，促进学生全面发展

　　作业建设是课程改革的突破口，是课堂变革的催化剂。在教学工作中，要落实评价标准育人、评价过程育人、评价结果育人，作业建设就是一个有力的抓手。它从系统的角度解决了"学什么、怎么学以及怎么评"的问题，有效落实了"教—学—评"一致性理念，这也正是作业建设的重要意义。我们将继续落实立德树人根本任务，提升学生的学科能力、发展学生的核心素养，实现评价育人，将作业作为有效的评价载体，促进学生全面发展。

二、聚焦"双减"强提升，多元作业助发展

　　"双减"工作，是构建教育良好生态，促进学生全面发展、健康成长的国

之大计。今后，郑东新区将继续践行"减负增效"，深入推进基于学生核心素养发展的"1基础+3发展"作业体系建设，在实践中不断地改革、调整、发展与创新，提高学生自主学习能力，给予学生方法指导，让知识不再局限在课本和作业之内，而是绽放在日常生活之中，让学生真正学有所获、学以致用，真正实现减负、增效、提质。

三、立足新课标理念，作业设计再优化

2022年4月教育部颁布的义务教育新课标中提到了课程核心素养，体现出更加关注人、淡化学科的特点。对于新课标中每个学科的课标，国家都要求有10%的时间来开发跨学科主题，教材中要有10%的跨学科内容。我们很荣幸能够成为先行者、弄潮儿，我们也更加坚定了设计跨学科且基于真实情境的"3发展"作业的信心，勇毅前行。

我们将秉持初心，继续加强教育教学研究与探索，深入推进作业建设，为全面提升评价体系、促进学生和谐发展而努力！

田国安

2022年8月